司法解释理解与适用简明版系列 15

最高人民法院
借款担保理解与适用
简明版及配套规定

人民法院出版社 编

新编
简明版

人 民 法 院 出 版 社

图书在版编目（CIP）数据

最高人民法院借款担保理解与适用简明版及配套规定 / 人民法院出版社编. — 北京 ： 人民法院出版社，2018.6

（司法解释理解与适用简明版系列）

ISBN 978-7-5109-2189-6

Ⅰ. ①最… Ⅱ. ①人… Ⅲ. ①借款－担保法－法律解释－中国②借款－担保法－法律适用－中国 Ⅳ.①D923.395

中国版本图书馆CIP数据核字（2018）第134215号

最高人民法院借款担保理解与适用简明版及配套规定

人民法院出版社 编

策划编辑 韦钦平 责任编辑 李安尼 沈国婧
出版发行 人民法院出版社
地 址 北京市东城区东交民巷27号（100745）
电 话 （010）67550579（责任编辑） 67550558（发行部查询）
65223677（读者服务部）
客服QQ 2092078039
网 址 http：//www. courtbook. com. cn
E－mail courtpress@ sohu . com
印 刷 三河市国英印务有限公司
经 销 新华书店

开 本 787×1092毫米 1/16
字 数 570千字
印 张 36.75
版 次 2018年6月第1版 2018年6月第1次印刷
书 号 ISBN 978-7-5109-2189-6
定 价 98. 00元

编写说明

法官判案是一个寻找法律依据、辨法析理、不断释法的过程。立法自始至终滞后于不断发展的司法实践，为了有效、及时的填补立法的不足，最高人民法院颁布了为数不少的司法解释、规范性文件等。随着时间的推移，新的法律法规、司法解释不断出台，以往的解释有些已经被新法取代，有些仍在发挥作用。自 2001 年首部司法解释理解与适用图书问世至今，我社已出版司法解释理解与适用丛书 50 余种，被实务工作者视为准确理解司法解释要旨、统一裁判尺度的圭臬，是人民法院出版社最重要的品牌畅销图书。为了便于广大法官及其他法律工作者在新情况、新问题背景下准确运用以往的司法解释，我社精心策划、梳理研发推出了《最高人民法院司法解释理解与适用简明版及配套规定》系列丛书。

此次推出的简明版本在对原有司法解释理解与适用内容进行精选、摘编、重组的基础之上，依据最新法律法规、司法解释对原有内容进行更新补正，增加相关配套规定，由最高人民法院专家型法官审读把关并选取重点法条，嵌入重点条文完整解读、案例及法律文件完整文本二维码，链接法信平台，供读者扩展阅读。本丛书的出版旨在为法官及其他法律工作者提供权威、实用、便捷的办案必备参考用书。

丛书为开放式，首次推出 15 个分册，分别为：立案及管辖、农村土地承包、人身损害赔偿、房屋租赁合同、民间借贷、企业破产、借款担保、买卖合同、保险合同、房屋买卖合同、道路交通损害赔偿、公司法、婚姻家庭与继承、劳动争议、建设工程施工合同。每一分册在体例上紧紧围绕司法解释条文编排设计，每条下设条文主旨、理解与适用及相关权威案例指导等栏目，重点突出、实用方便。

丛书具有以下鲜明特色：

1. 权威准确。主要内容精心摘编自《最高人民法院司法解释理解与适用》丛书，依据最新法律法规、司法解释等更新补正，并由最高人民法院专家型法官审读并选取重点法条，具有较高的权威性和准确度。

2. 全面实用。在司法解释条文理解与适用的基础上，重点法条配有关联案例，并精选与各分册主题相关的法律、行政法规、部门规章、司法解释、答复、地方性文件等相关配套规定，使丛书内容更加实用、丰富、全面。

3. 内容丰富。依托中国首家深度融合法律知识服务与案例大数据服务的数字化网络平台——“法信”平台提供海量资源。书中重点法条的全面解读、节录法律文件全部嵌入法信二维码，使读者一册在手尽享法条完整解读、典型案例分析、全部法律文本等大量数字化资源。

4. 纸媒与数字内容深度融合。顺应当代读者阅读习惯及信息获取渠道，通过扫码扩展阅读，突出重点、详略得当。使用简便，无需 APP，扫码即阅，读者可随时随地扩展学习，开启线上线下立体阅读新模式，是传统纸媒转型的一次有益尝试与探索。

在该丛书的编纂过程中，最高人民法院部分专家型法官全面认真审定了书稿及重点法条，人民法院电子音像社法信编辑部为配套制作二维码提供了大量帮助。在此，我们对为此书付出辛勤努力的各位法官及编辑表示衷心感谢！同时，我们也期望该丛书的出版能够为各级法院干警和其他法律工作者提供有益的指导与帮助！

编者

2017 年 12 月

本书说明

本书依据《担保法及配套规定新释新解》与《〈中华人民共和国物权法〉条文理解与适用》编写。其中,《担保法及配套规定新释新解》是在担保法司法解释公布后出版，选取了担保法及担保法司法解释的有关内容;《〈中华人民共和国物权法〉条文理解与适用》一书中选取了与借款担保专题相关的担保物权编的内容，物权法司法解释（一）没有关于担保的内容，本书未予以收录。鉴于本书是依据司法解释理解与适用简明版系列丛书的体例编写，故纳入丛书中。

目 录

第一部分 担保法及配套规定新释新解（简明版）

003 | 中华人民共和国担保法（1995年6月30日）

第一章 总 则

［立法宗旨］第一条 ……004

［本法的适用范围及担保方式］第二条 ……005

［担保活动的基本原则］第三条 ……007

［反担保］第四条 ……008

［担保合同与主合同的关系以及担保合同无效后的法律后果］

第五条 ……009

第二章 保 证

第一节 保证和保证人

［保证的概念］第六条 ……012

［保证人的资格和范围］第七条 ……013

[国家机关作为保证人的禁止与例外] 第八条 ……………………014
[公益法人作为保证人的禁止] 第九条 ……………………………016
[企业法人分支机构、职能部门作为保证人的禁止与例外]
第十条 ……………………………………………………………017
[强令提供担保的禁止] 第十一条 ……………………………………020
[共同保证] 第十二条 …………………………………………………021

第二节　保证合同和保证方式

[保证合同的订立] 第十三条 …………………………………………026
[一时保证与最高额保证] 第十四条 …………………………………028
[保证合同的内容] 第十五条 …………………………………………030
[保证的方式] 第十六条 ………………………………………………032
[一般保证及其先诉抗辩权] 第十七条 ………………………………035
[连带责任保证] 第十八条 ……………………………………………038
[保证方式没有约定或者约定不明确的推定] 第十九条 ……………039
[保证人的一般抗辩权] 第二十条 ……………………………………040

第三节　保证责任

[保证范围] 第二十一条 ………………………………………………042
[债权让与对保证责任的影响] 第二十二条 …………………………045
[债务承担对保证责任的影响] 第二十三条 …………………………047
[合同的变更对保证责任的影响] 第二十四条 ………………………049
[一般保证的保证期间] 第二十五条 …………………………………050

［连带责任保证的保证期间］第二十六条 ……………………………053
［最高额保证的保证期间］第二十七条 ………………………………055
［保证担保与物的担保并存时保证责任的承担］第二十八条 ……057
［企业法人的分支机构订立的无效保证合同的处理］第二十九条 060
［保证责任的免除］第三十条 …………………………………………062
［保证人的追偿权］第三十一条 ………………………………………064
［保证人追偿权的预先行使］第三十二条 ……………………………067

第三章 抵　押

第一节 抵押和抵押物

［抵押、抵押人、抵押权人和抵押物］第三十三条 …………………071
［抵押财产的范围］第三十四条 ………………………………………074
［超额抵押］第三十五条 ………………………………………………076
［设定抵押时房屋与土地使用权间的关系］第三十六条 …………078
［不得设定抵押的财产］第三十七条 …………………………………079

第二节 抵押合同和抵押物登记

［抵押合同的订立］第三十八条 ………………………………………082
［抵押合同的内容］第三十九条 ………………………………………083
［流质契约的禁止］第四十条 …………………………………………086
［抵押物登记及其效力］第四十一条 …………………………………087
［抵押物登记机关］第四十二条 ………………………………………089
［抵押物的自愿登记］第四十三条 ……………………………………091

［办理抵押物登记应提交的文件］第四十四条 ……………………092
［抵押物登记资料的公开］第四十五条 ……………………………097

第三节　抵押的效力

［抵押担保的范围］第四十六条 …………………………………098
［抵押权及于标的物的范围］第四十七条 …………………………100
［抵押权对抵押物上已存在的租赁权的效力］第四十八条 ………101
［抵押权的效力对于抵押物处分权的影响］第四十九条 …………103
［抵押权移转上的从属性］第五十条 ………………………………105
［抵押权人在抵押权受侵害时的权利］第五十一条 ………………107
［抵押权消灭的从属性］第五十二条 ………………………………109

第四节　抵押权的实现

［抵押权实现的条件和方式］第五十三条 …………………………111
［抵押权的次序］第五十四条 ………………………………………115
［房地产抵押权的实现］第五十五条 ………………………………117
［划拨国有土地使用权抵押权的实现］第五十六条 ………………120
［物上保证人的追偿权］第五十七条 ………………………………121
［抵押物灭失的法律后果］第五十八条 ……………………………122

第五节　最高额抵押

［最高额抵押的概念］第五十九条 …………………………………124
［最高额抵押的适用范围］第六十条 ………………………………125
［最高额抵押的主债权转让的禁止］第六十一条 …………………127

［最高额抵押的法律适用］第六十二条 ……………………………129

第四章 质 押

第一节 动产质押

［动产质押的概念］第六十三条 ……………………………………130
［质押合同的订立及其生效］第六十四条 ……………………………134
［质押合同的内容］第六十五条 ……………………………………136
［流质契约的禁止］第六十六条 ……………………………………138
［质押担保的范围］第六十七条 ……………………………………140
［质物孳息的收取权］第六十八条 …………………………………140
［质物的保管义务］第六十九条 ……………………………………141
［质权人的物上代位权］第七十条 …………………………………142
［质权人返还质物的义务、质权人的优先受偿权及质权的实现］
第七十一条 …………………………………………………………143
［物上保证人的追偿权］第七十二条 ………………………………145
［质物灭失的法律后果］第七十三条 ………………………………146
［质权消灭的从属性］第七十四条 …………………………………146

第二节 权利质押

［可以质押的权利］第七十五条 ……………………………………147
［债权质押的设定］第七十六条 ……………………………………149
［债权质权的效力］第七十七条 ……………………………………152
［股权质权的设定及股权质权的效力］第七十八条 ………………154

［知识产权质权的设定］第七十九条 ……156
［知识产权质权的效力］第八十条 ……160
［权利质押的法律适用］第八十一条 ……161

第五章 留　　置

［留置与留置权］第八十二条 ……162
［留置担保的范围］第八十三条 ……166
［留置的适用范围］第八十四条 ……167
［留置物的价值］第八十五条 ……168
［留置物的保管义务］第八十六条 ……169
［留置权的实现］第八十七条 ……170
［留置权的消灭］第八十八条 ……171

第六章 定　　金

［定金及其法律效力］第八十九条 ……172
［定金的成立］第九十条 ……176
［定金的数额］第九十一条 ……178

第七章 附　　则

［动产与不动产］第九十二条 ……179
［担保合同的表现形式］第九十三条 ……181
［担保物折价或变卖的价格的确定］第九十四条 ……182
［本法适用的例外］第九十五条 ……183
［时间效力］第九十六条 ……183

第二部分 《中华人民共和国物权法》条文理解与适用（部分简明版）

187 | 中华人民共和国物权法（节录）（2007年3月16日）

第四编 担保物权

第十五章 一般规定

［担保物权定义］第一百七十条 ……188
［担保物权适用范围和反担保］第一百七十一条 ……194
［担保物权的设立及担保合同］第一百七十二条 ……197
［担保范围］第一百七十三条 ……201
［担保物权物上代位性及提存代位物］第一百七十四条 ……204
［主债务承担对第三人担保责任的影响］第一百七十五条 ……208
［人保物保并存下担保权实行规则］第一百七十六条 ……211
［担保物权消灭事由］第一百七十七条 ……216
［担保法与本法冲突时如何适用］第一百七十八条 ……218

第十六章 抵押权

第一节 一般抵押权

［抵押权定义］第一百七十九条 ……221
［可抵押的财产和集合抵押］第一百八十条 ……226
［动产浮动抵押］第一百八十一条 ……234
［抵押权设定中土地使用权和地上建筑物之间关系］
第一百八十二条 ……235

［乡镇、村企业的建设用地使用权与地上建筑物的关系］
第一百八十三条 ……238
［禁止抵押财产］第一百八十四条 ……239
［抵押合同的法律形式和条款内容］第一百八十五条 ……242
［流质契约禁止］第一百八十六条 ……245
［不动产和不动产物权抵押登记及其效力］第一百八十七条 ……247
［动产抵押登记及其效力］第一百八十八条 ……249
［动产浮动抵押］第一百八十九条 ……252
［抵押权与租赁权］第一百九十条 ……254
［抵押物处分］第一百九十一条 ……257
［抵押权处分上的从属性］第一百九十二条 ……259
［抵押权保护］第一百九十三条 ……261
［抵押权或抵押权顺位的放弃或变更］第一百九十四条 ……263
［抵押权的实现］第一百九十五条 ……265
［浮动抵押标的物的确定］第一百九十六条 ……268
［抵押财产的孳息］第一百九十七条 ……270
［抵押财产价款分配与剩余债务的清偿］第一百九十八条 ……271
［抵押权受偿顺位］第一百九十九条 ……274
［建设用地使用权抵押权与地上新增建筑物的关系］第二百条 …276
［“四荒”土地承包经营权抵押权和集体所有的建设用地使用
权抵押权实行效果］第二百零一条 ……278

［抵押权的行使期间］第二百零二条 ……280

第二节 最高额抵押权

［最高额抵押］第二百零三条 ……282
［最高额抵押权处分从属性］第二百零四条 ……285
［最高额抵押协议变更制度］第二百零五条 ……287
［最高额抵押的确定原因］第二百零六条 ……288
［最高额抵押适用的法律］第二百零七条 ……291

第十七章 质 权

第一节 动产质权

［动产质权］第二百零八条 ……293
［动产质押财产范围的禁止性规定］第二百零九条 ……295
［质权合同的形式和内容］第二百一十条 ……298
［质权流质契约禁止］第二百一十一条 ……301
［质权生效时间］第二百一十二条 ……302
［质押财产的孳息］第二百一十三条 ……305
［擅自使用、处分质押财产的责任］第二百一十四条 ……307
［质权人妥善保管质押财产的义务］第二百一十五条 ……309
［质权保护］第二百一十六条 ……311
［责任转质］第二百一十七条 ……313
［质权的放弃］第二百一十八条 ……317
［质权人的质押财产返还义务及质权实现］第二百一十九条 ……318

[出质人对质权人的及时行使质权请求权] 第二百二十条 ………320
[质押财产价款分配] 第二百二十一条 ………322
[最高额质权] 第二百二十二条 ………324

第二节　权利质权

[可以出质的权利] 第二百二十三条 ………327
[有价证券出质] 第二百二十四条 ………330
[有价证券质权的实现方式] 第二百二十五条 ………333
[基金份额、股权质权] 第二百二十六条 ………335
[知识产权质权] 第二百二十七条 ………337
[应收账款出质] 第二百二十八条 ………340
[权利质权的法律适用] 第二百二十九条 ………341

第十八章　留　置　权

[留置权] 第二百三十条 ………343
[留置财产与债权的关系] 第二百三十一条 ………345
[留置权成立的消极要件] 第二百三十二条 ………346
[留置物的价值应与债务的金额相当] 第二百三十三条 ………348
[留置权人保管义务] 第二百三十四条 ………348
[留置权人孳息收取权] 第二百三十五条 ………350
[留置权实现] 第二百三十六条 ………351
[债务人请求及时行使留置权] 第二百三十七条 ………354
[留置财产价款分配] 第二百三十八条 ………356

［留置权与其他担保物权竞合时的实现顺序］第二百三十九条 …357

［留置权消灭］第二百四十条 ……………………………………359

第三部分 相关法律、法规、司法解释等

365 | 一、法律、行政法规、部门规章等

365 | 中华人民共和国民法总则（节录）（2017 年 3 月 15 日）

377 | 中华人民共和国合同法（节录）（1999 年 3 月 15 日）

391 | 中华人民共和国票据法（节录）（2004 年 8 月 28 日）

391 | 中华人民共和国商业银行法（节录）（2015 年 8 月 29 日）

392 | 中华人民共和国银行业监督管理法（节录）（2006 年 10 月 31 日）

392 | 中华人民共和国公司法（节录）（2013 年 12 月 28 日）

393 | 中华人民共和国企业破产法（节录）（2006 年 8 月 27 日）

393 | 中华人民共和国农村土地承包法（节录）（2009 年 8 月 27 日）

393 | 中华人民共和国城市房地产管理法（节录）（2009 年 8 月 27 日）

394 | 中华人民共和国民事诉讼法（2017 年 6 月 27 日）

396 | 城市房地产抵押管理办法（2001 年 8 月 15 日）

403 | 证券公司股票质押贷款管理办法（2004 年 11 月 2 日）

409 | 个人定期存单质押贷款办法（2007 年 7 月 3 日）

412 | 单位定期存单质押贷款管理规定（2007 年 7 月 3 日）

417 | 专利权质押登记办法（2010 年 8 月 26 日）

420 | 著作权质权登记办法（2010 年 11 月 25 日）

423 | 注册商标专用权质权登记程序规定（2009 年 9 月 10 日）

426 | 工商行政管理机关股权出质登记办法（2016 年 4 月 29 日）

428 | 动产抵押登记办法（2016 年 7 月 5 日）

430 | 应收账款质押登记办法（2017 年 10 月 25 日）

434 | **二、司法解释及复函、通知等**

434 | 最高人民法院关于因法院错判导致债权利息损失扩大保证人应否承担责任问题的批复（2000 年 8 月 8 日）

434 | 最高人民法院关于适用《中华人民共和国担保法》若干问题的解释（2000 年 12 月 8 日）

449 | 最高人民法院关于国有工业企业以机器设备等财产为抵押物与债权人签订的抵押合同的效力问题的批复（2002 年 6 月 18 日）

449 | 最高人民法院关于已承担保证责任的保证人向其他保证人行使追偿权问题的批复（2002 年 11 月 23 日）

450 | 最高人民法院关于涉及担保纠纷案件的司法解释的适用和保证责任方式认定问题的批复（2002 年 11 月 23 日）

451 | 最高人民法院关于破产企业国有划拨土地使用权应否列入破产财产等问题的批复（2003 年 4 月 16 日）

452 | 最高人民法院关于人民法院应当如何认定保证人在保证期间届满后又在催款通知书上签字问题的批复（2004 年 4 月 14 日）

453 | 最高人民法院关于审理出口退税托管账户质押贷款案件有关问题的规定（2004 年 11 月 22 日）

454 | 最高人民法院关于人民法院执行设定抵押的房屋的规定（2005年12月14日）
455 | 最高人民法院关于审理民事案件适用诉讼时效制度若干问题的规定（2008年8月21日）
458 | 最高人民法院关于民事诉讼证据的若干规定（2008年12月16日）
469 | 最高人民法院关于适用《中华人民共和国民事诉讼法》的解释（2015年1月30日）
538 | 最高人民法院关于共有人之一私自与外籍华人违反法律进行房产抵押买卖交易无效的复函（1990年10月26日）
539 | 最高人民法院经济庭关于同一抵押物设立数个抵押权依次受偿问题的函（1992年4月18日）
539 | 最高人民法院关于债务人有多个债权人而将其全部财产抵押给其中一个债权人是否有效问题的批复（1994年3月26日）
540 | 最高人民法院关于审理经济合同纠纷案件有关保证的若干问题的规定（1994年4月15日）
543 | 最高人民法院关于正确确认企业借款合同纠纷案件中有关保证合同效力问题的通知（1998年9月14日）
544 | 最高人民法院研究室关于县级以上供销合作社联合社能否作为保证人问题的复函（1999年6月30日）
545 | 最高人民法院关于上海三泷房地产开发有限公司与中国建设银行上海市浦东分行、上海申浦对外技术投资总公司借款合同纠纷一案的复函（2000年1月1日）

545 | 最高人民法院研究室关于抵押权不受抵押登记机关规定的抵押期限影响问题的函（2000 年 9 月 28 日）
546 | 最高人民法院关于哈尔滨市商业银行银祥支行与哈尔滨金事达实业（集团）公司借款合同纠纷一案如何处理问题的答复（2001 年 2 月 28 日）
547 | 最高人民法院关于能否对连带责任保证人所有的船舶行使留置权的请示的复函（2001 年 8 月 17 日）
548 | 最高人民法院关于沈阳市信托投资公司是否应当承担保证责任问题的答复（2001 年 8 月 22 日）
549 | 最高人民法院关于湖北横向经济物资贸易公司与中国冶金进出口湖北公司、中国农业银行武汉市分行汉口支行返还保证金请示案的答复（2002 年 2 月 27 日）
549 | 最高人民法院关于处理担保法生效前发生保证行为的保证期间问题的通知（2002 年 8 月 1 日）
550 | 最高人民法院关于广西开发投资有限公司与中国信达资产公司南宁办事处借款合同担保纠纷一案请示的复函（2002 年 10 月 11 日）
551 | 最高人民法院关于对中国银行中银发〔2002〕45 号请示的答复（2002 年 10 月 14 日）
551 | 最高人民法院关于担保期间债权人向保证人主张权利的方式及程序问题的请示的答复（2002 年 11 月 22 日）

552 | 最高人民法院关于吉林市商业银行营业部与交通银行吉林分行船营支行长春路分理处存单质押纠纷一案请示的答复（2003 年 1 月 4 日）
553 | 最高人民法院关于锦州市商业银行与锦州市华鼎工贸商行、锦州市经济技术开发区实华通信设备安装公司借款纠纷一案的复函（2003 年 2 月 25 日）
553 | 最高人民法院关于南昌市商业银行象南支行与南昌市东湖华亭商场、蔡亮借款合同担保纠纷案请示的复函（2003 年 4 月 30 日）
554 | 最高人民法院关于债权人在保证期间以特快专递向保证人发出逾期贷款催收通知书但缺乏保证人对邮件签收或拒收的证据能否认定债权人向保证人主张权利的请示的复函（2003 年 6 月 12 日）
554 | 最高人民法院关于中国农业银行大连市分行友好支行诉大连中大集团公司、第三人中国大连国际经济技术合作集团有限公司借款合同抵押担保纠纷一案请示的答复（2003 年 11 月 24 日）
555 | 最高人民法院关于对甘肃省高级人民法院甘高法〔2003〕183 号请示的答复（2003 年 11 月 28 日）
556 | 最高人民法院关于荆州市商业银行与广州世界大观园发展有限公司等借款担保合同纠纷一案的请示的答复（2003 年 12 月 15 日）
557 | 最高人民法院关于对云南省高级人民法院就如何适用《关于适用〈中华人民共和国担保法〉若干问题的解释》第四十四条请示的答复（2003 年 12 月 24 日）

557 | 最高人民法院关于深圳发展银行广州分行信源支行与成都宗申联益实业股份有限公司等借款担保合同纠纷一案的请示的复函（2004 年 2 月 23 日）

558 | 最高人民法院关于企业法人分支机构未经授权以登记在其名下的房地产为他人提供的抵押合同的效力应如何认定问题请示之答复（2005 年 11 月 16 日）

559 | 最高人民法院关于担保法司法解释第五十九条中的“第三人”范围问题的答复（2006 年 5 月 18 日）

559 | 最高人民法院关于已登记的抵押物的善意受让人在抵押物灭失后应否对抵押权人承担赔偿责任的复函（2006 年 10 月 25 日）

560 | 最高人民法院关于工商银行湖北十堰市人民路支行、中国东方资产管理公司武汉办事处与湖北省十堰市五堰商场股份有限公司、湖北省十堰市汇发贸易有限公司保证借款合同纠纷一案的请示的答复（2008 年 6 月 19 日）

561 | 最高人民法院关于香港盈伞财务公司诉广东华美集团有限公司担保合同纠纷案有关法律问题的请示的复函（2010 年 3 月 23 日）

562 | 最高人民法院关于《国土资源部办公厅关于征求为公司债券持有人办理国有土地使用权抵押登记意见函》的答复（2010 年 6 月 23 日）

563 | 最高人民法院关于《城市房地产抵押管理办法》在建工程抵押规定与上位法是否冲突问题的答复（2012 年 11 月 28 日）

第一部分

担保法及配套规定新释新解（简明版）

说　明

本部分内容是人民法院出版社2006年7月《担保法及配套规定新释新解》的简明版本，我们在精选、摘编、重组的基础之上，依据新的法律法规司法解释对相关内容进行了补止，并由最高人民法院法官选取重点法条，在每个重点法条之下嵌入完整解读内容和典型案例的二维码，方便读者扩展阅读。

中华人民共和国担保法

（1995年6月30日第八届全国人民代表大会常务委员会第十四次会议通过　1995年6月30日中华人民共和国主席令第五十号公布　自1995年10月1日起施行）

目　录

第一章　总　则
第二章　保　证
　第一节　保证和保证人
　第二节　保证合同和保证方式
　第三节　保证责任
第三章　抵　押
　第一节　抵押和抵押物
　第二节　抵押合同和抵押物登记
　第三节　抵押的效力
　第四节　抵押权的实现
　第五节　最高额抵押
第四章　质　押
　第一节　动产质押
　第二节　权利质押
第五章　留　置
第六章　定　金
第七章　附　则

第一章 总　　则

【立法宗旨】 **第一条　为促进资金融通和商品流通，保障债权的实现，发展社会主义市场经济，制定本法。**

条文主旨

本条是关于本法立法宗旨的规定。

理解与适用

根据本条的规定，《担保法》的立法宗旨有三：

1. 促进资金融通和商品流通。

融通资金和商品流通的法律形式是债，仰赖于可靠的信用。因此，如何保障当事人的信用，是发展商品经济的关键问题。担保正是适应商品经济发展的这种需要而产生的民事法律制度。特别是在现代化的大生产中，一方面企业进行生产经营的资金多数要靠借贷，而银行等金融机构也要靠资金的融通取得效益，要尽量减少或避免信贷的风险，所以出借资金的一方一般都要采取担保贷款，担保几乎成为企业融资的必不可少的措施；另一方面，企业作为商品的生产经营者，只有实现其商品的价值才能取得经济效益，各经济主体在进行商品交易中，为了保证其利益的实现，也往往要求提供担保，从而使担保成为交易各方保障其利益，保障资金融通和商品流通安全的重要工具。

2 . 保障债权的实现。

债的保全旨在保证债务人能以其全部财产清偿其全部债务，但不能确保各个债权人债权的实现。因为：第一，债务人出于生产和经营上的需要会不断地设定新的债权债务，与各方面的人发生各种法律关系，债权人不能也不可能禁止债务人在清偿对其所负债务前与他人发生债务关系。因此，债务人的财产总是处于不断的变动之中，债权人不可能控制债务人的财产，也不能预见和保证在其债权应受偿时，债务人会有足够的财产清偿全部债务。第二，同一债务人的所有债权人具有平等的法律地位，不论各债权人的债权发生的先后，均得平等受偿。这样一来，由于债务人的债权人的增加，即使债权人的债权成立后债务人的财产不减少，也会因债权的增加，各债权人的平等参与分配，而使债权人的债权不能保障全部受偿。所以，为了克服和弥补债的保全的不足，法律规定担保制度。因为担保的设定，或是以第三人的信用作保证，使担保人与债务人一同就某一债务向债权人负清偿责任，从而等于扩大了债务人的责任财产范围，使债权人的债权实现有了更可靠的客观保障；或是以特定财产上设定的权利作保证，使债权人在债务人不履行债务时得直接从担保物的价值中取偿，从而使受担保的债权人不受债权平等受偿的影响，得行使优先权而受偿其债权。所以，不论何种担保都是确保债权实现的有效的法律手段。

3. 发展社会主义市场经济。

建立和完善社会主义市场经济体制，是我国经济发展的战略任务，与之相适应的法律体系也必须同时建立和完善。担保作用的发挥，将不仅保障债权实现，维护商品交易安全，提供债权的最终救济途径，而且，具有促进市场各要素的最佳结合，加速资金流通和商品流通，对社会经济的发展产生良性效果，为我国市场经济持续、快速、健康发展起到维护、促进和保障作用。

【本法的适用范围及担保方式】 **第二条　在借贷、买卖、货物运输、加工承揽等经济活动中，债权人需要以担保方式保障其债权实现的，可以依照本法规定设定担保。**

本法规定的担保方式为保证、抵押、质押、留置和定金。

条文主旨

本条是关于本法的适用范围及担保方式的规定。

理解与适用

在借贷、买卖、货物运输、加工承揽等经济活动中，债权人需要以担保方式保障其债权实现的，可以依照《担保法》规定设定担保。《担保法司法解释》(以下简称《担保法司法解释》)第1条规定："当事人对由民事关系产生的债权，在不违反法律、法规强制性规定的情况下，以担保法规定的方式设定担保的，可以认定为有效。"

《担保法》规定的担保方式为保证、抵押、质押、留置和定金。

保证是第三人作为保证人向主债权人作出承诺，即保证人以自己的一般财产作保，当被保证人财产减少或因其他原因不能清偿到期债务时，由保证人代为清偿。保证，是保证人与债权人之间的法律关系。保证的设立，使债权人获得了救济债权损失的新的义务人。

抵押，是指债务人或者第三人不转移对抵押物的占有，将该财产作为债权的担保，债务人不履行债务时，债权人有权依照规定以该财产折价或者以拍卖、变卖该财产的价款优先受偿。如果义务人将抵押物转移给第三人，则抵押权人可行使追及权。

质押，是指债务人或者第三人将其动产或权利移交债权人占有，将该动产或权利作为债权的担保，债务人不履行债务时，债权人有权依照规定以质物折价、拍卖、变卖或以其他转让形式所获得的价款优先受偿。

留置，是指债权人依合同合法的占有对方财产，当债务人不履行债务时，依法处分留置物从而获得优先清偿的担保形式。留置权人已将对方的特定财产置于自己的控制之下，债权的清偿获得了充分保障。

定金在合同履行前交付，对接受定金一方来说，已实际控制、占有了对方一定数额的财产。因此这种担保也有一定的可靠性。一般认为，定金具有预先给付性。这是指合同履行后，定金可以抵作价款，作为给付之一部分，但从定金设立的目的来看，是为担保而设，而非为给付而设。而且，定金为双向担保。因此，预先支付的定金，已经摆脱了一般担保的局限。

【担保活动的基本原则】 **第三条 担保活动应当遵循平等、自愿、公平、诚实信用的原则。**

条文主旨

本条是关于担保活动的基本原则的规定。

理解与适用

担保活动的基本原则是担保活动当事人须遵循的行为准则，它是担保活动的总的指导方针，它对于担保合同的订立与履行、变更与终止以及违反担保合同的责任都具有指导的效力和作用。

首先，平等原则，是指当事人在民事活动中的法律地位平等。在担保活动中，任何一方在享有权利的同时，都要依法承担相应的义务。平等原则是民法的基本原则，也是民法其他原则产生的基础。担保法是民事法律体系中的一个重要组成部分，因此，担保活动也要遵守平等原则。其次，自愿原则，是指公民、法人或者其他组织有权根据自己的意愿决定参加不参加民事活动，参加何种民事活动，根据自己的意愿依法处分自己的财产和权利。民事法律制度多数属于任意性规范，法律并不强制当事人必须做什么，当事人可以根据自己的意愿参加某种民事活动。自愿原则是民法的一个显著特征，是担保活动应当遵守的基本原则之一。再次，公平原则，是指当事人之间在设定民事权利和义务、承担民事责任等方面应当公允，合情合理。在平等自愿的前提下，双方当事人的权利义务一致，任何一方当事人不应享有特殊的权利；或者只享有权利而不承担义务，也不允许任何一方把不合理的义务强加给对方。最后，诚实信用原则，主要是指当事人在担保活动中要言行符合实际，表里如一，言行一致，克尽合同约定的义务。诚实信用原则是维护经济秩序必须遵守的一项基本原则。

【反担保】 **第四条　第三人为债务人向债权人提供担保时，可以要求债务人提供反担保。**

反担保适用本法担保的规定。

条文主旨

本条是关于反担保的规定。

理解与适用

所谓反担保，是指第三人为债务人向债权人提供担保时，债务人应第三人的要求为第三人所提供的担保，其目的是为了保障第三人追偿权的实现。

第三人提供担保的情形包括第三人以其资信为债务人担保的保证、第三人以其确定的财产不转移占有为债务人担保的抵押、第三人以其确定的动产转移占有为债务人担保的质押。第三人无论基于何种原因为债务人提供担保，担保有效成立后，债权人与第三人之间就形成担保权利义务关系，在债务履行期届满，债务人未履行债务时，第三人要承担担保责任。第三人承担了担保责任后，有权向第三人追偿。这样，第三人提供担保后，必将承担一种风险，即在债务人不履行债务时，要以自己的财产代债务人履行债务或者向债权人优先清偿，其后的追偿权也有难以实现之虞。为保障追偿权的实现，第三人在为债务人向债权人提供担保时，可以要求债务人向自己提供适当的担保即反担保。

在反担保情况下，当事人间法律关系如下：

债务履行期届至前，债权人与债务人之间是主债关系，债权人与第三人之间是担保权利义务关系，第三人与债务人之间是反担保权利义务关系。债务履行期届至，债务人未履行债务，债权人依据担保关系有权请求第三人承担担保责任；第三人承担担保责任后，就取代了债权人地位，与债务人形成追偿的债权债务关系，在债务人未履行偿还义务时，第三人依据反担保关系行使担保权利，确保追偿权实现。

反担保的方式，既可以是债务人自己担保，也可以是其他第三人担保，其实质内容与担保完全一样，设立程序上也无不同，因此《担保法》第 4 条第 2 款规定，反担保适用《担保法》关于担保的规定。

【担保合同与主合同的关系以及担保合同无效后的法律后果】**第五条**[①] **担保合同是主合同的从合同，主合同无效，担保合同无效。担保合同另有约定的，按照约定。**

担保合同被确认无效后，债务人、担保人、债权人有过错的，应当根据其过错各自承担相应的民事责任。

条文主旨

本条是关于担保合同与主合同的关系以及担保合同无效后的法律后果的规定。

理解与适用

1. 担保合同是主合同的从合同。

所谓主合同，指不依赖于其他合同而能独立存在的合同；所谓从合同，指必须从属于其他合同（主合同）而存在的合同。区分主、从合同的意义在于：从合同以主合同的有效存在为前提，主合同无效，从合同

① 在理解本条时，应与《物权法》第 172 条的规定相衔接。——编者注

一般也无效。担保的目的是为了保障当事人合同法律关系中债权的实现，没有主合同所产生的债权债务，也就无所谓担保，所以担保合同以主合同的存在为前提和根据，是主合同的从合同，伴随主合同产生、变更和消灭，即担保合同具有从属性。

根据主合同与从合同关系的一般原理，本条规定，主合同无效，担保合同相应无效。担保以保障债权实现为第一宗旨，如果主合同无效，其约定的债权债务便失去了法律的约束力，相当于自始不存在，则担保合同所约定的担保权利义务成为无矢之的，自然也应归于无效，对担保当事人不产生法律效力。然而，随着担保制度的发展，担保的性质悄悄发生变化，担保的相对独立性渐为增强，突破了担保从属性的传统限制，如国际经济贸易中经常适用的不可撤销担保合同（凭要求即付保函等）、票据上的担保都成为一种独立的价值权，可不因主合同的无效而无效，同时当事人在设立担保时，完全可以对主合同与从合同的关系作出特约。因此，《担保法》第 5 条第 1 款同时但书规定“担保合同另有约定的，按照约定”，既体现了担保法律行为意思自治的原则，又考虑到现代担保制度的发展趋向，立法技术颇为科学。

2. 担保合同被确认无效后的法律后果。

担保合同无效，包括两种情形：其一是主合同无效，导致担保合同无效；其二，担保合同本身无效，与主合同效力无关。主合同与担保合同都是民事法律行为，因此其无效适用民事法律行为无效的规则。根据我国《民法总则》的有关规定，当事人实施的民事行为，基于以下原因无效：无民事行为能力人实施的；行为人与相对人以虚假的意思表示实施的；违反法律、行政法规的强制性规定的；违背公序良俗的；行为人与相对人恶意串通，损害他人合法权益的，等等。

担保合同被确认无效后，其所约定的担保权利义务不生法律效力，但并不能完全免除各方当事人的责任承担。《民法总则》第 157 条规定：“民事法律行为无效、被撤销或者确定不发生效力后，行为人因该行为取得的财产，应当予以返还；不能返还或者没有必要返还的，应当折价补偿。有过错的一方应当赔偿对方由此所受到的损失；各方都有过错的，应当各自承担相应的责任。法律另有规定的，依照其规定。”可见，民事行为无效后，当事人还要承担财产返还或损害赔偿责任。本章规定：“担保合同被确认无效后，债务人、担保人、债权人有过错的，应当根据其过错各自承担相应的民事责任。”对担保无效后责任承担采取了“过错责任原则”。在债务人自己提供担保的情况下，责任承担可直接适用《民法总则》的上述规定。在第三人为担保人的情况下，担保人责任承担分两种情形：第一，担保合同因主合同无效而无效，如果担保人对主合同无效有过错，则应承担相应责任。如第三人明知债务人以欺诈手段与债权人订立合同而仍然担当保证人，则在主合同被确认无效从而保证无效后，第三人应承担相应民事责任。《最高人民法院关于贯彻执行〈中华人民共和国民法通则〉若干问题的意见（试行）》（以下简称《民通意见》）第111条规定：“被担保的经济合同确认无效后，如果被保证人应当返还财产或者赔偿损失的，除有特殊约定外，保证人仍应承担连带责任。”对保证人责任承担更为严格。第二，担保合同本身无效，担保人有过错的，应承担相应责任。如未经法人授权的企业法人分支机构故意为他人的债务提供保证，在保证合同被确认无效后，仍应承担民事责任。该意见第107条有类似规定：“不具有法人资格的企业法人的分支机构，以自己的名义对外签订的保证合同，一般应当认定无效。但因此产生的财产责任，分支机构如有偿付能力的，应当自行承担；如无偿付能力的，应由企业法人承担。”当然，如果担保人对主合同无效或担保合同本身无效都没有任何过错，则其不承担责任。

第二章 保　　证

第一节 保证和保证人

【保证的概念】 **第六条　本法所称保证，是指保证人和债权人约定，当债务人不履行债务时，保证人按照约定履行债务或者承担责任的行为。**

条文主旨

本条是关于保证的概念的规定。

理解与适用

保证是指保证人和债权人约定，当债务人不履行债务时，保证人按照约定履行债务或者承担责任的行为。

保证是债权担保的方式之一，因而债权担保所具有的性质，保证都有。保证的基本特性具体表现为：（1）债权性，保证属于债权性担保，这是保证区别于物权性的抵押、质押之所在。保证是专为担保债权实现而设立，故以债权的存在为基础和前提。（2）人身性，保证属人的担保，因而具有一定的人身性特征。（3）从属性，保证是为担保债权而设立，故有从属性。这是保证的最重要的特性。（4）补充性，保证的补充性体现在，在保证法律关系中，债务人是第一债务人，保证人是第二债务人，只有在债务履行期届至而债务人不履行债务时，保证人才负保证责任。⑤相对的独立性，保证之债虽从属于主债，但与主债并不是一回事，其本身也是有一定的相对独立性的。保证所具有的以上性质，使得保证有别于担保的其他方式类型。

保证与担保物权同为债权担保方式之一，其联系主要在于：均以主债权的存在为前提，从而均具有从属性（即从属于主债权）、自愿性（即一般由当事人自愿设立）、明确的目的性（即以确保债权实现为目的）的特点。然而，保证与担保物权有着更为重要的区别。其区别如下：（1）二者的性质不同，担保物权为物权关系，而保证关系为债权关系。（2）二者的成立条件不同，担保物权的成立，一般除有债权人与担保人设定担保的合意以外，还须有其他条件（如登记或者是转移财产的占有等）；而保证一般可以依债权人与保证人设定担保的书面合意而成立。（3）二者作为担保方式时的主体不同，担保物权的担保人应为担保物的所有人，担保人既可以是第三人，也可以是债务人自己，并且一般为债务人本身；而保证中的保证人一般为有代偿能力的人，并且只能是第三人，而不能是债务人本身。（4）二者作为担保方式所担保的客体不同，担保物权是担保人以自己的一定财产作担保，而保证是担保人以自己的信用作担保。（5）二者承担责任的方式不同，担保物权本身就是一种变价权、换价权，因此担保人不负债务履行的责任；而保证的担保人可以依当事人的约定承担债务履行的责任。（6）二者在行使权利时是否享有抗辩权方面不同，担保物权的担保人无先诉抗辩权；而保证的担保人除其与债权人约定保证人与债务人对债务承担连带责任外，一般享有先诉抗辩权。《担保法》第17条中明确规定："一般保证的保证人在主合同纠纷未经审判或者仲裁，并就债务人财产依法强制执行仍不能履行债务前，对债权人可以拒绝承担保证责任。"

【保证人的资格和范围】 **第七条　具有代为清偿债务能力的法人、其他组织或者公民，可以作保证人。**

条文主旨

本条是关于保证人的资格和范围的规定。

理解与适用

本条规定，公民、法人和其他组织担任保证人，应具有代为清偿债务的能力。所谓代偿能力，是指保证人依保证合同约定代为履行债务或承担赔偿责任的能力。保证人具备什么样的条件才能认为它具备了代偿能力？本条未作明文规定。它应以保证人所拥有的财产来衡量和体现，表现在以下几方面：（1）保证人应具有足够代为清偿保证债务的财产。所谓“足够”，是指保证人所拥有的财产在价值量上与所担保的债务价值总量相一致，这是保证人代偿能力在量上的要求。（2）保证人对其用作偿还债务的财产必须拥有处分权。保证合同成立后，在主债务人不能偿还到期债务时，必须由保证人用自己的财产履行保证义务，因而对保证人的代偿能力仅有量上的要求还是不够的，还必须有质上的要求，即对其拥有的财产必须同时具有处分权。不具有处分权的财产不能用来承担保证责任。（3）保证人用作债务担保的财产必须与主债务标的性质相一致。按照法律规定，保证人在主债务人不履行债务时所担负的责任有两种可能：一种是代为履行，一种是承担连带责任。代为履行应该按照主债务标的实际履行。因此，如果保证合同约定代为履行的，就要求保证人用于承担保证债务的财产，必须与主合同标的的性质相同。

根据本条规定，保证人可分为自然人、法人、其他组织三类。自然人的保证主体资格，应从自然人是否具有民事行为能力和代为清偿能力来确定。法人是指具有民事权利能力和民事行为能力，依法独立享有民事权利和承担民事义务的组织。一般说来，法人的保证能力要受法律规定的限制。其他组织是指有别于自然人和法人的非法人组织。

【国家机关作为保证人的禁止与例外】**第八条　国家机关不得为保证人，但经国务院批准为使用外国政府或者国际经济组织贷款进行转贷的除外。**

条文主旨

本条是有关国家机关作为保证人的禁止及其例外的规定。

理解与适用

1. 国家机关作为保证人的禁止。国家机关是指履行管理社会的公共职能的国家公权力机关，包括国家行政机关、司法机关、立法机关以及其他代表国家行使权力的机关。国家机关的主要职责是依法行使其职权，进行日常的公务活动，而且，国家机关的财产和经费都是国家财政划拨的，这些财产和经费主要是用来维持国家机关的公务活动和日常的开支，保障国家机关履行其职责。因此，国家机关不能直接参与经济活动，为他人的债务提供保证。

2. 国家机关作为保证人的特殊情况。国家机关不得作保证人是一项基本原则，主要是针对国家机关不得为一般性的商业交往提供保证。但是由于我国在接受外国政府和国际经济组织贷款进行转贷时，有些特殊情况确需国家机关作为保证人提供保证。

国家机关作保证人应当同时符合以下两个条件：（1）接受的贷款应当是外国政府或者国际经济组织提供。只有接受外国政府或者世界银行、亚洲银行、国际货币基金组织等国际组织贷款，在转贷过程中需要国家机关担保的，国家机关才能作保证人。（2）需经国务院批准。经国务院批准，主要是为了严格控制国家机关作保证人的情况，防止地方政府或者有关部门擅自作保证。

3. 国家机关作为保证人对民事责任的承担。《担保法司法解释》第3条规定："国家机关和以公益为目的的事业单位、社会团体违反法律规定提供担保的，担保合同无效。因此给债权人造成损失的，应当根据担保法第五条第二款的规定处理。"第7条规定："主合同有效而担保合同无效，债权人无过错的，担保人与债务人对主合同债权人的经济损失，承担连带赔偿责任；债权人、担保人有过错的，担保人承担民事责任的部分，不应超过债务人不能清偿部分的二分之一。”保证合同无效，主要是国家机关违法担保所致，有过错就应承担民事责任，这符合民法原则。但国家机关承担无效保证的过错民事责任，用预算内资金还是预算外资金承担，还须以立法或司法解释作出统一规定。

【公益法人作为保证人的禁止】 **第九条　学校、幼儿园、医院等以公益为目的的事业单位、社会团体不得为保证人。**

条文主旨

本条是关于公益法人作为保证人的禁止的规定。

理解与适用

《担保法》禁止公益法人作为保证人，首先因为这些公益法人是为社会公共利益，即为不特定的大多数人的利益而设立的，公益法人担任保证人与其设立目的不相符。其次，公益性事业单位、社会团体法人的经费基本上依靠国家财政预算拨款，也有些社会团体法人（如基金会）的经费来源于社会捐献。经费有限，且应用于公益目的。虽然公益法人也可以进行营利性活动，但其从事营利性活动的最终目的，是为了更好地发展公益事业，担任保证人则不同，担任保证人只有风险没有利益，对实现公益目的只有害处没有好处。再次，学校、医院等公益性事业单位法人，由其设立目的所决定，其财产主要体现为固定资产，如学校教育大楼、办公大楼、学生宿舍等，医院医务大楼、各种医疗设施等，如允许其担任保证人，有可能变卖这些固定资产以及教育设施、医疗设施等来承担保证责任，这样势必影响教育工作、医疗工作等公益事业的进行。

本条规定医院不得作保证人的情况，应当作广义理解，对于各级人民政府所设立的医疗卫生机构，如妇幼保健所、检疫所、药检所、卫生防疫站、疗养站、专科治疗所等部门都不得作保证人，因为这些机构的性质和医院的性质相似，它们对公共卫生、防病、治病都起重要作用。

以公益为目的的事业单位、社会团体违反法律规定提供担保的，担保合同无效。因此给债权人造成损失的，根据其过程承担相应的民事责任（缔约过失责任）。在此情形下，债权人、担保人均有过错，根据《担保法司法解释》第7条的规定，担保人的民事责任的部分，不应超过债权人不能清偿部分的1/2。

典型案例

湖南省高速公路管理局、湖南省高速公路建设开发总公司合同纠纷案

案号：（2017）最高法民终353号

关键词：保证合同；连带清偿责任

来源：法信精选

【企业法人分支机构、职能部门作为保证人的禁止与例外】 **第十条** **企业法人的分支机构、职能部门不得为保证人。**

企业法人的分支机构有法人书面授权的，可以在授权范围内提供保证。

条文主旨

本条是关于企业法人分支机构和职能部门作为保证人的禁止与例外的规定。

理解与适用

1. 企业法人分支机构、职能部门作为保证人的禁止和例外。

企业法人的分支机构，是指由企业法人所设立的，经登记主管机关核准，领取营业执照，在核准登记的经营范围内从事经营活动，但又不能独立承担民事责任的分支机构。分支机构的设置取决于法人业务活动的范围和需要。企业法人的职能部门，是指法人内部执行某一职能的组织机构，包括企业法人的意思决定机关、意思执行机关和代表机关。

根据本条第1款之规定，企业法人的分支机构、职能部门不得为保证人。之所以原则禁止企业法人的分支机构担任保证人，是由于该分支机构不具备法人资格，只是法人的组成部分，只能在所属法人的宗旨和经营范围内活动，并且由于分支机构一般也领取营业执照，因而它的活动范围还应当局限于营业执照所核准的范围；虽可有自己的名称，但须注明与所属的法人的隶属关系，同时，企业法人的分支机构不具有独立的财产，其占有或使用的财产是所属法人财产的组成部分，不能独立承担法律责任，法人对分支机构的债务承担最后责任；无限制地允许分支机构对外作保，又令分支机构所属的企业法人对分支机构作保的债务承担保证人的责任，对分支机构所属的企业法人的利益危害是巨大的。《担保法》之所以原则禁止企业法人的职能部门担任保证人，是由于职能部门不具备独立的法人资格，也没有分支机构所具备的《营业执照》，它没有自己的独立的法律人格和意志。即使法人的职能部门充任保证人也只能是由该法人本身担任保证人，而不是由该职能部门本身担任保证人。

《担保法》针对实际中大量存在的一些企业的分支机构经法人授权后，可以以法人的名义独立开展多项业务活动的现状，规定企业法人的分支机构在取得法人的书面授权后，可以在授权的范围内提供保证。在实践中，现存的有些企业法人分支机构经济力量雄厚，虽然其财产的所有权属于法人，但经营自主权属于分支机构，分支机构为了自己经营上的需要，对外保证的情形很多。特别是在商业银行领域，如果一律禁止分支机构担任保证人会严重阻碍银行业务的开展。

对于企业法人的分支机构对外作保证人的情况，法律作了严格的条件限制。首先是企业法人的分支机构提供保证的，必须有法人的书面授权，明确授予分支机构提供保证的权利，没有书面授权或只有口头授权的，分支机构不得提供保证。企业法人的分支机构有法人的书面授权的，可以在授权范围内提供保证，这在性质上属于一种委托授权关系，法人授权自己的分支机构对外作保证，其最终结果要由法人来承担，这实质是委托的性质使然。其次法人的书面授权应当明确授权范围，授权书应详尽、规范，确定不能含糊。授权书中应当明确载明授权的范围，如授权担任保证人的事项、保证债务的最高限额、担任保证人的条件等。如果因授权书中授权不明而导致纠纷的，根据《担保法司法解释》第 17 条第 2 款、第 3 款的规定，企业法人的分支机构经法人书面授权提供保证的，如果法人的书面授权范围不明，法人的分支机构应当对保证合同约定的全部债务承担保证责任。企业法人的分支机构经营管理的财产不足以承担保证责任的，由企业法人承担民事责任。法人的分支机构只能依书面授权书，在授权范围内提供保证，超过该范围的保证行为无效。

2. 企业法人分支机构、职能部门充任保证人时民事责任的承担。

（1）企业法人分支机构充任保证人时的民事责任的承担。《担保法》对企业法人分支机构担任保证人作了比较灵活的规定，企业法人分支机构经企业法人书面授权的，在授权范围内提供的保证有效。未经授权的保证无效，超出授权范围的，超出部分无效。依照《担保法》第 29 条规定，分支机构所签订的保证合同无效或部分无效时，债权人和企业法人双方均有过错的，应根据过错各自承担相应民事责任；债权人无过错的，由企业法人承担民事责任。在这里，企业法人承担的不是无过错责任，而是按过错推定原则承担责任，以促使企业法人加强对分支机构的监督和管理，保护合同债权人的合法权益。

《担保法司法解释》第 17 条对此作了规定，企业法人的分支机构未经法人书面授权提供保证的，保证合同无效。因此给债权人造成损失的，应当根据《担保法》第 5 条第 2 款的规定处理。企业法人的分支机构提供的保证无效后应当承担赔偿责任的，由分支机构经营管理的财产承担。

企业法人有过错的，按照《担保法》第29条的规定处理。企业法人的分支机构经法人书面授权提供保证的，如果法人的书面授权范围不明，法人的分支机构应当对保证合同约定的全部债务承担保证责任。企业法人的分支机构经营管理的财产不足以承担保证责任的，由企业法人承担民事责任。

（2）企业法人内部职能部门作保证人的归责问题。企业法人内部职能部门在任何情况下担任保证人，都是无效保证。对这一无效保证责任的承担，《担保法》未明文规定。《担保法司法解释》第18条规定："企业法人的职能部门提供保证的，保证合同无效。债权人知道或者应当知道保证人为企业法人的职能部门的，因此造成的损失由债权人自行承担。债权人不知保证人为企业法人的职能部门，因此造成的损失，可以参照担保法第五条第二款的规定和第二十九条的规定处理。"

审判要览案例

企业法人的分支机构作为保证人的保证合同无效

——中国工商银行青海省海东分行诉青海省循化撒拉族自治县万达商贸股份合作公司等借款担保合同案

案例要旨： 企业法人的分支机构不得作为保证人，该保证合同因保证人资格不合法而无效。

来源： 中国审判案例要览

【强令提供担保的禁止】 **第十一条　任何单位和个人不得强令银行等金融机构或者企业为他人提供保证；银行等金融机构或者企业对强令其为他人提供保证的行为，有权拒绝。**

条文主旨

本条是关于强令提供担保的禁止规定。

理解与适用

《担保法》第 3 条明文规定，担保活动应当遵守自愿原则。凡是违背自愿原则，当事人是在外力压迫因素下违背自己的真实意愿所签订的合同，应当属于无效合同。本条规定实为自愿原则的题中之义，亦为合同法理的内在要求。

现实当中，干涉法人的自主权，强令银行等金融机构或企业为他人提供保证的情形主要有以下两类：一是主管机关强令企业给他人贷款提供保证；二是政府强令银行等金融机构为他人提供保证。正是鉴于现实中存在的破坏企业经营自主权现象的问题，本条规定，任何单位和个人不得强令银行等金融机构或者企业为他人提供保证，对于违反法律规定强令他人提供保证的单位和个人，银行等金融机构或者企业有权拒绝。本条的规定使银行等金融机构或企业在维护自主权方面有了法律依据。

【共同保证】 **第十二条 同一债务有两个以上保证人的，保证人应当按照保证合同约定的保证份额，承担保证责任。没有约定保证份额的，保证人承担连带责任，债权人可以要求任何一个保证人承担全部保证责任，保证人都负有担保全部债权实现的义务。已经承担保证责任的保证人，有权向债务人追偿，或者要求承担连带责任的其他保证人清偿其应当承担的份额。**

条文主旨

本条是关于共同保证的规定。

理解与适用

共同保证人承担保证责任的方式有以下两种：

1. 共同保证人承担按份责任。

共同保证人承担按份责任这种责任形式只限于保证人对保证份额有明确约定的情况。两个或两个以上保证人对同一债务作保证的，如果各保证人在保证合同中对保证份额有约定的，那么，保证人应当按照合同约定的份额承担保证责任。在这种情况下，债权人只能请求每一个保证人就其保证份额承担保证责任，无权请求其中某个保证人就全部保证债务承担责任，某个保证人的保证责任也局限于合同约定的保证份额，按份共同保证的保证人按照保证合同约定的保证份额承担保证责任后，在其履行保证责任的范围内对债务人行使追偿权（《担保法司法解释》第21条）。如果其中一个保证人向债权人全部清偿了债务，他既可以根据本条之规定就全部债务向债务人追偿，也可以根据《民法总则》关于无因管理的规定向其他保证人就其各自负担部分予以追偿。因为，承担全部债务的保证人对于超过其份额的清偿属于无法定或约定的原因，主动清偿了他人债务，是无因管理行为。

2. 共同保证人承担连带责任。

如果共同保证人约定对主债务承担连带共同保证的，共同保证人之间承担连带保证责任应无异议，即使共同保证人相互之间约定了各自承担的份额，也不能以之对抗债权人。如果两人以上的保证人对同一债务同时或者分别提供保证时，各保证人与债权人没有约定保证份额的，应当认定为连带责任。在主合同规定的债务履行期届满没有履行债务的，债权人有权要求债务人履行债务，也可以要求任何一个保证人承担全部保证责任，每一个保证人也都有义务承担全部保证责任。已经承担保证责任的保证人，有权向债务人追偿，向债务人不能追偿的部分，由各连带保证人按其内部约定的比例分担。没有约定的，平均分担。共同保证人之间的关系相对于债权人而言系一种连带债务关系，但是共同保证人内部之间仍然存在着承担份额问题，份额的多少取决于保证合同或各个保证人之间的约定。若对此没有约定，则视为各共同保证人平等分担。保证人向债权人履行债务后，则债务人和债权人之间的权利义务关系消灭。而超过自己负担部分为清偿的保证人与债务人之间，为清偿的保证人与其他保证人之间形成新的权利义务关系。为清偿的保证人有权向债务人追偿，其他保证人对于为清偿的保证人的求偿予以清偿后，亦有权向债务人追偿。共同保证人对主债务人行使追偿权的结果必然是主债务人负担全部的偿还义务。如果主债务人缺乏清偿能力，则应由共同保证人之间平均负担债务的清偿数额。

需要注意的是共同保证与连带责任保证是不同的。区别主要表现在两个方面：首先，共同保证中共同保证人对同一债务承担连带保证责任，这里的“连带”仅指共同保证人之间的连带，而不是指共同保证人与主债务人之间的连带保证。而连带责任保证中的连带是保证人与主债务人之间的连带。其次，共同保证中，保证债务具有从属性和补充性，共同保证人均可向主债权人行使先诉抗辩权。连带责任保证人在任何情况下，都不得享有先诉抗辩权。

3. 保证人之间的追偿权。

（1）保证人之间关系的确定与债权人主张保证责任行为的效力。①确定各保证人之间关系的原则。在一个债权同时存在数个保证人时，各保证人之间的关系，我国《担保法》有明确的规定。各保证人之间对债权人的关系，可以分为按份保证责任和连带保证责任两种。《担保法》采连带保证责任主义，即各保证人之间对债权人而言，以承担连带保证责任为原则，以承担按份保证责任为例外。除非当事人在保证合同中有明确的约定，否则，各保证人之间应当承担连带责任。《担保法司法解释》也遵循了这一原则，其第 19 条规定：“两个以上保证人对同一债务同时或者分别提供保证时，各保证人与债权人没有约定保证份额的，应当认定为连带共同保证。连带共同保证的保证人以其相互之间约定各自承担的份额对抗债权人的，人民法院不予支持。”②保证人之间关系的认定。各保证人之间关系的确定，首先应当依保证合同的约定。保证合同如果对保证人之间的保证关系有明确的约定，则依约定。如果保证合同明确约定保证人各自仅就一定的债权份额承担担保责任的，也即明确约定了各自的保证份额时，各保证人承担按份保证责任。因此认定保证合同中对保证份额有明确的约定是关键。当事人也可能在保证合同中明确约定各保证人共同对债权人承担保证责任，保证人依此约定应当承担连带保证责任。如果保证合同对各保证人承担的保证责任的性质未作明确约定时，各保证人应当承担连带保证责任。各保证人之间承担连带保证责任，按照《担保法》的规定，是作为同一债权上存在多个不同保证时的一项原则。③债务人对保证人主张保证责任行为的效力。在按份保证下，各保证人仅按照各自的保证份额独立对债权人承担保证责任。各保证人之间形成按份之债，对保证份额之外的由其他保证人担保的债权不负任何义务。债权人于债务人届期不履行（或者不能履行）债务时，应当分别对各保证人要求承担保证责任。债权人向其中的一个或者数个保证人主张保证责任的，对其他保证人不产生任何法律效力。债权人未主张保证责任的保证人，在约定的或者法定的保证期间届满后，其保证责任消灭。在连带保证下，保证人共同对债权人承担连带责任，各保证人都负有对全部债权承担保证责任的义务。各保证人之间是一种连带之债。债权人可以向其中的一个保证人就全部债权主张保证责任，也可以向其中一部分或者全部保证人同时主张保证责任。各保证人在债权人主张保证责任时，负有就全部债权承担保证责任的义务，不得以其他保证人未承担保证责任或者债权人未向其他保证人主张保证责任为抗辩。当然，债权人也可以只要求其中的一个或者部分保证人仅承担部分保证责任。债权人对其中一个保证人或者一部分保证人主张保证责任行为的效力对其他保证人也有效。

（2）保证人追偿权的行使。

①保证人的追偿权的成立。在连带保证下，按照本条和《担保法司法解释》第 20 条的规定，债权人可以要求承担连带保证责任的任何一个保证人承担全部保证责任。一个或者部分保证人承担全部保证责任

后，有权向债务人追偿或者向其他保证人追偿。按份保证下，依据本条和《担保法司法解释》第21条的规定“按份共同保证的保证人按照保证合同约定的保证份额承担保证责任后，在其履行保证责任的范围内对债务人行使追偿权”，保证人在承担保证责任后仅对债权人享有追偿权，对其他保证人无追偿权。保证人的追偿权，以其依法或者依照合同约定承担了保证责任为要件。

②追偿权的行使。按照《担保法司法解释》第20条第2款“连带共同保证的保证人承担保证责任后，向债务人不能追偿的部分，由各连带保证人按其内部约定的比例分担”的规定，已经履行了保证责任的保证人向债务人的追偿权应当在先，即须先向债务人追偿，于追偿不能的范围内向其他保证人进行追偿。应当注意的是，如果已经履行了保证责任的保证人承担的是一般保证责任，则不存在向债务人追偿的问题。如果已经履行了保证责任的保证人承担的是连带责任保证，则须先行向债务人追偿，然后才能向其他保证人追偿。

债权人是否向保证人主张保证责任，不影响保证人追偿权的行使。保证人的追偿权的诉讼时效从该权利产生后并知道可以行使该权利时起算。保证合同约定或者法律规定的保证责任期间对保证人的追偿权不适用。所以即使在保证期间内债权人未向其他保证人主张保证责任，承担保证责任的保证人也有权向其他保证人追偿。

各保证人之间连带保证责任关系的确定与保证责任的方式之间的关系，《担保法》和《担保法司法解释》及《最高人民法院关于已承担保证责任的保证人向其他保证人行使追偿权问题的批复》均未规定。保证责任方式解决的是保证人与债务人之间对债权人的关系，而保证人之间的是连带责任关系还是按份责任关系，解决的是保证人之间的关系而非保证人与债务人之间对债权人的关系。所以保证责任方式的不同，不影响确定各保证人之间的责任关系，也即承担连带保证责任的各保证人的保证责任方式可以是一致，即全部是一般保证或者连带责任保证，也可以不一致，即部分为连带责任保证，部分为一般保证。不过保证责任方式的不同，对于行使追偿权有一定影响。承担一般保证责任的保证人，承担保证责任后，不必再行向债务人追偿，可以直接向其他承担连带责任的保证人追偿。

第二节 保证合同和保证方式

【保证合同的订立】 **第十三条 保证人与债权人应当以书面形式订立保证合同。**

条文主旨

本条是关于保证合同的订立的规定。

理解与适用

1. 保证合同概述。

（1）保证合同的概念。保证合同，是指保证人和债权人达成的明确相互权利义务，当债务人不履行债务时，由保证人承担代为履行或连带责任的协议。保证合同一般因合同之债而产生，它除具有一般合同的特点外，又具有自身的特点，根据法律的规定和实践，保证合同具有以下法律特征：第一，保证合同是有名合同；第二，保证合同是从合同；第三，保证合同是单务合同；第四，保证合同是无偿合同；第五，保证合同是诺成合同；第六，保证合同是附停止条件的合同。

（2）保证合同的种类。保证合同按照不同的分类方法可分为不同的种类。常见的大致有以下几种：①根据《担保法》第16条规定的保证方式的不同可把保证合同分为承担一般保证责任的保证合同和承担连带保证责任的保证合同；②按保证人的责任范围，可分为全额保证合同和部分保证合同；③按保证的人数，可分为一人保证和多人共同保证；④根据订立保证合同的形式可把保证合同分为单个形式保证合同和最高额形式保证合同；⑤根据保证人所担保的主债务的范围不同，可以将保证合同划分为有限保证与无限保证。

（3）保证合同和主合同的联系和区别。保证合同和主合同的相互联系主要表现在：第一，保证合同的成立是以主合同的成立为前提的，同时又随着主合同的变更或终止而变更或终止；第二，保证合同中保证人的责任范围只能小于或等于被保证人的责任范围；第三，保证人责任的性质取决于主合同义务人责任的性质，这也说明保证合同有它一定的从属性。

保证合同和主合同的区别主要表现在：第一，合同的性质和地位不同；第二，合同的权利义务不同；第三，合同偿付的债务性质不同；第四，合同的标的来源不同；第五，合同发生效力的时间不同。

2. 保证合同的订立。

保证合同的订立是保证活动开展的前提和基础，为了确保保证活动的真实、有效、合法，根据《民法总则》有关基本原则的规定和《担保法》的有关规定，保证合同的订立应遵循以下原则：平等原则，自愿原则，公平、诚实信用的原则，遵守国家法律和政策的原则。

保证合同基于双方当事人的关于保证的合意而成立，即保证人与债权人的两个意思表示几经交流而达成一致。这个交流过程分为要约和承诺两个步骤。由于保证合同的担保性，其目的和性质事先已经明确，所以要约的内容较为简单，其订约条款不外乎是对主债权担保范围大小的选定。当事人所提要约除了表达订约愿望外，还要同时明确提出保证债权的责任范围。如无特别表示，一般应为债权的全部。保证承诺是当事人一方同意接受对方所提要约的全部担保条件的意思表示。故承诺是一种接受，一是接受要约人主张的合同条款；二是就此缔结保证合同。承诺人作为受要约人，可以是债权人，也可以是保证人，但不能是债务人。

《担保法司法解释》规定了两种比较特殊的情形，其第 22 条规定："第三人单方以书面形式向债权人出具担保书，债权人接受且未提出异议的，保证合同成立。主合同中虽然没有保证条款，但是，保证人在主合同上以保证人的身份签字或者盖章的，保证合同成立。”

保证合同法律关系比较复杂，而且要在一段时间内为债权担保，因此，本条要求采用书面形式订立保证合同。保证合同的书面形式，是指以书面文字表达保证合同的内容，它的表现形态可以是独立的保证合同书，可以是主合同书中的保证条款，也可以是当事人之间具有保证性质的信件、传真、电报、电传等。未采用书面形式者，保证合同不成立。但有两种例外:（1）法律、行政法规规定或者当事人约定采用书面形式订立合同，当事人未采用书面形式但一方已经履行主要义务，对方接受的，该合同成立（《合同法》第36条）;（2）采用合同书形式订立合同，在签字或者盖章之前，当事人一方已经履行主要义务，对方接受的，该合同成立（《合同法》第37条）。

【一时保证与最高额保证】 第十四条　保证人与债权人可以就单个主合同分别订立保证合同，也可以协议在最高债权额限度内就一定期间连续发生的借款合同或者某项商品交易合同订立一个保证合同。

条文主旨

本条是关于一时保证与最高额保证的规定。

理解与适用

1. 一时保证。

本条前段规定，保证人与债权人可以就单个主合同分别订立保证合同。此即关于一时保证（又称单个形式保证）的规定。所谓一时保证是指保证人仅对一时性的债务关系予以担保的保证形式。也就是说，保证人为债权人和债务人的某次特定交易行为提供保证。如一家医院向某制药厂买药500箱，某医药公司为制药厂提供保证。医药公司为这个一次性交易合同提供的保证，就是一时保证。这种保证形式属于传统的保证形式，权利义务规定的比较明了、简单，在经济生活中经常见到。

2. 最高额保证。

（1）最高额保证的概念和特征。

本条后段规定即最高额保证（继续保证）的规定。所谓最高额保证，是指对于债权人的一定范围内的不特定而连续发生的债权预定一个限额，并由保证人提供担保而订立的保证合同。保证为债的关系，当事人可以任意创设，因为一定的原因关系而现在发生的或者将来可能发生的多个债权的总和，当事人可以依照合同自由原则约定一个最高额限度，成立最高额保证。

最高额保证是依照当事人的意思而设定的保证担保。债权人和保证人应当以书面形式订立最高额保证合同。最高额保证合同应当记载以下内容：被保证的债权性质、种类、最高担保数额，保证的方式，保证担保的范围，保证的期间以及双方认为需要约定的其他事项。最高额保证的特点主要有以下几点：①保证所担保的债权是未来的，不特定的；②被担保的主合同是多个，而不是一个；③最高额保证所担保的债权额是在一定期间发生的，并且在约定的最高限额内；④最高额保证的保证人享有单方终止保证合同的权利。

（2）最高额保证的期间。

最高额保证因其存续期间的届满而消灭。最高额保证的期间依照债权人和保证人的意思而确定。债权人和保证人对最高额保证的期间没有约定的，最高额保证随被担保的债权的存在而存在。但是，最高额保证因系担保一定范围内的不特定债权而成立的保证合同，保证人不能无期限地对债权人的债权提供担保。债权人和保证人在约定最高额保证时，应当明确约定最高额保证的存续期间，在最高额保证的期间内所发生的债权，保证人承担保证责任。最高额保证的期间有约定的，最高额保证因约定的存续期间届满而确定，转变为普通保证，即对特定的、已经发生的单个债权所成立的保证。最高额保证的期间未约定的，除非保证人通知债权人终止最高额保证，保证人对最高额保证终止前所发生的债权，承担保证责任。

但是，最高额保证的期间，仅仅是保证人在预定的最高额限度内，对不特定的债权承担保证责任的期间。最高额保证的期间，实际是保证人应否对所发生的债权承担保证责任的期间，最高额保证的期间届满，保证人对期间届满以前所发生的债权承担保证责任。在普通保证的情形下，保证期间是保证人对特定债权承担保证责任的最后期间，保证期间届满，保证人的保证责任消灭。保证人对其所保证的债权承担保证责任的期间，具有终止最高额保证关系的效果；而普通保证的保证期间，具有免除保证人的保证责任的效果，二者意义有所不同。

最高额保证的保证人对最高额保证期间所发生的债权承担保证责任。但是，就特定之债权而言，保证人的保证责任应受普通保证的保证期间的限制。最高额保证仅对保证人承担不特定债权的保证责任的期间有约定，而没有约定对在最高额保证期间内所发生的特定债权承担保证责任的期间的，保证人对债权人承担责任的保证期间，依照《担保法》第 25 条和第 26 条的规定，予以确定：保证人对债权人承担保证责任的保证期间，为主债务履行期届满之日起 6 个月。

【保证合同的内容】 **第十五条　保证合同应当包括以下内容：（一）被保证的主债权种类、数额；**

（二）债务人履行债务的期限；

（三）保证的方式；

（四）保证担保的范围；

（五）保证的期间；

（六）双方认为需要约定的其他事项。保证合同不完全具备前款规定内容的，可以补正。

条文主旨

本条是关于保证合同的内容的规定。

理解与适用

保证合同的主要内容，是确定保证合同当事人权利和义务的根据以及保证合同是否合法、有效的要件。根据本条的规定，保证合同应当包括以下内容：

1. 被保证的主债权的种类和数额。根据保证对主债务所具有的从属性质，即主债务的存在决定保证债务的存在，保证债务不得超过主债务，因此，为了确定保证债务的种类和数额的上限，必须首先在保证合同中确定主债务（即主债权）的种类和数额。

2. 债务人履行债务的期限。在保证合同中明确标示主债务的期限对保证人来说至关重要。因为主债务的期限的届满不仅意味着主债务人应完成债务的履行或主债务的诉讼时效的开始，同时，对于保证人来说，也意味着债权人可以要求连带保证人履行保证债务或保证债务的期限的迫近。对于一般保证人来说，主债务的期限的届满意味着自己将有可能对主债务承担保证责任。值得注意的是，《担保法》规定保证人就连续发生的债权作保证，而未约定保证期限的保证人可以随时书面通知债权人终止合同，但保证人对于通知到债权人之前发生的债权，承担保证责任。这可以说是对保证人比较有利的规定。

3. 保证的方式。保证的方式是保证人如何承担保证责任的重要问题，所以，在订立保证合同时，应当对保证的方式作出明确规定。根据《担保法》第 16 条的规定，保证方式有一般保证和连带责任保证两种。根据《担保法》第 19 条的规定，当事人对保证方式没有约定或者约定不明确的，保证人按照连带责任保证承担责任。

4. 保证担保的范围。保证担保的范围也是保证合同的重要条款，它的主要内容就是保证人对哪些债务承担保证责任。保证人对债务人的全部债务承担保证责任的，为全额保证；保证人对债务人的部分债务承担保证责任的，为部分保证，保证人承担部分保证的，保证人只在其约定的保证数额内承担保证责任。保证的范围包括主债务、主债务的利息、损害赔偿金、违约金以及实现债权的费用等。除此之外，保证人和债权人还可以在合同中约定，对于上述范围之外的内容也承担保证责任。如果保证人对保证范围没有规定或者虽然约定了，但不是很明确的，那么，根据《担保法》第 21 条的规定，保证人应当对全部保证范围承担保证责任。

5. 保证的期间。保证的期间是指保证人承担保证责任的起止时间，保证人在规定的期间内承担保证责任，过了该期间，即使债务人未履行债务，保证人也不再承担保证责任。对于没有约定保证期间或者约定不明的，根据《担保法》第 25 条和第 26 条的规定，保证人承担保证责任的期间为 6 个月，债权人只能在自主债务履行期间届满之日起 6 个月内要求保证人承担保证责任。

6. 双方认为需要约定的其他事项。保证合同中除了可以对被保证的主债务的种类、数额、债务人履行债务的期限以及保证的方式、范围、期间等内容作出规定外，保证人和债权人还可以就双方认为需要的其他事项作出规定，比如，对双方的权利和义务等内容作出规定。

保证合同没有完全具备法律规定的条款的，不影响保证合同的效力。保证人和债权人在保证合同订立后，可以根据具体情况协议增加有关内容，对订立保证合同时没有规定的内容加以补充。保证合同没有完全具备法律规定的内容，事后又没有作出补充的，当事人应当按照《担保法》中对没有约定情况的有关规定处理。

【保证的方式】 **第十六条　保证的方式有：**

（一）一般保证；

（二）连带责任保证。

条文主旨

本条是关于保证方式的规定。

理解与适用

《担保法》规定的保证方式只有一般保证和连带责任保证，目的在于明确两者承担责任的不同方式，进而使当事人明确这两种保证中保证人的担保责任的轻重及承担的顺序性。

1. 一般保证。一般保证是指保证人仅对债务人不履行债务负补充责任的保证。《担保法》第 17 条第 1~2 款规定："当事人在保证合同中约定，债务人不能履行债务时，由保证人承担保证责任的，为一般保证。""一般保证的保证人在主合同纠纷未经审判或者仲裁，并就主债务人财产依法强制执行仍不能履行债务前，对债权人可以拒绝承担保证责任。"因此，在一般保证中，保证人享有先诉抗辩权，仅在债务人的财产不足以完全清偿债权时才对不能清偿的部分负担保责任。一般保证的债务人只有在主债权纠纷经过审判或者仲裁，并就主债务人的财产强制执行而仍不足以受偿时，才得请求保证人履行保证债务。否则，保证人得拒绝承担保证责任。所以，在一般情况下，一般保证的债权人请求保证人承担保证责任的，不仅须证明债务人不履行债务的事实，而且须证明已就主债务的财产依法强制执行后仍不能完全受偿。

2. 连带责任保证。连带责任保证是指保证人在债务人不履行债务时与债务人负连带责任的保证。有的将连带责任保证称为连带保证。这种称谓是不妥的。连带保证一般是指 2 人以上为保证人时，保证人之间负连带责任的保证即共同保证中的连带关系；而连带责任保证是指保证人的保证债务与主债务人的主债务间有连带关系的保证。《担保法》第 18 条第 1~2 款规定："当事人在保证合同中约定保证人与债务人对债务承担连带责任的，为连带责任保证。”“连带责任保证的债务人在主合同规定的债务履行期届满没有履行债务的，债权人可以要求债务人履行债务，也可以要求保证人在其保证范围内承担保证责任。”因此，在连带责任保证，保证人并不享有先诉抗辩权，只要有债务人履行期届满不履行债务的事实，保证人在保证责任即发生效力。连带责任保证的债权人请求保证人承担保证责任的，只需证明有债务人届期不履行债务的事实即可，而不论债权人是否就债务人的财产已强制执行，保证人均应依保证合同的约定承担保证责任。

保证人承担何种方式的保证，由当事人的保证合同中约定。依《担保法》第19条规定：“当事人对保证方式没有约定或者约定不明确的，按照连带责任保证承担保证责任。”因为连带责任保证较一般保证来说，保证人的保证责任要重，所以保证人为避免承担过重的保证责任，一定要在保证合同中明确保证方式为一般保证。

3. 一般保证和连带责任保证的区别。一般保证是当事人在保证合同中约定，债务人不能履行债务时，由保证人承担保证责任的保证；连带责任保证是当事人在保证合同中约定保证人与债务人对债务承担连带责任的保证。二者的区别在于：一是承担责任的具体作法不同。一般保证的保证人只是在主债务人不履行时，有代为履行的义务，即有补充性；而连带责任保证中的保证人与主债务人为连带债务人，债权人在保证范围内，可以向债务人求偿，也可以向保证人求偿，债权人无论选择谁，债务人和保证人都无权拒绝。二是连带责任保证中保证人与主债务人的权利义务及其责任承担问题适用于连带债务的法律规定。三是连带责任保证中的债务人无先诉抗辩权，即不能以债权人是否催告主债务人作为是否履行保证义务的抗辩理由；而一般保证中的保证人享有先诉抗辩权，即当债权人要求保证人代为履行时，保证人可以要求债权人要求保证人先就主债务人的财产诉请强制执行或设有物的担保时先执行担保物权为由而拒绝清偿。四是连带责任保证是由法律规定或当事人约定，无规定或约定的，亦按连带责任保证承担；一般保证则由当事人约定。五是连带责任保证的担保力度较强，对债权人颇为有利，保证人的负担较重；而一般保证的担保力度相对较弱，保证人的负担相对较轻。

4. 保证责任方式的认定。保证责任方式，包含两层含义。首先，保证责任方式是指保证责任承担的方式，即保证是一般保证，还是连带责任保证。其次，保证责任方式是指保证人承担责任的内容。保证责任方式的确定有两种方式：一是通过双方的约定，一是依法律的规定。如果双方当事人在合同中明确约定了保证责任方式，则依当事人的约定。在当事人约定不明，或者没有约定，双方事后又达不成协议的情况下，依法律的规定。

【一般保证及其先诉抗辩权】 **第十七条　当事人在保证合同中约定，债务人不能履行债务时，由保证人承担保证责任的，为一般保证。**

一般保证的保证人在主合同纠纷未经审判或者仲裁，并就债务人财产依法强制执行仍不能履行债务前，对债权人可以拒绝承担保证责任。

有下列情形之一的，保证人不得行使前款规定的权利：

（一）债务人住所变更，致使债权人要求其履行债务发生重大困难的；

（二）人民法院受理债务人破产案件，中止执行程序的；

（三）保证人以书面形式放弃前款规定的权利的。

条文主旨

本条是关于一般保证及其先诉抗辩权的规定。

理解与适用

1. 一般保证。

一般保证具有以下特点：

（1）由当事人在保证合同中约定的保证方式。保证人和保证权人必须在保证合同中约定清楚保证的方式是一般保证或者连带责任保证，如果双方没有约定是一般保证还是连带责任保证，或者虽有约定，但约定不明确的，不能视为一般保证成立，依法只能推定为连带责任保证。

（2）只有在债务人不能履行债务时保证人才承担保证责任。这里所说的“债务人不能履行债务”，仅指“履行不能”这种情况。作为一般保证的构成要件的“债务人不能履行债务”，不是指债务人主观上不愿履行债务或拒绝履行债务，而是指客观上无法履行债务或是没有能力履行债务。因此，只有在债务人事实上已不可能再履行债务，如债务人嗣后不能履行债务时，保证人才承担一般保证的保证责任。

（3）一般保证的保证人有权行使先诉抗辩权。一般保证的保证人承担保证责任，必须是被保证的主合同纠纷已经经过审判或仲裁，后又依法对债务人即被保证人的财产采取强制执行措施，但债务人的财产仍不能清偿债务的情况下。否则，一般保证的保证人有权行使先诉抗辩权，要求债权人即保证权人先就主债务人即被保证人的财产诉请强制执行，从而拒绝承担保证责任。

2. 先诉抗辩权。

先诉抗辩权又称检索抗辩权，是行使保证人地位固有的一种权利，它是指一般保证的保证人在主合同纠纷未经审判和仲裁，并就债务人财产依法强制执行仍然不能履行债务前，对债权人可以拒绝承担保证责任的抗辩权。先诉抗辩权产生的根据是一般保证相对于主合同的从属性和补充性。保证人行使这一权利的前提条件是主合同纠纷未经审判或仲裁；或虽经审判或仲裁但并未就主债务人财产依法强制执行。如果依法强制执行，债务得到全部清偿，保证人就没有责任了，也就不必行使该权利了。

保证人行使先诉抗辩权，必须把握四个条件：（1）只有保证合同中明确约定保证人的保证责任是一般保证，保证人才能享有先诉抗辩权。（2）行使先诉抗辩权的时间和条件。根据本条第2款的规定，保证人在诉讼或仲裁前，或在诉讼或仲裁程序中以及强制执行程序中的任何时候都可以行使先诉抗辩权。如果在诉讼或仲裁前行使，应以主债权人未就主合同纠纷向法院起诉或未向仲裁机构申请仲裁为条件；如果在诉讼或仲裁程序进行中行使，应以法院的判决或仲裁机关的裁决未生效力为条件；如果在强制执行程序行使，应以未采取强制执行措施为条件。如果上述程序条件均已到位，经过强制执行仍不能清偿债务，则保证人再不能继续行使先诉抗辩权。（3）先诉抗辩权只能是在主债权人请求保证人履行保证责任时，才能由保证人行使；若主债权人未向保证人作出履行债务的请求，则保证人无从行使该抗辩权。（4）先诉抗辩权的行使仅是暂时拒绝履行债务，延缓保证责任的承担时间，其功能于防御和阻却，暂时停止或延缓主债权人请求权的行使，并不能否认或消灭债权人的权利和保证人的责任。

先诉抗辩权的行使将产生下列效果：（1）因先诉抗辩权具有延缓性和阻却性，所以先诉抗辩权的行使使债权人的履行请求受阻，保证人暂不承担保证责任；（2）先诉抗辩权有效行使后，到强制执行主债务人的财产无效果前，保证人不负履行迟延责任；（3）在前述时期，债权人不得以其对于保证人之债权而对保证人为抵销，抵销者无效；（4）保证人行使先诉抗辩权后，债权人就主债务人的财产已为强制执行，但未能全部满足债权时，可就剩余部分向保证人请求履行，此时即使债务人的财产已有显著改善并足以清偿剩余部分时，保证人也不得再次进行先诉抗辩；（5）保证人行使先诉抗辩权后，债权人有义务先对主债务人的财产强制执行，否则日后债权得不到清偿的后果将自行负责。

3. 先诉抗辩权的限制。

本条第 3 款规定在下列情形下不得行使先诉抗辩权：

（1）债务人住所变更，致使债权人要求其履行债务发生重大困难。保证人的先诉抗辩权因为此项事由而消灭的，应当同时具备以下三个条件：其一，债务人的住所在保证合同成立后发生变更。其二，债权人向主债务人请求履行债务发生重大困难。此为事实问题，应当依照具体案件的具体情况加以认定。其三，债务人的住所变更和债权人向债务人请求履行债务发生重大困难之间有因果关系。

（2）债务人进入破产程序。债务人进入破产程序，本身表明债务人已经失去清偿债务的能力，债权人此时只能依靠保证人取偿债权。在这种情况下，保证人不得行使先诉抗辩权。依照本条第3款规定并作文义解释，债权人首先应当向法院对债务人提起诉讼或者向仲裁机关申请仲裁，取得具有执行名义的司法文书，并请求法院强制执行，而法院依照破产法的规定裁定中止执行程序后，才可以请求保证人承担保证责任，否则，保证人可以主张先诉抗辩权。实际上，只要法院受理债务人的破产案件，不论债权人是否曾向法院起诉或者向仲裁机构申请仲裁，也不论债权人是否已经取得执行名义的判决或者仲裁裁决，更不论债权人是否已经向债务人请求履行债务，债权人均得直接请求保证人承担保证责任，保证人不得以任何理由主张先诉抗辩权。

（3）保证人抛弃先诉抗辩权。保证人可以抛弃先诉抗辩权。抛弃先诉抗辩权为保证人的单方行为，其生效于保证人作出抛弃先诉抗辩权的意思表示之时。保证人的先诉抗辩权因为抛弃而发生绝对消灭的效果。保证人在抛弃先诉抗辩权后，不得以任何理由再行主张先诉抗辩权。

【连带责任保证】 **第十八条　当事人在保证合同中约定保证人与债务人对债务承担连带责任的，为连带责任保证。**

连带责任保证的债务人在主合同规定的债务履行期届满没有履行债务的，债权人可以要求债务人履行债务，也可以要求保证人在其保证范围内承担保证责任。

条文主旨

本条是关于连带责任保证的规定。

理解与适用

连带责任保证具有以下特点：（1）由保证人与主债权人在保证合同中约定的保证方式；（2）由保证人与主债务人对主合同债务承担连带责任；（3）主债务人在债务履行期届满没有履行债务时由保证人承担保证责任。

连带责任保证的保证责任不具有保证的补充性，即保证人无先诉抗辩权，债务人债务履行期届满没有履行债务的，债权人可以自主选择由债务人来履行债务还是由保证人在其保证范围内承担保证责任，无论选择谁，债务人或保证人都无权拒绝。另外，连带责任保证还具有保证的附从性，即保证合同附从于主合同，如果主债务不存在，则连带责任保证也就不存在。

【保证方式没有约定或者约定不明确的推定】 **第十九条　当事人对保证方式没有约定或者约定不明确的，按照连带责任保证承担保证责任。**

条文主旨

本条是关于保证方式没有约定或者约定不明确的推定的规定。

理解与适用

当事人订立保证合同时，可以对保证方式进行选择，保证人既可以选择保证责任较轻的一般保证，也可以选择保证责任较重的连带责任保证。当事人在订立合同时对保证方式没有约定，或者虽然约定但约定不明确时，保证人应当按照连带责任的规定承担保证责任。这就是说，当事人在没有约定或者约定不明的情况下，保证人承担的是较重的保证责任。

从保障债权实现的目的出发，本条规定，保证方式没有约定或者约定不明，保证人按照连带责任方式承担保证责任。这样规定，不仅明确了保证人承担保证责任的方式，而且，规定保证人承担较重的责任，有助于加强保证人的责任意识，使保证人明确对保证方式不约定或者约定不明的法律后果，从而对保证方式能作出适当的选择。

人民法院案例选案例

两个以上保证人未约定保证份额的应承担连带共同保证责任

——张子行诉保证人刘东等承担保证责任保证人以属一般保证抗辩案

案例要旨：同一债务有两个以上保证人的，保证人应当按照保证合同约定的份额，承担保证责任。没有约定保证份额的，保证人承担连带责任，保证人都负有担保全部债权实现的义务。已经承担保证责任的保证人，有权向债务人追偿，或者要求承担连带责任的其他保证人偿还其应当承担的份额。两个以上保证人对同一债务同时或者分别提供保证时，各保证人与债权人没有约定保证份额的，应当认定为连带共同保证。

来源：《人民法院案例选》2003 年第 4 辑

【保证人的一般抗辩权】 **第二十条　一般保证和连带责任保证的保证人享有债务人的抗辩权。债务人放弃对债务的抗辩权的，保证人仍有权抗辩。**

抗辩权是指债权人行使债权时，债务人根据法定事由，对抗债权人行使请求权的权利。

条文主旨

本条是关于保证人的一般抗辩权的规定。

理解与适用

1. 抗辩权。

抗辩权以法定抗辩事由为依据，以对方当事人请求权的存在和有效为前提，因抗辩权的行使造成对方请求权消灭或使其效力延期发生。抗辩权的作用在于防御，而不在于攻击，因此必待他人之请求，始得对其行使抗辩权。

保证人的抗辩权，则是指主合同债权人向保证人提出承担保证责任的请求时，保证人根据一定的抗辩事由所享有的反驳债权人请求，拒绝或延缓承担保证责任的一种权利。其内涵要素有三：第一，保证人的抗辩权依法享有，但只能在债权人提出权利请求时才能行使，是专门针对请求权之行使的一种权利。第二，保证人只有在出现法定事由时，才能行使抗辩权。这种法定事由必须符合两个要求：一是应为积极的事实，即表明某种情况客观存在的事实；二是应有对抗性，即能够导致对方的请求在法律上不成立或不完全成立。单纯请求宽宥的表示或仅证明自己有某种可宽宥情节的事实，不能成为抗辩事由。第三，抗辩权的行使，可以造成两种后果：一是使债权人的请求权消灭，保证人免除责任；二是使债权人的请求权效力延期，保证人延缓承担责任。具备上述内涵的保证人抗辩权，在外延上分为二大类：一类是保证人享有的属于主债务人的抗辩权，另一类是专属于保证人的抗辩权。

2. 保证人所享有的债务人的抗辩权（保证人的一般抗辩权）。

保证人享有债务人的抗辩权具有这样几个特点：第一，对于债务人的抗辩权。无论是一般保证的保证人还是连带责任保证的保证人都可以行使。第二，保证人行使债务人的抗辩权，不受债务人的影响，即无论债务人有无放弃行使抗辩权，保证人都可以行使此权利。第三，保证人以自己的名义，独立行使抗辩权，而不是以债务人名义或债务人代理人的身份行使此项权利。

根据我国《合同法》及其他法律的规定，债务人的抗辩权具体包括：同时履行抗辩权、后履行抗辩权、不安抗辩权、撤销抗辩权、时效抗辩权、抵销抗辩权。

3. 保证人对债务人的抗辩权的行使。

本条所定保证人的抗辩权是基于被保证债务的原因而发生，但对保证人有独立的利益。这种抗辩权与《担保法》第 17 条规定的保证人的先诉抗辩权（专属抗辩权）不同，后者是保证人专属的，债务人不得享有。这里，尽管保证人行使的是债务人的抗辩权，但他是以自己的名义而非以债务人或债务人的代理人的名义行使该项抗辩权，因此，若债务人放弃其抗辩权，对保证人的抗辩权没有影响，保证人仍然有权抗辩。

第三节　保证责任

【保证范围】第二十一条　保证担保的范围包括主债权及利息、违约金、损害赔偿金和实现债权的费用。保证合同另有约定的，按照约定。

当事人对保证担保的范围没有约定或者约定不明确的，保证人应当对全部债务承担责任。

条文主旨

本条是关于保证范围的规定。

理解与适用

当事人在签订保证合同时，必须明确约定保证担保的范围。依照《担保法》第 15 条第 1 款第 4 项的规定，保证担保的范围是保证合同应当包括的内容。

1. 法定的保证范围。

（1）主债权。主债权即主合同债权人请求债务人为特定行为的权利，它是保证责任范围的重要内容。从根本上讲，保证合同的设立就是为了保障主债权的实现，保证责任范围的其他内容就是由主债权派生出来的，是属于主债权的。根据本条第2款的规定，当事人对保证担保的范围没有约定或者约定不明确的，保证人应当对全部债权承担责任。

（2）利息。利息主要是当主债权的标的为金钱时发生的。利息可分为约定利息和法定利息两种。法定利息指法律规定的利息，约定利息指债权人和主债务人在合同中约定的利息。由于法定利息和约定利息都是由主债权派生出来的，所以都应当属于保证责任的范围。法定利息比如迟延履行的利息是当然的主债权的从债权，当然是保证责任的范围；约定利息虽然是保证合同当事人约定的，也属于从债权。对于保证人来说，一般应当对保证合同订立之前或者同时成立的约定利息承担保证责任，对于保证合同订立之后债权人和债务人约定的利息没有经保证人同意的，保证人不承担保证责任。此外，由于法律不保护有失公平的高利贷利息，所以，当债权人和债务人约定利息属高利贷的，保证人也不承担保证责任。

（3）违约金。违约金是指法律规定或者合同约定的，当事人一方不履行债务时，必须给付他方一定数额的金钱。违约金也有法定违约金和约定违约金之分。违约金实质上也是一种从属于主债权的负担，所以也应当包括在保证责任范围之列。

（4）损害赔偿金。主合同的债务人因为债务的不履行时就可能对债权人造成实际损害，这时债权人有权依法要求赔偿损失。因此，损害赔偿金也包括在保证责任范围之内。这种损害的发生不管是因为债务人履行债务不能，还是履行迟延或者不完全履行，只要可归责于主债务人的，保证人就应对此承担保证责任。当主债务是金钱债务时，迟延利息即损害赔偿金。

（5）实现债权的费用。实现债权的费用指的是债务履行期限届满债务人不履行债务后，债权人为了实现其债权而付出的费用，包括诉讼费、仲裁费、通知保证人的费用以及其他的合理费用。

2. 约定的保证范围。

法定的保证范围只是为保证合同当事人在确定保证范围时，提供一个范本，并非对所有保证合同中保证范围的强制性制定。保证范围可以由保证合同当事人在自愿平等的基础上，按照协商一致的原则加以确定。法定的担保范围并非是对保证范围的强制性规定，保证合同当事人可以根据实际情况，约定保证范围的具体内容。

3. 法定保证范围和约定保证范围的关系。

法定保证范围为保证合同当事人约定保证范围提供指导和范本，约定保证范围则是对法律规定的保证范围的明晰化和具体化。约定保证范围具有优先于法定保证范围的效力，也就是说，在合法有效的保证合同中，如果当事人对法定保证范围作出变更，从而出现约定保证范围和法定保证范围不一致的情况下，优先适用保证合同中约定的保证范围，而排除法定保证范围的适用。如果当事人在保证合同中，对保证范围没有约定，或虽有约定但约定不明确的，就应当适用法定保证范围。从此种意义上说，法定保证范围又是对约定保证范围的有效补充。

4. 保证范围的推定。

保证合同当事人在保证合同中就保证范围没有约定，或者虽有约定但不明确时，如何确定保证人的保证范围？根据本条的规定："保证人应当对全部债权承担责任"。也就是说，保证人应就主债权的全部及其利息、主债务人因违约应支付的违约金、主债务人违约造成主债权人损害的损害赔偿金以及债权人实现债权的费用承担保证责任。这里需要指出的是，保证范围就是保证债务的内容，保证债务的最大范围是与主债务的范围相一致的，主债权人不得就与主债务没有联系的债务人的其他债务要求保证人承担保证责任。总而言之，当事人对保证担保的范围没有约定或约定不明确时，保证人的保证责任适用法定保证范围，而且仅限于法定保证范围。

审判要览案例

合同未约定且不能举证的，债权人无权要求赔偿律师费

——中国光大银行苏州分行诉韦翔塑胶（昆山）有限公司等借款合同案

案例要旨：债权人在其开具的银行承兑汇票未到期也未实际垫付的情况下聘请律师，以债务人经营状况不良、企业处于停顿等待破产的情形为由，提起诉讼，但未提供证据证明，且主合同中约定的赔偿损失范围未明确包含律师费的，债权人无权要求债务人支付律师费。

来源：中国审判案例要览（2009 年商事审判案例卷）

【债权让与对保证责任的影响】 **第二十二条　保证期间，债权人依法将主债权转让给第三人的，保证人在原保证担保的范围内继续承担保证责任。保证合同另有约定的，按照约定。**

条文主旨

本条是关于债权让与对保证责任的影响的规定。

理解与适用

根据本条的规定，在保证期间内发生有效的债权让与，对保证人的保证范围没有影响，只是在保证合同中另有约定的，应当按照约定办理。

根据“从随主”原则，如无相反约定，主债权人转让主债权予第三人时，从债权（保证债权）亦一同转让。《担保法司法解释》第 28 条规定：“保证期间，债权人依法将主债权转让给第三人的，保证债权同时转让，保证人在原保证担保的范围内对受让人承担保证责任。但是保证人与债权人事先约定仅对特定的债权人承担保证责任或者禁止债权转让的，保证人不再承担保证责任。”但主债权让与对保证人发生效力（即保证人仍在原保证担保的范围内向受让人继续承担保证责任）应满足以下条件：（1）债权让与必须是在保证期间内作出。保证人的保证责任随保证期间的届满而免除。保证期间届满后，保证人的保证责任免除，债权人让与其主债权的，主债权上已无保证债权依附，此时的债权让与对保证人不发生法律效力。（2）债权让与必须依法或依约定作出。债权让与的效力及于保证人是债权让与须生效。由此，债权让与应为让与人与受让人之合意，且应符合法律的规定以及主合同、保证合同的约定。（3）债权人应将债权让与通知债务人或保证人。债权人转让主债权，无须通知保证人，但如债权人与保证人在保证合同中特别约定，债权人应将债权让与通知保证人的，应从其约定，债权人应向保证人为通知，否则对保证人不发生效力。

债权让与对保证人的效力主要表现在：第一，债权让与对保证人生效后，受让人取得原主债权人的地位，其有权要求保证人在主债务人不履行债务的情况下承担保证责任。保证人有义务依保证合同的规定向主债权的受让人承担保证责任，并以此对抗原债权人。第二，根据《担保法》第22条之规定，主债权依法转让后，保证人仅在原有的范围内承担保证责任，即债权人依法向第三人转让主债权对保证人的保证担保的范围不发生影响。债权人在转让主债权时对主债权及其从属权利所作的任何扩张，对保证人的担保范围都不发生影响，保证人仍在原保证合同所确定的保证范围内承担保证责任。

本条的前段只是对债权让与和保证范围之间关系的一般规定，它并不排除保证合同当事人之间就此作出特别约定，从而排除本条前段一般规定的适用。《担保法司法解释》第28条即规定，保证期间，债权人依法将主债权转让给第三人的，保证债权同时转让，保证人在原保证担保的范围内对受让人承担保证责任。但是保证人与债权人事先约定仅对特定的债权人承担保证责任或者禁止债权转让的，保证人不再承担保证责任。例如，保证人与债权人在保证合同中约定，主债权非经保证人同意而转让的，保证人不再承担保证责任。因此，债权人未经保证人同意而向第三人转让债权，且保证人不予追认的，保证人不再承担保证责任。善意第三人（受让人）因此所受的损失应由债权人（让与人）负责赔偿。因此，设有保证担保的债权发生依法转移时，确定保证人的保证责任及保证范围首先应按照保证合同中当事人的约定，如果保证合同对此未作约定或虽有约定但不明确，那么保证人仍在原保证范围内承担保证责任。

【债务承担对保证责任的影响】 **第二十三条　保证期间，债权人许可债务人转让债务的，应当取得保证人书面同意，保证人对未经其同意转让的债务，不再承担保证责任。**

条文主旨

本条是关于债务承担对保证责任的影响的规定。

理解与适用

根据本条的规定，保证期间内，债权人许可债务人转让债务对保证人的保证责任将发生何种影响，将直接取决于债权人是否取得了保证人的书面同意。

一般说来，在债务承担的情况下，从属于主债务的从债务，如利息的支付、不履行合同时给付债权人违约金的支付、给债权人造成损害时的赔偿金的支付等，一并移转于承担人。因此，从此种意义上说，债务承担将会对保证人产生一定的法律效力，它主要表现在对保证人的保证责任的影响上。概言之，债务承担将因是否征得保证人同意而发生两种截然不同的法律效果：一是保证人免除保证责任；一是保证人继续承担保证责任。

（1）保证人依法免除保证责任。根据本条的规定，债权人许可债务人转让债务、未经保证人书面同意的，保证人对未经其同意转让的债务，不再承担保证责任。换言之，债权人允许债务人将债务移转给第三人，如果欲使保证人继续承担保证责任，就必须取得保证人的同意。否则，保证人对移转后的原债务不承担保证责任。其中有两点值得注意：

第一，保证人被免除保证责任的发生条件是债权人许可债务人转让债务时未经保证人同意，而且债务人又实际将债务移转给第三人。如果债务人依法将债权移转给第三人，且债权人的许可已征得保证人的同意，则保证人仍继续在原保证范围内承担保证责任；如果债权人只是许可债务人转让，但债务人并未实际转让，或债务人转让债务未经债权人的许可，保证人也应在原保证范围内承担保证责任。由此可见，债权人许可转让、债务人实际转让以及债权人的许可未经保证人同意，是保证人对转让的债务不承担保证责任的三个要件，缺一不可。

第二，保证人的免除保证责任的范围仅限于未经其同意转让的债务。《担保法司法解释》第29条即规定："保证期间，债权人许可债务人转让部分债务未经保证人书面同意的，保证人对未经其同意转让部分的债务，不再承担保证责任。但是，保证人仍应当对未转让部分的债务承担保证责任。"实践中，应以未加重保证人责任作为保证人是否继续承担保证责任的标准。

（2）保证人继续承担保证责任。此处所说的保证人继续承担保证责任，仅指继续承担全部保证责任而言，它必须符合的条件是：第一，债权人在保证期间内许可债务人转让债务。保证期间内，债权人未对债务人提起诉讼或申请仲裁的，保证人将因保证期间届满而免除保证责任。保证期间届满后，债权人许可债权人转让债务，无需征得保证人的同意。保证人也因其保证责任已被免除而不发生债务承担时是否继续承担保证责任问题。第二，债权人许可债务人转让债务并征得保证人的同意。对本条规定的"应当取得保证人的书面同意"如何理解，是确定债权人是否取得保证人同意的关键。本条关于“书面同意”的规定，其目的显然在于保证人与债权人就是否征得保证人同意发生纠纷时，方便举证，并非保证人在同意债权人许可转让债务时必须采用书面形式。因此，不能因为保证人的同意未采取书面形式，就否认保证人同意的存在。以上两个要件必须同时具备，缺一不可，唯此，保证人才将继续承担保证责任。

【合同的变更对保证责任的影响】 **第二十四条 债权人与债务人协议变更主合同的，应当取得保证人书面同意，未经保证人书面同意的，保证人不再承担保证责任。保证合同另有约定的，按照约定。**

条文主旨

本条是关于合同的变更对保证责任的影响的规定。

理解与适用

合同的变更改变了债权人和债务人之间的权利义务的内容，对于从属于主合同的保证合同来说，必然会因主合同的变更发生影响，其主要表现在对保证人的保证责任的影响。根据本条的规定，合同的变更对保证人的效力，可以概括为两个方面，一是保证人不再承担保证责任，即保证人被免责；一是保证人继续承担保证责任。

（1）保证人不再承担保证责任。根据《担保法司法解释》第30条第1款、第2款的规定，保证期间，债权人与债务人对主合同数量、价款、币种、利率等内容作了变动，未经保证人同意的，如果减轻债务人的债务的，保证人仍应当对变更后的合同承担保证责任；如果加重债务人的债务的，保证人对加重的部分不承担保证责任。债权人与债务人对主合同履行期限作了变动，未经保证人书面同意的，保证期间为原合同约定的或者法律规定的期间。债权人与债务人协议变动主合同内容，但未实际履行的，保证人仍应承担保证责任。

（2）保证人继续承担保证责任。根据本条的规定，债权人与债务人在协议变更主合同的情况下，欲使保证人继续承担保证责任，则必须取得保证人的同意。否则，保证人将不再承担保证责任。

本条的前段规定是法律的一般规定，并非对所有的主合同内容的变更都有适用余地。它仍允许当事人在保证合同中对此加以特别约定，以排除本条前段的适用。为此，本条后段规定："保证合同另有约定的，按照约定"。即保证合同中对主合同变更有约定的，就不适用本条前段的规定，而按照约定处理。如当事人在保证合同中约定，主债权人和主债务人就主合同的一切变更，无需经保证人的同意；或就主合同履行期限的变更，无需经保证人的同意。那么主债权人和主债务人在约定范围内变更主合同，就无需经保证人同意，且保证人仍承担保证责任。保证合同对此未作约定，或虽有约定但约定不明确的，仍应适用本条前段的规定。

【一般保证的保证期间】 **第二十五条　一般保证的保证人与债权人未约定保证期间的，保证期间为主债务履行期届满之日起六个月。**

在合同约定的保证期间和前款规定的保证期间，债权人未对债务人提起诉讼或者申请仲裁的，保证人免除保证责任；债权人已提起诉讼或者申请仲裁的，保证期间适用诉讼时效中断的规定。

条文主旨

本条是关于一般保证的保证期间的规定。

理解与适用

1. 保证期间的法定补正。

保证合同应当包括约定保证期间。但是如果不具备该条款，可以对其进行补正，补正的方法有两种：一是当事人约定补正；一是根据法律的直接规定加以补正，简称法定补正。本条第 1 款就是对一般保证的保证期间的法定补正的依据。在实践中，往往会出现保证人与债权人对保证期间没有作出约定的情况，本条第 1 款即对此明文规定：一般保证的保证人与债权人未约定保证期间的，保证期间为主债务履行期届满之日起 6 个月。即保证期间始于主债务履行期届满之日（届满的当日不应包括在内），终于起始日起 6 个月届满的当日。《担保法司法解释》对此作了补充规定，其第 32 条规定："保证合同约定的保证期间早于或者等于主债务履行期限的，视为没有约定，保证期间为主债务履行期届满之日起六个月。保证合同约定保证人承担保证责任直至主债务本息还清时为止等类似内容的，视为约定不明，保证期间为主债务履行期届满之日起二年。"在司法实践中应严格依此执行。

需要强调指出的是，本条第 1 款关于一般保证的保证期间的规定只是起补充作用，即只在当事人对此未作约定的情况下适用。当事人有约定的，按照约定，本款则无适用余地，不能以本款的规定改变当事人就保证期间所作的约定。

2. 保证期间的起算。

保证期间起算的时间不同，保证期间的长短是有区别的。而保证期间的长短决定着保证责任的承担或免除。因此明确保证期间的起算时间，具有重要的意义。

保证合同开始履行的时间不同于保证合同生效的时间，也不同于保证合同成立的时间。在保证合同约定的是连带责任保证形式时，保证合同于主合同履行期限届满之时开始履行，这一保证合同的履行时间就是保证期间的起算时间。在保证合同约定的是一般保证形式时，依照本条第 2 款的规定，保证合同约定有保证期间的，在约定的保证期间内，债权人要请求保证人承担保证责任，必须先向主债务人提起诉讼或申请仲裁，主债务人的财产被依法强制执行后，主债务人仍不能履行主债务时，保证人才开始承担保证责任。因此，如无相反约定，一般保证的保证期限亦从主合同履行期限届满之时起计算。根据《担保法司法解释》第 33

条之规定，主合同对主债务履行期限没有约定或者约定不明的，保证期间自债权人要求债务人履行义务的宽限期届满之日起计算。

保证期间的起算时间，当事人可以在保证合同中自行作出明确约定。保证期间的起算因当事人约定的时间不同而不同。当事人可以约定保证期间的起算时间是保证合同生效后主合同履行期限届满前的某一个时间，或者是主合同开始履行的时间，但保证期间的届满日不得早于或者等于主债务履行期限（《担保法司法解释》第 32 条）。

不论保证期间起算于何时，必须按日历计算法进行计算，保证期间开始的当天不计入期间，而是从下一日的零时起计算期间。

3. 一般保证保证期间的效力。

保证期间是保证人承担保证责任的起止时间，保证人在保证期间内承担保证责任，从此种意义上说，保证期间也就是保证责任有效存续的期间，这是保证期间的积极效力的方面。保证期间的效力还有其消极的一面，即在保证期间内发生一定的事实，保证人的保证责任将因保证期间届满而被免除。由此可见，保证期间消极效力的发生必须具备以下要件：（1）一定时间的经过。即保证期间内所确定的一段时间的经过，这是保证期间消极效力发生的前提条件。（2）法定事由的发生。即债权人在保证期间内未对债务人提起诉讼或申请仲裁。反之，如果在保证期间内，债权人依法对债务人提起诉讼，或就其与债务人的纠纷申请仲裁机关仲裁，保证人的保证责任则不能免除。这是保证期间消极效力发生的实质要件，它最终决定保证人是否能被免除保证责任。

一般保证是有先诉抗辩权的保证，一般保证的保证人是有先诉抗辩权的保证人。在保证期间内，债权人迳直向一般保证人提出请求，要求其承担保证责任，虽将因保证人行使抗辩权而对保证人无强制意义，但仍表明债权人是在积极主张自己对保证人的权利。在此种情况下，能否当然免除保证人的保证责任，应作具体分析：第一，在保证期间内，债权人仅对一般保证人主张权利，要求其承担保证责任，而不对债务人提起诉讼或申请仲裁。如果一般保证人依法行使了先诉抗辩权使其主张归于无效，债权人仍不对债务人提起诉讼或申请仲裁，即使债权人坚持要求一般保证人承担保证责任，保证人的保证责任也将因保证期间的届满而免除。第二，在保证期间内，债权人仅对一般保证人提出请求，要求其承担保证责任，而未对债务人提起诉讼或申请仲裁，但保证人放弃或怠于行使其先诉抗辩权，表示同意承担保证责任，则不能因保证期间届满而免除保证责任。

4. 保证期间是否可以中断。

保证期间在性质上属除斥期间，为不变期间，自不应发生保证期间的中断问题。在一般保证中，债权人只有在向债务人提起诉讼或仲裁，并且债务人的财产经强制执行而无效果后，才能向保证人请求承担保证责任，经过诉讼或仲裁程序，再经过执行程序，时间上需要一个过程，这个过程结束，保证责任的期间可能早已超过，这样对债权人显然不公平，因此《担保法》规定一般保证期间适用诉讼时效中断的规定，是对债权人和保证人利益的一种平衡。

《担保法司法解释》对此作了重大修正。该解释第34条第1款规定："一般保证的债权人在保证期间届满前对债务人提起诉讼或者申请仲裁的，从判决或者仲裁裁决生效之日起，开始计算保证合同的诉讼时效。"由此可见，一般保证的保证期间因一般保证的债权在期间内对债务人提起诉讼或者申请仲裁而无意义，此后，保证人的保证责任不受保证期间之约束，但受诉讼时效的保护。自主合同纠纷的法院裁决或仲裁裁决生效之日起2年内，债权人不向保证人主张保证债权者（不以诉讼或仲裁为必要），债权人的胜诉权消灭。

【连带责任保证的保证期间】 **第二十六条　连带责任保证的保证人与债权人未约定保证期间的，债权人有权自主债务履行期届满之日起六个月内要求保证人承担保证责任。**

在合同约定的保证期间和前款规定的保证期间，债权人未要求保证人承担保证责任的，保证人免除保证责任。

条文主旨

本条是关于连带保证的保证期间的规定。

理解与适用

1. 连带责任保证的保证期间的法定补正。

连带责任保证的法定保证期间是指在连带责任保证的场合，债权人与保证人没有约定保证期间或约定不明确的情况下，由法律直接规定的保证期间。本条第 1 款规定："连带责任保证的保证人与债权人未约定保证期间的，债权人有权自主债务履行期届满之日起 6 个月内要求保证人承担保证责任。"这一规定包含了两层含义：（1）连带责任的法定保证期间始于主债务履行期届满之日，终于起始之日起 6 个月。（2）由于连带责任保证中的保证人不享有先诉抗辩权，因此保证人在法定保证期间内不必向主债务人提起诉讼或申请仲裁，就可以直接要求保证人承担保证责任。此外，《担保法司法解释》第 32 条还规定："保证合同约定的保证期间早于或者等于主债务履行期限的，视为没有约定，保证期间为主债务履行期届满之日起六个月。保证合同约定保证人承担保证责任直至主债务本息还清时为止等类似内容的，视为约定不明，保证期间为主债务履行期届满之日起二年。"

2. 债权人的请求权。

根据本条的规定，债权人在保证期间内，有权要求保证人承担保证责任。这是由连带责任保证的特点所决定的。债权人迳行向保证人行使承担保证责任的请求权必须符合以下要件，缺一不可：（1）债务人没有履行其债务。即连带责任保证的债务人在主合同规定的债务履行期届满没有履行债务。这是债权人行使对保证人的请求权的决定性要件。（2）

债权人在保证期间内行使。即连带责任保证中的债权人必须在保证合同约定的保证期间内或依照本条第 1 款所确定的保证期间内行使其对保证人的请求权。

【最高额保证的保证期间】 **第二十七条　保证人依照本法第十四条规定就连续发生的债权作保证，未约定保证期间的，保证人可以随时书面通知债权人终止保证合同，但保证人对于通知到债权人前所发生的债权，承担保证责任。**

条文主旨

本条是关于最高额保证的保证期间的规定。

理解与适用

1. 最高额保证期间的确定。

最高额保证是保证人和债权人协议在最高债权额限度内就一定期限连续发生的借款合同或者某商品交易合同订立一个保证合同。在主合同中，对每笔交易约定有清偿期限的，以逾期不履行为保证权开始实行期；如无清偿期特约时，应以最高额债权清算期为其开始实行期。

本条所定保证期间，是指保证人对连续发生的债权在一定的最高限额内提供保证的期间，实属债务清偿期，与《担保法》第 25 条、第 26 条规定的保证期间的不同。最高额保证的保证期间自应因其保证方式的不同分别适用《担保法》第 25 条、第 26 条之规定，《担保法司法解释》还特别规定："最高额保证合同对保证期间没有约定或者约定不明的，如最高额保证合同约定有保证人清偿债务期限的，保证期间为清偿期限届满之日起六个月。没有约定债务清偿期限的，保证期间自最高额保证终止之日或自债权人收到保证人终止保证合同的书面通知到达之日起六个月。"（第 37 条）。

最高额保证，可以约定债务清偿期，在约定的债务清偿期内，保证人在最高额限度内承担保证责任。如果保证人未约定债务清偿期的，保证人的债务清偿期可确定为：一是保证人可以随时终止保证合同，但必须书面通知债权人；二是保证人对于通知到债权人前所发生的债权，仍旧要承担保证责任，此时，承担保证责任的期限，无论是一般保证方式还是连带责任保证方式，均应为债务履行期届满之日起6个月。

2. 保证人的合同终止权的行使条件和方式。

保证人的合同终止权，是指在未约定保证期间的最高额保证中，保证人以书面通知的方式通知债权人终止保证合同的权利。它是基于法律规定而直接产生的权利。合同终止权的行使必须符合一定的条件：（1）仅限于最高额保证。即只在最高额保证中才有可能发生保证人的合同终止权问题，这是保证人终止合同权的前提条件。在单个保证中，无论是一般保证，还是连带责任保证，《担保法》对其保证期间没有约定时保证人是否有合同终止权未作规定。在当事人未约定保证期间时，只能依据《担保法》第25~26条的规定加以补正，因而不发生保证人的合同终止权问题。（2）须未约定债务清偿期。即在具备上述前提条件之外，还须保证合同当事人对债务清偿期未作约定，这是保证人终止合同权得以行使的决定性条件。

3. 保证人合同终止权的效力和生效时间。

保证人的合同终止权一经有效行使即会产生一定的法律效力。它主要表现在两个方面：一是保证合同终止。即保证人和债权人已经订立的保证合同归于消灭。自保证合同消灭之时起，保证人和债权人之间的权利义务关系消灭。二是对其后发生的债权，保证人不再承担保证责任。即以保证人为行使合同终止权而向债权人发出的书面通知的生效时间为界，对在该生效时间之前发生的债权，保证人承担保证责任；对该生效时间之后发生的债权，保证人不承担保证责任。

在保证人以行使合同终止权为目的发出书面通知的生效时间上，《担保法》采取受信主义，又称到达主义。即合同终止权于该书面通知到达债权人之时，方生法律效力。而非该书面通知一经发出即发生法律效力的发信主义。因此，保证人合同终止权的生效时间为该书面通知到达债权人之时，并以此为界确定保证人是否承担保证责任。

4. 保证人的保证责任。

最高额保证的保证人在依法行使其保证合同终止权后，并不是说他对于自保证合同订立时起所发生的债权的保证责任全部被免除。否则，对债权人来说显失公平，不利于保护债权人的权利，不言自明。为此，本条特设规定："但保证人对于通知到债权人前所发生的债权，承担保证责任。"也就是说，保证人免除保证责任的范围仅限于"通知"到达债权人后所发生的债权。

【保证担保与物的担保并存时保证责任的承担】 **第二十八条**[①] **同一债权既有保证又有物的担保的，保证人对物的担保以外的债权承担保证责任。**

债权人放弃物的担保的，保证人在债权人放弃权利的范围内免除保证责任。

条文主旨

本条是关于保证担保与物的担保并存时保证责任的承担的规定。

理解与适用

1. 保证担保与物的担保并存时保证责任的承担。

本条第 1 款规定的含义是：在同一债权上，除保证人为其提供保证担保之外，还存在抵押、留置、质押等物的物的担保方式时，保证人承

① 在理解本条时，应与《物权法》第 176 条的规定相衔接。——编者注

担保证责任的范围限于物的担保以外的债权；无论物的担保是主债权的全部还是部分，在主债务履行期间届满主债权未受清偿时，都要首先实现物的担保来满足债权，如果担保物权的行使充分实现了债权，那么保证人就不再承担保证责任；如果担保物权的行使只是部分地实现了债权，那么，保证人就未能实现的那部分债权依法承担保证责任。《担保法》如此规定的理由在于：其一，为避免保证人与担保物权设定人在担保债权实现时互相推诿；其二，为适度减轻保证人的保证责任；其三，有利于债权的实现。担保物权作为一种物权具有优于担保债权的效力，首先就担保债权的确定性而言，担保物权优于保证，因保证是以第三人的财产为担保，其财产状况也可能发生变化，很不可靠，不如担保物权可以就特定物的价金直接清偿债权。其次，担保物权具有优先于保证债权的效力，同一物上担保物权和保证债权并存时，担保物权具有优先受偿权；再次，担保物权具有追及力，不管担保物发生何种变动，也不管被谁占有，担保物权人能直接对物行使权利，保证债权只有对人的请求权，而没有对物的处分权和追及权。因此担保物权较担保债权可靠，容易实现债权，大陆法系许多国家的民法的有关规定都体现了物的担保优先于人的担保实现的原则。

值得注意的是，《担保法司法解释》第 38 条对此作了重要修正。根据该条第 1 款之规定，同一债权既有保证又有第三人提供物的担保的，债权人可以请求保证人或者物的担保人承担担保责任。当事人对保证担保的范围或者物的担保的范围没有约定或者约定不明的，承担了担保责任的担保人，可以向债务人追偿，也可以要求其他担保人清偿其应当分担的份额。亦即同一债权既有保证，又有物的担保（第三人提供）时，两者间并无先后顺序，债权人可自由选择。同一债权既有保证，又有物的担保（保证人提供）时，是否有本条第 1 款适用之可能？就同一债权，保证人既提供人的担保，又提供物的担保时，其适用先后顺序对债权人之优先受偿权并无实际影响，因此，《担保法司法解释》第 38 条第 1 款对本条第1款作了修正。同时该条第2款还规定：“同一债权既有保证又有物的担保的，物的担保合同被确认无效或者被撤销，或者担保物因不可抗力的原因灭失而没有代位物的，保证人仍应当按合同的约定或者法律的规定承担保证责任。”

2. 债权人放弃物的担保，保证人免除保证责任。

保证人免除保证责任的条件是：其一，同一债权保证担保与物的担保并存。其二，债权人放弃物的担保。债权人放弃物的担保，无论在债务履行期未届满时，还是在债务履行期届满债务人未履行债务后；物的担保设立在保证合同订立前还是后；担保物权的设定人是债务人还是第三人；也不论债权人出于何种原因而放弃物的担保，这些都不影响保证责任的免除。至于放弃行为既包括债权人故意放弃担保物权，也包括因其过失而丧失或减少担保物权。

保证责任免除的范围限于债权人放弃权利的范围，是指债权人所放弃的物的担保的那部分债权，如果物的担保是全部债权，债权人放弃物的担保的，保证人便免除全部保证责任，如果是担保主债权的一部分，债权人放弃物的担保的，保证人就免除这部分的保证责任。

同一债权保证与物的担保并存，债权人放弃保证担保的，不影响物的担保的效力。对于共同保证，债权人放弃其中一个保证人的保证责任，或者同一债权有两个以上的担保物权，债权人放弃其中一个担保物权时，其他共同保证人或其他担保物权设定人的担保责任是否在债权人放弃权利的限度内免除？对此《担保法》未作规定，如果是按份共同保证，则债权人免除一个保证人的保证责任，不影响其他保证人的保证责任，在连带共同保证场合，债权人免除一个保证人的保证责任时，其他保证人就该保证人应分担的那部分债权免除保证责任，在共同物权担保时也同理。

根据《担保法司法解释》第38条第3款之规定，债权人在主合同履行期届满后怠于行使担保物权，致使担保物的价值减少或者毁损、灭失的，视为债权人放弃部分或者全部物的担保。保证人在债权人放弃权利的范围内减轻或者免除保证责任。

【企业法人的分支机构订立的无效保证合同的处理】**第二十九条　企业法人的分支机构未经法人书面授权或者超出授权范围与债权人订立保证合同的，该合同无效或者超出授权范围的部分无效，债权人和企业法人有过错的，应当根据其过错各自承担相应的民事责任；债权人无过错的，由企业法人承担民事责任。**

条文主旨

本条是关于企业法人的分支机构订立的无效保证合同的处理的规定。

理解与适用

1. 企业法人分支机构未经法人书面授权或超出授权范围订立保证合同的效力。

《担保法》第 10 条规定："企业法人的分支机构、职能部门不得为保证人。企业法人的分支机构有法人书面授权的，可以在授权范围内提供保证。"我国法律对法人的分支机构和职能部门担任保证人采取原则禁止、例外允许的态度。

（1）未经书面授权而订立的保证合同无效。即根据本条的规定，企业法人分支机构未经法人书面授权与债权人订立保证合同的，该合同无效。这与《担保法》第 10 条的规定一致，是由保证主体不合格造成的。

（2）超出授权范围订立的保证合同，超出授权范围的部分无效。企业法人的分支机构虽经企业法人的授权，但其超出了授权范围与债权人订立保证合同，其超出授权范围的部分无效。也就是说此类保证合同只是部分无效，而非当然地全部无效。

需要提出的问题是，在分支机构未经授权或超出授权范围与债权人订立保证合同之后，是否允许企业法人对该合同或合同中超出授权范围的部分予以追认而使其变为有效？应当允许企业法人有追认权。因为，允许企业法人对此类保证合同加以追认，使其成为有效，一方面，有利于维护债权人、债务人与企业法人之间的信任关系，另一方面，也有利于维护债权人的利益，督促债务人履行债务，从而有利于实现合同法的目的之一——鼓励交易。因此，严格而言，企业法人分支机构未经法人授权或超出授权范围与债权人订立保证合同的，该合同或超出授权范围的部分应处于效力未定状态，而不能当然归于无效，相反，应当允许企业法人加以追认。如果企业法人不加追认或债权人主张无效的，应按合同解除处理。

2. 保证合同无效或部分无效的法律后果。

（1）债权人和企业法人都有过错。在此种情况下，根据本条的规定，债权人和企业法人应根据其过错各自承担相应的民事责任。它包括两层含义：其一，债权人和企业法人都应承担民事责任；其二，债权人和企业法人承担民事责任的确定根据在于各自对造成保证保证合同无效或部分无效的过错。在考虑债权人和企业法人的过错时，主要考虑的因素有二：一是双方的过错与保证合同无效、因合同无效所生损害之间的因果关系。如果债权人虽有过错，但其过错对合同无效或损害无因果关系，则不应负责。二是双方的过错程度。

（2）债权人没有过错。依本条规定，在债权人没有过错的情况下，由企业法人承担民事责任。这是过错责任的“无过错即无责任”的体现，债权人对保证合同无效或部分无效没有过错，当然就不应承担责任。

最后需要强调的是，保证合同无效或部分无效所产生的是民事责任而非保证责任；在债权人没有过错时，企业法人承担的也是民事责任。当然对于保证合同部分无效的，就其中的有效部分，企业法人仍应承担保证责任；对无效部分，承担民事责任。此处的民事责任主要表现为返还财产和赔偿损失。

【保证责任的免除】 **第三十条　有下列情形之一的，保证人不承担民事责任：**

（一）主合同当事人双方串通，骗取保证人提供保证的；

（二）主合同债权人采取欺诈、胁迫等手段，使保证人在违背真实意思的情况下提供保证的。

条文主旨

本条是关于保证责任的免除的规定。

理解与适用

依据本条的规定，有下列情形之一的，保证人不承担民事责任：

1. 主合同当事人双方恶意串通的。此种行为构成有以下要件：

（1）主合同当事人出于恶意。即主合同当事人明知为某种行为将会使保证人受骗上当而提供保证，造成对保证人利益的损害，仍故意为之。如果双方当事人或一方当事人不知该行为会发生上述后果，不构成恶意。当事人出于恶意，足以表明其主观上具有违法的意图。

（2）主合同当事人互相串通。串通，首先是指主合同当事人具有共同的目的，即都希望通过实施某种行为而骗取保证人提供保证。共同的目的可以表现为债权人和债务人事先达成一致的书面或口头协议，也可以表现为一方先作出意思表示，而对方明知实施该行为是为达到骗取保证的目的，而用默示的方式表示接受。其次，是指债权人和债务人为达该目的互相配合或者共同实施某行为。

（3）保证人因受骗提供保证。即保证人因债权人和债务人的串通而受骗上当，为债权人的债权提供了保证担保。如果仅有债权人和债务人的串通行为，保证人并未为其提供保证，则无适用本条之余地，也不会发生保证人承担民事责任或保证责任等问题。

在审判实践中，有的金融机构为了落实收贷指标，与借款人订立

（以贷还贷）的新借款合同，以解决借款人目前尚无能力归还贷款的问题，同时由借款人寻找保证人与出借人订立借款保证合同或保证条款。对以贷还贷的新借款合同的效力以及保证合同的效力应如何认定？

关于以贷还贷的新借款合同的效力，多数意见认为，我国现行法律、行政法规对以贷还贷行为没有限制，目前也没有事实证明以贷还贷有社会危害性，如无其他无效事由，应当认定为有效。[①]

关于为以贷还贷的新借款合同的从合同保证合同的效力，《担保法司法解释》第39条规定："主合同当事人双方协议以新贷偿还旧贷，除保证人知道或者应当知道的外，保证人不承担民事责任。新贷与旧贷系同一保证人的，不适用前款的规定。"由此可见，对于以贷还贷的保证的效力应具体问题具体分析。①如果借贷双方在借款合同中明确约定贷款用途为短期流动资金借款、固定资产借款、购材料等等，但实际上是以贷还贷，[②]且保证人不知道或者不应当知道的，可认定借贷双方恶意串通，骗取保证人提供担保，而免除保证人的保证责任和民事责任。②如果借款合同中写明是以贷还贷，或有证据证明保证人明知借贷双方以贷还贷仍为之提供担保的，如无其他保证合同无效事由，保证人仍应承担保证责任。③在旧贷和新贷均有保证人且保证人为同一人时，保证人原则上应当承担保证责任。④对借款人擅自改变贷款用途，虽未征得保证人同意，但贷款人主观上没有过错，也并非与借款人互相串通欺骗保证人，因此保证人仍应承担保证责任。

2. 主合同债权人采取欺诈、胁迫等手段的。

主合同债权人采取欺诈、胁迫等手段，使保证人在违背真实意思的情况下提供保证的，保证合同无效，保证人既不承担保证责任，也不承

① 最高人民法院经济审判庭：《经济审判指导与参考》（1999年第1卷），法律出版社1999年版，第225页。

② 如果（1）款项根本没有贷出，只是更换贷款凭证；（2）借款人短时间内归还贷款的（如上午贷出款项，下午即归还）；（3）新贷款恰好是旧贷款本息相加之和，借款人又在较短的时间内归还旧贷款，即可推定借款双方有以贷还贷之合意。

担民事责任。

（1）欺诈。欺诈有以下构成要件：①必须有欺诈人的欺诈行为；②欺诈人须有欺诈的故意；③须表意人因相对人的欺诈而陷入错误；④须表意人因陷入错误而为意思表示。

（2）胁迫。胁迫行为有以下构成要件：①须债权人有胁迫的行为；②债权人有胁迫的故意；③胁迫的本意在于对保证人的自由意思加以不法干预；④须保证人因胁迫而实际上已陷入恐怖或无法反抗的境地；⑤须相对人因胁迫而为意思表示。

《担保法司法解释》还规定了两种特殊情形。其第41条规定："债务人与保证人共同欺骗债权人，订立主合同和保证合同的，债权人可以请求人民法院予以撤销。因此给债权人造成损失的，由保证人与债务人承担连带赔偿责任。"第40条规定："主合同债务人采取欺诈、胁迫等手段，使保证人在违背真实意思的情况下提供保证的，债权人知道或者应当知道欺诈、胁迫事实的，按照担保法第三十条的规定处理。"

【保证人的追偿权】**第三十一条　保证人承担保证责任后，有权向债务人追偿。**

条文主旨

本条是关于保证人的追偿权的规定。

理解与适用

1. 保证人行使追偿权的条件。

（1）保证人已经向债权人承担保证责任。依照法律规定，保证人只要承担了保证责任就可行使追偿权，保证人自行履行保证责任时，其实际清偿额大于主债权范围的，保证人只能在主债权范围内对债务人行使追偿权。（《担保法司法解释》第43条）在限额保证中，保证人只担保了部分债权，保证人行使追偿权会影响债权人其他部分债权的实现，因为债务人满足了保证人的追偿便减少了用来清偿债权人债权的财产，因此代位求偿权对保证人有利，对债权尚未得到全部清偿的债权人非常不利，因此在外汇担保中，贷款人往往要求在担保合同上限制保证人行使追偿权的时间，即规定贷款人的本金和利息全部得到清偿后，保证人才能行使追偿权。

（2）因保证人履行保证债务而使主债务消灭。保证人的实际履行、代位清偿、抵销，甚至保证人的财产被强制执行，如果使主债务归于消灭，即可构成追偿权。相反，虽然保证人履行了保证债务，但并未使债务人免除债务，则保证人不能享有追偿权。例如，在保证人与债务人承担连带责任的情况下，由于在主债务履行期届满，债务人没有履行其债务时，债权人可同时请求债务人和保证人履行其义务。因此，保证人在履行保证债务后，应及时通知债务人，如未及时通知致使债务人延期履行自己的债务，则保证人不享有向债务人的追偿权，他只能依据公平原则，请求债权人返还，而不能向债务人请求偿还。

（3）保证人承担保证责任须没有过错。保证人在承担保证责任后，有义务及时通知债务人，若保证人怠于通知债务人，致使债务人无过失地又向债权人履行的，保证人丧失追偿权，保证人可以不当得利请求债权人返回，债权人应予返回。另外保证人在承担保证责任时怠于行使债务人对债权人的抗辩权，而作出大于债务人应承担债务范围的清偿，以及担保人支出非必要的花费，使得债务人的债务范围扩大，对扩大部分，保证人丧失追偿权，债务人有权在被追偿时对保证人提出抗辩。

根据《担保法司法解释》第9条规定：“担保人因无效担保合同向债权人承担赔偿责任后，可以向债务人追偿，或者在承担赔偿责任的范围内，要求有过错的反担保人承担赔偿责任。担保人可以根据承担赔偿责任的事实对债务人或者反担保人另行提起诉讼。”

2. 保证人追偿权行使的范围。

《担保法》第 31 条规定，保证人承担保证责任后，有权向债务人追偿，但对保证人向债务人追偿的金额范围未作规定。追偿权是对保证人因履行保证义务的一种补偿，补偿的范围包括保证人过失承担保证责任所受到的一切损失，包括：保证人实际承担的保证责任的范围，此范围应与债务人的免责范围一致，若保证人承担保证责任而给付的金额大于债务人的债务免除金额，则超出部分保证人不得追偿，而应以不当得利向债权人追偿。自承担保证责任之日起，保证人为债务人免除债务而给付的金额的法定利息。保证人为承担保证责任而支付的必要费用，如履行保证责任的费用，诉讼费用等。保证人在承担保证责任过程中因不可归责于自己的事由而受到的损失。在有偿担保中，担保费不属于追偿范围，应由债务人在保证合同订立时另行支付。

3. 保证人追偿权的实现。

保证人追偿权是法律赋予保证人的权利，除非保证人自愿放弃，否则他人不得剥夺。保证人承担保证责任后，当然取得追偿权，可以直接向债务人追偿，债务人有义务予以满足。如果债务人拒不补偿，则保证人可以请求人民法院强制债务人履行补偿义务。《担保法司法解释》第 42 条规定："人民法院判决保证人承担保证责任或者赔偿责任的，应当在判决书主文中明确保证人享有担保法第三十一条规定的权利。判决书中未予明确追偿权的，保证人只能按照承担责任的事实，另行提起诉讼。保证人对债务人行使追偿权的诉讼时效，自保证人向债权人承担责任之日起开始计算。"

若保证人承担保证责任后，如果发生债务人破产的，保证人可以申报破产债权，分配债务人破产财产，申报的数额以保证人实际承担的保证责任范围为限，参加破产程序的费用不能作为债权申报。若保证人分配破产财产不足补偿其支出的，保证人的损失由保证人自己承担。

4. 保证人追偿权行使之限制。

（1）保证人不知主债务已经清偿，而对债权人为清偿或其他免责行为，由于主债权债务已消灭，故保证人的追偿权无从成立，保证人只能依不当得利之规定，向债权人请求返还其已为的给付。但是如果保证人因可宽宥之事由不知主债务已经清偿，而向债权人为清偿，仍可行使追偿权，但其对于债权人之不当得利返还请求权，应让与主债务人。

（2）保证人为清偿或其他免责行为后，怠于通知主债务人，主债务人善意地向债权人为再次清偿或其他免责行为，《担保法》未作规定。日本民法规定，此时主债务人可以主张自己的免责行为有效，德国民法对此虽无明定，但学说上亦认为保证人应有通知义务，如违反此义务，主债务人对于保证人之求偿权，有异议权，有时还可以请求损害赔偿。我们认为，依委托之基本法理，委托人应当将受托事务的处理情况告知委托人保证人丧失其对主债务人的追偿权。

【保证人追偿权的预先行使】 **第三十二条　人民法院受理债务人破产案件后，债权人未申报债权的，保证人可以参加破产财产分配，预先行使追偿权。**

条文主旨

本条是关于保证人追偿权的预先行使的规定。

理解与适用

1. 保证人预先追偿权行使的条件。

依法律规定，保证人行使预先追偿权应具备两个条件：

（1）必须在人民法院受理债务人破产案件后。

只有在法院受理债务人破产案件后，才有必要赋予保证人预先追偿权。依《破产法》规定，人民法院只有受理债务人破产案件，债权人的债权即使已经诉讼或仲裁，尚未执行完结的，也应中止执行程序，即破产案件一经人民法院受理，债务人的财产即处于冻结状态，债权人不能再向债务人请求清偿，而只能依法申报债权，参加破产程序，但参加破产程序，债权往往只能得到部分清偿，为保障债权实现，《担保法》规定债权人可不必参加破产程序而直接向保证人求偿。这样，债权人的债权有了保障，但保证人在承担保证责任后都有可能因错过债权申报时间而失去补偿机会，为了使保证人和债权人之间利益能得到平衡，《担保法》同时赋予保证人以预先追偿权。

（2）债权人未申报债权。

《担保法》并未规定债权人将其是否申报债权的意思表示告知保证人的义务，因此，造成实际上，保证人要行使预先追偿权，却因已过申报债权期限而不得，因此，《担保法》有必要规定债权人的通知义务，同时赋予保证人的通告抗辩权，即债权人在知道或应该知道债务人破产时，有义务在债权申报期限内的适当时间，向保证人作出不参加破产程序而向保证人求偿的意思表示。如果债权人在知道债务人破产时，既不申报债权，又不告知保证人债务人破产，自己不申报债权但不放弃求偿这些情况，导致保证人错过债权申报期限而未能预先从债务人破产财产中得到补偿的，保证人在其如及时申报债权可从破产财产中分配到价额范围内免责。当然，如果债权人不知债务人破产情况，或者保证人知道或者应当知道债务人破产情况时，保证人不得行使通告抗辩权。根据《担保法司法解释》第45条规定："债权人知道或者应当知道债务人破产，既未申报债权也未通知保证人，致使保证人不能预先行使追偿权的，保证人在该债权在破产程序中可能受偿的范围内免除保证责任。"

债权人未申报债权，是指债权人未申报有保证担保的那部分债权。如果债权人申报了其他部分债权，而放弃了有保证担保部分债权的申报，则保证人有预先追偿权，保证人可申报自己所担保部分的债权。如果债权人已以其债权总额为债权申报时，自然也包括了有保证担保的这部分债权，此时保证人不得行使预先追偿权申报债权，以免发生同一债权双重加入的结果。

（3）保证人应申报保证债权。

保证人追偿权要预先实现，必须向人民法院申报其保证债权，参加破产财产分配。否则，人民法院无从得知保证人的权益，更无从对保证人加以保护。根据《担保法司法解释》第46条规定，人民法院受理债务人破产案件后，债权人未申报债权的，各连带共同保证的保证人应当作为一个主体申报债权，预先行使追偿权。

（4）保证人的预先追偿权的行使以保证人必须承担保证责任为前提。

如果在债务人破产时，保证责任因《担保法》规定的免除情形而免除，即使债权人未申报债权，保证人也不必行使预先追偿权。可见，保证人行使预先追偿权是为了自己，而不是为债权人，保证人自己行使预先追偿权，而不是代债权人行使权利。

2. 保证人预先行使追偿债权的范围。

保证人不得代债权人申报债权，因此保证人申报的债权范围与债权人的债权范围很可能不一致，保证人按约定或法定应承担的保证责任范围申报债权。保证合同对保证责任范围有约定的，保证人按约定担保债权数额申报债权，保证责任范围未约定或约定不明确的，则依法定保证范围视情况而定。如果法院受理债务人破产案件之前，债务人已存在违约事实，而且债务纠纷已经诉讼或仲裁程序处理，则保证人应以生效的法律文书所确认的应由保证人承担的债权数额为债权申报。主债务纠纷未经处理的，则保证人应在法定范围，即主债权及利息、违约金、损害赔偿金及实现债权的费用范围内确定申报的债权数额。如果债务人已部分履行债务的，保证人应以未清偿部分为债权申报。如果法院受理债务人破产案件时，债务尚未到履行期的，未到期债务视为到期，参加破产程序的破产费用不得列为破产财产，故此时保证人只能就未到期债权申报债权，而且应当减去未到期的利息。但是，保证人申报的债权数额只是保证人单方面意思，哪些可以列入破产债权需由债权人会议确定。

3. 共同保证人预先追偿权的行使。

在数人共同保证时，共同保证人预先追偿权的行使因保证人承担的保证责任不同而有不同。分为两种情形：

第一，各共同保证人承担按份责任的，每个保证人各自以约定份额为限向债权人承担保证责任，因此每个保证人也应以约定份额为限为各自申报债权。

第二，共同保证人之间承担连带责任的，虽然保证人之间应承担的份额是确定的，但对债权人而言，保证人承担保证责任没有份额之分，债权人可以请求任何一个保证人清偿全部债权，任何一个保证人对债权人的请求不能拒绝，但承担了保证责任的保证人，有权向债务人追偿，或者要求承担连带责任的其他保证人承担其应承担的份额，其他保证人在承担相应份额后，最终向债务人追偿。因此在连带共同保证中，取代债权人地位的不是某一个保证人，而是全体保证人，能否从债务人破产财产中预先获得补偿关系到全体共同保证人的利益，因此，每个连带共同保证人都享有预先追偿权。但这并不是说每个保证人各自都去申报债权，虽然每个保证人都有先行承担全部保证责任的义务，但在债权人未行使请求权之前，无法确定债权人会选择哪一位保证人，因此也不能由某个人单独行使预先追偿权，因此只能由全体保证人作为一个整体来行使预先追偿权，对此，《担保法司法解释》第46条规定："人民法院受理债务人破产案件后，债权人未申报债权的，各连带共同保证的保证人应当作为一个主体申报债权，预先行使追偿权。"全体共同保证人可推荐某一保证人为代表人，也可委托外人为代理人去申报债权，参加破产程序，如果某个保证人以个人身份申报了全部债权，则其他共同保证人不得再申报债权，以免发生同一债权重复加入，损害其他破产债权人利益，但这个保证人参加破产程序无论是代表以全体保证人的名义申报债权，还是特殊情况下某个保证人以个人名义申报债权，其申报的债权数额应是全部债权。从破产财产中分得的财产再按保证人所应承担的份额确定比例进行分配，参加破产程序的费用不得列入破产债权，也应由各保证人分担。

4. 保证人预先行使追偿权的效果。

保证人预先行使追偿权后，即参加破产财产的分配。保证人只能在破产财产内行使追偿权，以预先实现保证债权。

所谓破产财产的分配，是指为了清偿破产债权人各自提出的确定债权，由清算组将属于破产财产中可供分配的部分变价后所得的金钱，按照清偿顺序，以一定的比例，平等地清偿。

但是，根据该清偿顺序，保证债权可能是全部实现，也可能是部分实现，甚至会发生不能实现的情形。在保证债权全部实现时，保证人在其承担保证责任后能够得到补偿。保证人即提前实现了保证债权，达到了行使预先追偿权的目的。在保证债权部分实现或全部不能实现时，保证人在其承担保证责任后就无法得到补偿，而是形成了“利益差额”或“利益空缺”，对这些差额或空缺，便作为保证人从事保证活动的风险损失。

第三章 抵 押

第一节 抵押和抵押物

【抵押、抵押人、抵押权人和抵押物】 **第三十三条 本法所称抵押，是指债务人或者第三人不转移对本法第三十四条所列财产的占有，将该财产作为债权的担保。债务人不履行债务时，债权人有权依照本法规定以该财产折价或者以拍卖、变卖该财产的价款优先受偿。**

前款规定的债务人或者第三人为抵押人，债权人为抵押权人，提供担保的财产为抵押物。

条文主旨

本条是关于抵押、抵押人、抵押权人和抵押物的规定。

理解与适用

1. 抵押概述。

抵押包括以下几层涵义：（1）提供抵押担保的人可以是主债务人或第三人；（2）不转移抵押财产的占有；（3）抵押的目的在于担保债权；（4）抵押担保以抵押权人（债权人）行使优先受偿权而实现；（5）抵押权的行使必须以债务人不履行债务为前提；（6）抵押权人应通过抵押财产折价或以拍卖、变卖抵押财产的价款优先受偿。

2. 抵押权。

抵押权具有以下特征：

（1）物权性。抵押权即属担保物权的一种类型。从本质上说，抵押权是对物的直接支配权，抵押权人可以不依赖物之所有人的意志自行实现对物的处分，通过折价、变卖、拍卖而使自己获得优先受偿，因此，抵押权本质上是一种物权而非债权，明确抵押权的物权性具有以下意义：①作为一种物权，抵押权须遵循物权法定主义原则，抵押权的内容由法律直接规定，当事人不得自行创设。②在一般情况下，物权具有优于债权的效力，在债务人破产的情况下，设有抵押权的财产不属于破产财产的范围。抵押权人可行使别除权直接从该抵押财产中优先受偿，而不与其他债权人一起参加破产财产的分配。所以，当抵押物发生转让，设立其上的抵押权并不因此而当然丧失，抵押权人仍可以行使对抵押物的追及权，使自己的债权得以优先受偿。③抵押权的设立应遵循物权公示原则，物权公示有交付公示与登记公示两种方式，对于抵押权因为不转移占有因而不能采用前者，只能以登记为公示，抵押物应该进行登记，未经登记不产生公信力，不得对抗善意第三人。

（2）从属性。由于抵押权系就抵押物卖得价金优先受偿的权利，因而必从属于债权而存在。抵押权之存在、移转及消灭，均应从属于债权。但须说明的是，随着担保物权制度之发展与社会经济发展的要求，抵押权的从属性已出现缓和之趋势。最高额抵押权之承认，即是明证。关于抵押权从属性之内容，可具体说明如下：①抵押权不得由债权分离而为让与。即抵押权人不得以抵押权单独让与他人，自己保留其债权；抵押权人不得将债权单独让与他人，自己保留其抵押权；抵押权人也不得将债权及抵押权分别让与不同之人。因此，仅让与抵押权的，其让与不生效力；仅让与债权的，其效力及于抵押权。②抵押权不得与债权分离而为其他债权的担保。

（3）不可分性。从结构上看，抵押权是全部债权对抵押物整体所享有的完整的权利，具有不可分性。

（4）追及性。财产抵押后，抵押人并不丧失财产所有权或经营权，抵押人仍然有权转让抵押财产。但抵押财产的转让对抵押权不发生影响，抵押权人可追及至抵押财产的买受人行使其抵押权。《担保法司法解释》第 67 条第 1 款规定："抵押权存续期间，抵押人转让抵押物未通知抵押权人或者未告知受让人的，如果抵押物已经登记的，抵押权人仍可以行使抵押权；取得抵押物所有权的受让人，可以代替债务人清偿其全部债务，使抵押权消灭。受让人清偿债务后可以向抵押人追偿。"

（5）物上代位性。抵押权的标的物灭失、毁损，因而得受赔偿金时，该赔偿金成为抵押权标的物的代替物。抵押权人得就该赔偿金行使权利，称为抵押权的物上代位性。

（6）优先受偿性。在抵押制度中，抵押权人的优先受偿权就是对用作抵押物的债务人的特定财产而享有的优越于一般债权人的权利。债权人可以在抵押物的范围内使自己的债权首先得到清偿，通过抵押物而不能清偿的部分债权，则转化为普通债权。

3. 抵押权的种类。

（1）不动产抵押权，是以不动产为标的物的抵押权，是抵押权的主要形式；（2）权利抵押权，是指以权利为抵押权标的的抵押权；（3）动产抵押权，是指以动产为标的物的抵押权，也就是在动产上设定的抵押权。

4. 抵押物。

本条第 2 款规定了抵押物（又称抵押财产）。《担保法司法解释》第 5 条规定："以法律、法规禁止流通的财产或者不可转让的财产设定担保的，担保合同无效。以法律、法规限制流通的财产设定担保的，在实现债权时，人民法院应当按照有关法律、法规的规定对该财产进行处理。"

根据《担保法司法解释》的规定，以依法获准尚未建造的或者正在建造中的房屋或者其他建筑物抵押的，当事人办理了抵押物登记，人民法院可以认定抵押有效（第 47 条）。以法定程序确认为违法、违章的建筑物抵押的，抵押无效（第 48 条）。以尚未办理权属证书的财产抵押的，在第一审法庭辩论终结前能够提供权利证书或者补办登记手续的，可以认定抵押有效。当事人未办理抵押物登记手续的，不得对抗第三人（第 49 条）。

【抵押财产的范围】 **第三十四条　下列财产可以抵押：**

（一）抵押人所有的房屋和其他地上定着物；

（二）抵押人所有的机器、交通运输工具和其他财产；

（三）抵押人依法有权处分的国有的土地使用权、房屋和其他地上定着物；

（四）抵押人依法有权处分的国有的机器、交通运输工具和其他财产；

（五）抵押人依法承包并经发包方同意抵押的荒山、荒沟、荒丘、荒滩等荒地的土地使用权；

（六）依法可以抵押的其他财产。

抵押人可以将前款所列财产一并抵押。

条文主旨

本条是关于抵押财产的范围的规定。

理解与适用

1. 抵押财产（抵押物）。

可以抵押的财产必须具备以下几个条件：（1）抵押人对抵押物必须有处分权。抵押人如果对财产没有处分权，不仅抵押合同难以成立，而且即使成立了抵押合同，抵押权人的抵押权也难以保证充分实现。因此本条规定，作为抵押的财产应当是抵押人所有的，如果是国有财产则必须是抵押人依法有权处分的。同时规定，所有权、使用权不明或者有争议的财产，依法被查封、扣押或者采取其他强制措施的财产，不得抵押。（2）抵押物必须是法律允许转让的。法律禁止转让的财产，如土地、国防设施等不得抵押。限制流通物也可以作为抵押物，但是其流通方式受到一定的限制，抵押权人不能直接就这种抵押物折价受偿，也不能随便拍卖受偿。

2. 抵押财产的范围。

依本条规定，下列财产可以抵押：

（1）抵押人所有的房屋和其他地上定着物。抵押人所有的房屋，指抵押人依法享有所有权的房屋。包括：①私有房产；②集体所有房产；③企事业单位投资建购的房屋。抵押人所有的其他地上定着物，指抵押人依法享有所有权的附着于土地之上的除房屋以外的不动产。包括：①抵押人所有的林木；②抵押人所有的地上构筑物。

（2）抵押人所有的机器、交通运输工具和其他设备。抵押人所有的机器，指抵押人依法享有所有权的各种机器设备。抵押人所有的交通运输工具，指抵押人依法享有所有权的用于交通运输的飞机、船舶、火车、各种机动车辆等。抵押人所有的其他财产，指抵押人所有的，设定担保物权后不转移财产占有的财产。比如，企业的产成品，牲畜，比较笨重、不易搬动的财物等。

（3）抵押人依法有权处分的国有土地使用权、房屋和其他地上定着物。“土地的使用权可以依照法律的规定转让。职工对于其购买的公有住房有依照法律规定处分的权利，可以用作抵押担保。国有其他地上定着物，指所有权属于国家的除土地、房屋外的不动产。包括：国有森林、草原、庭园以及桥梁、隧道、纪念碑、水塔等建筑物。

（4）抵押人依法有权处分的国有的机器、交通运输工具和其他财产。国有的机器、交通运输工具和其他财产可否抵押，取决于法律是否授予财产使用人处分该财产的权利。

（5）抵押人依法承包并经发包方同意抵押的荒山、荒沟、荒丘、荒滩等荒地的土地使用权。为了鼓励承包开发四荒、解决承包开发四荒的资金短缺，《担保法》允许在经过发包方同意的前提下，以四荒的土地使用权抵押。

（6）依法可以抵押的其他财产。这是一项兜底性规定，以适应不断变化的经济生活需要。《担保法》没有规定的财产可否抵押，应当根据法律规定确定。

本条第2款规定：“抵押人可以将前款所列财产一并抵押。”《担保法司法解释》第50条规定：“以担保法第三十四条第一款所列财产一并抵押的，抵押财产的范围应当以登记的财产为准。抵押财产的价值在抵押权实现时予以确定。”这是关于企业财产集合抵押的规定。根据该款规定，企业可以将企业的动产、不动产及其某些权利作为一个整体实现担保。

【超额抵押】 **第三十五条　抵押人所担保的债权不得超出其抵押物的价值。**

财产抵押后，该财产的价值大于所担保债权的余额部分，可以再次抵押，但不得超出其余额部分。

条文主旨

本条是关于超额抵押的规定。

理解与适用

1. 超额抵押。

本条第1款规定："抵押人所担保的债权不得超过其抵押物的价值。"以此明示我国法禁止超额抵押之态度。所谓超额抵押，是指抵押人以抵押物的同一个价值向一个或几个债权设定抵押，所担保的债权总额大于抵押物的价值。但《担保法司法解释》第51条规定："抵押人所担保的债权超出其抵押物价值的，超出的部分不具有优先受偿的效力。"

2. 复合抵押（余额抵押）。

本条第2款规定："财产抵押后，该财产的价值大于所担保债权的余额部分，可以再次抵押，但不得超出其余额部分。"此即关于复合抵押的规定。复合抵押是指抵押人为担保数个债权以同一财产设定抵押权，但抵押所担保数个债权总额并不超出该项财产的总价值的抵押。

同一财产向两个以上债权人抵押的，拍卖、变卖抵押物所得的价款按照以下规定的顺序进行清偿：（1）抵押合同已登记生效的，按照抵押物登记的先后顺序清偿，顺序相同的，按照债权比例清偿。（2）以自愿登记方式订立的抵押合同，如果当事人均未办理抵押物登记，实现抵押权时，各抵押权人按债权比例受偿。（《担保法司法解释》第76条）如果几个抵押权人都进行了抵押登记，应当按照抵押权人进行抵押登记的先后顺序进行清偿，如果几个抵押权人抵押登记的时间相同，那么就按抵押权人的债权比例来清偿。（3）以自愿登记方式订立抵押合同的，有几个抵押权人，有的抵押权人进行了抵押登记，有的没有进行抵押登记，进行了抵押登记的抵押权人应当先于未进行抵押登记的抵押权人受偿。

【设定抵押时房屋与土地使用权间的关系】**第三十六条　以依法取得的国有土地上的房屋抵押的，该房屋占用范围内的国有土地使用权同时抵押。**

以出让方式取得的国有土地使用权抵押的，应当将抵押时该国有土地上的房屋同时抵押。

乡（镇）、村企业的土地使用权不得单独抵押。以乡（镇）、村企业的厂房等建筑物抵押的，其占用范围内的土地使用权同时抵押。

条文主旨

本条规定设定抵押时房屋与土地使用权之间的关系。

理解与适用

1. 以地上建筑物设定抵押时，其占用范围内的土地使用权一并抵押。以地上建筑物抵押的，该建筑物占用范围内的土地使用权应当一并抵押，不得仅抵押地上建筑物。抵押地上建筑物的，债务人不能清偿被担保的债权时，抵押权人可以一并变卖抵押的地上建筑物和其占用范围内的土地使用权，并以其变价金担保债权的受偿。

2. 以土地使用权设定抵押的，其上的建筑物应同时抵押。

土地使用权可以单独设定抵押。仅以土地使用权设定抵押时，债务人不履行债务的，抵押权人仅能以土地使用权的变价金，受优先清偿。但是，法律禁止以土地使用权单独设定抵押权的，不得设定权利抵押权。

抵押土地使用权时，若存在地上建筑物，应当将地上建筑物一并抵押。若抵押人对于抵押的土地使用权范围内地上建筑物没有抵押的，鉴于土地使用权和地上建筑物分别为独立的不动产，土地使用权抵押的效力不能当然及于地上建筑物。有此情形发生时，抵押权人行使权利时，惟能将抵押的土地使用权和未抵押的地上建筑物一并变价，分割价金后，清偿土地使用权所担保的债权。

我国法律不允许仅抵押土地上的房屋（建筑物）而不抵押土地使用权。抵押土地上的建筑物，用于建筑的土地使用权必定一同抵押。土地使用权和地上建筑物共同抵押的，债务人不履行债务，抵押权人可以变价土地使用权和建筑物的价金优先受偿。《担保法司法解释》还特别规定："当事人以农作物和与其尚未分离的土地使用权同时抵押的，土地使用权部分的抵押无效。"（第52条）

人民法院案例选案例

乡镇、村企业以厂房等建筑物抵押的，抵押权实现时应坚持"房随地走、地随房走"双向一体原则

——江苏新澄特钢集团公司诉上海爱使股份有限公司确认抵押合同效力案

案例要旨： 乡（镇）、村企业集体土地使用权不得单独抵押，既包括土地和建筑物并存状态下土地使用权不得抵押的情形，也包括仅有土地的状态下不得抵押的情形。乡镇、村企业以厂房等建筑物抵押以融通资金、担保债务，应当坚持"房随地走、地随房走"的双向一体原则，不能仅以集体土地使用权单独抵押。

来源：《人民法院案例选》2011年第3辑

【不得设定抵押的财产】 **第三十七条　下列财产不得抵押：**

（一）土地所有权；

（二）耕地、宅基地、自留地、自留山等集体所有的土地使用权，但本法第三十四条第（五）项、第三十六条第三款规定的除外；

（三）学校、幼儿园、医院等以公益为目的的事业单位、社会团体的教育设施、医疗卫生设施和其他社会公益设施；

（四）所有权、使用权不明或者有争议的财产；

（五）依法被查封、扣押、监管的财产；

（六）依法不得抵押的其他财产。

条文主旨

本条是关于不得设定抵押的财产的规定。

理解与适用

《担保法》除对可作抵押物的财产作列举式规定外，还对禁止作抵押物的财产作了列举规定，体现了抵押物的法定主义，凡是《担保法》禁止作抵押物的财产设定抵押权的，抵押无效。根据本条的规定，下列财产不得抵押：

1. 土地所有权。在我国，实行土地公有制，土地归国家和集体所有，我国现行法律没有规定国有土地所有权可以处分，对集体土地所有权只能由国家依法征用，征用后的土地归国家所有。我国立法允许国有土地使用权抵押，禁止土地所有权抵押，这是为了维护社会主义土地公有制。

2. 耕地、宅基地、自留山、自留地等集体所有的土地使用权，但《担保法》第 34 条第五项、第 36 条第 3 款规定的除外。除《担保法》规定的可以抵押的荒山、荒沟、荒丘、荒滩等荒地的使用权和与乡（镇）、村企业厂房同时抵押的土地使用权外的耕地、宅基地、自留地、自留山等集体所有的土地使用权不得设定抵押。

3. 学校、幼儿园、医院等以公益为目的的事业单位、社会团体的教育设施、医疗卫生设施和其他社会公益设施。《担保法司法解释》第 53 条规定：“学校、幼儿园、医院等以公益为目的的事业单位、社会团体，以其教育设施、医疗卫生设施和其他社会公益设施以外的财产为自身债务设定抵押的，人民法院可以认定抵押有效。”

4. 所有权、使用权不明或者有争议的财产。主要指处在以下情况下的财产：（1）继承发生后，遗产尚未分割的财产。按《继承法》规定，被继承人死亡后，发生继承问题。此时继承已经开始，但遗产可能尚未分割。继承人是否放弃继承权尚未表态，财产到底归谁所有尚未清晰，此时的遗产不能用来抵押。（2）有争议的财产。民事主体就财产的归属问题未尚达成一致，有关的司法机关或仲裁机关正在进行司法裁决或仲裁进行期间，而未有终局的处理决定，此时财产所有权人或使用人尚未清楚，此时这类有争议的财产不能用作抵押。

5. 依法被查封、扣押、监管的财产。依法被查封、扣押、监管的财产，虽然所有权仍属于财产所有人，但所有权的行使受到了法律的限制，因此，《担保法》规定这些财产不得设定抵押。须指出，若抵押权设定后，抵押物被依法查封、扣押、监管的，抵押权不受影响，若采取强制措施本身是违法的，也不影响抵押权的设定。

6. 依法不得抵押的其他财产。这是一项兜底性规定。除本条前五项所列不得抵押的财产外，有的法律规定了其他不得抵押的财产。因此，在设定抵押权时，除要依照《担保法》外，还要看其他法律有无禁止抵押的规定。

典型案例

依法被查封、扣押、监管的财产不得设定抵押

——中国工商银行吴江市支行诉吴江凯讯电缆有限公司最高额抵押借款合同纠纷案

案例要旨：依法被查封、扣押、监管的财产不得设定抵押。因此，抵押担保合同在签订时若抵押物处于被查封等状态的，则不能取得有效抵押的法律效果，待被查封等监管措施解除后，抵押人即因此又重新取得了对抵押财产的处分权，相

关的抵押合同即可以因此而获得法律约束力，债权人有权就抵押物变现价款优先受偿。

来源：法信精选

第二节　抵押合同和抵押物登记

【抵押合同的订立】**第三十八条　抵押人和抵押权人应当以书面形式订立抵押合同。**

条文主旨

本条是关于抵押权的设定——抵押合同的订立的规定。

理解与适用

1. 抵押合同概述。抵押合用包括以下几层含义：（1）抵押合同是一种担保合同的形式，是用于设立抵押权，保障主合同债权实现的一项协议；（2）抵押合同的主体是抵押人和抵押权人。抵押人是抵押权的设定，既可以是债务人本人，也可以是第三人；抵押权人是取得和享有抵押权的人，是债权人。客体是供与担保的抵押物，该抵押物可以是动产，也可以是不动产，但不移转占有。内容是规定抵押权的设立和抵押双方当事人的权利义务关系。（3）抵押合同必须采用书面形式。

抵押合同具有以下特征：（1）抵押合同是从合同；（2）抵押合同是要式合同；（3）抵押合同是补充性合同；（4）抵押合同是诺成合同。

根据不同的标准，可以对抵押合同作出不同的分类。在抵押合同的司法实践中，一般按照抵押财产的类别，将抵押合同分为不动产抵押合同、动产抵押合同和权利抵押合同。

2. 抵押合同的订立。

（1）抵押合同的主体。是指抵押法律关系的参与者，即签订抵押合同的双方当事人——抵押权人和抵押人。在法律实务中，抵押人资格受到一定限制，主要包括以下几个方面：①无民事行为能力人和限制民事行为能力人不能作为抵押人；②学校、幼儿园、医院等以公益为目的的事业单位、社会团体是限制抵押人；③乡（镇）、村企业、农村承包经营户为限制抵押人。抵押权人是指取得和享有抵押权的权利人，在担保合同中，是被抵押担保的债权人，即受抵押权设定的债权人。

（2）抵押合同的客体。是指抵押合同确立的权利义务关系所指向的对象。简言之，抵押合同的客体即抵押物。《担保法》第 34 条和第 37 条对可以抵押的财产和不得抵押财产分别作出了规定。

3. 抵押合同的订立方式。抵押合同的订立方式，是指抵押合同在订立时具体采取的形式，是书面还是口头形式，是登记方式还是非登记方式。在抵押合同的内容确定之后，抵押合同的订立方式，对于抵押合同的履行，抵押权的实现，纠纷的解决有重要意义。《担保法》规定，抵押合同采用书面形式和抵押物登记方式（本条规定的是抵押合同的书面形式）。

【抵押合同的内容】 **第三十九条　抵押合同应当包括以下内容：**

（一）被担保的主债权种类、数额；

（二）债务人履行债务的期限；

（三）抵押物的名称、数量、质量、状况、所在地、所有权权属或者使用权权属；

（四）抵押担保的范围；

（五）当事人认为需要约定的其他事项。

抵押合同不完全具备前款规定内容的，可以补正。

条文主旨

本条是关于抵押合同的内容的规定。

理解与适用

抵押合同的条款根据其对抵押合同成立的效力，分为法定条款和约定条款。法定条款又称必要条款，是指法律规定的，双方当事人在签订抵押合同必须具备的条款。根据本条规定，抵押合同的法定条款主要有四项：（1）被担保的主债权种类、数额；（2）债务人履行债务的期限；（3）抵押物的名称、数量、质量、状况、所在地、所有权权属或使用权权属；（4）抵押担保的范围。除了这些法定条款，本条又规定了约定条款："当事人认为需要约定的其他事项。"这一条款是一个补充条款，根据这一规定，抵押合同当事人认为需要约定的事项，可以写到抵押合同中。根据本条的规定，抵押合同的内容主要有以下几项：

1. 被担保的主债权种类、数额。被担保的主债权种类和数额的约定，主要是为了明确抵押发生的根据，同时也确定了抵押权人实现抵押权时，就抵押物优先受清偿的主体范围。

主债权的种类，依不同的标准，有不同的分类。被担保的主债权一般可分为以下几种：金钱债权、不能以金钱计算为标的的债权、以给付代替物为标的的债权、附条件债权等。主债权的数额是指主债权的财物金额或对劳动者支付的工资、劳务费，一般是由金钱来衡量，不属于金钱债权的，应当将债权标的换算成金钱。

2. 债务人履行债务的期限。是指债务人清偿债务的时间，即清偿主债务的期限。抵押权人就抵押物的变价或拍卖、变卖抵押物实现抵押权，必须等到债务人履行期届满而且债务人没有履行债务时才能进行。

3. 抵押物的名称、数量、质量、状况、所在地、所有权权属或使用权权属。抵押物的名称、数量、质量、状况是指抵押物是什么标的物、抵押物有多少、抵押物的品质如何及抵押物的现在状态如何，这些因素是抵押物的基本情况，是标志抵押物总体价值的指标，是保证抵押合同有效实现及实现抵押权的重要因素，是抵押合同的关键部分，在抵押合同中必须明确规定，规定不明确的，应当及时补正。抵押物所在地是指订立抵押合同时，抵押物所处的地理位置，对债权设定抵押担保，是以不转移抵押物的占有状态为前提的，抵押合同签订后，抵押人实际上占有抵押物，为了保证抵押权人的权益，为了保证抵押权人对抵押物的数量、质量、状况的监督，在抵押合同中，必须明确规定抵押物所在地。抵押物所有权或使用权权属，是指抵押物为何人所有，或谁对该抵押物享有使用权。《担保法》第 34 条规定：抵押物可以是抵押人所有的财产，也可以是抵押人依法经营管理、有权处分的财产，同时，还可以是抵押人有权处分的土地使用权。《担保法》第 37 条第四项规定：所有权、使用权不明或有争议的财产不得抵押。因此，为了保证抵押权人的合法权益，抵押合同的顺利执行，在抵押合同中必须明确规定抵押物的产权关系。如没有规定的，必须及时补正，如无法补正的，抵押合同无效。

4. 担保的范围。担保范围是指抵押人以抵押物设定抵押，承担担保责任的范围，具体包括有主债权、利息、违约金、损害赔偿金、实现抵押权的费用。主债权是抵押合同中必须规定的，以其他各项为担保事项，由抵押权人和抵押人具体约定，一旦双方当事人约定某项或某几项给予提供担保，抵押人就必须依此约定承担担保责任。

5. 当事人认为需要约定的其他事项。这是一补充规定，是对以上四项担保内容的补充，抵押的设定，是抵押合同当事人双方的法律行为，双方当事人认为其他需要约定的事项，应当具体协商、约定，抵押合同规定的越详细具体，越有利于抵押合同的具体操作，越有利于经济纠纷的解决和经济活动的顺利进行。

前述五项内容，是抵押合同应当具有的条款，但并不是说任何抵押合同都必须完全具备上述五项内容。本条第 2 款中规定："抵押合同不完全具备前款规定内容的，可以补正。"因此，抵押合同若不完全具备前述五项内容，抵押合同并不因此而无效。当事人可以就合同中尚不具备的内容进行协商，予以补充。但并非所有条款均可以补充，依《担保法司法解释》第56条之规定，抵押合同对被担保的主债权种类、抵押财产没有约定或者约定不明，根据主合同和抵押合同不能补正或者无法推定的，抵押不成立。法律规定登记生效的抵押合同签订后，抵押人违背诚实信用原则拒绝办理抵押登记致使债权人受到损失的，抵押人应当承担赔偿责任。由此可见，被担保的主债权种类、抵押财产为抵押合同的必备条款。

【流质契约的禁止】 **第四十条　订立抵押合同时，抵押权人和抵押人在合同中不得约定在债务履行期届满抵押权人未受清偿时，抵押物的所有权转移为债权人所有。**

条文主旨

本条是关于流质契约的禁止规定。

理解与适用

如果当事人双方约定，在主债权已届清偿期未为清偿时，抵押物的所有权即转移为债权人所有，即为流质契约，又称流押。依本条规定，这种约定是禁止的。

流质契约的禁止是严格意义上的禁止。尽管抵押权人在实现抵押权时，抵押物的价值可能等于或小于拍卖的价值，抵押权实现的结果实质上并没有侵害抵押人的权利，流质契约也应属无效。根据《担保法司法解释》第57条之规定，当事人在抵押合同中约定，债务履行期届满抵押权人未受清偿时，抵押物的所有权转移为债权人所有的内容无效。该内容的无效不影响抵押合同其他部分内容的效力。债务履行期届满后抵押权人未受清偿时，抵押权人和抵押人可以协议以抵押物折价取得抵押物。但是，损害顺序在后的担保物权人和其他债权人利益的，人民法院可以适用《合同法》第74条、第75条的有关规定。

但是这种绝押或流质契约并不是在抵押合同产生和消灭的全过程中都处于禁止状态，而是仅在签订抵押合同这个特定的时间里禁止。在因债务不能清偿，抵押权人要求行使抵押权就抵押物的价值受偿时，如果双方协议以抵押物折价抵债，则法律不予禁止。

抵押权人只有通过抵押物折价才能取得抵押物的所有权，但须符合两个条件：第一，债务履行期已届满，抵押权人债权未受清偿。第二，由抵押权人与抵押人协议由抵押权人折价取得抵押物的所有权，如双方确定的抵押物的价款高于所担保的债权时，超出部分归抵押人所有，这样双方权益都得到了保护，故抵押物折价与流质期约的性质完全不同。

审判要览案例

抵押合同约定债务无法偿还时抵押物归债权人所有，该约定无效

——程东生等诉武晓君抵押权案

案例要旨：“订立抵押合同时，抵押权人和抵押人在合同中不得约定在债务履行期届满抵押权人未受清偿时，抵押物的所有权转移为债权人所有。”这是我国关于流质条款的禁止性规定。禁止抵押流质条款，是为了保护双方当事人利益，体现民法的公平、等价有偿的原则。

来源：中国审判案例要览（2012年民事审判案例卷）

【抵押物登记及其效力】 **第四十一条**[①] **当事人以本法第四十二条规定的财产抵押的，应当办理抵押物登记，抵押合同自登记之日起生效。**

① 在理解本条时，应与《物权法》第15条、第187条的规定相衔接。——编者注

条文主旨

本条是关于抵押物登记及其效力的规定。

理解与适用

《担保法》在登记的法律效力方面对特定的抵押财产采登记生效主义，而对其他抵押财产则采登记对抗主义。根据本条及《担保法》第42条之规定，以下列财产抵押的应当进行登记：（1）以无地上定着物的土地使用权；（2）城市房地产或乡（镇）、村企业的厂房等建筑物；（3）林木；（4）航空器、船舶、车辆；（5）企业的设备和其他动产。以上述财产进行抵押的，抵押合同自登记之日起生效。从这一规定可以看出，对这五类财产，只有履行了登记手续，才能产生设立抵押权的法律效力，登记乃抵押权产生之要件，非经登记，抵押合同不生效力。同时，履行登记手续后，不仅抵押合同生效，而且抵押权亦取得公信力，得对抗第三人。而《担保法》第43条则规定，当事人以上述五类财产之外的其他财产抵押的，可以自愿办理抵押物登记，抵押合同自签订之时起生效。当事人未办理抵押物登记的，不得对抗第三人。对以法律规定的五类财产之外的其他财产抵押的，《担保法》采取登记对抗主义。

针对实务中的情况，《担保法司法解释》对抵押物登记的效力作了具体的规定，该解释第59条规定：“当事人办理抵押物登记手续时，因登记部门的原因致使其无法办理抵押物登记，抵押人向债权人交付权利凭证的，可以认定债权人对该财产有优先受偿权。但是，未办理抵押物登记的，不得对抗第三人。”第61条规定：“抵押物登记记载的内容与抵押合同约定的内容不一致的，以登记记载的内容为准。”第56条第2款规定：“法律规定登记生效的抵押合同签订后，抵押人违背诚实信用原则拒绝办理抵押登记致使债权人受到损失的，抵押人应当承担赔偿责任。”

公报案例

建筑物附着于国有土地使用权之上，设立抵押时应履行法定审批手续

——中国长城资产管理公司济南办事处与山东省济南医药采购供应站、山东省医药集团有限公司、山东省医药公司借款担保合同纠纷案

案例要旨：根据《最高人民法院关于破产企业国有划拨土地使用权应否列入破产财产等问题的批复》第3条的规定，如果建筑物附着于以划拨方式取得的国有土地使用权之上，将该建筑物与土地一并设定抵押的，对土地使用权的抵押须履行法定的审批手续，否则，应认定抵押无效。当事人在签订抵押合同时，如果仅仅约定以自有房产设定抵押并办理房屋抵押登记，并未将该房产所附着的、以划拨方式取得的国有土地使用权一并抵押的，不适用上述规定。

来源：《最高人民法院公报》2008年第1期

【抵押物登记机关】 **第四十二条　办理抵押物登记的部门如下：**

（一）以无地上定着物的土地使用权抵押的，为核发土地使用权证书的土地管理部门；

（二）以城市房地产或者乡（镇）、村企业的厂房等建筑物抵押的，为县级以上地方人民政府规定的部门；

（三）以林木抵押的，为县级以上林木主管部门；

（四）以航空器、船舶、车辆为抵押的，为运输工具的登记部门；

（五）以企业的设备和其他动产为抵押的，为财产所在地的工商行政管理部门。

条文主旨

本条是关于抵押物登记机关的规定。

理解与适用

根据《担保法》第41条的规定，以本条所列财产作为抵押合同的标的，订立抵押合同时，必须到相应的登记部门进行抵押登记，否则，抵押合同没有法律效力。

依本条和相关规定的规定，抵押物登记机关包括以下几个：

（1）以无地上定着物的土地使用权抵押的，为核发土地使用权证书的土地管理部门。

（2）以城市房地产或者乡（镇）、村企业的厂房等建筑物抵押的，为县级以上地方人民政府规定的部门。城市房地产属《城市房地产管理法》调整的对象。该法第7条、第60条、第62条规定：国务院建设行政部门、土地管理部门依照国务院规定的职权划分，各司其职、密切配合，管理全国房地产工作。国家实行土地使用权和房屋所有登记发证制度，房地产抵押时，应当向县级以上地方人民政府规定的部门办理抵押登记。因处分抵押房地产而取得土地使用权和房屋所有权的，应当依照本章规定办理过户登记。《担保法司法解释》第60条规定："以担保法第四十二条第（二）项规定的不动产抵押的，县级以上地方人民政府对登记部门未作规定，当事人在土地管理部门或者房产管理部门办理了抵押物登记手续，人民法院可以确认其登记的效。"

（3）以林木作为抵押合同标的进行抵押的，登记部门为县级以上林业主管部门。《森林法》规定："全民所有的和集体所有的森林、林木和林地、个人所有的林木和使用的林地，由县级以上地方人民政府的林业主管部门负责登记造册，核发林产证书。"抵押权人和抵押人以林木为抵押物的，必须携带原林产证书到原发放单位办理抵押登记，无林产证书的林木不得作为抵押物，否则，以此林木为抵押物的合同无效。

（4）以航空器、船舶、车辆为抵押合同标的进行抵押的，登记部门为运输工具的登记部门。这里的运输工具登记部门，主要是指对运输工具登记、并对运输工具所有人发放驾驶证照、行车证照的管理部门。抵押合同当事人，以航空器、船舶、车辆设定抵押时，必须向原颁证部门办理抵押登记，未办理抵押登记的，抵押合同无效。

（5）以企业的设备和其他动产为抵押合同的标的进行抵押的，登记部门为财产所在地的工商行政管理部门。《动产抵押登记办法》第 2 条规定："企业、个体工商户、农业生产经营者以《中华人民共和国物权法》第一百八十条第一款第四项、第一百八十一条规定的动产抵押的，应当向抵押人住所地的县级工商行政管理部门办理登记。抵押权自抵押合同生效时设立；未经登记，不得对抗善意第三人。"

抵押人以数个不同类型的财产为抵押合同的标的进行抵押的，抵押合同当事人应当根据抵押物的不同类型，分别到不同的登记管理部门办理抵押登记。

【抵押物的自愿登记】 **第四十三条　当事人以其他财产抵押的，可以自愿办理抵押物登记，抵押合同自签订之日起生效。**

当事人未办理抵押物登记的，不得对抗第三人。当事人办理抵押物登记的，登记部门为抵押人所在地的公证部门。

条文主旨

本条规定抵押物的自愿登记。

理解与适用

1. 自愿登记的抵押物的范围。除了《担保法》第 42 条规定的必须办理登记的财产外，其他财产都属于自愿登记的财产，主要是一些日常生活用品或价值不太高的财产，主要包括有：抵押人的家用电器、自行车、家具、马车、手推车、牲畜及其他价值较小的生活用品。

2. 自愿登记的登记部门。在自愿登记情况下，抵押合同当事人认为需要登记的，应该到抵押人所在地的公证部门。

3. 自愿登记的效力。依本条第1~2款规定的内容来看，很明显《担保法》是将抵押权登记作为这些财产抵押权的对抗要件来处理的，即抵押人和抵押权人以这些财产设定抵押权时，抵押权或抵押合同自抵押合同签订之日起生效，如果当事人就这些财产抵押权未办理抵押权登记的，则这些财产抵押权仅在当事人之间产生效力，不得对抗第三人。

【办理抵押物登记应提交的文件】**第四十四条　办理抵押物登记，应当向登记部门提供下列文件或者其复印件：**

（一）主合同和抵押合同；

（二）抵押物的所有权或者使用权证书。

条文主旨

本条是关于办理抵押物登记应提交的文件的规定。

理解与适用

本条规定是对办理抵押物登记时申请人应当登记部门提供文件的一般性规定，《担保法》颁行后，各有关主管部门均规定了办理相关登记手续的具体事项，对申请人应提交的文件作了具体的规定。当事人办理具体登记手续时，应依各该登记主管部门的要求为准。一般言之，抵押物登记的程序依以下顺序展开：

1. 当事人申请。抵押合同当事人在订立抵押合同时，抵押物必需登记的或双方当事人自愿登记的，双方当事人应当向相应的登记部门提出申请，递交书面申请书。当事人申请时应当提交有关的主合同文本、抵押合同文本、抵押物权属证书以及其他有关证明文书的原件或复印件。

2. 登记机关的审查。登记机关收到当事人的申请书和相关文本后，对当事人提交的合同文本、抵押物权属证书及其他文书进行审查，审查主要包括两项内容：一是主合同、抵押合同的内容和形式是否合法，是否是双方的真实意思表示；二是当事人提交的抵押物权属证书是否合法有效，抵押人对抵押物是否有合法有效的处分权。

3. 登记机关的登记、备案。登记部门经过审查，确认主合同、抵押合同、抵押物权属证书及其他证明文书真实、合法、有效，应当给予登记、登记造册、备案保存。同时，在原抵押合同上签字、盖章，抵押合同自此生效。

4. 土地使用权抵押登记程序。

（1）土地使用权抵押的地价评估和合同签订。土地使用权抵押应当进行地价评估，并由抵押人和抵押权人签订抵押合同。地价评估收费标准按国家有关规定执行。

（2）土地使用权抵押登记申请。土地使用权设立抵押权的，抵押人和抵押权人应在抵押合同签订后十五日内，持被抵押土地的土地使用证、抵押合同、地价评估及确认报告、抵押人和抵押权人的身份证件共同到土地管理部门申请抵押登记。一方到场申请抵押登记的，必须持有对方授权委托文件。

（3）土地使用权抵押登记和变更登记。抵押登记申请经审查，符合规定要求的，准予登记，土地管理部门在抵押土地的土地登记卡上进行注册登记，同时在抵押人土地使用证内进行记录，并向抵押权人核发《土地他项权利证明书》，土地使用权抵押权正式生效。土地使用权分割抵押的，由土地管理部门确定抵押土地的界线和面积。抵押期间，抵押合同发生变更的，抵押当事人应当在抵押合同变更后15日内，持有关文件到土地管理部门办理变更抵押登记手续。

抵押合同解除或终止，抵押权人应出具解除或终止抵押合同的证明文件，与《土地他项权利证明书》一起交抵押人，抵押人自抵押合同终止或解除之日起 15 日内，持有关文件到土地管理部门办理注销抵押登记手续。

5. 房地产抵押登记程序。

（1）登记申请。办理房地产抵押登记，应当向登记机关交验下列文件：① 抵押当事人的身份证明或法人资格证明；② 抵押登记申请书；③ 抵押合同；④《国有土地使用权证》《房屋所有权证》或《房地产权证》；⑤ 可以证明抵押人有权设定抵押权的文件与证明材料；⑥ 可以证明抵押房地产价值的资料；⑦ 登记机关认为必要的其他文件。

（2）登记审核与登记。登记机关应当对申请人的申请进行审核。凡权属清楚、证明材料齐全的，应当在受理登记之日起十五日内作出是否准予登记的书面答复。

（3）登记的变更与注销。抵押合同发生变更或者抵押关系终止时，抵押当事人应当在变更或者终止之日起 15 日内，到原登记机关办理变更或者注销抵押登记。

6. 民用航空器抵押登记程序。

（1）登记申请。办理民用航空器抵押权登记的，民用航空器权利人应当按照国务院民用航空主管部门的规定，填写民用航空器抵押权登记申请书，并向国务院民用航空主管部门提交下列文件或者经核对无误的复印件：① 民用航空器国籍登记证书；② 民用航空器所有权登记证书或者相应的所有权证明文件；③ 民用航空器抵押合同；④ 国务院民用航空主管部门要求提交的其他必要的有关文件。

（2）登记审核与登记。国务院民用航空主管部门应当自收到民用航空器抵押权登记申请之日起 7 个工作日内，对申请抵押权登记事项进行审查。经审查符合规定的，应当向民用航空器权利人颁发民用航空器抵押权登记证书。

（3）登记、变更和注销。民用航空器抵押权登记事项发生变更时，民用航空器权利人应当持民用航空器抵押权登记证书和变更证明文件，向国务院民用航空主管部门办理变更登记。遇有下列情形之一时，民用航空器权利人应当持民用航空器抵押权登记证书和证明文件，向国务院民用航空主管部门办理注销登记：① 民用航空器灭失或者失踪；② 民用航空器抵押权所担保的债权消灭；③ 国务院民用航空主管部门规定的其他情形。

国务院民用航空主管部门应当自收到民用航空器注销登记申请之日起 7 个工作日内，对申请的注销登记事项进行审查。经审查符合规定的，收回有关的民用航空器抵押权登记证书，相应地注销民用航空器权利登记簿上的抵押登记，并根据具体情况向民用航空器权利人出具民用航空器权利登记注销证明书；经审查不符合规定的，应当书面通知民用航空器权利人。

7. 船舶抵押登记程序。

根据《船舶登记条例》的规定，下列船舶应当依照该条例规定进行登记：① 在中华人民共和国境内有住所或者主要营业所的中国公民的船舶。② 依据中华人民共和国法律设立的主要营业所在中华人民共和国境内的企业法人的船舶。但是，在该法人的注册资本中有外商出资的，中方投资人的出资额不得低于 50%。③ 中华人民共和国政府公务船舶和事业法人的船舶。④ 中华人民共和国港务监督机构认为应当登记的其他船舶。

（1）登记申请。对 20 总吨以上的船舶认定抵押权时，抵押权人和抵押人应当持下列文件到船籍港船舶登记机关申请办理船舶抵押权登记：① 双方签字的书面申请书；② 船舶所有权登记证书或者船舶建造合同；③ 船舶抵押合同。

该船舶认定有其他抵押权的，还应当提供有关证明文件。

船舶共有人就共有船舶认定抵押权时，还应当提供三分之二以上份额或者约定份额的共有人的同意证明文件。

（2）登记审核与登记。对经审查符合规定的，船籍港船舶登记机关应当自收到申请之日起7日内将有关抵押人、抵押权人和船舶抵押情况以及抵押登记日期载入船舶登记簿和船舶所有权登记证书，并向抵押人核发船舶抵押权登记证书。

（3）转移登记。船舶抵押权转移时，抵押权人和承转人应当持船舶抵押权转移合同到船籍港船舶登记机关申请办理抵押权转移登记。对经审查符合规定的，船籍港船舶登记机关应当将承转人作为抵押权人载入船舶登记簿和船舶所有权登记证书，并向承转人核发船舶抵押权登记证书，封存原船舶抵押权登记证书。

8. 企业动产抵押物登记程序。

办理抵押登记，应向登记机关提交经抵押合同双方当事人签字或盖章的《动产抵押登记书》及抵押合同双方当事人主体资格证明或者自然人身份证明文件和抵押合同双方指定代表或者共同委托代理人的身份证明。

《动产抵押登记书》应当载明下列内容：（1）抵押人、抵押权人名称（姓名）、住所地等；（2）抵押财产的名称、数量、质量、状况、所在地、所有权归属或者使用权归属；（3）被担保债权的种类和数额；（4）抵押担保的范围；（5）债务人履行债务的期限；（6）抵押合同双方指定代表或者共同委托代理人的姓名、联系方式等；（7）抵押人、抵押权人签字或者盖章；（8）抵押人、抵押权人认为其他应当登记的抵押权信息。

抵押合同变更、《动产抵押登记书》内容需要变更的，当事人应当持下列文件，向原登记机关办理变更登记：（1）抵押人、抵押权人签字或者盖章的《动产抵押登记变更书》；（2）抵押人、抵押权人主体资格证明或者自然人身份证明文件；（3）抵押合同双方指定代表或者共同委托代理人的身份证明。

在主债权消灭、担保物权实现、债权人放弃担保物权或者法律规定担保物权消灭的其他情形下，当事人应当持下列文件，向原登记机关办理注销登记：（1）抵押人、抵押权人签字或者盖章的《动产抵押登记注销书》；（2）抵押人、抵押权人主体资格证明或者自然人身份证明文件；（3）抵押合同双方指定代表或者共同委托代理人的身份证明。

当事人办理动产抵押登记的设立、变更、注销，提交材料齐全，符合《动产抵押登记办法》形式要求的，登记机关应当当场予以办理，在当事人所提交的《动产抵押登记书》《动产抵押登记变更书》《动产抵押登记注销书》上加盖动产抵押登记专用章，并注明盖章日期。当事人办理动产抵押登记的设立、变更、注销，提交的材料不符合《动产抵押登记办法》规定的，登记机关不予办理，并应当向当事人告知理由。

【抵押物登记资料的公开】 **第四十五条　登记部门登记的资料，应当允许查阅、抄录或者复印。**

条文主旨

本条是关于抵押物登记资料的公开的规定。

理解与适用

抵押权登记为抵押物的物权登记，而物权登记除去抵押权登记外，在不同财产尚有其他不同的物权登记，如在不动产，则还有所有权登记、土地使用权登记等，在须办理权属登记的动产，则还有动产所有权登记等，而在不必要办理抵押权登记的动产，则除去抵押权的自愿登记之外，一般不要求该项动产的其他物权登记。就抵押权来说，抵押物的物权登记的作用可体现为：第一，在该项财产以前未设立过抵押权时，该项财产上所可能存在的物权登记及债权登记大体有所有权登记、土地使用权登记以及不动产租赁权登记。第二，在该项财产上设立抵押权之后，在该抵押权存续期间，如果抵押人将该抵押财产予以转让（如通过买卖、互易等方式转让抵押物所有权），或者将抵押物再次设定抵押权给第三人时，该财产抵押权的登记对于这些第三人来讲就具有十分重要的意义。

基于抵押物的物权登记具有如此的作用，法律上就要求登记机关所做的登记资料必须向社会公众公开。这样一般社会公众，尤其是那些与抵押物有利害关系的第三人，就可以根据这些登记资料以判断与该项抵押物有关的财产行为是否应该去做，以保护好自己的利益，反过来说，也是对抵押权人利益的保护。一般社会公众了解抵押物登记的方式主要有查阅、抄录或者复印，而相应的抵押权登记机关在接到一般社会公众了解抵押物权属登记资料的要求时，也应协助这些一般社会公众去了解，并负有积极协助的义务。

第三节　抵押的效力

【抵押担保的范围】 **第四十六条　抵押担保的范围包括主债权及利息、违约金、损害赔偿金和实现抵押权的费用。抵押合同另有约定的，按照约定。**

条文主旨

本条是关于抵押担保的范围的规定。

理解与适用

抵押担保的范围，是指抵押权在其所担保的债权届期未能清偿而实行后，抵押物拍卖或者变卖之价金可以用来清偿哪些债权。抵押双方当事人可以就抵押担保的范围在抵押合同中予以约定，如果没有约定的，可依法律的直接规定。

1. 主债权。是指债权人和债务人之间因债的法律关系而产生的债权，即抵押权所担保的债权，它既是抵押担保存在的前提，也是抵押担保的核心，如金钱债权、劳务债权、给付债权等。

2. 利息。是指主债权的利息。利息因其产生原因不同而分为两种情况，即法定利息和约定利息。法定利息是以国家法律规定为标准而支付的利息，银行贷款收取的利息为法定利息；约定利息是借贷双方当事人约定的借款方支付给出借方的利息，约定利息的高低不是任意的，它受国家财政、金融宏观政策的调控。

3. 违约金。是指合同的一方当事人不履行或不适当履行合同时，按照合同的约定，为其违约行为支付的带有惩罚性的、补偿性的金钱。债务履行期满，债务人没有偿还所借金钱，或没有履行合同约定的义务，为了补偿债权人因此受到的损失，债权人可以要求债务人支付主债权标的额的一定比例的违约金，违约金同样属抵押担保范围，由抵押物折价或以拍卖、变卖所得价款优先受偿。

4. 损害赔偿金。是指合同一方当事人未履行或没有充分履行合同时给另一方当事人造成了一定的损失，向另一方当事人支付的赔偿损失的费用。损害赔偿金带有惩罚性，也受抵押权的担保，可以由抵押物折价或以抵押物拍卖、变卖所得价款优先受偿。

5. 实现抵押权的费用。是抵押权人因行使抵押权时所支付的一切费用。主要包括抵押物保管、修缮费用、抵押物的估价费用，抵押物拍卖、变卖所需的费用，交通费用和诉讼费用等。

当事人约定的抵押担保的范围，必须包括主债权，其他各项余额或费用由双方当事人约定，既可以小于法定担保费用，也可以大于法定担保范围，只要双方当事人的约定是基于平等、自愿、公平、诚实信用的原则，就是有效的，应当受到法律的保护。

典型案例

当事人就违约金在借款合同中有明确约定，且未超出法律规定的，应予以支持

——嵩明县信达昌小额贷款有限公司诉杨绍富等小额借款合同纠纷案

案例要旨：贷款人主张的违约金在借款合同中有明确约定，且约定的违约金标准未超出现行法律法规对民间借款利率的限制性规定，应予以支持。

来源：法信精选

【抵押权及于标的物的范围】 **第四十七条　债务履行期届满，债务人不履行债务致使抵押物被人民法院依法扣押的，自扣押之日起抵押权人有权收取由抵押物分离的天然孳息以及抵押人就抵押物可以收取的法定孳息。抵押权人未将扣押抵押物的事实通知应当清偿法定孳息的义务人的，抵押权的效力不及于该孳息。**

前款孳息应当先充抵收取孳息的费用。

条文主旨

本条规定了抵押权对抵押物所生孳息的效力。

理解与适用

《担保法司法解释》对抵押人的效力所及的标的物的范围作了进一步的规定，在此作一体说明。

1. 孳息。指由物产生的收益。分为天然孳息和法定孳息：天然孳息是原物依据自然规律或依物之用法而产生的出产物；法定孳息是原物根据法律规定带来的物，主要基于对物的利用而产生的，比如存款利息、股利、租金等。依传统民法理论，孳息之权利附随于原物之权利，原物权利之效力及于孳息。

2. 抵押权对抵押物所生孳息的效力。

抵押权的效力与孳息之间的关系由于情形不同而区分为以下几种：（1）在债务履行期未届满时，抵押权的效力不及于孳息。（2）在债务清偿期届满后，抵押权人申请法院扣押抵押物前，抵押权的效力仍不能及于孳息。（3）在债务履行期届满后，债务人未清偿债务，抵押权人申请法院扣押抵押物，法院裁定扣押后，抵押权的效力及于抵押物的孳息。

3. 抵押权及于标的物的效力范围。

本条规定实际上是抵押权及于标的物效力范围的一部分。就抵押权的效力而言，各国民法均对此作较为详尽的规定。《担保法司法解释》第62条、第63条对此作了进一步的规定。抵押权及于标的物的效力范围包括以下内容：

（1）附合物。抵押权及于附合物，《担保法司法解释》第62条规定："抵押物因附合、混合或者加工使抵押物的所有权为第三人所有的，抵押权的效力及于补偿金；抵押物所有人为附合物、混合物或者加工物的所有人的，抵押权的效力及于附合物、混合物或者加工物；第三人与抵押物所有人为附合物、混合物或者加工物的共有人的，抵押权的效力及于抵押人对共有物享有的份额。"

（2）从物。从物是相对于主物而言的，主物和从物的划分，是民法对于物的分类的一种，依《担保法司法解释》第63条之规定，抵押权设定前为抵押物的从物的，抵押权的效力及于抵押物的从物。但是，抵押物与其从物为两个以上的人分别所有时，抵押权的效力不及于抵押物的从物。

（3）从权利。从权利指附属于主权利的权利，从权利是相对于主权利而言的。抵押权之效力及于主权利之同时，及于从权利。抵押权标的物范围，除上述三种情形外，还包括孳息。

【抵押权对抵押物上已存在的租赁权的效力】 第四十八条 抵押人将已出租的财产抵押的，应当书面告知承租人，原租赁合同继续有效。

条文主旨

本条是关于抵押权对抵押物上已存在的租赁权的效力问题的规定。

理解与适用

抵押权和租赁权在性质上是相容的，因为抵押权所追求的是抵押物的交换价值，并且不要求转移抵押物的占有，而财产租赁权是追求标的物的使用价值，同时以移转标的物的占有，这样二者就有可能同存于一个物之上。当先设立抵押权，之后抵押人又要将其出租于他人使用时，一般地在不损及抵押物价值的情况下，是允许的，但后设立的租赁权在效力上劣于先设立的抵押权。依“买卖不破租赁”的规则，在买卖时，买受人所取得的标的物所有权是不得对抗标的物租赁权的，而抵押权自本质上来讲，并无优于所有权的效力，这样以前已存在的租赁权当然也可以对抗后设立的抵押权而继续有效存在。

但是应注意到，本条规定中，于“原租赁合同继续有效”之前规定有一句：“抵押人……应当书面告知承租人”，这似乎是使人理解为原租赁合同继续有效的前提条件是抵押人应将抵押事实书面告知承租人。本书认为不然。《担保法司法解释》第65条对此作了明确规定：“抵押人将已出租的财产抵押的，抵押权实现后，租赁合同在有效期内对抵押物的受让人继续有效。”

典型案例

抵押人将已出租的财产抵押的，抵押权实现后，租赁合同在有效期内对抵押物的受让人继续有效

——化学公司诉阳光支行、中兴公司租赁合同纠纷案

案例要旨：抵押人将已出租的财产抵押的，抵押权实现后，租赁合同在有效期内对抵押物的受让人继续有效。

押人将已抵押的财产出租的，抵押权实现后，租赁合同对受让人不具有约束力。抵押人将已抵押的财产出租时，如果抵押人未书面告知承租人该财产已抵押的，抵押人对出租抵押物造成承租人的损失承担赔偿责任；如果抵押人已书面告知承租人该财产已抵押的，抵押权实现造成承租人的损失，由承租人自己承担。

来源：出版案例

【抵押权的效力对于抵押物处分权的影响】**第四十九条　抵押期间，抵押人转让已办理登记的抵押物的，应当通知抵押权人并告知受让人转让物已经抵押的情况；抵押人未通知抵押权人或者未告知受让人的，转让行为无效。**

转让抵押物的价款明显低于其价值的，抵押权人可以要求抵押人提供相应的担保；抵押人不提供的，不得转让抵押物。

抵押人转让抵押物所得的价款，应当向抵押权人提前清偿所担保的叙或者向与抵押权人约定的第三人提存。超过债权数额的部分，归抵押人所有，不足部分由债务人清偿。

条义主旨

本条是关于抵押权的效力对于抵押物处分权的影响的规定。

理解与适用

依本条规定，抵押人抵押物处分权的行使有如下限制：

第一，抵押人在抵押期内转让已办理抵押权登记的抵押物所有权的，应当通知抵押权人，并应告知受让人转让物之上已设定抵押权的情况。如果抵押人未通知抵押权人或者未告知受让人的，则转让行为无效。在这里，本条第 1 款就对抵押权人的保护而言，只规定了抵押人的通知义务，至于是否应征得抵押权人的同意，除非有本条第 2 款情况的存在，否则就予以考虑，仅抵押人只要履行了通知抵押权人的义务，则抵押人对抵押物的处分权就不受影响。《担保法司法解释》第 67 条第 1 款规定，以存续期间，抵押人转让抵押物末通知抵押人或者末告知受让人的，如果抵押物已经登记的，抵押权人仍可以行使抵押权；取得抵押物所有权的受让人，可以代替债务人清偿其全部债务，使抵押权消灭。受让人清偿债务后可以向抵押人追偿。明确了抵押权的追及性。

第二，抵押人在履行通知或告知义务后，有权转让抵押物。但抵押人不能滥用转让权，以明显低于抵押物价值的价款向受让人转让抵押物。但是，法律并没有完全禁止抵押人以明显低于抵押价值的价款转让抵押物。本条第 2 款规定：“转让抵押物的价款明显低于其价值的，抵押权人可以要求抵押人提供相应的担保；抵押人不提供的，不得转让抵押物。”从该条规定推论，抵押人以低于价值的价款转让其抵押物的，可以提供相应担保，如果不提供担保，转让行为无效。

第三，抵押人经通知抵押权人，并且告知受让转让物之上已经设定抵押权的情况，则抵押物的所有权就可以合法有效地归属于受让人所有，抵押权人的抵押权就不能再追及于抵押物之上，抵押权人不得向抵押物的受让人主张自己的抵押权。

第四，本条所作的规定，仅针对已办理登记的抵押物，而依《担保法》的有关规定除必须办理抵押权登记的抵押物可以设立抵押权之外，一些不必办理抵押权登记的财产之上也可以设立抵押权。

公报案例

抵押期间，抵押人未经抵押权人同意，不得转让抵押财产，但转让人清偿债务或受让人代为清偿债务消灭抵押权的除外

——百花公司诉浩鑫公司买卖合同纠纷案

案例要旨：1. 根据《担保法》第 49 条第 1 款和《担保法司法解释》第 67 条，在未通知抵押权人和未告知受让人的情况下，抵押人转让已办理登记的抵押物，只要抵押人在转让后向抵押权人清偿了债务，或者受让人在得知受让物上有抵押权后代抵押人清偿了债务，使物上设定的抵押权消灭，转让行为仍可以有效。2. 能够援引《担保法》第 49 条第 1 款规定来主张转让行为无效的，应当是合法权益受到损害的抵押权人或者受让人，不是不履行此款规定通知、告知义务的抵押人。抵押人提起诉讼主张确认转让行为无效的，在确保抵押权实现的前提下，其诉讼请求应当驳回。

来源：《最高人民法院公报》2006 年第 3 期

【抵押权移转上的从属性】 **第五十条**[①] **抵押权不得与债权分离而单独转让或者作为其他债权的担保。**

条文主旨

本条是关于抵押权移转上的从属性的规定。

理解与适用

抵押权作为担保物权，其设定的宗旨在于担保债权的实现，因而具有从属性和附随性。

1. 抵押权不得与所担保的主债权分离而予以单独让与。（1）抵押权人不得以抵押权单独让与他人而自己保留被担保的主债权。（2）抵押权人不得将被担保的主债权单独让与他人，而自己保留抵押权，此时按抵押权从属性原则，抵押权人让与其被担保的主债权，抵押权一般应随同转让，且无须征得抵押人的同意。但是如果抵押权人让与其被担保的主债权时，与受让人有特殊约定仅让与主债权而抵押权不转让的，则在法律上自应允许。（3）抵押权人不得将其主债权与抵押权分别让与不同

① 在理解本条时，应与《物权法》第 192 条的规定相衔接。——编者注

的人。

2. 抵押权不得与债权分离而单独成为其他债权的担保。（1）抵押权人不得仅以抵押权提供担保，而自己保留主债权。（2）抵押权人仅以债权设定质押时，此时构成权利质押，在法律上应是有效的，但抵押权人不能自己保留抵押权，特别是在债权质押实现时，抵押权人更不能单独保留抵押权，此时在法理解释上，应认为主债权质权的效力当然及于抵押权，成立附有抵押权的债权质权，否则无效。（3）抵押权人分别将债权与抵押权提供给不同的人作担保时，就债权设定质权而言，应认为是有效的，成立无抵押权担保的债权质权；就抵押权单独设立担保而言，则在法律上是无效的。

另外必须说明的是：（1）如果抵押人与抵押权人在设立抵押权时，经特殊约定，债权让与的，抵押权不随同移转，那么这种特殊约定在当事人之间构成抵押权消灭的事由，如果事后有让与被担保主债权的情况时，则构成抵押权消灭的原因，抵押人可据此请求涂销抵押权的登记。但是这种特殊约定应办理登记于抵押权登记之中，如果没有登记，那么债权的受让人或质权人因不知当事人之间的这种特殊约定，就可以依据抵押权从属性规则，当然取得抵押权，并受法律的保护。（2）在抵押权人欲以其抵押权为他人设立担保时，则该抵押权必须随同其所担保的主债权一并办理，成立附随抵押权的债权质权，而且在学说上都认为此时也应该办理登记。

典型案例

中国东方资产管理公司武汉办事处与平安信托投资有限责任公司、中国平安人寿保险股份有限公司、武汉农村商业银行股份有限公司、北京王府井百货商业物业管理有限公司和陆氏实业（武汉）有限公司借款担保合同纠纷案

案号：（2011）民二终字第28号

关键词：抵押担保；优先受偿权；连带责任

来源：法信精选

【抵押权人在抵押权受侵害时的权利】**第五十一条　抵押人的行为足以使抵押物价值减少的，抵押权人有权要求抵押人停止其行为。抵押物价值减少时，抵押权人有权要求抵押人恢复抵押物的价值，或者提供与减少的价值相当的担保。**

抵押人对抵押物价值减少无过错的，抵押权人只能在抵押人因损害而得到的赔偿范围内要求提供担保。抵押物价值未减少的部分，仍作为债权的担保。

条文主旨

本条是关于抵押权人在抵押权受侵害时的权利的规定。

理解与适用

本条第 1 款规定可归责于抵押人的抵押物价值减少的情况；第 2 款规定不可归责于抵押人的抵押物价值减少的情况。

抵押权受侵害，可分为间接受侵害和直接受侵害。前者表现为对于抵押权标的物的侵害，后者为对于抵押权的侵害。对于抵押物的侵害，是指行为人不法地损毁抵押标的物使其价值减少或灭失的行为。对于抵押物的侵害，可发生物权的请求权，也可成立侵权行为的损害赔偿。对抵押权的直接侵害，即对抵押权本身的侵害，是指行为人实施的以抵押权为损害对象行为的侵害。在抵押权受侵害时，不论其侵害为间接的，还是直接的，抵押权人有权请求除去侵害或赔偿损失。此时抵押权人有以下三项权利：

1. 停止侵害和排除妨害请求权。不论抵押人还是第三人，只要其行为有足以使抵押物的价值减少或继续减少的情形时，抵押权人均得请求其停止侵害。抵押权人的这一请求权属于不作为请求权。

2. 恢复原状或提供相当担保请求权。恢复原状，是指恢复标的物原来的状态，以维系抵押物的原价值。提供相当担保，即增担保，是指在原担保上再提出担保。增提的担保要与抵押物减少的价值相当。至于所增提的担保是物的担保还是人的担保，则在所不同。这实际上是恢复抵押物价值的又一种措施。一般说来，能够恢复原状的，自应请求恢复原状；不能恢复原状的，始得请求提出相当担保。

3. 损害赔偿请求权。抵押物因受侵害而价值减少，致使抵押权人不能完全地优先受清偿或其原有优先受清偿的范围减缩时，构成抵押权的侵害，此时抵押权人有损害赔偿请求权。

对于抵押物的侵害，因其行为的主体不同，法律后果也不同。若抵押权人实施侵害抵押物的侵权行为，抵押权人当然不能取得损害赔偿请求权；抵押物因此而灭失的，则抵押权因标的物的灭失而消灭，抵押物的所有人有基于所有权侵害的损害赔偿请求权，得要求抵押权人赔偿；抵押物未灭失仅因此而部分毁损或价值减少的，抵押权仍存在于抵押物的剩余部分上，但抵押物的所有人同样取得基于所有权侵害的损害赔偿请求权。若侵权行为是由债务人实施的，而抵押物又不属于债务人时，则债务人的行为既构成对于抵押权人抵押权的侵害，又构成对于抵押物所有人所有权的侵害。实施侵权行为的债权人对于抵押权人和抵押人均应负损害赔偿责任；但对抵押权人其可以因补充提供担保或清偿债务而免责。第三人为侵权行为的，则除抵押权人于构成抵押权侵害时取得损害赔偿请求权外，抵押物所有人也有基于所有权侵害的损害赔偿请求权。在此情形下，虽抵押权人和抵押人虽都有损害赔偿请求权，但侵权行为人只能承担一项赔偿责任。对于抵押物所有人的损害赔偿请求权，抵押权人有物上代位权；抵押权人于实施侵权行为的第三人受有赔偿时，其债权于此范围内消灭。

依本条第 2 款的规定，抵押人对于抵押物价值的减少无过错的，可分为两种情况。一是有损害赔偿金的存在。此种情况多发生在第三人侵权的情况下，此时抵押人对此损害有赔偿金请求权。在存在损害赔偿金的情况下，抵押权之效力及于损害赔偿金，抵押权人可在赔偿金范围内要求抵押人提供担保。二是没有损害赔偿金的存在。这种情形多发生在抵押物的自然损耗、不可抗力、意外事变的发生，即抵押物价值的减少既不可以归责于抵押人，也不可归责于抵押人以外的任何人。在这种情况下，由于抵押物价值之灭失而导致抵押权的灭失，抵押权人无权就此价值之减少要求抵押人提供担保。抵押物价值减少，并不影响抵押物其他价值的效力，依《担保法》之规定，抵押物价值末减少的部分，仍可作为债权的担保。

【抵押权消灭的从属性】 **第五十二条　抵押权与其担保的债权同时存在，债权消灭的，抵押权也消灭。**

条文主旨

本条是关于抵押权消灭的从属性的规定。

理解与适用

抵押权的消灭，是指抵押权人对抵押物具有的支配力终止。抵押权为担保物权，因为法律规定或者当事人约定之原因而消灭。本条规定只是抵押权消灭的原因之一，为方便起见，本处将抵押权的消灭一并说明。

1. 抵押权消灭的原因。

（1）抵押权因物权消灭的原因而消灭。抵押权作为物权的一种，因为物权消灭之通常原因而消灭。例如，因为抵押物的混同、标的物灭失、标的物被征收、权利人放弃权利等原因的发生，抵押权消灭。

（2）抵押权因被担保的债权消灭而消灭。抵押权为担保物权，目的在于担保债权的受偿；受抵押权担保的债权之存在，为抵押权存续的要件。抵押权具有消灭的从属性。抵押担保的债权因为清偿、提存、抵销、免除、混同等原因全部消灭时，抵押权随之消灭。

（3）抵押权因行使而消灭。抵押权为担保债权受偿而创设的担保物权，可因债权人行使抵押权而消灭。①债权人行使抵押权。抵押权担保债权人的债权受偿，债权人为满足其债权而行使抵押权的，抵押权归于消灭。②次序在先的抵押权的行使。同一抵押物上存在数个抵押权时，次序在先的抵押权人行使抵押权，次序在后的抵押权人不论是否主张抵押权，也不论其债权是否已受清偿，其抵押权均归于消灭。③次序在后的抵押权的行使。原则上，次序在先的抵押权不因次序在后的抵押权的行使而消灭，应当由抵押物的买受人承受；但是，次序在先的抵押权因其担保的债权已届清偿期或者可以清偿的，对于次序在后的抵押权之行使所取得之变价金取得优先清偿的利益，可归于消灭。

2. 抵押权消灭的后果。

抵押权的设定应当登记以为公示。以登记为生效要件而设定的抵押权，在消灭时，抵押权人负有注销抵押登记的义务。抵押权消灭后，抵押人有权请求抵押权人注销抵押登记；抵押权已经消灭的抵押物的取得人，亦有权请求抵押权人注销抵押登记。抵押权人不为抵押权消灭后的抵押注销登记的，抵押人或者抵押物的取得人可以诉讼请求法院强制抵押权人为抵押注销登记。以登记为对抗要件而设定的抵押权，抵押人和抵押权人已经办理登记的，在抵押权消灭时，抵押注销登记亦同。

典型案例

主债权消灭，担保物权消灭

——重庆农村商业银行股份有限公司农商行奉节支行与黄大刚建设用地使用权抵押权纠纷上诉案

案例要旨：土地抵押权终止，必须办理注销登记。

来源：法信精选

第四节　抵押权的实现

【抵押权实现的条件和方式】**第五十三条　债务履行期届满抵押权人未受清偿的，可以与抵押人协议以抵押物折价或者以拍卖、变卖该抵押物所得的价款受偿；协议不成的，抵押权人可以向人民法院提起诉讼。**

抵押物折价或者拍卖、变卖后，其价款超过债权数额的部分归抵押人所有，不足部分由债务人清偿。

条文主旨

本条是关于抵押权实现的条件和方式的规定。

理解与适用

抵押权的实现，是指抵押权人行使抵押权，实现抵押物的价值，并从中优先受偿。抵押权的实现，也是抵押权目的的达到，有的称之为抵押权的实行。

1. 抵押权实现的条件。

抵押权的实现须具备一定的条件，方可为之。

（1）须抵押权有效存在。抵押权的设定如为无效或者已被撤销，则不得实现。

（2）须债务人债务履行期届满。债务人债务的履行期限是决定债务人有无履行责任的时间标准。债务人债务履行期限未到的，债务人无履行责任，债权人也不能要求债务履行，也就不能确定债务人是否履行债务。只有在债务人的债务履行期届满时才能确定债务人是否履行债务。

（3）须债权人未受清偿。债务履行期届满债权人未受清偿时，表明债务人未按期履行债务，不论债务人是迟延履行，还是拒绝履行，只要债权人未受清偿，即得行使抵押权。

（4）须债务未清偿非因债权人方面的事由造成的。如果债权人未受清偿不是因债务人一方造成的，而是因债权人一方的原因造成的，例如债权人对于债务人的适当履行拒绝接受，则抵押权人不得实现抵押权。

2. 抵押权实现的方式。

依本条规定，抵押权的实现方式包括折价、拍卖、变卖等三种方式。具体以何种方式实现抵押权，应由当事人协商。抵押合同中对抵押权的实现方式有约定的，应依其约定为之。抵押合同中没有约定的抵押权人可与抵押人协商，依双方协商同意的方式实现抵押权；抵押权人与抵押人协商达不成协议的，抵押权人得向人民法院起诉，由人民法院裁决以何种方式实现抵押权。

（1）折价方式。是指抵押权人以确定的价格取得抵押物所有权以受偿其债权。抵押物折价只能在因债务人于债务清偿期届满而未履行债务抵押权人得实现抵押权时为之。是否以折价方式实现抵押权，须由当事人双方协议。《担保法司法解释》第 57 条第 2 款对此作了明确规定，即：“债务履行期届满后抵押权人未受清偿时，抵押权人和抵押人可以协议以抵押物折价取得抵押物。但是，损害顺序在后的担保物权人和其他债权人利益的，人民法院可以适用合同法第七十四条、第七十五条的有关规定。”

有的抵押合同中，当事人约定，债务人于债务清偿期限届满不履行债务时，抵押物即归抵押权人所有。这种约定是无效的。在债务人于清偿期届满不履行债务时，抵押权人不得即将抵押物归其所有。也有的抵押合同中约定，在债务人不履行债务时，抵押人即以若干价格将抵押物卖与抵押权人抵债。这种约定也是无效的。抵押物折价与以抵押物抵债不同。于抵押权实现时如以抵押物抵债，则不论抵押物折价多少，债务人的责任均消灭。

（2）拍卖方式。一般而言，拍卖是抵押合同履行的普遍形式。为了加强对拍卖这一方式的监督管理，《担保法》对拍卖作了规定，把拍卖分为自愿拍卖和强制拍卖两种形式。

①自愿拍卖。即债务履行期限届满，债务人不履行清偿义务，抵押权人为了实现其抵押权和债权，同抵押人协商一致，双方同意以拍卖方式履行抵押合同，以抵押物拍卖所得价款清偿债务，并且同有拍卖权的国家机关订立委托拍卖合同，委托国家机关拍卖。以自愿拍卖方式实现抵押权和债权，既有利于双方当事人的和睦相处，促进经济活动的有序发展，也有利于经济纠纷的减少，减轻人民法院的诉讼压力，所以，抵押合同双方当事人在以拍卖方式履行合同时，最好采用自愿拍卖方式。

②强制拍卖。即债务履行期限届满，债务人不履行清偿义务的，抵押权人同抵押人就抵押物的拍卖协商不成，抵押权人为了实现自己的债权和抵押权，向人民法院提起诉讼，申请人民法院给予强制性拍卖，人民法院接到申请后，经过审查，双方当事人没有其他纠纷，裁定给予拍卖，由人民法院参与主持拍卖。

③强制拍卖的程序。首先，抵押权人向人民法院提出申请。抵押权人向人民法院提出申请时，必须提出主合同、抵押合同、抵押物登记文本等有关证明的原件和复印件。其次，人民法院收到抵押权人的申请书后，证明文书的合法性、有效性进行审查，必要时可以到抵押物的登记部门进行查阅。再次，人民法院作出裁定。人民法院经过审查，认为抵押权人提出的证明文件不是充分有效的，裁定抵押权人再行提出，如果抵押权人不能提供其他的充分有效的证明文件，人民法院裁定驳回申请。第四，裁定的送达。人民法院作出裁定后，应制作裁定书，送达债权人、债务人和抵押人。第五，人民法院公告。自裁定生效之日起，法院才能对抵押物进行拍卖，法院在决定开始拍卖之前，应当发出拍卖公告，公告拍卖的日期和场所，并通知债权人、债务人、抵押人等有利害关系的人到场。第六，人民法院的强制拍卖。公告发出一定日期后，人民法院在一定的时间和场所进行抵押物拍卖，通过公开竞价的方式把抵押物出

售给出价最高的竞买者。

④ 拍卖的法律后果。第一，抵押物的拍卖对抗优先购买权。第二，拍卖对抵押权人的法律后果以抵押物拍卖所得的价款清偿抵押权人的债权，是拍卖对抵押权人的主要法律后果。第三，拍卖对拍定买受人的法律后果。拍定受买人通过拍卖这种竞卖方式，取得了对抵押物的所有权，或国有资产的使用权及土地使用权，即对抵押物享有占有、使用、收益、处分的权利。相应地他应当承担给付价金的义务。第四，拍卖对抵押人的法律后果。抵押物被拍卖后，抵押人就丧失了抵押物的所有权或国有资产的使用权、土地的使用权。

（3）变卖方式。

变卖的法律后果：① 抵押物的变卖不对抗优先购买权。② 抵押物的变卖，使抵押权人的债权和抵押权得以实现，即他由抵押物变卖取得的价款优先受偿，使他的目的得以实现。③ 抵押物的变卖，使抵押人失去了对抵押物的所有权或使用权。如果抵押人是第三人，那么他在丧失抵押物所有权或使用权的同时，取得了对债务人的追偿权和代位权。④ 抵押合同成立后，抵押人转让抵押物给第三人，如果抵押人事先以书面方式告知第三人和抵押权人，那么变卖对第三取得人不发生法律影响，如果抵押人未书面通知，那么转让行为无效，第三取得人会丧失对抵押物的所有权和使用权，同时，同抵押人之间产生了债权债务关系。

3. 诉讼方式。

本条规定，如果抵押权人与抵押人在实现抵押权的问题上没有达成协议，“抵押权人可以向人民法院提起诉讼”。

《担保法司法解释》第 73 条规定：“抵押物折价或者拍卖、变卖该抵押物的价款低于抵押权设定时约定价值的，应当按照抵押物实现的价值进行清偿。不足清偿的剩余部分，由债务人清偿。”同时该解释还对抵押物变价款的清偿顺序作了规定，即“抵押物折价或者拍卖、变卖所得的价款，当事人没有约定的，按下列顺序清偿：（一）实现抵押权的费用；

（二）主债权的利息；（三）主债权”。

在存在共同抵押的情形下，抵押权实现时，应遵循《担保法司法解释》第 75 条之规定，即同一债权有两个以上抵押人的，债权人放弃债务人提供的抵押担保的，其他抵押人可以请求人民法院减轻或者免除其应当承担的担保责任。同一债权有两个以上抵押人的，当事人对其提供的抵押财产所担保的债权份额或者顺序没有约定或者约定不明的，抵押权人可以就其中任一或者各个财产行使抵押权。

审判要览案例

抵押权的行使，必须依照法定程序，或者通过与抵押人协议，或者通过法院诉讼，抵押权人无权擅自处分抵押物

——郑巍诉陈剑平等抵押房屋买卖合同案

案例要旨：债务履行期满后，抵押权人未受清偿时，抵押权人和抵押人可以协议折价取得抵押物。但是，当事人在抵押合同中约定，债务履行期届满抵押权人未受清偿时，抵押物的所有权转移为抵押权人所有的内容无效。

来源：中国审判案例要览（2010 年民事审判案例卷）

【抵押权的次序】 **第五十四条　同一财产向两个以上债权人抵押的，拍卖、变卖抵押所得的价款按照以下规定清偿：**

（一）抵押合同以登记生效的，按照抵押物登记的先后顺序清偿；顺序相同的，按照债权比例清偿；

（二）抵押合同自签订之日起生效的，该抵押物已登记的，按照本条第（一）项规定清偿；未登记的，按照合同生效时间的先后顺序清偿，顺序相同的，按照债权比例清偿。抵押物已登记的先于未登记的受偿。

条文主旨

本条是关于抵押权的次序的规定。

理解与适用

抵押权作为一种担保物权，是他物权的一种，但它不受物权“一物一权”主义的影响，在同一物上，可成立多个抵押权，这就出现了抵押权之间的次序问题。抵押权的次序，是指于同一标的物上有数个抵押权时，各个抵押权优先受清偿的次序，又称为抵押权的顺序。

从本条的规定可以看出，抵押权之次序问题分为两种不同的情况：

1. 抵押合同以登记生效的。

《担保法》第 41 条规定：“当事人以本法第四十二条规定的财产抵押的，应当办理抵押物登记，抵押合同自登记之日起生效。”按照本条的规定，抵押合同以登记生效的，按照抵押物登记的先后顺序清偿；顺序相同的，按照债权比例清偿。此处的顺序，即是时间顺序，也就是抵押合同登记时间的先后顺序，以抵押物登记时间的先后顺序为标准清偿抵押债权是世界各国抵押担保制度中的通行规则。确定抵押物登记时间的先后，以登记部门登记材料中的记载为准。抵押物登记的时间相同，则二者的清偿顺序相同，各债权人按照各自债权比例分配抵押物价值。

2. 抵押合同自签订之日起生效的。

根据《担保法》，除第 42 条规定的特定项财产外，当事人就一般财产设立抵押权时，是否登记，由当事人自主决定，自愿办理，法律不作强制要求。当事人就非法定必须设立抵押物登记的财产设立抵押关系时，其清偿顺序又如何确定呢？依照本条和《担保法司法解释》第 76 条的规定，可分下述三种情况处理：（1）抵押合同自签订之日起生效，且抵押合同均未办理登记，则拍卖、变卖抵押物所得之价款按债权比例清偿。（2）抵押合同自签订之日起生效，且均已办理抵押物之登记。在这种情形下，则依本条第1项的规定清偿，即按照抵押物登记的先后顺序清偿。（3）抵押合同自签订之日起生效，且只有一部分抵押办理了抵押物登记。在这种情形下，并存的抵押权中，抵押物已登记的先于未登记的受偿。

【房地产抵押权的实现】 **第五十五条　城市房地产抵押合同签订后，土地上新增的房屋不属于抵押物。需要拍卖该抵押的房地产时，可以依法将该土地上新增的房屋与抵押物一同拍卖，但对拍卖新增房屋所得，抵押权人无权优先受偿。**

依照本法规定以承包的荒地的土地使用权抵押的，或者以乡（镇）、村企业的厂房等建筑物占用范围内的土地使用权抵押的，在实现抵押权后，未经法定程序不得改变土地集体所有和土地用途。

条文主旨

本条是关于房地产抵押权的实现的规定。

理解与适用

1. 房产抵押权的实现。

房产抵押权实现的前提是债务履行期届满抵押权人未受清偿。债务履行期届满，是抵押权人得以行使权利的时间界限。

（1）对房产抵押后土地上新增房屋，抵押权实现时的处理。

所谓新增房屋，是指房产抵押后，在该房产所占土地范围内又新增建的房屋。新增房屋不属于抵押财产，抵押权人无权就新增房屋优先受偿。但根据《城市房地产管理法》的规定，需要拍卖该抵押的房产时，可以依法将新增的房屋与抵押房屋一同拍卖。

城市房地产抵押合同签订后，如果抵押人于抵押期间在土地上新建房屋，则抵押的效力是否及于新增的房屋，是一个在实践中需要解决的问题。依传统民法理论，抵押权的效力及于抵押物的附合物，即抵押物之附合物亦属于抵押标的物范围之内。但是在设定抵押的城市房地产上新建房屋，又不能把它简单地视为附合。本条规定，需要拍卖抵押之房地产时，可以依法将土地上新增的房屋与抵押物一同拍卖。这是法律对于抵押权效力的延伸，目的是为了便利抵押权的实现。

（2）以城市私有房屋为标的的抵押权的实现。

以折价、变卖或拍卖方式实现以城市私有房屋为标的抵押权时，还应遵守以下规定：① 保护城市私有房屋共有人的优先购买权；② 保护承租人的优先购买权；③ 在共有的优先购买权与承租人的优先购买权在同一抵押房屋并存且同时都主张优先购买权的情形下，应根据物权可以对抗债权的民法原理，基于物权而产生的共有人的优先购买权可以对抗基于债权而产生的承租人的优先购买权，原则上应优先保护按份共有人和原共有人的优先购买权。

（3）以有限产权为标的的房产抵押权的实现。

有限产权，也叫部分产权，它是我国城镇住房制度改革逐步推行住宅商品化过程中的产物。我国正在进行房产改革，推动住房商品化。1988 年 2 月国务院《关于在全国城镇分期分批推行住房改革的实施方案》第 2 节第 5 项规定，带有福利性的商品房出售后，购买人可以拥有产权，也可以使用、继承和再发售，再发售的增值部分，本人只能分得相等于原来所付房价占当时综合造价比例的部分。1991 年 12 月国务院住房改革领导小组《关于全面推进城镇住房制度改革的意见》又指出："职工购买公用住房，在国家规定标准面积以内的，实行标准价。购买后拥有部分产权，即占有权和使用权、有限处分权和收益权；可以继承，可以在购房 5 年以后进入市场出售或出租。原产权单位有优先购买权和租用权。售房收入扣除有关税费后所得收益，按政府、单位、个人的产权比例进行分配。"这类房屋也可以用以抵押，但实现抵押权时，一是应保护原单位的优先购买权，二是如果在市场上出售，售房收入扣除有关税费后所得收益，应按政府、单位、个人的产权比例进行分配。

（4）以划拨方式取得土地使用权的房产为标的的抵押权的实现。《城市房地产管理法》第51条规定，设定抵押权的土地使用权是以划拨方式取得的，依法拍卖该房地产后，应当从拍卖所得价款中缴纳相当于应缴纳的土地使用权出让金的款项后，抵押权人方可优先受偿。

2. 集体所有的土地使用权抵押权的实现。

（1）集体所有土地使用权抵押权。

关于集体所有制的土地使用权抵押，可分为三种情况：① 乡（镇）、村企业的土地使用权不得单独抵押。属于乡（镇）、村企业使用的土地，如果土地上无任何房屋、建筑物或其他附着物的，该幅土地使用权不得用作抵押。如果集体所有的土地上有房屋、建筑物和其他附着物，设定抵押时，该房产所占范围内的土地使用权不得和该房产相分离单独抵押。② 集体所有的耕地、宅基地、自留地、自留山等的土地使用权除法律另有规定外不得抵押。③ 依法承包并经发包方同意抵押的荒山、荒沟、荒丘、荒滩等荒地的使用权可以抵押。

（2）集体所有土地使用权抵押权实现后的权属性质和用途的改变。本条第2款明确规定："依照本法规定以承包的土地使用权抵押的，或者以乡（镇）村企业的厂房建筑物占用范围内的土地使用权抵押的，在实现抵押权后，未经法定程序不得改变土地集体所有和土地用途。"

不论何人取得了荒地的土地使用权，原则上不得改变土地集体所有的性质和土地的用途。但是，并不是土地用途永远不变，当事人可以依据法定程序改变该土地的用途。比如在抵押权实现后，土地使用权人可以与土地所有人重新就土地之用途订立合同，这时，土地使用权人可以依土地的新用途而使用该土地。

典型案例

广州昌华房地产开发有限公司与南洋商业银行广州分行借款合同纠纷上诉案

案号：（2001）民四终字第33号

关键词：土地使用权及其地上待建建筑物抵押；股权质押；连带责任保证

来源：法信精选

【划拨国有土地使用权抵押权的实现】**第五十六条　拍卖划拨的国有土地使用权所得的价款，在依法缴纳相当于应缴纳的土地使用权出让金的款额后，抵押权人有优先受偿权。**

条文主旨

本条是关于划拨国有土地使用权抵押权的实现的规定。

理解与适用

1. 土地使用权抵押的一般要求。（1）必须持有国有土地使用证；（2）具有地上建筑物、其他附着物的合法的产权证明；（3）土地使用权抵押，抵押人和抵押权人应订立抵押合同；（4）必须依法办理抵押登记和土地过户手续。

2. 以划拨方式取得的土地使用权的抵押。土地使用权划拨，是指县级以上人民政府依法批准，在土地使用者缴纳补偿、安置等费用后，将该幅土地交付其使用，或者将土地使用权无偿交付给土地使用者使用的行为。以划拨方式取得的土地使用权，在一般情况下不得转让、出租和抵押。但符合规定条件的，经市、县土地管理部门和房产管理部门批准，其划拨土地使用权和地上建筑物、其他附着物所有权可以转让、出租和抵押。

3. 划拨土地使用权抵押权的实现。依《城市房地产管理法》第51条的规定，拍卖划拨的国有土地使用权所得的价款，在依法缴纳相当于应缴纳的土地使用权出让金的款额后，抵押权人有优先受偿权。依据本条的规定，拍卖以划拨方式取得的国有土地使用权所得之价金，应先缴纳土地使用权出让金，在缴纳土地使用权出让金之后，抵押权人才有优先受偿权。

典型案例

沈阳神羊游乐园有限公司、马来西亚进出口银行有限公司金融借款合同纠纷案

案号：（2017）最高法民终 636 号

关键词：对抵押土地使用权及地上建筑物行使优先受偿权；国有土地使用权作抵押时抵押权的实现

来源：法信精选

【物上保证人的追偿权】**第五十七条　为债务人抵押担保的第三人，在抵押权人实现抵押权后，有权向债务人追偿。**

条文主旨

本条是关于物上保证人的追偿权的规定。

理解与适用

为债务人设定抵押权的第三人，为抵押之物上保证人。从本条的规定可以看出，物上保证人在抵押权人实现抵押权后，对于债务人享有追偿权。

依物上代位性的原则，物上保证人在以其抵押物之价值实现了抵押权人之抵押权后，抵押权人享有的债权移转于物上保证人，因而物上保证人对于债务人之追偿权乃是依据债权而发生的。

物上保证人以清偿使抵押权人之债权得到满足时，债权消灭而抵押权作为主债权之附随债权，亦随之消灭。抵押权消灭后，抵押权人之债权移转于物上保证人。如果物上保证人之清偿是部分清偿，则抵押权人之抵押权并不消失，因为抵押之设定乃是担保全部债务之履行。在此情况下，债权人对于主债务人的债权，在其清偿的限度内，移转于物上保证人。物上保证人因抵押权实现而丧失抵押物之所有权时，为维持其所有权，可以成为强制拍卖的应买人。

物上保证人的求偿权自以其财产为债务人清偿债务之日起开始，在诉讼时效期间内行使。

关于物上保证人的受偿权是否具有与抵押权同样的效力，《担保法》无明确规定。从国外立法实践看，多数国家法律规定物上保证人有代位权，即物上保证人的受偿权具有与抵押权相当的优先受偿效力。

典型案例

担保人的追偿权是指担保人向债权人承担担保责任后享有的在其承担责任的范围内向主债务人追偿的权利

——秦玉军与八荣公司、秦可敏保证合同纠纷案

案例要旨：担保人的追偿权是指担保人向债权人承担担保责任后享有的在其承担责任的范围内向主债务人追偿的权利。保证合同中约定保证人代为履行非金钱债务的，如果保证人不能实际代为履行，对债权人因此造成的损失，保证人应当承担赔偿责任。

来源：法信精选

【抵押物灭失的法律后果】**第五十八条　抵押权因抵押物灭失而消灭。因灭失所得的赔偿金，应当作为抵押财产。**

条文主旨

本条是关于抵押物灭失的法律后果的规定。

理解与适用

根据本条规定，抵押物的灭失有两种不同的法律效果：

1. 抵押权因抵押物灭失而消灭。

抵押权的标的是抵押物，抵押物灭失的，抵押权无所依存，也随之消灭。抵押物全部灭失时，抵押权消灭。有代位物的存在，依物上代位性的原则，抵押权及于代位物之上。

2. 因抵押物灭失而得的赔偿金，应当作为抵押财产。

抵押物灭失后，如果有赔偿金之存在，则抵押权仍未灭失，抵押权之效力及于赔偿金之上，抵押物灭失所获之赔偿金，依物上代位的原则，仍得作为抵押财产。当抵押人因抵押物灭失而受赔偿时，抵押权人仍得就其赔偿金而优先受偿。民法理论上称此为抵押权的物上代位性。此为各国立法之通行原则。本条规定实际上是承认抵押权的这种物上代位性原则，因此，对“抵押权因抵押物灭失而消灭”一语应当作限制解释，即只有当抵押物灭失而又无赔偿金时，抵押权才消灭。

抵押物因抵押人的过错而灭失是不可获得赔偿金的。常见的有如下三种情况：（1）因自然原因而导致抵押物灭失或毁损，如地震、洪水使用抵押的建筑和倒塌；（2）因他人侵害导致抵押物灭失或毁损，如抵押的房产由于第三人的过错而毁于火灾；（3）因公共征用导致抵押物灭失或者毁损，如因城市规划的需要，原抵押的房地产因修建铁路、公路及其他公共设施而被征用或拆迁。

基于上述原因致使抵押物毁损或灭失，抵押人一般可得到相应的赔偿。《担保法司法解释》第 80 条规定：“在抵押物灭失、毁损或者被征用的情况下，抵押权人可以就该抵押物的保险金、赔偿金或者补偿金优先受偿。抵押物灭失、毁损或者被征用的情况下，抵押权所担保的债权未届清偿期的，抵押权人可以请求人民法院对保险金、赔偿金或补偿金等采取保全措施。”

但是,《担保法》未明确规定，当上述情况发生时，抵押权人是否有权直接向保险人索赔、向损害人主张损害赔偿或向国家征用机构请求补偿。在实践中，抵押权人在订立抵押合同时，应当考虑这些因素，就此类事项与抵押人作出约定，即当上述情况发生时，所获得的保险金、赔偿金或补偿金向约定的第三人提存，以利抵押权的实现。

第五节　最高额抵押

【最高额抵押的概念】 **第五十九条　本法所称最高额抵押，是指抵押人与抵押权人协议，在最高债权额限度内，以抵押物对一定期间内连续发生的债权作担保。**

条文主旨

本条是关于最高额抵押的概念的规定。

理解与适用

《担保法》对最高额抵押只作了原则规定，留待将来再予补充完善。依本条规定，最高额抵押，是指抵押人与抵押权人协议在最高债权额限度内，以抵押物对一定期间内连续发生的债权作担保。具有如下法律特征:

（1）将来的债权的担保。对将来债权的担保，可分为两种，其一为将来特定债权的担保，即其发生虽属于将来，而其数额已经预定。其二为最高额担保，也叫限定额担保，即预定被担保债权的最高额，以担保在其范围内由继续的法律关系中的债权为目的，而设确定抵押权。

（2）债权有最高限额。最高额抵押是特种抵押，它与一般抵押不同。一般抵押的债权已经确定，并无最高或最低数额的规定。

（3）实际发生的债权是连续的，不特定的。最高额抵押权的最高额与实际发生额并不一致，实际发生额具有下列特点：① 连续性。实际发生的债权是多次的、连续的。② 不特定性。既然不规定债务人可以连续多少次，发生多少债务，那么，实际发生的债权就是不特定的，只是有个最高限。

（4）对一定期间内连续发生的债权作担保。最高额抵押是为连续发生的不特定债权作担保。所以，这个债权总要有个确定的日期。本条规定的"一定期间"的届满日即为决算日。这个期间是"除斥期间"，它排除中断、中止等妨碍担保期间进行的因素。

【最高额抵押的适用范围】 **第六十条　借款合同可以附最高额抵押合同。**

债权人与债务人就某项商品在一定期间内连续发生交易而签订的合同，可以附最高额抵押合同。

条文主旨

本条是关于最高额抵押的适用范围的规定。

理解与适用

1. 最高额抵押的适用范围。

最高额抵押是一种特殊的抵押形式，根据本条规定，最高额抵押适用以下两种情形：

（1）借款合同。借款合同是指当事人约定，一方交付一定的金钱给他方使用，他方到期偿还该本金和利息的合同。《商业银行法》第36条规定："商业银行贷款，借款人应当提供担保。商业银行应当对保证人的偿还能力，抵押物、质物的权属和价值以及实现抵押权、质权的可行性进行严格审查。"只要借款人提供足以保证贷款归还的财产担保，银行贷款可以采用最高额抵押的方式。采用最高额抵押贷款方式，既有利于担保贷款人债权的实现，也有利于满足借款人的借款愿望，既省时又省力，促进了资金流通。

（2）就某项商品在一定期间内连续发生交易而签订的合同。当两个经营者在经营活动领域存在着长期性的商品交易关系，如生产者与批发者之间的买卖关系，生产者与原料提供者之间的买卖关系，若不允许采用最高额抵押这种形式，则债权人为保证自己债权的实现，只能频繁地与债务人就某项交易订立抵押合同，这不仅给双方当事人造成不便，而且会影响市场经济的流转。为此，《担保法》允许债权人与债务人就某项商品在一定期间内连续发生交易而签订的合同可以附最高额抵押合同。这样，就简化了手续，方便了当事人，有利于促进生产的发展。

2. 最高额抵押合同。是指抵押人与抵押权人签订的，在最高债权额限度内，以抵押物对一定期间内连续发生的债权作担保的一种特殊抵押合同。

一般而言，最高额抵押合同具有如下特征：（1）最高额抵押合同是特殊的抵押合同。最高额抵押是法律上有特殊规定的抵押权，最高额抵押合同依据法律特别规定而产生、变更和消灭，合同双方当事人不仅要依照约定履行合同，而且要依照法律的特别规定履行合同。（2）最高额抵押合同是附期限的抵押合同。在实践，一般可由当事人约定，期限为1~3年为宜。（3）最高额抵押合同担保的债权额具有不确定性。当事人在设立最高额抵押合同时，所担保的债权尚未产生或尚未确定，只是预定一个担保债权的最高额度，被担保的债权能够不断的变更和增减，实际的债权数额要待合同期限届满后才能确定。（4）最高额抵押合同在适用上具有一定的限定性。主要适用于以下两类合同：①借款合同；②债权人与债务人就某项商品在一定期间内连续发生交易而签订的合同。

（1）最高额抵押合同的成立和变更。

最高额抵押合同的成立，应当依抵押权设定的一般程序进行，因此，首先通过当事人双方的协商而订立书面的抵押合同，然后根据是否属于

《担保法》第42条规定的情况，分别进行登记或实行自愿登记原则，当事人未办理登记的，不得对抗第三人。

当事人设立最高额抵押合同后，经双方协商同意，可以变更合同内容，如果该最高额抵押合同已登记，当事人变更后必须到原登记机关作变更的登记，非经登记不生效力。《担保法司法解释》第82条规定："当事人对最高额抵押合同的最高限额、最高额抵押期间进行变更，以其变更对抗顺序在后的抵押权人的，人民法院不予支持。"

（2）最高额抵押合同的实行。

对于最高额抵押合同而言，抵押权人要实施它要具备两个条件：第一，最高额抵押所担保的债权额已经确定；第二，主债权已届清偿期，而主债务人没有履行债务。关于最高额抵押合同的效力范围，包括在决算期届至时，最高额抵押所担保的债权数额及利息、违约金、损害赔偿金和实现抵押权的费用。

（3）最高额抵押合同的终止。

依照法律的规定和司法实践中的做法，具有下列情况之一的，最高额抵押合同终止：① 最高额抵押权人和抵押人双方协商，同意终止最高额抵押合同；② 最高额抵押权人表示放弃最高额抵押担保；③ 最高额抵押合同所担保的主合同终止；④ 最高额抵押合同所担保的债权确定不再产生；⑤ 最高额抵押合同所规定的决算期或合同有效期限届至，因抵押权的实现，如抵押物的折价、变卖或拍卖等；⑥ 最高额抵押合同被新的其他担保合同所代替；⑦ 法律法规规定的其他情形。最高额抵押合同终止后，如果是经过登记的合同，还应当到原来的登记机关去注销登记。

【最高额抵押的主债权转让的禁止】 **第六十一条　最高额抵押的主合同债权不得转让。**

条文主旨

本条是关于最高额抵押的主债权转让的禁止规定。

理解与适用

本条规定的含义是既不允许最高额抵押的主合同债权单独转让，也不允许最高额抵押权随同其主债权一起转让。换句话说，即绝对禁止最高额抵押的主债权转让。这样规定的优点是，有利于稳定最高额抵押法律关系，对我国这样一个第一次规定最高额抵押的国家来说，人们对最高额抵押尚不熟悉，避免在此情况下的转让所引起的一些混乱。但这样的规定也有一些弊端，不利于民事流转。意思自治是民事活动的一项基本原则，在不违反法律和社会公共利益的前提下，民事主体完全可以而且应当由自己做主决定自己的经济行为，法律不应作强制性限制。《担保法》关于最高额抵押的规定还十分原则，企盼将来在立法修改时，能够允许最高额抵押权及其债权一并转让或债权转让，并制定出明确的规则对此加以规范。

典型案例

最高额抵押所担保的不特定债权特定后，原债权银行转让债权的行为有效

——滨海县金汇农村小额贷款有限公司诉江苏奇尔乐阀门有限公司等金融债权转让纠纷案

案例要旨：1. 商业银行向社会主体转让金融债权属于将合同权利义务转让给第三人，并不违反法律禁止性规定，只要第三人支付了相应对价，则该债权转让并未损害国家金融资产安全，应认定有效。2. 最高额抵押权所担保的不特定债权，在特定后，债权已届清偿期的，最高额抵钾权人可以根据普通抵钾权的规定行使其抵钾权。商业银行将最高额抵钾担保的债权转让后，该债权转让的行为发生债权确定的效果，最高额抵钾权可以随该特定债权转让。新的债权人有权就特定债权及债权确定后产生的利息、违约金等在最高债权余额限度内行使抵押权。

来源：法信精选

【最高额抵押的法律适用】**第六十二条　最高额抵押除适用本节规定外，适用本章其他规定。**

条文主旨

本条是关于最高额抵押的法律适用的规定。

理解与适用

本章分为抵押和抵押物、抵押合同和抵押物登记、抵押的效力、抵押物的实现和最高额抵押共五节内容，前四节是对抵押的一般性规定，第五节关于特殊抵押——最高额抵押的规定，是将最高额抵押作为抵押的一种特殊形态对待，有必要作专门规定。但是最高额抵押作为财产抵押的一部分，除了具有自身的特性外，同时具有一般财产抵押的共性。故本条设上述规定，凡是《担保法》对最高额抵押未作特殊规定，均应适用关于财产抵押的一般性规定，使法律成为一整体。

1. 最高额抵押的成立。

本条规定："最高额抵押除适用本节规定外，适用本章其他规定。"此处的本章是指抵押之一般规定，因此最高额抵押的成立，须有当事人的设定行为，如以《担保法》第 43 条规定的财产或财产性权利设定最高额抵押，应办理登记始生效力；如以本条规定以外的其他财产设定最高额抵押，可自愿办理登记，当事人未办理登记，不得对抗第三人。因上述的最高限额并非实际的担保额，因此实际担保额须另行确定，确定此实际额的时期为决算期。决算期应记明，若未明定，则以最高额抵押的存续期间届满时为决算期。

2. 最高额抵押的效力。

（1）最高额抵押之效力范围。最高额抵押权所担保之债权，不包括抵押物因财产保全或者执行程序被查封后或债务人、抵押人破产后发生的债权。

（2）最高额抵押权的处分。最高额抵押权为抵押权之一种，依抵押权之一般规则，抵押权人自得处分。但在转让时，须待其担保的债权确定后，方能随同其债权一并转让，此为国外民法之一般规定。然《担保法》第61条规定："最高额抵押的主合同债权不得转让。"因而由该条规定可知，最高额抵押权不能转让。

（3）最高额抵押权的实行。最高额抵押权的实行须具如下条件：其一，担保债权额须业已确定；其二，于决算期外，当事人得自定清偿期。《担保法司法解释》第83条："最高额抵押权所担保的不特定债权，在特定后，债权已届清偿期的，最高额抵押权人可以根据普通抵押权的规定行使其抵押权。抵押权人实现最高额抵押权时，如果实际发生的债权余额高于最高限额的，以最高限额为限，超过部分不具有优先受偿的效力；如果实际发生的债权余额低于最高限额的，以实际发生的债权余额为限对抵押物优先受偿。"

第四章　质　　押

第一节　动产质押

【动产质押的概念】 **第六十三条　本法所称动产质押，是指债务人或者第三人将其动产移交债权人占有，将该动产作为债权的担保。债务人不履行债务时，债权人有权依照本法规定以该动产折价或者以拍卖、**

变卖该动产的价款优先受偿。

前款规定的债务人或者第三人为出质人，债权人为质权人，移交的动产为质物。

条文主旨

本条是关于动产质押的概念的规定。

理解与适用

1. 质押概述。

质押，是指债务人或第三人将出质的财产或权利交债权人占有，作为债权的担保，在债务人不履行债务时，债权人有权以该财产或权利折价或拍卖、变卖所得价款受偿。设立质押的目的就是为保障交易的安全和债权的顺利实现，同时也起到了维护社会经济秩序良性发展的社会效果。而这些目的的实现都依赖于质押物的优先受偿，这也就是质押物的价值之所在。

质押权的设定，以移转质押物的占有为其成立要件，具有公示的效力。质押权人占有质押物以间接强制债务人履行债务，因而又具有留置的作用。一般地讲，质押权的设定具有如下作用：（1）公示作用。因设定质押，须由质权人占有标的物，而出质人不再占有出质的财产，因此，质权人占有质物本身就公示质权存在。而在抵押，由于并不转移标的物的占有，抵押权不能以占有公示权利的存在，须通过其他的方式公示抵押权的存在，这就是在各国法上都规定须以登记或者注册来公示抵押的原因。（2）留置作用。因为质权以占有质物为存续要件，于质押期间，标的物一直为质权人占有，出质人不得为使用收益。这虽然不利于发挥标的物的利用价值，但从另一方面说，又有利于促使债务人履行债务。

2. 质押的法律性质。

质权是一种他物权，一种担保物权。物权分为自物权（所有权）和他物权两种，他物权是在他人所有的物上设定的物权，包括用益物权和担保物权，质权是在他人的物品或权利上设定的担保物权，它是为担保债权清偿而设定的。质权具有法定性、从属性、优先性、不可分性、物上代位性。

3. 质押和抵押的区别。

依照《担保法》第33条的规定，抵押，是债务人或者第三人不转移财产的占有，将该财产作为债权的担保，如果债务人不履行债务，债权人有权将该财产折价或以拍卖、变卖该财产的价款优先受偿。而质押，是指债务人或者第三人将质物交付债权人占有，以该质物作为债权的担保，如果债务人不履行债务，债权人有权从质物中获得优先受偿。

（1）担保物的占有权是否发生转移不同。占有是对物的实际掌握和控制，是物权的一项基本权能。质押是转移质物占有权的一种担保形式，质权人和出质人订立的质押合同一旦成立，出质人就要将质物移交给质权人控制。出质人对质物享有所有权，但并不直接控制质物，而质权人取得了质物的占有权，却没有质物的所有权，这是质押最明显的特征，又是质押与抵押最重要的区别。

（2）担保物的种类不同。在抵押担保中，抵押物一般是不动产，包括抵押人所有的房屋和地上定着物如建筑物、林木，等等。《担保法》虽然规定机器、交通运输工具和其他财产也能作为抵押物，但经济生活中可以成为抵押物的绝大多数财产仍为不动产。在质押担保中，质物一般具有简便、易于移动空间位置和便于保管的特点。《担保法》规定可以作为质押的标的，可以是动产，也可以是权利，如汇票、本票、支票、存款单、仓单、提单，依法可以转让的股份、股票等，不动产不能成为质物。

（3）合同生效的时间不同。质权或抵押权的取得要取决于担保合同生效的时间。质押合同一般从质物移交给质权人占有时起生效。在动产质押中，质押合同从动产质物移交给质权人占有时生效。在权利质押中，如以汇票、本票、支票、债券、提单、存款单等债权出质的，合同从权利凭证交付质权人占有时起生效。抵押合同从当事人意思表示一致，双方签订之日起生效。

（4）能否重复设置担保权不同。在抵押担保中，抵押人可以同时或者先后就同一项财产向两个以上的债权人进行抵押，也就是说，在同一财产上可以设置两个以上的抵押权，即抵押权重复设置。抵押权重复设置在民法上并不禁止。在抵押权重复设置的担保中，如果清偿债务，要按抵押合同生效的先后顺序进行，如果是同时生效的，就按债权人比例进行清偿。在质押担保中，由于质押合同是从质物移交给质权人占有之日起生效，因此在生活中不可能存在同一质物上重复设置质权的现象。

4. 动产质押。

根据本条规定，动产质押，是指债务人或者第三人将其动产移交债权人占有，将该动产作为债权的担保。债务人不履行债务时，债权人有权依照《担保法》规定以该动产折价或者以拍卖、变卖该动产的价款优先受偿。动产质押包括以下内容：

（1）债务人或第三人须将其动产移交债权人占有。

关于动产的范围。根据《担保法》第92条规定："本法所称不动产是指土地以及房屋、树木等地上定着物。本法所称动产是指不动产以外的物。"《民通意见》第180条规定："土地、附着于土地的建筑物及其他定着物、建筑物的固定设备为不动产。"根据《担保法司法解释》第85条的规定金钱（货币）在一定情形下也可充作质物。

提供动产的人是动产的所有人，无论其为债务人，还是第三人——即债务人、债权人以外的其他人。动产须移交债权人占有。即移交债权人，使其对动产进行事实上的支配，而不能由出质人代替质权人，占有质物。依《担保法司法解释》的规定，出质人可以以间接占有的方式出质，但不能以出质人代质权人占有质物的方式设定质押。

（2）债务人不履行债务时，债权人有权依照《担保法》规定以该动产折价或者以拍卖、变卖该动产的价款优先受偿。设定质押的目的是为担保债权的实现，当被担保的债权因债务人的履行或其他原因而获清偿而消灭时，质权也随之消灭，自然没有实行的余地。债权人（质权人）对质物的交换价值有优先受清偿的权利这是质权人最核心的权利，或者可以说是质权的最主要内容。其主要表现是，在质物所有人破产时，质权人有别除权，即质权人得不依破产程序而优先于破产人（出质人）的其他一般债权人，就所有权于破产人（出质人）的质物受清偿。

5. 动产质押的当事人。

本条第 2 款规定动产质押的当事人。质权人是质押合同中享有质权的一方当事人，因为质权是担保主债权的从权利，因此质权人须为质权担保的主债权的债权人。不为主债权人者，不能为质押合同的质权人。出质人是质押合同中提供担保物的一方当事人。出质人可以是债务人，也可以是第三人。

6. 动产质押的标的——质物。

本条第 2 款还规定了质物。由出质人移交的动产，称为质物。《担保法》对于可作质物动产的范围未加限制，原则上凡是可以移转占有的动产，都可以设定质权。

关于质物，应注意以下几点：（1）质物须是有交换价值的动产；（2）该动产须有可让与性；（3）用作质物的动产须是特定化的物；（4）质物质量应无缺陷；（5）在质物共有的情况下，应区分共同共有，还是按份共有；（6）对物的一部分也可以设质权；（7）金钱能否成为质物，《担保法司法解释》第 85 条即规定："债务人或者第三人将其金钱以特户、封金、保证金等形式特定化后，移交债权人占有作为债权的担保，债务人不履行债务时，债权人可以以该金钱优先受偿。"

【质押合同的订立及其生效】 **第六十四条　出质人和质权人应当以书面形式订立质押合同。**

质押合同自质物移交于质权人占有时生效。

条文主旨

本条是关于质押合同的订立及其生效的规定。

理解与适用

1. 质押合同的订立。质押合同是质押担保产生的前提，也是将来处理当事人之间纠纷的重要根据。

质押合同具有以下法律特征：（1）质押合同为附从性合同；（2）质押合同为补充性合同；（3）质押合同为双务无偿的合同；（4）质押合同为实践合同。

2. 动产质押合同的订立。

（1）动产质押合同的主体。动产质押合同的主体即动产质押合同的当事人，根据《担保法》第63条的规定，动产质押合同的主体包括：①出质人。出质人是指将出质物交给主合同债权人，供作该债权担保的人。出质人可以是主合同债务人自己，也可以是债务人以外的第三人。②质权人。质权人是指占有质物，亦即债务人或第三人所提供动产的债权人。债权人依其债权有无担保的情况，可分为普通债权人和担保债权人。

（2）动产质押合同的标的物。动产质押合同的标的也就是动产质押合同权利义务所指向的对象，根据《担保法》第63条的规定，债务人或第三人移交给债权人的质物就为动产质押合同的标的。

动产质押合同的标的应具备以下两个特点：第一，可为动产质押合同标的物的动产须不为禁止流通的物；第二，得为质押合同标的物的财产须为特定的财产。

（3）动产质押合同的形式。当事人订立合同，可以采用口头形式，也可以采用书面形式。《担保法》第64条明确规定："出质人和质权人应当以书面形式订立质押合同。"也就是说，质押合同是法定的书面合同，如果当事人采用口头形式订立质押合同，该质押合同不成立。不过，有两种例外：第一，法律、行政法规规定或者当事人约定采用书面形式订立合同，当事人未采用书面形式但一方已经履行主要义务，对方接受的，该合同成立（《合同法》第36条）。第二，采用合同书形式订立合同，在签字或者盖章之前，当事人一方已经履行主要义务，对方接受的，该合同成立（《合同法》第37条）。

3. 动产质押合同的生效。质押合同和其他合同一样，必须具备一定的实质生效要件才能发生法律效力。主要包括：第一，质押合同的当事人具有相应的行为能力；第二，质押合同的当事人的意思表示真实，任何一方当事人在违背自己真实意思而签订的质押合同无效；第三，质押合同的内容应当符合法律规定，不得违反社会公共利益。

典型案例

质押合同自质物移交于质权人占有时生效

——无锡市千里马汽车服务有限公司诉交通银行股份有限公司无锡分行担保物权确认纠纷案

案例要旨：出质人和质权人应当以书面形式订立质押合同。质押合同自质物移交于质权人占有时生效。

来源：法信精选

【质押合同的内容】 **第六十五条　质押合同应当包括以下内容：**

（一）被担保的主债权种类、数额；

（二）债务人履行债务的期限；

（三）质物的名称、数量、质量、状况；

（四）质押担保的范围；

（五）质物移交的时间；

（六）当事人认为需要约定的其他事项。

质押合同不完全具备前款规定内容的，可以补正。

条文主旨

本条是关于质押合同的内容的规定。

理解与适用

质押合同应当包括的主要内容也就是质押合同的主要条款。质押合同是为担保主债权而设立，也是将来处理当事人之间纠纷的重要根据，所以，当事人在订立质押合同条款时，必须准确、完善，符合法律规定。根据本条的规定，质押合同应包括以下内容：

1. 被担保的主债权种类、数额。第一，被担保的主债权，一般为金钱债权，但不限于金钱债权。第二，质押所担保的债权一般为现存的债权。第三，对于已过诉讼时效的债权，若当事人同意，也可以设定质权。第四，被担保的主债权数额是指主债权以金钱来衡量的数量，不属于金钱债权的，应当明确债权标的的数量、价款，以便将来实现质权时，能明确就质物优先受偿的主债权数额。

2. 债务人履行债务的期限。债务人履行债务的期限是指债务人清偿债务的时间。质押合同规定了债务人履行债务的期限，就要以据此确定债务人债务清偿期届满的时间，明确质权人实现质权的时间，保障质权人及时实现其质权。

3. 质物的名称、数量、质量、状况。质物的名称明确了该质物为何种，是种类物还是特定物，但不管如何，都可以因此使质物特定化。质物的数量明确了质物在量上的多少。质物的质量明确了质物的品质、等级等指标，与质物的种类、数量综合起来，就可以大致明确质物的总体价值。质物的状况，是指在质物的名称、数量、质量等已明确的条件下，还不足以明确质物的个别属性，而该属性又是必须加以明确的，此时，在质押合同中对该属性加以说明，就是质物的状况。

4. 质押担保的范围。质押担保的范围是指质权人实现质权时就质物可以优先受偿的范围。质押担保的范围，原则上由出质人和质权人协商而定，但当事人往往对担保范围不作约定或约定的不明确。因此，《担保法》第 67 条规定："质押担保的范围是主债权及利息，违约金、损害赔偿金、质物保管费用和实现债权的费用。"质押合同另有约定的，按照约定。质押担保的范围由出质人和质权人约定，其范围一旦确定，就不能依质权人或出质人一方的意思变更。要变更必须双方意思表示一致。

5. 质物移交的时间。质物移交的时间是指出质人将质物移交给质权人的时间，质物移交的时间是质押合同的重要条款。出质人在质押合同中约定的质物移交的时间之后将质物移交给质权人的，质权人如果接受了质物并予以占有，可以认为出质人和质权人变更了质押合同关于质物移交的时间的条款，质押合同自质权人实际接受质物占有时生效。如果质权人在质押合同订立前已经占有了出质人的质物，质押合同就可以自订立时生效。

6. 当事人认为需要约定的其他事项。质押合同除了应当规定被担保的主债权的种类、数量，债务人履行债务的期限，质物移交的时间等条款外，如果当事人认为还有一些事项需要约定，也可以写进质押合同，比如，质押合同发生争议的处理方法，质权人占有质物期间的义务等。

【流质契约的禁止】 **第六十六条　出质人和质权人在合同中不得约定在债务履行期届满质权人未受清偿时，质物的所有权转移为质权人所有。**

条文主旨

本条是关于流质契约的禁止的规定。

理解与适用

流质契约，是指当事人于质押合同中约定于债务履行期届满债权人未受清偿时，质物的所有权即转归债权人所有的条款。根据《担保法》第 66 条规定当事人有此约定时，其约定也是无效的。这里的无效，是指该条款无效，质权人不能直接依据此约定或者约定的价格取得质物的所有权或者请求取得质物的所有权，并不是指质押合同无效，该内容的无效不影响质押合同其他部分的效力。至于当事人于债务清偿期届满债权未受清偿时，约定以一定的价格由质权人取得质物所有权的，则属于以质物折价，不属于流质契约。从整体上说，流质契约是不利于债务人的。因此，为维护社会的公平，法律应当禁止流质契约。

人民法院案例选案例

流质契约无效

——中国农业银行象山县支行因承运人无单放货致其提单质押权不能实现诉象山县兴业航运有限公司侵权损害赔偿纠纷案

案例要旨：象山农行根据与宇翔公司签订的出口押汇合同，将叙做出口押汇合同项下融资押汇款垫付给宇翔公司后，依约持有包括正本提单在内的全套信用证下单据。对于作为押汇行的象山农行来说，其是以担保融资款为目的而持有提单，本无就此取得提单项下货物所有权的意图，即象山农行持有提单，体现的是以提单作为质押的一种担保物权。故本案出口押汇合同中关于象山农行在获得偿付之前取得货物所有权的约定条款，违反了我国《担保法》第 66 条的规定，应确认无效。但该条款的无效，不影响整个出口押汇合同的效力。

来源：《人民法院案例选》2006 年第 2 辑

【质押担保的范围】 **第六十七条　质押担保的范围包括主债权及利息、违约金、损害赔偿金、质物保管费用和实现质权的费用。质押合同另有约定的，按照约定。**

条文主旨

本条是关于质押担保的范围的规定。

理解与适用

质押担保的范围主要包括以下六种：

1. 主债权。也称原债权，是指相对于利息及其他附随的债权而言的债权的原本。

2. 违约金。是当事人约定的一方一旦违反合同义务，不论是否有实际上的损害，而应支付给对方的一定数额的金钱。

3. 损害赔偿金。是指由于当事人一方的过错违反合同义务而致对方受有损害时，违约一方根据对方受损害的情形而给予其一定数额的金钱。

4. 质物保管费用。是指在质押关系成立后，在质押关系存续期质权人因占有质物，对质物进行保管而支出的必要的费用。

5. 实现质物的费用。是指债务已届履行期，债务人不履行债务，质权人实现质权所必需的一切费用。

6. 当事人对质押担保有特殊约定的，可从其约定。当事人既可约定质押担保的范围小于法定担保的范围，也可以大于法定担保的范围。

【质物孳息的收取权】 **第六十八条　质权人有权收取质物所生的孳息。质押合同另有约定的，按照约定。**

前款孳息应当先充抵收取孳息的费用。

条文主旨

本条是关于收取质物孳息的权利的规定。

理解与适用

质权人占有质物，除当事人另有约定外，有权收取质物的孳息。质权人的孳息收取权，指质权人有权进行收取孳息的行为。但是，质权人并不因此而取得对孳息的所有权，而仅取得对孳息的质权。所谓孳息，不限于天然孳息，法定孳息也包含在内。

根据《担保法》相关规定，质权人所收取的孳息，可以充抵收取孳息的费用——即质权人为了收取孳息所支出的必要费用。根据立法的本意，质权人因收取孳息而取得对孳息的质权，也就是说，质权范围扩展到了所收取的孳息之上，则质权人可以把它用于担保目的。

【质物的保管义务】 **第六十九条　质权人负有妥善保管质物的义务。因保管不善致使质物灭失或者毁损的，质权人应当承担民事责任。**

质权人不能妥善保管质物可能致使其灭失或者毁损的，出质人可以要求质权人将质物提存，或者要求提前清偿债权而返还质物。

条文主旨

本条是关于质物的保管义务的规定。

理解与适用

1. 质物的保管义务。质权人有权占有质物，在其占有质物期间负有妥善保管质物的义务。因质权人的过错对质物保管不善致使质物毁损灭失的，质权人应当承担民事责任。

质权人所负的“妥善保管质物的义务”，又称善良管理人的义务，质权人所负的此种注意义务，是一种比处理自己事务须尽更多注意的比较严格的义务。质权人一旦违反了此种义务，而致质物灭失或毁损的，则构成一般侵权行为，当然要承担相应的赔偿责任。

2. 质权人不能妥善保管质物时的补救措施。在质权人不能妥善保管质物的情况下，质权人的行为只是使质物有可能遭受毁损的危险，而并非质物已实际遭受毁损。所以，出质人并不能向质权人提起损害赔偿的请求。在质物受有损害可能时，出质人可以要求质权人将出质物提存，也可以要求提前清偿被担保的债权而返还质物。

【质权人的物上代位权】**第七十条　质物有损坏或者价值明显减少的可能，足以危害质权人权利的，质权人可以要求出质人提供相应的担保。出质人不提供的，质权人可以拍卖或者变卖质物，并与出质人协议将拍卖或者变卖所得的价款用于提前清偿所担保的债权或者向与出质人约定的第三人提存。**

条文主旨

本条是关于质权人的物上代位权的规定。

理解与适用

质权人的物上代位权，是指在质物有损坏或者其价值显有减少，足以危害质权人的权利时，质权人可以出卖质物，以其价金代充质物。

质权人行使这一权利应当注意以下问题：第一，须质物有损坏或者价值明显减少的可能，足以危害质权人的权利。第二，须出质人拒不提供相应的担保。在质权人的权利因质物有损坏或质物价值显有减少足以受到危害时，质权人也不能当即对质物实行变价，而应要求出质人提供相应的担保。只有在质权人要求出质人提供相应的担保，而出质人又不提供的情况下，质权人才可能对质物实行变价，即拍卖或者变卖质物。

第三，质权人须以质物的变价代替质物。质权的物上代位权实际上是质权人保全其权利的保全权。所以，对在此情形下拍卖或变卖质物所得的价款，质权人不得迳行受偿。由此拍卖或变卖所得的价款只能代充质物。对质物的变价，质权人得与出质人协商处置方式。经出质人同意的，质权人得以质物的变价用于提前清偿质权所担保的债权；出质人不同意提前清偿的，则应将质物的变价向与出质人约定的第三人提存。出质人与质权人对于向何人提存也不能达成协议时，则质权人应向法院提起诉讼，由法院裁决。

【质权人返还质物的义务、质权人的优先受偿权及质权的实现】**第七十一条　债务履行期届满债务人履行债务的，或者出质人提前清偿所担保的债权的，质权人应当返还质物。**

债务履行期届满质权人未受清偿的，可以与出质人协议以质物折价，也可以依法拍卖、变卖质物。

质物折价或者拍卖、变卖后，其价款超过债权数额的部分归出质人所有，不足部分由债务人清偿。

条文主旨

本条是关于质权人返还质物的义务、质权人的优先受偿权及质权的实现的规定。

理解与适用

1. 质权人返还质物的义务。债务人于债务履行期届满时履行了债务或者出质人提前清偿了所担保的债权，质权当然消灭，质权人自无再占有质物的根据，即应将质物返还。

2. 质权人的优先受偿权。优先受偿权是质权的基本内容，也是实现质权担保作用的最后方式。根据《担保法司法解释》第 96 条、第 73 条、

第74条之规定，质押物折价或者拍卖、变卖该质押物的价款低于质押权设定时约定价值的，应当按照质押物实现的价值进行清偿。不足清偿的剩余部分，由债务人清偿。质押物折价或者拍卖、变卖所得的价款，当事人没有约定的，按下列顺序清偿：（1）实现质押权的费用；（2）主债权的利息；（3）主债权。

质权人实现质权，就质物的变价优先受偿，其前提条件是债务履行期届满而债权人未受清偿。质权人的优先受偿权主要表现在：第一，质权人较债务人的一般债权人即无质权担保的债权人优先受偿；第二，前顺序质权人较后顺序质权人优先受偿。

3. 质权的实现。

（1）质权实现的条件。动产质权的实现，是指质权人于其债权已届满受偿期未受偿时，以质物的价值受偿其债权。动产质权的实现须具备以下条件：第一，须债务人债务履行期届满，而债务人未履行债务，不论债务人主观上有无过错。第二，须债权人的债权未受清偿，并且未受清偿的原因不在债权人一方。第三，须质权人占有质物。质权人于实现质权时，与他人共同占有质物的，有单独占有质物的权利，得向共同占有质物的他人行使单独占有的请求权。

（2）质物的折价。是指由质权人依质物的价格取得所有权，其从所折价格的价款中优先受偿其债权。质物的折价须于质权人得实现质权时为之。一般说，在实现质权时，质权人得与出质人协议以质物折价。

（3）质物的拍卖。与抵押物的拍卖不同，质权人拍卖质物系以自己的名义，所以其转让质物的行为，含有对他人所有权的处分的因素。对于质物买受人来说，出卖质物的质权人负有转移质物所有权的义务及为质物的瑕疵负担保责任。质物买受人只要是出于善意，不管质权实现的条件是否具备，也不管出卖人是否对质物有处分权，都可以取得所有权。

（4）质物的变卖。与拍卖一样，在依法变卖质物之前也应先和出质人达成协议，协议不成的，质权人才能依法变卖，就卖得的价款受偿。

出质人是第三人的，在质物折价或者拍卖、变卖后，其价款超出所担保的债权的部分应当返还出质人，不足的部分出质人不再承担责任，而由债务人清偿。此时，未受清偿的债权成为普通债权。债务人出质的，质物变价不足清偿债权的余额，同样成为普通债权。

【物上保证人的追偿权】 **第七十二条　为债务人质押担保的第三人，在质权人实现质权后，有权向债务人追偿。**

条文主旨

本条是关于物上保证人的追偿权的规定。

理解与适用

质权实现后，提供质物的第三人丧失对质物的所有权。对于提供质物的第三人清偿债务或者因质权实现而丧失质物所有权的情况，各国民法都无一例外地规定第三人对债务人有追偿权。

提供质物的第三人由于和债务人的法律关系不尽相同，其追偿的范围也就有所区别。若是受债务人的委托提供质物的，基于委托关系，第三人为债务人清偿债务时，可以向债务人请求所清偿的债务额、从清偿之时开始计算的利息、为清偿所花费的费用以及其他的损害赔偿。因质权实现的结果、丧失质物所有权的，第三人可以向债务人请求已从质物价款中清偿的债务额、债务人免责时起的利息、必要的费用以及其他损害赔偿额。若第三人并未受债务人的委托而自动提供质物的，第三人和债务人之间是无因管理关系。在第三人设定质权有利于债务人，并不违反其明示或可推知的意思的，第三人为清偿或因质权的实现而使债务人免责后，可以向债务人请求偿债数额、利息、必要的费用及损害赔偿额。在第三人设定质权不利于债务人或者违反债务人明示或可推知的意思的，债务人依不当得利的规定负返还责任。

第三人在自己的物上为债务人的利益设定质权，无论是否有利于债务人，也不论是否违反其明示或可推知的意思，第三人清偿债务或者因质权的实现而丧失对质物的所有权的，民法理论一般认为第三人均取得代位权，即取得债权人的地位向债务人追偿。

【质物灭失的法律后果】 **第七十三条　质权因质物灭失而消灭。因灭失所得的赔偿金，应当作为出质财产。**

条文主旨

本条是关于质物灭失的法律后果的规定。

理解与适用

1. 质权因质物灭失而消灭。物权因标的物灭失而消灭，动产质权为物权的一种，自也因质物之灭失而消灭。

2. 质权人的物上代位权。根据《担保法司法解释》第96条、第80条的规定，在质押物灭失、毁损者被征用的情况下，质押权人可以就该抵押物的保险金、赔偿金或者补偿金优先受偿。质押物灭失、毁损或者被征用的情况下，质押权所担保的债权未届清偿期的，质押权人可以请求人民法院对保险金、赔偿金或补偿金等采取保全措施。质物灭失因灭失原因不同而有不同的法律效力，质物因质权人的行为而灭失时，质权消灭，质权人对出质人应承担赔偿责任。质物因出质人的行为而灭失时，质权消灭，质权人可要求出质人另行提供担保。质物因第三人的行为而灭失时，出质人对第三人有损害赔偿请求权，质物投保时，有保险金支付请求权，质权的效力及于赔偿金或保险金。

【质权消灭的从属性】 **第七十四条　质权与其担保的债权同时存在，债权消灭的，质权也消灭。**

条文主旨

本条是关于质权消灭的从属性的规定。

理解与适用

1. 被担保债权的消灭。质权与其担保的债权同命运，债权消灭的，原则上质权也消灭。质权消灭的原因如下：（1）清偿。是债权消灭的最基本的原因。债务人清偿债务是其义务也是权利，债权人不得拒绝债务人的清偿。（2）混同。债权与债务同归一人时，债权因混同而消灭。由于质权人因继承或者其他原因成为质物所有人，或者质物所有人取得质权等原因，质权人与质物所有人同归为一人时，质权消灭。（3）抵销。抵销也是债权消灭的原因。在债务人与债权人互有债权，而可抵销时，债权消灭，质权不存在。（4）更改。又称债务更新，债权人与债务人更新债权债务的，原债权债务因更改则消灭。

2. 债权消灭时，质权也消灭。质权存在于有效的债权债务存续期间，只要债权不消灭，质权就当然存在。质权的消灭是绝对、当然的消灭，并不问债权消灭的理由如何。只要债权的存在没有合理的理由和根据时，质权就消灭。

第二节　权利质押

【可以质押的权利】 **第七十五条　下列权利可以质押：**

（一）汇票、支票、本票、债券、存款单、仓单、提单；

（二）依法可以转让的股份、股票；

（三）依法可以转让的商标专用权、专利权、著作权中的财产权；

（四）依法可以质押的其他权利。

条文主旨

本条是关于可以质押的权利的规定。

理解与适用

1. 可以质押的权利的特点。

权利质押和动产质押的一个重要区别就是以权利为标的，这种权利须具备以下特点：第一，须为财产权；第二，须有让与性；第三，须为适于设质的权利。

2. 可以质押的权利的种类。可以作为权利质押合同的标的具体有以下几种：

（1）汇票、本票、支票、债券、存款单、仓单、提单。根据《票据法》的规定，汇票是指由出票人签发的，委托付款人在见票时或指定日期无条件支付确定的金额给收款人或者持票人的票据，汇票分为银行汇票和商业汇票；本票是由出票人签发的，承诺自己在见票时无条件支付确定的金额给收款人或持票人的票据；支票是指出票人签发的，委托办理支票存款业务的银行或者其他金融机构在见票时无条件支付确定的金额给收款人或持票人的票据。债券是指依照法定程序发行的，约定在一定期限还本付息的有价证券，包括国库债券、企业债券、金融债券。存款单是指银行、储蓄机构发给存款人的证明其债权的单据，可以质押的存款单主要是指各类定期存款单。仓单是指仓库保管人应寄托人的请求而填发的单据。根据《海商法》的规定，提单是指用以证明海上货物运输合同和货物已经由承运人接受或者装船以及承运人保证据以交付货物的凭证。

（2）依法可以转让的股份、股票。根据《公司法》的规定，股份是指股份有限公司的资本份额，股票是股份有限公司签发的证明股东所持股份的凭证。只有依法可以转让的股份、股票方可以质押。

（3）依法可以转让的商标专用权、专利权、著作权中的财产权。根据《商标法》的规定，商标专用权是指注册商标所有人依法对注册商标享有的独占使用权。根据《专利法》的规定，专利权包括发明专利权、实用新型专利权和外观设计专利权。根据《著作权法》的规定，著作权是指作者对其作品享有的发表权、署名权、修改权、保护作品完整权、使用权和获得报酬权。

（4）依法可以质押的其他权利。这是《担保法》对权利质押标的所规定的一个弹性条款。债权为财产权，原则上应可以为质权的标的，但是依法律或者其性质不可让与的债权以及当事人约定不可让与的债权应为例外。

指导案例

特许经营权的收益权可以质押，并可作为应收账款进行出质登记

——指导案例53号：福建海峡银行股份有限公司福州五一支行诉长乐亚新污水处理有限公司、福州市政工程有限公司金融借款合同纠纷案

案例要旨：1.特许经营权的收益权可以质押，并可作为应收账款进行出质登记。2.特许经营权的收益权依其性质不宜折价、拍卖或变卖，质权人主张优先受偿权的，人民法院可以判令出质债权的债务人将收益权的应收账款优先支付质权人。

来源：最高人民法院第11批指导性案例

【债权质押的设定】 **第七十六条　以汇票、支票、本票、债券、存款单、仓单、提单出质的，应当在合同约定的期限内将权利凭证交付质权人。质押合同自权利凭证交付之日起生效。**

条文主旨

本条是关于债权质押设定的规定。

理解与适用

1. 债权质押设定的一般规定。债权质权的设立，由其质权性质所决定，仍须具备订立质押合同、移转出质财产占有两个要件。债权质权的成立，以债权凭证的交付为成立要件，没有债权凭证的交付，质权也就不能成立。

2. 票据质押的设定。关于票据质押的设定：

（1）票据质押之设定是否以背书记载“质押”字样为必要。《票据法》第 35 条第 2 款规定：“汇票可以设定质押；质押时应当以背书记载‘质押’字样。被背书人依法实现其质权时，可以行使汇票权利。”《票据法》第 81 条、第 94 条分别规定，本标与支票适用汇票的规定。由此可见，票据质押之设定应以背书记载“质押”字样为必要。《担保法》对票据质押是否以背书“质押”字样为要件未作规定。《担保法》只规范作为票据质押原因关系的质押合同。未背书的票据质押因不符合《票据法》的要求而不产生票据法上的效力。质权人行使票据权利时，票据上除出质人以外的所有债务人都可以依背书不连续、持票人无法证明自己权利来源合法为由抗辩质权人的付款或追索请求。根据《最高人民法院关于审理票据纠纷案件若干问题的规定》第 55 条的规定：“依照票据法第三十五条第二款的规定，以汇票设定质押时，出质人在汇票上只记载了‘质押’字样未在票据上签章的，或者出质人未在汇票、粘单上记载‘质押’字样而另行签订质押合同、质押条款的，不构成票据质押。”《担保法司法解释》第 98 条规定：“以汇票、支票、本票出质，出质人与质权人没有背书记载‘质押’字样，以票据出质对抗善意第三人的，人民法院不予支持。”（2）票据质押合同自何时生效，票据质权自何时设定。票据质押合同应依《合同法》的规定自从依法成立时起生效，而票据质权的设定应从出质人以背书记载“质押”字样并交付给出质人时生效。依票据行为无因性原理，票据质押合同关系（基础关系）与票据质权关系

（票据关系）相分离，票据质押合同关系的效力并不影响已设定的票据质权在票据法上的效力。质权人因正当行使质权而向付款人行使付款请求，或向背书人、出票人行使追索权时，该付款没、被追索人不能以质押合同的法律瑕疵予以抗辩，但出质人例外。出质人与质权人既是质押合同的当事人，又是票据设质背书的背书人和被背书人，出质人因质押合同中的正当理由而抗辩质权人的请求，与其他票据行为中直接当事人之间可因票据原因关系末合法成立或末正当履行而抗辩对方当事人的请求权毫无二致。（3）记载“不得转让”的票据可否出质。记载“不得转让”的票据，不具有让与性，不能出质。《最高人民法院关于审理票据纠纷案件若干问题的规定》对此问题作了明确规定。根据该规定：“依照票据法第二十七条的规定，出票人在票据上记载‘不得转让’字样，其后手以此票据进行贴现、质押的，通过贴现、质押取得票据的持票人主张票据权利的，人民法院不予支持。”（第 53 条）“依照票据法第三十四条和第三十五条的规定，背书人在票据上记载‘不得转让’字样，其后手以此票据进行贴现、质押的，原背书人对后手的背书人不承担票据责任。”（第 54 条）“依照票据法第三十四条和第三十五条的规定，背书人在票据上记载‘不得转让’、‘委托收款’、‘质押’字样，其后手再背书转让、委托收款或者质押的，原背书人对后手的被背书人不承担票据责任，但不影响出票人、承兑人以及原背书人之前手的票据责任。”（第 51 条。）

3. 存单质押的设定。以存单出质，其性质上为债权出质。根据我国《担保法》第 76 条的规定，以存单出质的，应当在合同约定的期限内将权利凭证交付质权人。质押合同自权利凭证交付之日起生效。结合《担保法》关于动产质押设定之规定存单质押的设定应满足两个条件：（1）出质人和质权人以书面形式订立质押合同；（2）出质人将质物移交于质权人占有。

公报案例

票据质权可通过签订质押合同、交付权利凭证的方式取得

——滕州市城郊信用社诉建行枣庄市薛城区支行票据纠纷案

案例要旨：根据《担保法》第76条的规定，当事人以银行汇票为质押凭证，以书面形式另行设定了该汇票的质权，且得到出票银行确认的，应认定汇票的质押有效。

来源：《最高人民法院公报》2004年第11期

【债权质权的效力】**第七十七条　以载明兑现或者提货日期的汇票、支票、本票、债券、存款单、仓单、提单出质的，汇票、支票、本票、债券、存款单、仓单、提单兑现或者提货日期先于债务履行期的，质权人可以在债务履行期届满前兑现或者提货，并与出质人协议将兑现的价款或者提取的货物用于提前清偿所担保的债权或者向与出质人约定的第三人提存。**

条文主旨

本条是关于债权质权的效力的规定。

理解与适用

1. 债权质权的效力的一般规定。以债权设定质押的，债权凭证的兑现或者提货日期先于债务履行期的，质权人可以在债务履行期届满前兑现或者提货，并与出质人协议将兑现的价款或者提取的货物用于提前清偿所担保的债权或者向与出质人约定的第三人提存。

2. 票据质押的效力。（1）行使付款请求权，并就所得款项优先受偿。（2）行使追索权，并就所得款项优先受偿。

3. 存单质押的效力。

（1）以伪造、变造的存单质押的效力。根据《最高人民法院关于审理存单纠纷案件的若干规定》第8条的规定，以伪造、变造的虚假存单出质的，质押合同因标的虚假而为无效合同，质押合同为质权设定之基础，质押合同无效，依质押合同设定的，质权自始不能成立。如质权人以存单质押为由起诉金融机构，应判决驳回其诉讼请求，并可告知其另案起诉出质人。

（2）以虚开的存单质押的效力。虚开的存单指确属金融机构出具但无实际存款内容或与实际存款不符的真实存单。虚开的存单不合法，以之为标的的质押合同当然无效，存单质权自始不存在。对于质押合同的无效，应依各方当事人的过错定其责任。

（3）以借用存单出质的效力。解决此类纠纷的前提在于把握存单质押设定的两大基础前提：①出质人和质权人签订书面质押合同；②出质人交付存单予质权人。

实践中，以借用存单出质引发的纠纷，多为出质人与质权人没有订立书面质押合同，而出质人又不承认同意以自己的存单质押所造成，由此而产生了对当事人出质意思的判定、表见代理等诸多讨论。根据我国《担保法》第81条和第64条第1款之规定，以存单出质者，出质人与质权人应当以书面形式订立质押合同。未以书面形式者，合同即为不成立，但有两种例外：①“法律、行政法规规定或者当事人约定采用书面形式订立合同，当事人未采用书面形式但一方已经履行主要义务，对方接受的，该合同成立。”（《合同法》第36条）②“采用合同书形式订立合同，在签字或者盖章之前，当事人一方已经履行主要义务，对方接受的，该合同成立。”（《合同法》第37条）

（4）出质的通知与存单核押。存单质押在最终结果上可能与合同权利的转让相同，因此，以存单出质时，应通知债务人（金融机构）。存单在性质上属于债权凭证，可以挂失，存单所载的款项也可提前支取。在此情形下，将存单出质的事实通知债务人就更有必要。

典型案例

罗家凤、云南红塔银行股份有限公司小企业信贷中心金融借款合同纠纷案

案号：（2017）云民申 10 号之一

关键词：存单质押；质权人权利的行使；保证责任的免除

来源：法信精选

【股权质权的设定及股权质权的效力】**第七十八条　以依法可以转让的股票出质的，出质人与质权人应当订立书面合同，并向证券登记机构办理出质登记。质押合同自登记之日起生效。**

股票出质后，不得转让，但经出质人与质权人协商同意的可以转让。出质人转让股票所得的价款应当向质权人提前清偿所担保的债权或者向与质权人约定的第三人提存。

以有限责任公司的股份出质的，适用公司法股份转让的有关规定。质押合同自股份出质记载于股东名册之日起生效。

条文主旨

本条是关于股权质权的设定及股权质权的效力的规定。

理解与适用

1. 股权质权概述。股权质权是指以公司的股权为权利标的的质权。股权虽非单纯的财产权，但其中的财产权具有交换价值，因此也可以作为质权的客体。

股权为公司股东享有的权利，其虽为社员权，但其也具有财产价值，也可以让与，所以股权也可以设质，可为权利质权的标的。但并非任何股权都可为质权的标的，依《担保法》的规定，只有依法可以转让的股份才可以用于质押。

依《公司法》第142条规定，发起人持有的本公司股份，自公司成立之日起1年内不得转让。公司公开发行股份前已发行的股份，自公司股票在证券交易所上市交易之日起1年内不得转让。公司董事、监事、高级管理人员应当向公司申报所持有的本公司的股份及其变动情况，在任职期间每年转让的股份不得超过其所持有本公司股份总数的25%；所持本公司股份自公司股票上市交易之日起1年内不得转让。上述人员离职后半年内，不得转让其所持有的本公司股份。

《公司法》第72条规定，有限责任公司的股东之间可以相互转让其全部或者部分股权。股东向股东以外的人转让股权，应当经其他股东过半数同意。依《公司法》和《担保法》的规定，有限责任公司的股东可以以其出资的全部或者部分自由地为其他股东设定质权。但有限责任公司的股东以其股份为股东以外的其他人设定质权的，须经其他股东过半数的同意。以有限责任公司的股份出质的，无需经其他股东过半数同意。其理由有三：一是股份出质不同于转让，二者有着质的区别，二者的适用条件当然不能等而视之。二是依公司法的规定全体股东过半数不同意转让股份时，不同意转让的股东应当购买该转让的股份，如不购买则视为同意转让。三是本条的规定应理解为质权人行使质权，出质人需要转让股份时应适用《公司法》股份转让的有关规定，不应因设有质权而与未设质权的股份在转让上有所区别。

2. 股权质权的设定。股权质权的设立要件，依股票质权与股份质权的不同而有所不同。

股票质权是以股份公司的可转让股票为标的物的质权。本条第1款规定："以依法可以转让的股票出质的，出质人与质权人应当订立书面合同，并向证券登记机构办理出质登记。质押合同自登记之日起生效。"依此规定，股票质权的设立须具备订立书面质押合同和向证券登记机构办理质押登记两个要件。

股份质权，按本条第3款的规定，是指以有限责任公司股东的股份为标的物的质权。根据本条第3款的规定，结合《公司法》第35条的规定，以有限责任公司股份向本公司以外的人出质的，质权之设立须具备以下三个要件：其一，须取得公司全体股东过半数同意；其二，须订立书面质押合同；其三，须将出质情况记载于股东名册。

3. 股权质权的效力。根据股权质权的法律效力，股权质权人在股权质权法律关系中享有以下权利：（1）质权人有分配盈余收取权；（2）留置出质股票的权利；（3）制止出质人非法转让股票、股份以保全股权质权的权利；（4）质权人有股票代表物上的代位权；（5）质权人有优先受偿权。

典型案例

将尚未成立的公司股份质押，股份出质未记载于股东名册的，质押合同不生效

——中国农业银行沈阳市滨河支行与沈阳万普显示器厂等借款合同纠纷上诉案

案例要旨：质押合同签订后，并未将股份出质记载于股东名册，亦未办理质押登记，质押合同不生效。

来源：出版案例

【知识产权质权的设定】 **第七十九条　以依法可以转让的商标专用权，专利权、著作权中的财产权出质的，出质人与质权人应当订立书面合同，并向其管理部门办理出质登记。质押合同自登记之日起生效。**

条文主旨

本条关于知识产权质权的设定的规定。

理解与适用

根据本条规定，设定知识产权质权必须具备以下两个要件：

1. 书面质押合同的订立。知识产权质押合同因质权的不同而不同，具体分析如下：

（1）商标权质押合同。商标权质押是指债务人或者第三人将其商标权移交债权人占有作为债权的担保，当债务人不履行债务时，债权人有权依法以该商标权折价或者以拍卖、变卖该商标权的价款优先受偿。

商标权的主体可以是自然人或法人，在我国可以是法人、个体工商户或合伙、个人，因此权利质押合同的双方当事人可以是个人、个体工商户、合伙及法人。商标权质押合同应当约定质押的标的是商标权的全部或者是其中的部分权能。

根据《注册商标专用权质权登记程序规定》第5条的规定，注册商标专用权质权合同一般包括以下内容：①出质人、质权人的姓名（名称）及住址；②被担保的债权种类、数额；③债务人履行债务的期限；④出质注册商标的清单（列明注册商标的注册号、类别及专用期）；⑤担保的范围；⑥当事人约定的其他事项。

（2）专利权质押合同。

质押合同可以是单独订立的书面合同，也可以是主合同中的担保条款。关于质押合同须包括的内容，《专利权质押登记办法》第9条规定："当事人提交的专利权质押合同应当包括以下与质押登记相关的内容：（一）当事人的姓名或者名称、地址；（二）被担保债权的种类和数额；（三）债务人履行债务的期限；（四）专利权项数以及每项专利权的名称、专利号、申请日、授权公告日；（五）质押担保的范围。"第10条规定：

“除本办法第九条规定的事项外，当事人可以在专利权质押合同中约定下列事项：（一）质押期间专利权年费的缴纳；（二）质押期间专利权的转让、实施许可；（三）质押期间专利权被宣告无效或者专利权归属发生变更时的处理；（四）实现质权时，相关技术资料的交付。”

作为质物的专利必须有效，是专利权中可转让的财产权，即因取得专利权而产生的具有经济内容的权利，系指独占权和由此派生的许可权、转让权、标记权等。专利申请权虽然是获得专利权的前提，依法可以转让，但其明显的法律上的不确定性，使之不能作为一种具有法律效力的财产权，因而不能将专利申请权作为质物进行质押。出质人必须是合法专利权人。

（3）著作权质押合同。

关于著作权质押合同的内容，《著作权质权登记办法》第7条规定：“著作权质权合同一般包括以下内容：（一）出质人和质权人的基本信息；（二）被担保债权的种类和数额；（三）债务人履行债务的期限；（四）出质著作权的内容和保护期；（五）质权担保的范围和期限；（六）当事人约定的其他事项。”著作权质押合同上能约定质押著作权中的财产权，不能在其人身权上设定质押。著作权出质人必须是合法著作权所有人。

2. 质押合同的登记。

（1）商标专用权质押合同的登记。

自然人、法人或者其他组织以其注册商标专用权出质的，出质人与质权人应当订立书面合同，并向商标局办理质权登记。质权登记申请应由质权人和出质人共同提出。质权人和出质人可以直接向商标局申请，也可以委托商标代理机构代理。在中国没有经常居所或者营业所的外国人或者外国企业应当委托代理机构办理。

办理注册商标专用权质权登记，出质人应当将在相同或者类似商品/服务上注册的相同或者近似商标一并办理质权登记。质权合同和质权登记申请书中应当载明出质的商标注册号。

申请注册商标专用权质权登记的，应提交下列文件：① 申请人签字或者盖章的《商标专用权质权登记申请书》。② 出质人、质权人的主体资格证明或者自然人身份证明复印件。③ 主合同和注册商标专用权质权合同。④ 直接办理的，应当提交授权委托书以及被委托人的身份证明；委托商标代理机构办理的，应当提交商标代理委托书。⑤ 出质注册商标的注册证复印件。⑥ 出质商标专用权的价值评估报告。如果质权人和出质人双方已就出质商标专用权的价值达成一致意见并提交了相关书面认可文件，申请人可不再提交。⑦ 其他需要提供的材料。上述文件为外文的，应当同时提交其中文译文。中文译文应当由翻译单位和翻译人员签字盖章确认。

（2）专利权质押合同的登记。

国家知识产权局负责专利权质押登记工作。申请专利权质押登记的，当事人应当向国家知识产权局提交下列文件：① 出质人和质权人共同签字或者盖章的专利权质押登记申请表；② 专利权质押合同；③ 双方当事人的身份证明；④ 委托代理的，注明委托权限的委托书；⑤ 其他需要提供的材料。专利权经过资产评估的，当事人还应当提交资产评估报告。除身份证明外，当事人提交的其他各种文件应当使用中文。身份证明是外文的，当事人应当附送中文译文；未附送的，视为未提交。

国家知识产权局自收到专利权质押登记申请文件之日起 7 个工作日内进行审查并决定是否予以登记。专利权质押登记申请经审查合格的，国家知识产权局在专利登记簿上予以登记，并向当事人发送《专利权质押登记通知书》。质权自国家知识产权局登记时设立。

（3）著作权质押合同的登记。

国家版权局负责著作权质权登记工作。以著作权出质的，出质人和质权人应当订立书面质权合同，并由双方共同向登记机构办理著作权质权登记。出质人和质权人可以自行办理，也可以委托代理人办理。著作权质权的设立、变更、转让和消灭，自记载于《著作权质权登记簿》时发生效力。

申请著作权质权登记的，应提交下列文件：① 著作权质权登记申请表；② 出质人和质权人的身份证明；③ 主合同和著作权质权合同；④ 委托代理人办理的，提交委托书和受托人的身份证明；⑤ 以共有的著作权出质的，提交共有人同意出质的书面文件；⑥ 出质前授权他人使用的，提交授权合同；⑦ 出质的著作权经过价值评估的、质权人要求价值评估的或相关法律法规要求价值评估的，提交有效的价值评估报告；⑧ 其他需要提供的材料。提交的文件是外文的，需同时附送中文译本。经审查符合要求的，登记机构应当向出质人和质权人发放《著作权质权登记证书》。《著作权质权登记证书》应当标明：著作权质权自登记之日起设立。

【知识产权质权的效力】 **第八十条　本法第七十九条规定的权利出质后，出质人不得转让或者许可他人使用，但经出质人与质权人协商同意的可以转让或者许可他人使用。出质人所得的转让费、许可费应当向质权人提前清偿所担保的债权或者向与质权人约定的第三人提存。**

条文主旨

本条是关于知识产权质权的效力的规定。

理解与适用

债权人要求债务人以其知识产权中的财产权出质的目的，是为了担保其债权能够顺利地得以清偿实现。为此，必定要赋予质权人一定的权利并限制出质人行使一定的权利。这些权利包括：

1. 优先受偿权。当出质人不能按主债务之约定履行债务时，债权人（质权人）有权将债务人出质的知识产权中的财产权（例如商标使用权，专利转让权、著作权中的复制权、发行权）转让，从转让的收益中优先扣除债务人应当履行的部分。

2. 限制出质人权利的行使。按照《担保法》第 82 条的规定，转让或者许可他人使用出质的商标专用权和专利权、著作权中的财产权所得的转让费、许可费，不当然用于清偿担保债权，因为此时债务清偿期尚未届至，转让费、许可费应当先向质权人提前偿付所担保的债权或者向与质权人约定的第三人提存。提前给付所担保的债权时，质权消灭。向约定的任何公民、法人或其他组织提存时，质权继续存在于提存的转让费、许可使用费上。

3. 留置证书权。尽管《担保法》第 79 条并未像第 76 条那样规定出质人应当将权利凭证交付质权人，但是实践上为了避免其他第三人受损，维持正常的经济流转关系和秩序，应当规定出质人应向质权人交付知识产权权利证书（如商标注册证、专利证书、著作权登记证，如果著作权尚未登记则无著作权登记证）。即使如此，质权人在法无明文规定的情况下，如果认为登记公示仍然不能保证质押的目的能得到实现，有权要求出质人交付质权利（知识产权）的证书。

4. 转质权。在质押关系存续期间，质权人可以将出质人出质的知识产权再设定质权，以便质权人向其他第三人担保自己履行债务。这同其他权利质押中的转质道理相同。

5. 质权人的义务。质权人的义务包括以下三种：（1）不能在约定债务人（出质人）履行债务期限届满前将被质押的权利转让或许可他人使用，其道理如同动产质押不得设定所有权质押一样。（2）如果留置了权利证书，质权人应当妥善保管权利证书，以免发生证书灭失。否则补救的一切费用概由质权人负担。（3）如果以质权利实现质押目的，即届时债务人未向质权人清偿债务，质权人将质押的权利转让或许可他人使用，所取得的费用超过主债务应当履行的部分，质权人应将剩余部分返还出质人。

【权利质押的法律适用】 **第八十一条　权利质押除适用本节规定外，**

适用本章第一节的规定。

条文主旨

本条是关于权利质押的法律适用的规定。

理解与适用

权利质押与动产质押的目的一样，都是为了担保债权的清偿，就债务人或第三人的财产权利或动产物而设定质权，质权人对出质的财产权利或动产物的支配表现为占有。在债务人不履行债务时，质权人即可行使质权，以被其占有的由出质人出质的财产权利或动产物出卖后清偿债务。因此，各国立法例关于权利质权，除了一些特殊问题之外，准用动产质押的规定。因此，在学说上，权利质权被称准质权。

在《担保法》中，动产质押是作为质押担保的一般形式加以规定的，作为权利质权，则是质押担保的特殊形式。二者在很多方面是一致的。如第65条关于质押合同条款的规定，第66条关于禁止流质契约的规定，第67条关于质押担保范围的规定，第68条关于质权人孳息收取的规定，第69条关于质权人妥善保管质物的规定等都同样适用于权利质押。这些共同性的条款，为了避免重复和重叠，使法律规范体系严谨，在立法技术上，立法者就没有将这些共同性内容在相关条款中再加以规定。但相关条款未规定时，可以对其引用。因此本条规定，权利质押除本节有特别规定者外，适用本章第一节关于动产质押的规定。

第五章　留　　置

【留置与留置权】 **第八十二条　本法所称留置，是指依照本法第八十四条的规定，债权人按照合同约定占有债务人的动产，债务人不按照合同约定的期限履行债务的，**

债权人有权依照本法规定留置该财产，以该财产折价或者以拍卖、变卖该财产的价款优先受偿。

条文主旨

本条是关于留置和留置权的规定。

理解与适用

1. 留置与留置权概述。留置是指债权人因保管合同、运输合同、加工承揽合同依法占有债务人的动产，债务人不按照合同约定的期限履行债务的，债权人有权依照法律规定留置该财产，以留置财产折价或者以拍卖、变卖该留置物，从所得价款中优先得到清偿。留置权是指债权人对已占有的债务人的动产，在债权未能如期获得清偿前，留置该动产作为担保和实现债权的权利。

留置权具有以下性质：（1）留置权为他物权；（2）留置权为担保物权；（3）留置权是以动产为标的的物权；（4）留置权是债权人占有债务人财产上的物权；（5）留置权为债权人在债权未受偿前得留置标的物的物权；（6）留置权是一种具有从属性的物权；（7）留置权是一种具有不可分性的物权。

2. 留置与相近概念的区别。

（1）留置与抵押。留置与抵押的区别主要表现在以下几个方面：①设立的依据不同。在担保物权中，抵押权是由当事人自由设定，依双方当事人的合意而发生，属于约定担保物权；而留置权直接依据法律规定而发生，属于法定担保物权。②法律关系的客体不同。抵押权的客体可以是动产也可以是不动产；而留置权的客体只能是动产。③标的物的性质不同。在抵押权中，抵押物不是所担保债权的标的物；而留置物本身就是所担保债权的标的物。④权利实现的时间要求不同。抵押权只须合同约定的期限届满而对方未履行债务即可行使抵押权，抵押权的实现可以由当事人双方协议折价或者以拍卖、变卖抵押物所得价款受偿。协议不成的，抵押权人可以向人民法院提起诉讼；而留置权则必须经过一定的期间、一定的程序方可实现。

（2）留置与动产质押。

第一，所谓动产质押，是指债务人或者第三人将其动产交债权人占有，将该动产作为该债权的担保。留置与动产质押有如下的区别：留置权为法定担保物权，系基于法律规定的条件而发生的，不能由当事人依合意设定，其作用仅在于确保债权的受偿；而动产质权一般系基于当事人的约定而发生的，为意定担保物权，其作用除有确保债权的受偿外，还具有媒介金钱借贷即融资的功能。

第二，留置权对于债权人未赋予占有权，留置权人非因担保债权才占有标的物，留置权人对留置物的占有权，是持续的占有权而不是为担保债权新生的占有权，留置权人于丧失对留置物的占有时，只能基于占有而请求返还，而不能基于留置权而请求返还；而质权赋予债权人质物的占有权，质权人系因担保债权而占有标的物，于丧失质物占有时，不仅得基于占有请求返还，而且得基于质权请求质物的返还。

第三，留置权在主债权转移时，在当事人无另外约定时，并不当然随之转移，并且留置权移转以有让与的意思与留置物占有移转为要件；而在质权，除当事人另有约定外，质权当然随主债权的转移而转移，且质物占有的移转只是为新债权人取代原债权人的地位向出质人负担质权上的义务。

第四，留置权一般是于债权人已占有的债务人的财产上成立的；而动产质权的标的物，可以是债务人的动产，也可以是第三人提供的动产。

第五，留置权发生二次效力，留置权人于其债权届期未受偿时，只能留置留置物，只有在经催告债务人超过规定的宽限期后仍不履行债务时，留置权人才可实现变价权，以留置物的变价优先受清偿；而在质权，质权人于其债权清偿期届满而未受偿时，就可以处分质物，以其变价优先受偿，而无须对债务人为催告。

第六，留置权于债务人提供相当担保时，即消灭，债权人不得再留置标的物；而在质权，质权并不因债务人提供其他担保而消灭。

（3）留置和非法扣留。

二者的主要区别是：第一，留置权是根据法律或合同合法地占有债务人的财产；非法扣留是在既没有法律规定，也没有合同约定的情况下，债权人任意扣留债权人的财产。第二，留置权人在行使留置权以前，已经合法占有债务人的财产，债务人的财产已经处于留置权的实际控制支配之下；而非法扣留前，非法扣留人并未占有债务人的财产，扣留的财产是通过非法扣留手段取得的。第三，留置权人占有债务人的财产时，是债务人根据合同自愿地交给债权人（留置权人）占有的；非法扣留人占有债务人的财产是通过强行手段占有的，是违背债务人意愿的。第四，留置权的标的物是原主合同的标的物，留置权人留置该项财产是根据未实现的债权；非法扣留的财产不属于原主合同的标的物，而是主合同标的物以外的其他财产。

3. 留置权的成立。

留置权的成立主要具备以下要件：（1）须债权人占有债务人的动产。其一，留置权的主体为债权人；其二，留置权的客体为债务人的财产；其三，留置权的财产必须是动产；其四，留置权的成立，以债权人占有债务人的动产为必要。（2）须债权的发生与该动产有牵连关系。（3）须债权已届清偿期。（4）须动产非因侵权行为而占有。有以下情形之一的，不得成立留置权：一是行使留置权如与债务人交付动产前或交付动产时所为的指示相抵触的；二是行使留置权违反公共秩序或善良风俗的；三是行使留置权与留置权人所承担的义务相抵触的。

典型案例

深圳市众鑫科电子有限公司等与骏源（亚洲）有限公司加工承揽合

同纠纷上诉案

案号：（2004）粤高法民四终字第100号

关键词：留置；留置权的行使

来源：法信精选

【留置担保的范围】 **第八十三条　留置担保的范围包括主债权及利息、违约金、损害赔偿金、留置物保管费用和实现留置权的费用。**

条文主旨

本条是关于留置担保的范围的规定。

理解与适用

留置权是为担保债务人的债务履行为目的的。留置权的被担保债权的范围与抵押权、质权基本相同，有如下几项：

1. 主债权。是指留置权人基于合同而发生的要求债务人履行主要义务的权利，又称为原债权或本债权。

2. 利息。指留置物即原物产生出来的收益，分为法定利息和约定利息，对留置权来讲，主要是指迟延履行债务的利息。

3. 违约金。是合同当事人违反合同时依法律规定或合同约定应向对方支付的款项，也是违约方应承担的一种重要的民事责任形式。

4. 损害赔偿金。作为留置权被担保债权中的损害赔偿金责任应包括两个方面，一方面是由于债务人逾期不付价款所发生的违约行为所生的损害赔偿责任；另一方面为留置物本身之隐有瑕疵所致的侵权损害之债。

5. 留置物保管费用。留置权人有妥善保管留置物的义务，同时有权向留置人请求保管费用，因此，留置物保管费用当然地被纳入被担保债权之中。这里须注意两个问题，一是留置权人必须以善良管理人之注意尽保管义务。二是留置物保管费用如何合理限制。留置物的保管费用不能无限膨胀，必须合理控制，否则不能保护债务人的利益，招致在债权人和债务人之间失之公平。

6. 实现留置权的费用。行使留置权的费用一般包括：所有权移转时的签约、公示手续等费用，申请拍卖等拍卖费用。

【留置的适用范围】**第八十四条　因保管合同、运输合同、加工承揽合同发生的债权，债务人不履行债务的，债权人有留置权。**

法律规定可以留置的其他合同，适用前款规定。

当事人可以在合同中约定不得留置的物。

条文主旨

本条是关于留置适用范围的规定。

理解与适用

1. 留置的适用范围。根据《担保法》第 84 条和我国有关法律的规定，留置的适用范围包括以下几个方面：

（1）保管合同。保管合同具有以下特点：①保管合同是提供保管服务的合同；②保管合同一般为实践合同；③保管合同既可以是有偿合同，也可以是无偿合同；④保管合同是一种要式合同。

（2）运输合同。运输合同具有下列特点：①运输合同为双务、有偿合同；②运输合同一般为诺成合同；③运输合同一般为格式合同。

（3）承揽合同。承揽合同具有下列法律特征：①承揽合同以完成一定的工作并交付工作成果为标的；②承揽人应当以自己的风险独立完成工作；③承揽合同是诺成合同、有偿合同、双务合同和不要式合同。

（4）法律规定可以留置的其他合同。我国《合同法》第 422 条规定："行纪人完成或者部分完成委托事务的，委托人应当向其支付相应的报酬。委托人逾期不支付报酬的，行纪人对委托物享有留置权，但当事人另有约定的除外。”由此可见，行纪合同亦可适用留置。

2. 不得留置的物。下列财产依法不能成为留置物：（1）禁止流通物；（2）当事人明确约定不得留置的物。本条第 3 款规定：“当事人可以在合同中约定不得留置的物。”《担保法司法解释》第 107 条规定：“当事人在合同中约定排除留置权，债务履行期届满，债权人行使留置权的，人民法院不予支持。”法律虽然规定了保管合同、加工承揽合同、运输合同可以成立留置权，但并没有规定当事人在留置权条件成立后必然行使留置权，若当事人已事先在合同中约定不得留置的物，在留置权条件成立时就不能留置该物。例如承揽合同双方当事人预先约定排除留置权，在定作人不给付加工费时，承揽人均不得留置标的物，债务人可另行提供与债务价值相当的物作为担保。承揽人也可以依债权本生的效力提起追索加工费及违约金的诉讼，此约定为《担保法》规定视为有效。

【留置物的价值】 **第八十五条　留置的财产为可分物的，留置物的价值应当相当于债务的金额。**

条文主旨

本条是关于留置物的价值的确定的规定。

理解与适用

留置的财产为不可分物时，因其不可分割或分割就会改变其效益，所以，留置权人得以就留置物的全部行使其留置权，这与留置权的不可分性是同一的，即留置权的效力及于债权人所留置占有的债务人财产的全部，而非部分，否则会影响债权人债权的实现。

留置的财产是可分物时，所留置的财产应当相当于债务的金额。本条如此规定，是因为债权人留置财产的目的，是为了清偿债权，只要留置物的价值相当于债务的金额，就能够保证其债权得到实现，可分物能够分割，也就能够计算出金额，这与不可分物是不同的。所以也就没有必要过多地留置财产。否则，对债务人的合法权益有损害，也不利于物的充分利用。

【留置物的保管义务】 **第八十六条 留置权人负有妥善保管留置物的义务。因保管不善致使留置物灭失或者毁损的，留置权人应当承担民事责任。**

条文主旨

本条是关于留置物的保管义务的规定。

理解与适用

留置权人对留置物负保管义务，其对保管标的物的注意程度应当有所规范。就一般保管而言，有偿保管的保管人应负善良管理人的注意义务，无偿保管的应负与处理自己事务为同一的注意义务，对另加保价的保管、寄托、运送、邮寄等，义务人承担意外事变的赔偿责任和不可抗力的赔偿责任。据此可知，留置权人保管留置物，实为有偿保管，但非保价保管，故应负善良管理人的注意，是符合民法的要求的，不应对意外事变和不可抗力负责。留置权人在保管留置物的期间，如因怠于为必要的注意造成留置物灭失、损坏时，应向债务人负赔偿责任。留置权人对留置物的保管是否有过失，应依客观标准判断，不适用主观标准，即以留置权人在客观上是否尽到了注意义务。留置权人有无过错的证明，由其自己举证证明，对被留置人提起的留置物损害之诉，实行过错推定，举证责任倒置。

值得研究的是，债权人依合同占有标的物时为无偿行为，如无偿保管合同，债权人因保管标的物的瑕疵而致损害，为索取赔偿金而留置保管物，如何确认该留置权人的注意义务呢？无论留置权人在留置前占有合同标的物时负何种注意义务，只要其依留置权而留置该物，即转化为物权上的保管义务，其注意义务即为善良保管人的注意，判断其有无过失，就应依此为标准。

留置权人保管留置物，应自己为之。但是，为保管留置物所必须，应由被留置人协助时，被留置人应予以协助。如果被留置人不应留置权人的请求予以协助，对因此而造成的留置物毁损灭失，则不得请求留置权人损害赔偿。

【留置权的实现】**第八十七条　债权人与债务人应当在合同中约定，债权人留置财产后，债务人应当在不少于两个月的期限内履行债务。债权人与债务人在合同中未约定的，债权人留置债务人财产后，应当确定两个月以上的期限，通知债务人在该期限内履行债务。**

债务人逾期仍不履行的，债权人可以与债务人协议以留置物折价，也可以依法拍卖、变卖留置物。

留置物折价或者拍卖、变卖后，其价款超过债权数额的部分归债务人所有，不足部分由债务人清偿。

条文主旨

本条是关于留置权的实现的规定。

理解与适用

留置权必须依法定的条件、程序及方法进行，主要包括以下几个方面：

1. 实现留置权的条件。（1）债权人持续不断地占有债务人的动产；（2）债务人不按法定期限或约定期限履行债务；（3）不存在妨碍留置权实现的法定或约定情形。

2. 实现留置权的程序。（1）留置权人应对债务人发出履行给付义务的通知；（2）折价或变卖、拍卖留置物必须经过一定期间。

3. 实现留置权的方法。依照我国《民法总则》和《担保法》的规定，留置权人实现留置权，主要有三种方法：其一，协商以留置物折价，协议取得留置物所有权，应当具备以下三个条件：留置权人和债务人订立合同；合同以清偿留置物担保的债权为目的；无害于其他担保权人的利益。其二，依法拍卖留置物。其三，变卖留置物。

【留置权的消灭】 **第八十八条　留置权因下列原因消灭：**

（一）债权消灭的；

（二）债权人另行提供担保并被债权人接受。

条文主旨

本条是关于留置权的消灭的规定。

理解与适用

留置权的消灭原因如下：

1. 债权消灭。债权消灭是指债的关系终止，在这里指留置担保的主债权得到实现。在留置期间主债权的债务人已经全部履行了合同约定的义务，使债权人的权利得到了完全的实现，那么留置权即应随主债权的消灭而消灭。

2. 债务人另行提供担保并被债权人接受。因担保的另行提出而消灭留置权的，须具备以下两个条件：（1）须另行提供担保。我国现行法上没有规定债务人另提出的担保应为何种形式，在解释上通说认为，债务人另提供的担保，包括物的担保和人的担保。（2）须另提的担保为留置权人所接受。由于另行提供担保之所以应使留置权消灭，不在于所有人有免受留置权拘束的目的，而在于债权人已无留置的必要。因此，只要债务人所提出的担保足以保障留置权人的债权，就应当发生留置权消灭的效力，而不论债务人有无使留置权消灭的意思。

第六章 定 金

【定金及其法律效力】 **第八十九条 当事人可以约定一方向对方给付定金作为债权的担保。债务人履行债务后，定金应当抵作价款或者收回。给付定金的一方不履行约定的债务的，无权要求返还定金；收受定金的一方不履行约定的债务的，应当双倍返还。**

条文主旨

本条是关于定金及其法律效力的规定。

理解与适用

1. 定金的概念和种类。

定金是指合同当事人约定的，为确保合同的履行，由一方当事人在法律规定的范围内预先向对方交付的一定款项。债务人履行债务后，定金应当抵作价款或者收回。给付定金的一方不履行债务的，无权要求返还定金；接受定金的一方不履行债务的，应当双倍返还定金。

综观各国立法，定金的种类主要有五种：（1）证约定金。即为了证明合同关系的存在而交付的定金。证约定金不是合同有效成立的构成要件，仅是合同关系存在的证明。（2）成约定金。即作为合同关系成立要件而交付的定金。合同是否成立，是否发生法律效力，取决于定金是否交付。对成约定金，从当今许多国家立法上看，已不规定这种定金了；但是，在实践中并不绝对排斥当事人商定成约定金的做法。《担保法司法解释》第116条规定："当事人约定以交付定金作为主合同成立或者生效要件的，给付定金的一方未支付定金，但主合同已经履行或者已经履行主要部分的，不影响主合同的成立或者生效。"（3）违约定金。即由当事人一方过错造成合同不能履行时得没收或加倍返还的定金。在不履行合同的条件下，定金交付人有过错，收受人则可没收定金；收受人有过错，则加倍返还定金。（4）解约定金。即为保留解除合同的权利而交付的定金。这种定金的最大特点在于，它给予合同当事人在放弃或加倍偿还定金的条件下，单方面解除合同的权利。《担保法司法解释》第117条规定："定金交付后，交付定金的一方可以按照合同的约定以丧失定金为代价而解除主合同，收受定金的一方可以双倍返还定金为代价而解除主合同。对解除主合同后责任的处理适用《中华人民共和国合同法》的规定。"（5）立约定金。即保证订立合同而交付的定金。这种定金不是合同成立的要件，也不是合同成立的证明。《担保法司法解释》第115条规定："当事人约定以交付定金作为订立主合同担保的，给付定金的一方拒绝订立主合同的，无权要求返还定金；收受定金的一方拒绝订立合同的，应当双倍返还定金。"

我国现行法上的定金为违约定金，对于立约定金、证约定金、解约定金以及成约定金未作规定，也未禁止，所以当事人也可以通过定金合同设立其他种类的定金，定金合同需明确定金的性质，若对定金性质未作约定或约定不明确，则按法律规定的违约定金处理。

2. 定金的法律效力。

根据本条的规定，定金的法律效力主要体现在：

（1）债务人履行债务后，定金应当抵作价款或者收回。定金是由债务人在债务未履行之前先向债权人支付的一笔金钱，起着担保债的履行的作用，当债务人正常履行债务后，它就转而具有预付款的性质，就应当将其抵作应行给付的价款的一部分，折抵债务，或者由债务人收回。定金与任何金钱给付行为一样，一经支付，其所有权必将转移，债务履行后，当事人可以收回的只是原定金的数额，而不是原来的定金的本身。

（2）给付定金的一方不履行约定的债务的，无权要求返还定金；收受的一方不履行约定的债务的，应当双倍返还定金（定金罚则）。

所谓定金罚则，是指交付定金一方不履行约定的债务的，无权要求返还定金；收受定金的一方不履行约定的债务的，应当双倍返还定金。定金罚则既起到了担保合同履行的作用，在合同不能履行时，又具有违约赔偿的意义。

定金罚则的适用除须定金合同和主合同有效成立外，还必须具备以下两个条件：

首先，须有当事人的违约行为。只有发生违约后，定金罚则才显示其担保的功能。但不是所有的违约行为都适用定金罚则。我国民事法律一般把违约行为分为两种：不履行和不适当履行。不履行又可分为全部不履行和部分不履行，对全部不履行合同的，应按定金罚则进行处罚，部分不履行的，应比照不履行部分占全部应履行义务内容的比例，将定金数额计算出相应的比例，来决定定金罚则的适用比率。对于不适当履行，只有在其致使合同目的不能实现时，才适用定金罚则。

其次，当事人不履行合同债务须无免责事由。《担保法司法解释》第122条规定："因不可抗力、意外事件致使主合同不能履行的，不适用定金罚则。因合同关系以外第三人的过错，致使主合同不能履行的，适用定金罚则。受定金处罚的一方当事人，可以依法向第三人追偿。"

（3）定金罚则的具体适用。

① 一方违约时定金罚则的适用。单方面违约适用定金罚则主要有以下几种情形：

第一，因可归责于给付定金一方的事由，造成合同不能履行时，给付定金的一方无权要求返还定金，定金归收受定金方所有。如果违约是由第三人的原因造成的，给付定金的一方承担定金罚则的责任后，再按自己因此受到的损失向第三人追偿。

第二，因可归责于收受定金一方的事由，造成合同不能履行时，收受定金的一方除双倍返还定金以后，还应赔偿损失。按对等原则，收受定金方返还已收取的定金，并支付与收取的定金相等的款项。若收取的定金为货币的变形物的，在返还该物时，还应支付与该物价值相等的款项或返还相等的变形物。

第三，若违约属于部分不履行合同时，定金罚则的适用。在这种情况下，应这样适用定金罚则：给付定金的一方违约的，丧失不履行部分的定金；接受定金的一方违约的，应按不履行的定金比例双倍返还。只有这样，才能公平、合理，又不丧失法律规定的定金的意义。《担保法司法解释》第120条第2款规定："当事人一方不完全履行合同的，应当按照未履行部分所占合同约定内容的比例，适用定金罚则。"

② 双方违约时定金罚则的适用。当事人双方均不履行合同时，定金罚则的适用可以比照《合同法》第120条规定处理，即双方当事人各自分别承担相应的定金罚则责任。

③ 定金罚则与违约金的并用。《合同法》第116条规定："当事人既约定违约金，又约定定金的，一方违约时，对方可以选择适用违约金或者定金条款。"由此可见，定金与违约金不能并用，只能选择使用。违约金或定金选择适用有下列情形：一是根据当事人在合同中的约定条件选择。二是根据合同的违约形态选择。三是根据违约发生的阶段选择。四是根据当事人损失情况选择。

④ 定金与损害赔偿是否可以并用。我国法律未作规定。借鉴国外的做法，结合我国的实际情况，在当事人不履行合同债务适用定金罚则时，对于因此受损失的对方当事人提出的损害赔偿请求，在确定损害赔偿数额时，应当先扣除定金数额，因为定金本身就有违约赔偿损失的作用。

典型案例

当事人在合同中将定金写为订金，但是对订金的内容理解与法律规定的定金是一致的，应认定适用定金罚则

——长春长信国际房地产开发有限公司与吉林省建筑

设计院有限责任公司建设用地使用权出让合同纠纷上诉案

案例要旨：双方当事人在合同中虽然将定金写为订金，但是对订金的内容理解与法律规定的定金是一致的，双方明确约定适用定金罚则，意思表示真实、清楚，不违背法律规定，应认定该约定有效。

来源：出版案例

【定金的成立】 **第九十条 定金应当以书面形式约定，当事人在定金合同中应当约定交付定金的期限。定金合同从实际交付定金之日起生效。**

条文主旨

本条是关于定金的成立的规定。

理解与适用

1. 定金合同概述。

定金合同是指双方当事人之间达成的一方向对方给付定金作为债权的担保的协议。

定金合同作为担保合同的一种，除具有担保合同所固有的特征，如从属性、效力的补充性以及内容的财产性外，还具有如下几个特征：（1）定金合同是一种实践合同。定金合同的这一特征，是由定金的先行给付性决定的。定金何时交付，定金合同何时成立，只有这样才能保证定金合同担保功能的发挥。（2）定金合同是一种要式合同。定金应当以书面形式约定。所谓书面形式，就是指当事人之间用文字对彼此的权利、义务予以明确的规定。这种书面约定不一定必须订立单独的、属于从合同性质的书面合同，也可以在主合同中订立关于定金的条款，明确定金与主合同中其他主要条款之间的关系。此外，此处的“应当”是当事人必须依照办理，否则即为违法。由此可见，当事人之间对定金的约定必须以书面的形式进行，否则，就不具备法律效力，就不受法律的保护。（3）定金合同以货币为标的。（4）定金数额受到法定限制。《担保法》第91条规定："定金的数额由当事人约定，但不得超过主合同标的额的百分之二十。"

2. 定金合同的订立。

定金合同的当事人即主债权人、债务人。我国立法对于定金的适用范围并未明文加以规定，是否适用定金，由当事人自行约定。《担保法》第89条规定："当事人可以约定一方向对方给付定金作为债权的担保。"

当事人在定金合同中应当约定交付定金的期限。合同的履行期限，是指合同履行义务的时间界限，是确定是否按时履行或者延迟履行的客观依据。就定金合同而言，当事人在约定定金的交付期限时，必须明确、具体。

定金合同应约定定金的性质。《担保法》规定的定金为违约金，对于立约定金、成约定金、证约定金和解约定金未作规定，但也未禁止，当事人可以通过定金合同约定定金的性质，《担保法司法解释》第118条已对这一问题予以明确。定金合同对定金的性质没有约定或者约定不明确的，按照法律规定的违约金处理。

3. 定金合同的生效要件。

定金合同生效，除应具备一般合同的生效要件，即主体合格、内容合法、当事人的意思表示真实、符合法定形式外，尚需具备如下特殊要件：

（1）定金合同以主合同的有效为生效前提。定金合同是从合同，其效力依主合同的效力而转移。主合同无效或被撤销时，定金合同即不能生效。主合同消灭时，定金合同亦即消灭。

（2）当事人须实际交付定金。定金合同是实践合同，书面定金合同订立后，还须交付定金，定金合同才能成立生效。① 定金合同规定了定金交付期限当事人应在规定的期限内交付定金但若当事人在交付期限过后交付定金，为另一方当事人接受的，交付行为也有效。② 如果定金合同订立后，当事人未交付定金，则定金合同不发生效力。若当事人交付了定金，但未订立书面定金合同，则双方当事人对此无异议时，口头定金合同有效成立。③ 如果一方当事人少交定金，另一方当事人接受少交的定金无异议的，视为当事人变更了定金合同的内容，定金合同也能有效成立，但定金计算以实际交付的为准。但对方当事人拒绝接受，则定金合同不生效。④ 定金交付后发生所有权的转移。接受定金的一方有权使用收益处分定金并对定金所产生的一切收益享有所有权。主合同无效或被撤销导致定金合同无效时，交付定金的一方不能基于所有权，而只能依据不当得利请求返还定金。

（3）定金合同规定的定金数额应在法律规定的范围内。《担保法》第91条规定："定金的数额由当事人约定，但不得超过主合同标的额的百分之二十。"这一规定为当事人约定定金数额提供了限制，只有在这一范围内进行约定的数额，才能发生法律效力，超过这一范围的部分，应认定为无效，不应作为定金。

【定金的数额】 **第九十一条　定金的数额由当事人约定，但不得超过主合同标的额的百分之二十。**

条文主旨

本条是关于定金的数额的规定。

理解与适用

在《担保法》颁布之前，法律、法规对定金的数额大多没有限制性规定，我国经济活动中的定金数额的确定主要是依当事人的约定。定金不同于预付款，预付款可以多退少补，而定金具有惩罚性违约金性质，当事人违约时将丧失或双倍返还定金，因此，如果当事人约定的定金数额过高，就会违背民法公平和诚实信用原则。

在实践中，当事人约定的定金数额过高现象严重存在，结果导致一方不劳而获暴利，违约方遭受严重损失，因此有必要对定金的数额加以限制规定。依据本条规定，当事人可以在主合同标的额20%的限度内选择定金的数额。如果当事人约定的定金数额高于本条规定的比例，则超过部分无效，应返还给交付定金人。

第七章 附 则

【动产与不动产】 **第九十二条 本法所称不动产是指土地以及房屋、林木等地上定着物。**

本法所称动产是指不动产以外的物。

条文主旨

本条是关于动产与不动产的规定。

理解与适用

1. 不动产。

民法关于动产与不动产的分类方法，是先决定不动产，然后不动产之外物均属于动产。本条第1款规定："本法所称不动产是指土地以及房屋、林木等地上定着物。"

（1）土地。我国法律对土地未设定义。而关于土地的范围，根据《土地管理法》的规定，除了包括耕地、建设用地（建筑物用地、基建设施用地、管线用地）等外，还包括林地、草原、水面、荒山、荒地、滩涂。法律对土地只是作总括性的规定。民法上的土地通常是指"一块有特定四至的地球的表面"。值得注意的是，土地中的土沙、岩石、地下水等，为土地的成分，并非独立于土地的物。

（2）定着物。又称地上定着物，即指固定于地上或地中，不能移动的物，如林木、房屋等。定着物是独立的物，它不是从物，不是它所定着的物的一部分。

① 房屋等建筑物和构筑物。我国法律上规定的“房屋等建筑物和构筑物”，包括房屋（除了用于居住的房屋外，还应包括地下室、仓库、立体停车场、空中走廊等）、桥梁、水坝、水塔、烟囱等。房屋等建筑物和构筑物具有以下特性，即固定性、继续性和独立性。其一，固定性。指须紧密地附着于土地，非毁坏或变更形体不能移动其位置，或虽能移动但极为困难。其二，继续性或永久性。指须继续地附着于土地而为使用。凡暂时附着于土地而为使用之物，不属于房屋等建筑物及构筑物。其三，独立性。指须为土地以外独立的不动产。一建筑物分为若干部分，各部分若具有经济上的独立性，即得成为物权的客体。另外，作为不动产的定着物，除须具有经济关系上的独立性外，不应该能够进行登记。

② 房屋等建筑物及构筑物的判断标准。关于房屋等建筑物及构筑物的判断，以下问题值得注意：第一，房屋的个数。第二，房屋的构成部分。第三，房屋的同一性。房屋增建、扩建及部分拆除，不影响其同一性。第四，房屋因倒塌、火烧而有损坏的，视其残存程度是否仍堪使用而判定其是否仍为不动产。第五，房屋和土地的关系。在我国，法律规定房屋所有权和该房屋占有范围内的土地使用权必须同时转让、抵押，因此土地使用权和建筑物所有权总是属于同一个人。第六，建筑中的房屋，完成至何种程度始可成为不动产？凡屋顶尚未完全完工的房屋，其已足避风雨，可达经济上使用目的的，即属不动产

③ 林木。根据《担保法》的规定，林木是土地的定着物，属于不动产。作为独立定着物的林木，不受土地所有权或使用权的变动的影响。

④ 与不动产尚未分离的出产物。包括有机物（如农作物等）和无机物（如砂石、矿物等）不动产之出产物，尚未与不动产分离的，属于该不动产之部分。该出产物在未与不动产分离之前，不是独立的物，不能

成为物权的客体。因此，不动产的处分、抵押，其效力及于尚未分离的出产物，但当事人有相反约定的，依当事人的约定。

2. 动产。

根据本条规定，所谓动产是指不动产以外的物。亦即动产是土地和其上定着物以外的物。一般而言，动产所有权依交付发生移转的效果。但关于某些动产，例如船舶、航空器、汽车等，也有类似于不动产的登记制度。

【担保合同的表现形式】 **第九十三条　本法所称保证合同、抵押合同、质押合同、定金合同可以是单独订立的书面合同，包括当事人之间的具有担保性质的信函、传真等，也可以是主合同中的担保条款。**

条文主旨

本条是关于担保合同的表现形式的规定。

理解与适用

根据本条规定，担保合同的表现形式有：

1. 当事人单独订立的书面担保合同。

本条规定，当事人设定担保，如果单独订立担保合同，应当采用书面形式，这是考虑到书面合同具有双方权利义务关系明确、发生争议时便于举证等积极作用而作的立法选择。但对此不应机械理解，一来合同为民事法律行为，以意思自治为原则，立法强行性规范不宜过多，二来现实中非书面合同大量存在，只要当事人能够举证，就应承认其有效成立，况且，法律并未明确规定凡不符合法定形式要求的合同便无效。

担保合同采用书面形式并非指必须采用特定的统一文书格式，如果当事人之间的信函、传真、电报等书面资料，含有担保的实质内容，具有担保合同性质，则亦视为当事人单独订立的书面担保合同。

2. 主合同中的担保条款。

担保条款的内容实质上是当事人对设立主合同债权担保及其产生的担保权利义务关系的约定，故视为当事人订立的担保合同，形式上虽作为主合同的一部分，其实是相对独立于主合同的从合同。

【担保物折价或变卖的价格的确定】**第九十四条　抵押物、质物、留置物折价或者变卖，应当参照市场价格。**

条文主旨

本条是关于担保物折价或变卖的价格的确定的规定。

理解与适用

担保物折价或拍卖、变卖的价格水平，对各方当事人利益都有利害关系，因此确定担保物的合理价格以适当维护当事人各方合法权益成为必要。

所谓变卖，是指出卖抵押物、质物、留置物换取现款满足债权清偿。所谓折价，是指把抵押物、质物、留置物折合成货币金钱，直接满足债权清偿。《担保法》对债权人有权依法折价、变卖抵押物、质物、留置物以及受清偿的方式作出了规定，但债权人在行使上述权利时，必须参考并仿照市场价格进行，如果抛开市场价格进行折价或者变卖就违反了《担保法》的规定。

抵押物、质物、留置物折价或者变卖，应当参照市场价格，指的是实现抵押权、质权、留置权时，该抵押物、质物、留置物所在地的市场价格。以抵押物、质物、留置物折价的，必须以该市场价格为基准，由当事人协商确定。以抵押物、质押物、留置物变卖的，抵押权人、质权人、留置权人必须要以该市场价格为基准，如果明显低于该市场价格的，抵押人、出质人、被留置的债务人有权请求撤销变卖的民事行为。

【本法适用的例外】**第九十五条　海商法等法律对担保有特别规定的，依照其规定。**

条文主旨

本条是关于本法适用的除外规定。

理解与适用

《担保法》是规范担保活动的一部基本法律，性质上属于一般法。其他法律对担保有特别规定的，性质上属于特殊法的规定。依照特殊法优于一般法的原理，如果两者不一致时，其他法律对担保的特别规定优先于《担保法》适用。

目前，我国法律中对担保有特别规定的，主要有《海商法》《票据法》等。《海商法》对船舶担保物权作了特别规定。因此，凡在海商法律关系中涉及船舶担保物权的，应依《海商法》的规定办理，《海商法》未作特别规定，依《担保法》的规定办理。《票据法》对票据保证作了特别规定。在票据关系中涉及票据保证的，依据《票据法》的相关规定处理，《票据法》未作特别规定，依《担保法》的规定办理。

【时间效力】**第九十六条　本法自1995年10月1日起施行。**

条文主旨

本条是关于本法时间效力的规定。

理解与适用

本法的时间效力，是指本法生效、失效的时间，以及本法生效后对生效前的担保法律关系，是否具有溯及既往的效力。本条即是关于《担保法》生效时间的规定。法律的生效时间即法律执行或者实施的时间。

《担保法》执行或者实施的时间是 1995 年 10 月 1 日，即从 1995 年 6 月 30 日《担保法》公布之日至 1995 年 10 月 1 日前这段时间，有关担保的问题，不适用《担保法》的规定，因为《担保法》还不具有法律效力，对生效前的事件没有追溯力。

《担保法司法解释》第 133 条对《担保法》的效力作了进一步的规定："担保法施行以前发生的担保行为，适用担保行为发生时的法律、法规和有关司法解释。担保法施行以后因担保行为发生的纠纷案件，在本解释公布施行前已经终审，当事人申请再审或者按审判监督程序决定再审的，不适用本解释。担保法施行以后因担保行为发生的纠纷案件，在本解释公布施行后尚在一审或二审阶段的，适用担保法和本解释。"

第二部分

《中华人民共和国物权法》条文理解与适用（部分简明版）

说　明

本部分内容是人民法院出版社2007年3月《〈中华人民共和国物权法〉条文理解与适用》的简明版本，我们在精选、摘编、重组的基础之上，依据新的法律法规司法解释对相关内容进行了补正，并由最高人民法院法官选取重点法条，在每个重点法条之下嵌入完整解读内容和典型案例的二维码，方便读者扩展阅读。

中华人民共和国物权法（节录）

（2007年3月16日第十届全国人民代表大会第五次会议通过 2007年3月16日中华人民共和国主席令第62号公布 自2007年10月1日起施行）

目 录

第一编 总 则

第一章 基本原则

第二章 物权的设立、变更、转让和消灭

第一节 不动产登记

第二节 动产交付

第三节 其他规定

第三章 物权的保护

第二编 所有权

第四章 一般规定

第五章 国家所有权和集体所有权、私人所有权

第六章 业主的建筑物区分所有权

第七章 相邻关系

第八章 共 有

第九章 所有权取得的特别规定

第三编 用益物权

第十章 一般规定

第十一章 土地承包经营权

第十二章 建设用地使用权

第十三章　宅基地使用权
第十四章　地役权
第四编　担保物权
第十五章　一般规定
第十六章　抵押权
第一节　一般抵押权
第二节　最高额抵押权
第十七章　质　权
第一节　动产质权
第二节　权利质权
第十八章　留置权
第五编　占　有
第十九章　占　有
附　则

第四编　担保物权

第十五章　一般规定

【担保物权定义】 **第一百七十条　担保物权人在债务人不履行到期债务或者发生当事人约定的实现担保物权的情形，依法享有就担保财产优先受偿的权利，但法律另有规定的除外。**

条文主旨

本条是关于担保物权定义的一般规定。

理解与适用

一、条文理解

本条规定具体涵义如下

第一，担保物权以债务人不履行到期债务或发生约定行使情形为行使条件。担保物权在担保过程中仅为一种可能性权利或者期待型权利。这种可能性必须以债务人到期不履行债务或者发生约定的实行情形为其行使的前提条件。若被担保的债权到期得到完全清偿，则担保物权自行消灭，担保物权人不得再行使抵押权。本条所规定的债务人不履行债务，应为不履行已届清偿期的债务，债务未届清偿期，债务人未履行的，担保权人不得行使抵押权。债务人虽履行了债务，但其履行仅为部分履行，这时，担保物权人仍得行使担保物权，并就其未受清偿部分之债权从担保财产中优先受偿。此外，在发生当事人所约定的担保物权行使情形时，处于对当事人意思自治的尊重，自然可以行使担保物权。

第二，根据本条之规定，并结合《物权法》的其他相关规定，以担保财产的种类、转移和登记等为标准，担保物权存在不同的种类。具体而言：其一，以担保财产的种类为标准，担保物权可以区分为动产担保物权，不动产担保物权和权利担保物权。其中：（1）动产担保物权包括动产质权（第208条）、动产抵押权（第188条）、动产浮动抵押权（第189条）、留置权（第230条）等。（2）不动产担保物权主要指不动产抵押权（第187条）。（3）权利担保物权包括权利质权（第223条）和建设用地、四荒土地承包经营权等不动产物权抵押权（第180条）等。其二，以是否转移占有为标准，担保物权可以区分为转移占有的担保物权和不转移占有的担保物权。转移占有的担保物权包括动产质权和留置权；不转移占有的担保物权主要指抵押权。其三，以是否需要登记为标准，担保物权可以区分为登记的担保物权和不登记的担保物权。登记的担保物权包括抵押权和需要登记生效的权利质权，不登记的担保物权包括动产质权和留置权。其四，以债权额是否特定为标准，担保物权可以区分为一般担保物权和最高额担保物权，最高额担保物权包括最高额抵押权（第203条）和最高额质权（第222条）。其五，以担保物权发生原因为标准，担保物权可以区分为法定担保物权和约定担保物权。通过订立担保物权合同设定的担保物权为约定担保物权，诸如约定抵押权、质权等，而基于法律规定形成的担保物权为法定担保物权，诸如留置权和《合同法》第286条规定的法定抵押权。

第三，担保物权设定主体可以是债务人或第三人。担保物权的设定，既可以由债务人提供担保财产予以设定，也可以由第三人提供财产进行设定。当债权人和第三人依法缔结担保物权合同以特定财产为债权提供担保的场合，该第三人与保证人存在相似之处，因此该第三人在法理上亦被称为物上保证人。

第四，担保物权的法律效力主要体现在享有优先受偿权。担保物权的核心是优先受偿权。在债务人届期不履行债务或者发生约定的实行担保物权情形时，担保物权可以担保财产折价或者从该担保财产变卖、拍卖所得的价款中优先于一般债权人而获得先位清偿。

第五，在法律另有规定的情况下，担保物权人是否优先受偿，应依法律规定。综观我国现有法律之规定，担保物权的优先受偿权主要在以下四种情况下受到限制：

（1）在担保物权设定人欠税的情况下，国家的税收权优于担保物权。修订后于2001年5月1日施行的《税收征收管理法》第45条规定："纳税人欠缴的税款发生在纳税人以其财产设定抵押、质押或者纳税人的财产被留置之前的，税收应当先于抵押权、质权、留置权执行。""税务机关应当对纳税人欠缴税款的情况定期予以公告"。第46条规定："纳税人有欠税情形而以其财产设定抵押、质押的，应当向抵押权人、质权人说明其欠税情况，抵押权人、质权人可以请求税务机关提供有关的欠税情况。"由此可见，该规定的立法本旨在于防止欠税人以抵押、质押担保为名恶意转移资产，以维护国家税收的权威性和稳定性。同时，也为抵押权人、质权人、留置权人等担保物权人提供了防范风险的必要信息和手段。

（2）特定情形下未清偿职工债权将优于担保物权。《企业破产法》第109条规定："对破产人的特定财产享有担保权的权利人，对该特定财产享有优先受偿的权利。"第132条规定："本法施行后，破产人在本法公布之日前所欠职工的工资和医疗、伤残补助、抚恤费用，所欠的应当划入职工个人账户的基本养老保险、基本医疗保险费用，以及法律、行政法规规定应当支付给职工的补偿金，依照本法第一百一十三条的规定清偿后不足以清偿的部分，以本法第一百零九条规定的特定财产优先于对该特定财产享有担保权的权利人受偿。"由此可见，在企业破产的情形下，虽然担保物权可以就破产人的特定财产享有优先受偿权，但对于2006年8月27日《企业破产法》公布前形成的未清偿职工债权，在按照正常清偿顺序无法实现时，则以设定担保的特定财产受偿，此时未清偿的职工债权优于担保物权。该规定是从解决目前我国社会矛盾的角度作出的特别规定，这也是新旧《企业破产法》之间的重要区别之一。

（3）承租人的优先购买权优于担保物权。《物权法》第190条规定："订立抵押合同前抵押财产已出租的，原租赁关系不受该抵押权的影响。抵押权设立后抵押财产出租的，该租赁关系受已登记的抵押权的影响。"可见，在同一财产先出租后设抵押权的场合，"买卖不破租赁"原则，承租人的租赁权不受抵押权的影响。同时，根据现行《合同法》第230条关于"出租人出卖租赁房屋的，应当在出卖之前的合理期限内通知承租人，承租人享有以同等条件优先购买的权利"之规定，承租人对出租财产享有优先购买权。据此可以认为，在担保财产先租赁后抵押的情形下，承租人的优先购买权优于抵押权等担保物权。理由有二：其一，虽然抵押权等担保物权就担保财产享有优先受偿权，包括可以凭借担保物权来优先购买担保财产，但《合同法》第230条所规定的承租人的优先购买权具有其独立的功能和保护目的，其立法目的并非保护承租人的租赁权，而是在于保护承租人获得租赁物所有权的一种机会，承租人的这种机会是《合同法》明确规定予以保护的权益。由此可见，尊重承租人的优先购买权是出租人必须履行的义务，如出租人变卖、作价、拍卖租赁物以实现担保物权时，若其未在合理期限通知承租人，则构成对承租人优先购买权的侵害，承租人可以请求人民法院确认出卖租赁物的合同无效。有鉴于此，抵押人等担保物权人若想取得抵押物，也只有在承租人放弃优先购买权的情况下才能取得。其二，抵押权等担保物权是优先受偿权，其优先的内容在于抵押物的价值，而非取得抵押物的所有权，而承租人的优先购买权恰恰是以取得所有权为优先的内容。

（4）建筑工程承包人的优先受偿权优于抵押权。《合同法》第286条规定："发包人未按照约定支付价款的，承包人可以催告发包人在合理期限内支付价款。发包人逾期不支付的，除按照建设工程的性质不宜折价、拍卖的以外，承包人可以与发包人协议将该工程折价，也可以申请人民法院将该工程依法拍卖，建设工程的价款就该工程折价或者拍卖的价款优先受偿。"关于该条规定，无论是理论界还是实务界都存在争议：其一，该权利是优先权还是法定抵押权，抑或是留置权？其二，建筑工程承包人的上述权利与抵押权哪个更为优先？为了平衡建设工程承包人和发包人的关系，制约发包人拖欠承包人工程款的行为，保障建筑工人的劳动收入，维护消费者和劳动者等社会弱势群体的利益，最高人民法院于2002年6月20日公布《关于建设工程价款优先受偿权问题的批复》，该司法解释明确规定："人民法院在审理房地产纠纷案件和办理执行案件中，应当依照《中华人民共和国合同法》第二百八十六条的规定，认定建筑工程的承包人的优先受偿权优于抵押权和其他债权。"因此，无论建筑工程承包人的上述权利是什么性质，根据该司法解释，建设工程承包人的优先受偿权都优于抵押权。

二、审判实务

审判实践中，在适用本条时应当注意避免法律适用冲突的问题。

《物权法》颁行后，形成《民法通则》[①]《担保法》《物权法》关于担保物权的“三足鼎立”的态势，在法律适用上要适用《担保法》《物权法》。因此，在审判实践中应当注意三部法律之间的关系，并避免出现法律适用冲突。

其中，《民法通则》关于担保物权制度规定在第五章第二节“债权”一节第 89 条笼统规定了保证、抵押、定金、留置等四种担保方式，其中，在担保物权类型方面，仅规定抵押权和留置权为担保物权，而对质权和权利抵押等未作规定。在担保标的物的界定方面，并未区分标的物为动产或不动产、有形物还是权利，认为只要是有价值并具有让与性的财产，均可用于设定担保物权。此外，《民法通则》仅规定了担保的种类及其实行效果，没有规定担保物权的设定、公示及效力等。因此在条文的具体适用方面明显地欠缺操作性。

现行《担保法》将人的担保和物的担保作为规范对象，在担保制度上形成了较为完整的体系。并在第三章、第四章、第五章分别规定了抵押权、质权和留置权三种担保物权，虽然体系科学性方面尚存疑问，但与《民法通则》相较而言，无论在担保物权的种类设置上还是在可操作

---

① 《民法通则》第 89 条规定：“依照法律的规定或者按照当事人的约定，可以采用下列方式担保债务的履行：（一）保证人向债权人保证债务人履行债务，债务人不履行债务的，按照约定由保证人履行或者承担连带责任；保证人履行债务后，有权向债务人追偿。（二）债务人或者第三人可以提供一定的财产作为抵押物。债务人不履行债务的，债权人有权依照法律的规定以抵押物折价或者以变卖抵押物的价款优先得到偿还。（三）当事人一方在法律规定的范围内可以向对方给付定金。债务人履行债务后，定金应当抵作价款或者收回。给付定金的一方不履行债务的，无权要求返还定金；接受定金的一方不履行债务的，应当双倍返还定金。（四）按照合同约定一方占有对方的财产，对方不按照合同给付应付款项超过约定期限的，占有人有权留置该财产，依照法律的规定以留置财产折价或者以变卖该财产的价款优先得到偿还。”

《民法总则》第 114 条规定：“民事主体依法享有物权。物权是权利人依法对特定的物享有直接支配和排他的权利，包括所有权、用益物权和担保物权。”

性上都存在巨大进步。就担保物权的种类设定而言，现行《担保法》规定了抵押权、质权和留置权三大担保物权，并对审判实务所承认的“最高额抵押”这一特殊担保方式作出专门规定。就担保物的范围而言，规定只要法律规定可让与的财产，均可用于设定担保物权，但土地所有权和耕地使用权不得用作抵押。就担保物权的设定而言，采用要式行为说即设定担保物权必须采用书面形式。就担保物权的公示而言，区分不同抵押物分采不同的公示方式，即设立抵押权以登记为公示方式，设立质权以交付质物为公示方式。同时，对不动产抵押和价值较大的动产抵押，采登记生效主义，对其他动产抵押，则采登记对抗主义。由此可见，《担保法》对担保物权的立法定位还是比较模糊的，一方面，把人的担保和物的担保均集中加以规定，使之构成一个完整的担保制度；但另一方面，《担保法》在担保物权的种类、设立、公示以及效力等方面的规定上却又体现出物权的特性。

《物权法》明确地将担保物权作为物权予以规定，并在担保物权的类型、设定、公示方式和效力等方面作出明确的规定。上述三部法律在内容上出现冲突时，应当以《物权法》规定的内容为准。

【担保物权适用范围和反担保】 **第一百七十一条　债权人在借贷、买卖等民事活动中，为保障实现其债权，需要担保的，可以依照本法和其他法律的规定设立担保物权。**

第三人为债务人向债权人提供担保的，可以要求债务人提供反担保。反担保适用本法和其他法律的规定。

条文主旨

本条是关于担保物权适用范围和反担保的规定。

理解与适用

一、条文理解

本条第1款的规定，是以不完全列举与抽象概括相结合的方式明确了担保物权的适用范围，即适用于民事活动中产生的债权债务关系。结合《物权法》第172条之规定，可以进一步界定担保物权的适用范围。具体而言：

其一，担保物权的适用必须是借贷、买卖等民事法律行为，由此可以排除国家经济管理行为所产生的纵向经济法律关系对担保物权的适用。

其二，应当是借贷、买卖民事活动中产生的债权债务关系，由此排除了侵权之债务、因身份关系而产生的民事权利义务对担保物权的适用。

其三，应当是基于民事活动中合同法律行为所产生的债权债务关系，由此可以排除不当得利之债、无因管理之债中担保物权的适用。有鉴于此，凡是因民事活动中的合同行为所产生的债权债务关系，债权人需要以担保方式保障其债权实现的，均可以依据《物权法》和其他法律规定设定担保物权。

当然，本条款所列举的借贷、买卖等是民事主体在市场交易中的主要适用的合同类型，绝非仅限于此。此外，所谓的其他法律主要是指《民法通则》《担保法》《海商法》等法律法规。

本条第2款规定了反担保。所谓反担保，是指第三人为债务人向债权人提供担保的情形下，债务人应第三人的要求为第三人所提供的担保。其目的在于保障第三人追偿权的实现，因此反担保也可以称之为求偿担保。现行《担保法》第4条亦规定："第三人为债务人向债权人提供担保时，可以要求债务人提供反担保。反担保适用本法担保的规定。"

无论第三人基于何种原因为债务人提供担保，在担保有效成立后，债权人与第三人之间即形成了担保权利义务关系；在债务履行期届满且债务人未履行债务时，该第三人应当承担担保责任。第三人在履行担保责任后，即取代了债权人的地位，有权向债务人进行追偿。由此可见，在第三人为债务人提供担保后，将面临债务人不履行主合同债务的风险，即该第三人不仅要以自己的财产代替债务人向债权人履行债务或者向债权人优先清偿，而且面临着在履行担保债务后难以实现追偿权的风险。为了保障这种追偿权能够实现，第三人在为债务人向债权人提供担保时，可以要求债务人向自己提供适当的担保即反担保。

二、审判实务

审判实践中，在适用本条时应当注意以下问题：

1. 反担保只能适用于本担保方式为抵押或质押或保证之情形，必须将留置和定金排斥在外。因为在留置和定金的担保中不会出现第三人为债务人向债权人提供担保的可能，所以，有权要求债务人提供反担保的第三人，既可以是保证人，也可以是抵押人，还可以是出质人。

2. 当本担保为留置时，不可适用反担保；反担保本身也不能容纳留置这种方式。这是由于留置是专用于担保因保管合同、运输合同、加工承揽合同等所发生的债权，因此留置是法定的担保方式，只要符合法律规定的条件，债权人就可以采取留置手段，依主合同占有的债务人的动产，作为实现债权的担保。而反担保是债务人向为其担保的第三人提供担保，其前提条件是担保人是第三人，留置不存在第三人提供担保的状况，显然留置不能适用反担保。在留置期间，债务人可以提供担保以取回留置物，但这并不是反担保，只是债务人向债权人提供的担保。而不能担保基于追偿权而发生的债权。

3. 在定金作为反担保方式时，在理论上可以勉强为之。但应当看到定金担保有其特殊性，它是预付一定数额货币的担保，货币的特点是所有权随占有的转移而转移，第三人提供的定金应当视为债务人自己提供的定金，第三人和债务人的关系是一种借贷关系，是借债还钱的问题。第三人为债务人提供定金时可以要求债务人提供担保，但这也是债务人向债权人提供的担保，并不是反担保。同时，定金用于本担保时的功能并不强大，较其他约定担保的方式要软弱得多，加之《担保法》还有特别比例的限制，定金罚则也未必十分符合公平原则让人信服。所以，实践中运用定金作为反担保以切实达到担保第三人债权的目的恐怕较难。

也正因为如此，《担保法司法解释》第 2 条亦明确规定："反担保人可以是债务人，也可以是债务人之外的其他人。反担保方式可以是债务人提供的抵押或者质押，也可以是其他提供的保证、抵押或者质押。"因此，虽然本担保和反担保在形成的法律关系本质上是相同的，但与本担保相较而言，反担保在实践中可以采取的方式却要相对狭窄，反担保仅适用于保证、抵押和质押的情况。

【担保物权的设立及担保合同】 **第一百七十二条　设立担保物权，应当依照本法和其他法律的规定订立担保合同。担保合同是主债权债务合同的从合同。主债权债务合同无效，担保合同无效，但法律另有规定的除外。**

担保合同被确认无效后，债务人、担保人、债权人有过错的，应当根据其过错各自承担相应的民事责任。

条义主旨

本条是关于担保物权的设立，担保合同与主合同的关系以及担保合同被确认无效后的法律责任的规定。

理解与适用

一、条文理解

其具体涵义如下：

1. 担保物权依担保合同而设立。担保合同是担保物权当事人（主债权人和主债务人或第三人）以意思表示设定担保物权的双方法律行为，其具体表现形式为担保合同。从合同能否独立存在的角度可以将合同区分为主合同与从合同。主合同是不依赖于其他合同而能独立存在的合同；从合同是必须从属于其他合同即主合同而存在的合同。之所以要区分主合同和从合同，是因为从合同以主合同的有效存在为前提，主合同无效，从合同一般也无效。担保的目的是为了保障当事人合同法律关系中债权的实现，没有主合同所产生的债权债务，即无所谓担保，因此担保合同以主合同的存在为前提和依据，是主合同的从合同，随着主合同产生、变更和消灭，担保合同具有从属性。

2. 根据主从合同关系的一般原理，本条明确规定“主债权债务合同无效，担保合同无效”，是对担保物权从属性的规定。担保以保障主债权实现为第一宗旨，如果主债权债务合同无效，其约定的债权债务即丧失法律约束力，相当于自始不存在，对担保当事人自然不生法律效力。可以说，担保合同与主债权债务合同的从属性是担保物权法律的重要根基。当然，该从属性并非绝对的，本条规定有但书即“但法律另有规定的除外”，从而为独立性担保提供了法律空间。

3. 本条第 2 款规定担保合同无效后的责任处理。担保合同无效通常存在两种情形：其一，主合同无效，导致担保合同无效。其二，主合同本身有效，但担保合同无效。其无效均应适用民事法律行为无效的规则。在《物权法》之前，《担保法》第 5 条明确规定：“担保合同被确认无效后，债务人、担保人、债权人有过错的，应当根据过错各自承担相应的民事责任。”《担保法司法解释》将上述问题区分为三种情况分别予以处理，因此，本条规定在具体操作中亦应遵循《担保法司法解释》的相关规定：

第一种情形是主合同有效而担保合同无效情形中当事人责任份额确定，即《担保法司法解释》第 7 条规定：“主合同有效而担保合同无效，债权人无过错的，担保人与债务人对主合同债权人的经济损失，承担连带赔偿责任；债权人、担保人有过错的，担保人承担民事责任的部分，不应超过债务人不能清偿部分的二分之一。”

第二种情形是主合同无效而导致担保合同无效情形中当事人责任份额的确定，即《担保法司法解释》第 8 条规定：“主合同无效而导致担保合同无效，担保人无过错的，担保人不承担民事责任；担保人有过错的，担保人承担民事责任的部分，不应超过债务人不能清偿部分的三分之一。”

第三种情形是担保人在担保合同无效场合承担的责任如何追偿或分担的问题，即《担保法司法解释》第 9 条规定：“担保人因无效担保合同向债权人承担赔偿责任后，可以向债务人追偿，或者在承担赔偿责任的范围内，要求反担保人承担赔偿责任。担保人可以根据承担赔偿责任的事实对债务人或者反担保人另行提起诉讼。”

二、审判实务

在审判实务中，适用本条时应当注意两个问题：

1. 独立担保的依据问题。如果法律规定或者担保合同约定担保合同与主合同没有从属关系，主合同的无效、转让以及被撤销等对担保合同不发生影响的，则该担保合同即属于独立担保合同。

《担保法》第 5 条第 1 款对独立担保作出规定：“担保合同是主合同的从合同，主合同无效，担保合同无效。担保合同另有约定的，按照约定。”该条的但书，确立了独立担保的合法性。由于独立担保是对传统经典民法理论的突破，因此关于独立担保的适用范围问题，在理论界和实务界皆存在重大争议。对于这种争议，与《担保法》之但书规定不同，《物权法》本条第 1 款但书明确规定：“但法律另有规定的除外。”两相比较，《物权法》将独立担保的依据仅仅限于法律另有规定，否则不允许当事人在合同中对独立担保作出约定。

2. 关于“承担相应的赔偿责任”的操作问题。本条第 2 款关于“担保合同被确认无效后，债务人、担保人、债权人有过错的，应当根据其过错各自承担相应的民事责任”之规定，在审判实务中最难以解决的问题就是如何操作“承担相应的赔偿责任”。

根据合同相对性原则以及过错责任原则，在主合同无效而导致担保合同无效的场合，如果担保人对合同无效没有任何过错，则担保人当然无需承担任何民事责任。而审判实践中真正令人困扰的问题是，在担保人对合同无效存在过错时，如何操作过错责任原则来具体确定担保人的赔偿责任份额？在审判实务中，相当多的法律文书判令担保人承担赔偿责任，而在执行过程中出现债务人下落不明、破产倒闭、无力清偿等情势时，保证人的赔偿责任就演变成全额赔偿，这不仅损害了保证人的合法权益，而且有悖于《担保法》立法意旨。有鉴于此，无效担保合同中担保人的责任范围或份额亟需明确一个可操作的标准。《担保法司法解释》第10条第1款为此份额确定了一个最高限度即："不应超过债务人不能清偿部分的三分之一"。具体理解时，应当把握两个要点：其一，担保人过错的内涵。所谓担保人的过错，并非指担保人在主合同无效上的过错，而是指担保人明知主合同无效仍为之提供担保以及担保人明知主合同无效仍促使主合同成立或为主合同的签订作中介等缔约过错，这也正是担保人不能完全免责的原因。其二，最高责任份额确定的理由。之所以将担保人的最高责任份额确定在"债务人不能清偿部分的三分之一"范围内，是因为在主合同无效方面，债权人和债务人大多属于混合过错或有过失情形，此时虽然担保人有过错，但是其责任不应超过主合同当事人的责任。退而言之，即使主合同当事人中有一方没有过错，担保人有过错，但由于担保合同无效是主合同无效所致，担保人的责任也不应超过主合同当事人的责任。对于债权人的损失，债权人、债务人、担保人作为三方，按照均分计算的结果，担保人承担的责任份额宜定为1/3。[①]

① 王闯：《理论争鸣与制度创新——关于最高法院担保法司法解释的若干问题》，载梁慧星主编：《民商法论丛》第19卷，法律出版社2002年版，第333页。

典型案例

王福海、安徽国瑞投资集团有限公司民间借贷纠纷案

案号：（2015）民一终字第107号

关键词：抵押合同；抵押权的从属性

来源：法信精选

【担保范围】**第一百七十三条　担保物权的担保范围包括主债权及其利息、违约金、损害赔偿金、保管担保财产和实现担保物权的费用。当事人另有约定的，按照约定。**

条文主旨

本条是关于担保物权担保范围的规定。

理解与适用

一、条文理解

本条关于担保物权的担保范围的规定其实就是对现行《担保法》第46条（抵押担保的范围）、第67条（质押担保的范围）、第83条（留置担保的范围）等所作的概括性规定。

根据本条之规定，担保物权的担保范围主要有六项：

（一）主债权

既然担保物权系以确保主债权之清偿为目的，因此主债权自然应当成为担保物权所担保的主要内容。主债权就是使担保物权得以成立的原本债权，通常而言，在通过缔结担保合同设定担保物权时，被担保的主债权的种类、数额、履行期限等均在担保合同中载明，并在登记时予以登记。

（二）利息

利息是由主债权所生之孳息，通常包括约定利息和法定利息。《担保法》第46条也规定抵押担保的范围包括主债权及利息等，但无论是《物权法》还是《担保法》，对该利息是约定利息还是法定利息，均未明确规定。此处的利息既包括约定利息，也包括法定利息。在当事人就利息有明确约定且该约定利息合法的情形下，该利息应指约定利息；在当事人未约定利息或者存在金钱债权不履行之时，该利息应指法定利息。此时的法定利息自然包括延迟利息，即因债务人延迟履行而导致的利息，延迟利息是法定的附随性债权，因此不必经当事人特别约定或登记，即属于担保物权的担保范围。

（三）违约金

违约金，是指主债务人不履行或不适当履行主合同时，为违约行为支付的带有惩罚性或者补偿性的金钱，通常亦可区分为约定违约金和法定违约金两种类型。根据现行《合同法》第114条第2款和第3款之规定，我国《合同法》所规定的违约金具有“以补偿为主、以惩罚为辅”的性质。但无论当事人约定该违约金的性质，也无论该违约金是否过高或过低，只要出现不履行或延迟履行主债务之情形，违约金条款即发生法律效力，因此违约金自然成为担保物权所担保的范围。至于违约金是否过高，则属于担保范围具体数额的确定问题。

（四）损害赔偿金

在债务人不履行主债权合同或者履行该合同义务不符合约定条件而造成债权人损失的，应向债权人承担赔偿损失的责任。本条规定的损害赔偿金，应是指对于因债务人违约所造成的损害，在通过其他违约责任形式仍不能达到承担违约责任之目的时，债权人向债务人请求赔偿的损失金额。根据《合同法》第113条关于“当事人一方不履行合同义务或者履行合同义务不符合约定，给对方造成损失的，损失赔偿额应当相当于因违约所造成的损失，包括合同履行后可以获得的利益，但不得超过违反合同一方订立合同时预见到或者应当预见到的因违反合同可能造成的损失”之规定，该赔偿损失的金额应以债务人违约所造成的损失为限。

（五）保管担保财产的费用

《担保法》根据担保物权的不同类型分别规定了不同的担保范围，例如，《担保法》第46条规定，抵押担保的范围包括主债权及利息、违约金、损害赔偿金和实现抵押权的费用。《担保法》第67条规定质押担保的范围包括主债权及利息、违约金、损害赔偿金、质物保管费用和实现质权的费用。《担保法》第83条规定留置权的被担保债权范围包括主债权及利息、违约金、损害赔偿金、留置物保管费用和实现留置权的费用。可见，不同类型的担保物权，其担保范围亦不相同。留置等法定担保与抵押等约定担保的担保范围不同，需转移占有的质押担保与无需转移占有的抵押担保的担保范围亦不相同。通常而言，保管担保财产的费用仅发生在转移担保物占有之担保场合，诸如质押和留置。《物权法》放弃了现行《担保法》那种“区别对待”的立法方式，转而采用“一般规定”的立法方式，在各担保物权分则中不再另行规定担保物权的被担保债权范围，而是在本条通过概括的方式将各种担保物权的担保范围予以整合规定，统一确立了担保物权的被担保债权范围。

（六）实现担保物权的费用

担保物权的实现有变卖、拍卖等多种方式，其实现途径可以是通过担保物权人自力救济的方式，也可以是通过诉讼的方式。无论担保物权人即债权人通过何种方式实现担保物权，皆会发生诸如拍卖费、变卖费、诉讼费、申请法院强制执行费等，从而构成实现本条所规定的实现担保物权的费用。

尽管本条统一规定担保物权的担保范围，但《物权法》与现行《担保法》一样，在担保物权的担保范围问题的确定方面采取当事人意思自治原则，即本条对担保物权的担保范围的规定属于任意性法律规范，在当事人没有特殊约定时，可以直接发生效力；但如果当事人对担保范围另有特约的，则当事人之间的特约条款具有有效的效力。无论当事人特别约定的担保范围是大于法律规定的范围还是小于法律规定的范围，都是法律所允许的。这就是本条但书的涵义之所在。

二、审判实务

在审判实务中，适用本条时应当注意两个问题：

1. 关于保管财产的费用问题。本条未再区分抵押、质押、留置等不同类型担保物权的担保范围，而是通过概括的方式将各种担保物权的担保范围予以整合规定，统一确立了担保物权的被担保债权范围。其中应当注意的是，该条明确界定了担保物权所担保的财产的保管费用。在具体理解该保管费用时，应当注意该费用应当是“债权人为保管担保财产所支出的必要费用”。通常而言，非债权人所支出的担保财产保管费用是不应当纳入被担保债权范围的。同时，保管费用的发生不应仅限于质押或者留置等担保财产发生转移的场合，在特殊情形下，也可以产生于抵押场合。例如，抵押权人在代替抵押物所有人支付拖欠的保险金的情形下，尽管该项费用未在抵押物登记簿上登记，但抵押权人仍应对其债权享有请求相同担保的权利。此外，根据保管行为的一般原则和机理，保管担保财产的费用应当限定在“必要费用”，若将所有的保管费用都纳入被担保债权范围，无疑等于鼓励债权人采取费用过高的保管行为，从而有害担保物权设定人的权益。

2. 关于担保范围中债权或费用的实现顺序问题。本条虽然规定了六种属于担保范围的债权或费用，但未明确规定彼此之间清偿顺序的问题。在司法实践中，通常的做法是将担保物权实现的费用作为第一序位的受偿费用，即将担保物权实现费用从拍卖或变卖担保物所得价款中扣除，剩余的价款再清偿其他债权或费用。

【担保物权物上代位性及提存代位物】 **第一百七十四条　担保期间，担保财产毁损、灭失或者被征收等，担保物权人可以就获得的保险金、**

赔偿金或者补偿金等优先受偿。被担保债权的履行期未届满的，也可以提存该保险金、赔偿金或补偿金等。

条文主旨

本条是关于担保物权物上代位性以及提存代位物的规定。

理解与适用

一、条文理解

本条第一句“担保期间，担保财产毁损、灭失或者被征用等，担保物权人可以就获得的保险金、赔偿金或者补偿金等优先受偿”，是对担保物权物上代位性及其法律构成的规定。在本质特性上，担保物权不仅具有物权性，而且具有价值权性质。价值权性可谓担保物权与用益物权的根本区别。作为担保物权价值权特性的基本体现之一就是担保物权的物上代位性，即在担保物的实体发生毁损、灭失或者被征用时，如果存在担保物的价值变形物或代表物，则担保物权仍然可以于其上而存在。[①]其中的“变形物或代表物”，通常并非指一般的实体物，而是指因标的物毁损、灭失或者征用等转换而来的金钱，诸如保险金、损害赔偿金、公用征收补偿金等。一言以蔽之，担保物的实体形态发生变化，并不影响担保物权人的权利。

关于抵押权的物上代位问题，我国《担保法》第58条规定：“抵押权因抵押物灭失而消灭。因灭失所得的赔偿金，应当作为抵押财产。”《担保法司法解释》第80条第1款规定：“抵押物灭失、毁损或者被征用的情况下，抵押权人可以就该抵押物的保险金、赔偿金或者补偿金优先受

① 应当注意的是，我国学界认为，抵押物所有权人的变更，并不表明抵押物的性质发生变化而产生所谓的“代位物”问题，《担保法》第49条第3款之规定，不应当理解为抵押权的物上代位性。参见中国物权法研究课题组：《中国物权法草案建议稿——条文·说明·理由与参考立法例》，第632页。

偿。”第62条规定：“抵押物因附合、混合或者加工使抵押物的所有权为第三人所有的，抵押权的效力及于补偿金。”《物权法》之本条规定：“担保期间，担保财产毁损、灭失或者被征用等，担保物权人可以就获得的保险金、赔偿金或者补偿金等优先受偿。”

本条第二句就代位物的提存问题作出规定，即“被担保债权的履行期未届满的，也可以提存该保险金，赔偿金或者补偿金等”。所谓提存，是指提存人为履行清偿义务或者担保义务而将提存标的交给提存机关保存的民事法律行为。我国《合同法》《担保法》及《保险法》对提存均有规定。司法部在1995年6月2日专门发布《提存公证规则》。就现行法规定而言，我国的提存主要包括清偿提存和担保提存两种类型：

清偿提存，乃以清偿为目的之提存，是由于债权人的原因，债务人将无法清偿的标的物交给提存机关保存从而消灭债权债务关系的制度。担保提存是以担保为目的之提存，指债务人或第三人将标的物交给与债权人约定的第三人保存从而保证债务的履行或者替代其他的担保形式的制度。由此我们可以看到，担保提存是以担保债务履行为目的，通常是依据提存人与债权人的约定而产生或直接基于法律的直接规定而产生，并具有保证债务履行和替代其他担保形式的法律效力。本条所规定的关于保险金、赔偿金或者补偿金的提存，即是基于法律的直接规定而产生的担保提存。

根据《物权法》《担保法》以及《保险法》等法律之规定，可以担保提存的标的物包括：（1）被担保债权的履行期未届满的情形下，担保财产因毁损、灭失或者征收所得之保险金、赔偿金或者补偿金；（2）变卖抵押物、质物所获得的价款；（3）依出质的权利凭证提前兑现的价款或者领取的货物；（4）转让出质股票所获得的价款；（5）转让或许可他人使用已经出质的商标专用权、专利权、著作权中的财产权所取得的转让费、许可费；（6）保险公司提存的保险保障基金。

二、审判实务

在审判实务中，适用本条时应当注意两个问题：

1. 担保物权物上代位物的范围问题。

我国《担保法》第 58 条关于“抵押权因抵押物灭失而消灭。因灭失所得的赔偿金，应当作为抵押财产”之规定，仅以抵押物的毁损、灭失而发生的代位物为限。但《担保法司法解释》第 80 条第 1 款关于“抵押物灭失、毁损或者被征用的情况下，抵押权人可以就该抵押物的保险金、赔偿金或者补偿金优先受偿”之规定，将抵押物被征收之情形纳入物上代位性之范畴。同时，《担保法司法解释》第 62 条规定关于“抵押物因附合、混合或者加工使抵押物的所有权为第三人所有的，抵押权的效力及于补偿金”之规定，进一步扩展了抵押权物上代位性的范围。

《物权法》在本条中将《担保法》及司法解释所规定的担保物毁损、灭失或被征收等情形予以整合。同时应当看到，担保财产因毁损、灭失或被征收所得赔偿金，也仅仅是担保财产的代位物之一种形态，担保财产毁损之后的残留物也是担保财产的变形物，同样具有交换价值；因此，为了保障担保物权人的利益，亦应将担保财产毁损后的残留物纳入代位物的范畴。此外，《担保法司法解释》所规定的“抵押物因附合、混合或者加工使抵押物的所有权为第三人所有之后产生的补偿金”，亦应属于代位物。所以，在理解上，本条规定之担保财产毁损、灭失、被征收后所取得的代位物，并不仅以所获得的保险金、赔偿金、补偿金为限。

2. 关于担保提存的效力问题。

就担保提存的法律效力而言，我国现行法律对此无明文规定。担保提存的效力主要体现在提存人、债权人以及提存机关三个方面：

首先，对提存人的法律效力。主要表现在提存人（债务人或第三人）必须将保险金、赔偿金、补偿金等提存标的物交给与担保物权人约定的第三人保管。担保提存主要就是为了确保债务人履行债务，因此提存人（债务人或第三人）原则上不能取回提存标的物，除非出现债权人同意其取回标的物或者提存人重新以其他方式提供担保并征得债权人的同意。

其次，对担保债权人的法律效力。主要表现在被担保债权的履行届满时或届满前，债务人依照担保合同之约定履行债务的，担保债权人不可以向与提存人约定的第三人即提存机关主张提存标的物的权利。当债务人不能按合同约定履行债务时，担保债权人方可从与债务人约定的第三人处取回标的物以及该标的物在提存期间所产生的孳息，从而实现自己的担保债权。

最后，对提存机关的法律效力。主要表现在提存机关必须按提存人与债权人的约定以及法律的规定妥善保管和处理标的物，不得挪用提存标的物。

【主债务承担对第三人担保责任的影响】 **第一百七十五条　第三人提供担保，未经其书面同意，债权人允许债务人转移全部或者部分债务的，担保人不再承担相应的担保责任。**

条文主旨

本条是关于主债务承担对第三人担保责任的影响的规定。

理解与适用

一、条文理解

根据本条之规定，在第三人提供担保的场合，债权人允许债务人转让全部或者部分债务之行为将对担保人的担保责任产生何种影响，直接取决于债权人是否取得了提供担保的第三人的同意。具体涵义如下：

第一，债务承担必须具备以下条件方能有效：其一，移转的债务须有效成立并且具有可移转性。债务承担协议所指向的标的即移转的债务须确定并有效存在。对于无效的债务、因清偿、免除等已消灭的债务，自无移转的必要；对于存在可撤销因素的债务，在没有撤销前仍有效存在，可以设立债务承担；已过诉讼时效的债务，虽已不被强制执行，亦可移转于他人。其二，须订有债务移转协议。该协议以全部或者部分转移债务为内容，通常应当采取书面方式。其三，须债权人同意。在债务人与承担人签订债务承担协议的情形下，必须经债权人同意方生效力。"盖债权人本对于原债务人有请求其为给付之权利，且新债务人给付能力之强弱，与债权人之利害，影响甚巨，自不能不取得其同意也"①。各国立法例关于须债权人同意这一要件皆有同样之规定。我国《合同法》第 84 条亦作此明确规定。同意既可以是明示，以书面、口头做出，到达债务人或第三人时生效。也可以是默示形式，如接受第三人履行。同意既可以向债务人做出，也可以向第三人做出。

第二，债务承担的效力。首先，承担人承受移转的债务，对债权人负有给付义务。债务全部移转于第三人时，原债务人脱离债务关系，第三人承受原债务人地位，债权人可就全部债务要求第三人履行。第三人不履行、履行不完全时承担违约责任。债务部分移转与第三人时，第三人仅就部分债务负责，原债务人对未移转的部分债务仍须负责。两个债务各自独立，债权人应就不同债务分别主张之，不能混淆。其次，债务所附之抗辩权移转于承担人。因债务承担系承担人承受原债务人的债务，而并非新债务设定，债的同一性并不丧失，故原债务的抗辩权自然移转于承受人。我国《合同法》第 85 条对此明确规定："债务人转移义务的，新债务人可以主张原债务人对债权人的抗辩。"第三人可以主张同时履行抗辩、时效抗辩、期限利益抗辩等对抗债权人的履行请求。最后，附属于所移转债务的从债务亦由承担人承担。按民法原理中主债务转移，从债务随之转移的原则，债务人移转义务时，承担人应当承担与原债务有关的从债务，但该债务专属于原债务人自身的除外，以保障债权人的利益。因此，我国《合同法》第 86 条规定："债务人移转合同债务的新债

① 梅仲协：《民法要义》，中国政法大学出版社出版，第 293 页。

务人应当承担与主债务有关的从债务，但该从债务专属于原债务人自身的除外。”从债务从属于主债务如利息债务、违约金债务，主债务发生移转按理从债务亦由承担人承担。

第三，债务承担对担保人的效力。尽管从债务随同主债务一同转移是民法基本原理，但存在例外，即当事人另有特别约定或者法律另有规定。担保性质的从债务即属于此种例外情形。主债务移转，作为从债务的担保债务或者说担保人的责任是否消灭，应视担保系由债务人或第三人提供而分别确定。从保护债权人利益角度来看，在债务人提供担保之场合，不应因债务之承担而妨碍该担保的存在；在第三人提供担保之场合，未经其同意的债务承担可以消灭担保权，应当说更为合理。虽然我国《合同法》对此未作相应规定，但《担保法》第23条规定：“保证期间，债权人许可债务人转让债务的，应当取得保证人书面同意，保证人对未经其同意转让的债务，不再承担保证责任。”同时，《担保法司法解释》第29条明确规定：“保证期间，债权人许可债务人转让部分债务未经保证人书面同意的，保证人对未经其同意转让部分的债务，不再承担保证责任。但是，保证人仍应当对未转让部分的债务承担保证责任。”《担保法司法解释》第72条第2款规定：“主债务被分割或者部分转让的，抵押人仍以其抵押物担保数个债务人履行债务。但是，第三人提供抵押的，债权人许可债务人转让债务未经抵押人书面同意的，抵押人对未经其同意转让的债务，不再承担担保责任。”本条亦与《担保法》的上述规定精神一致，即债权人允许债务人转移全部或者部分债务时，若欲使提供担保的第三人继续承担担保责任，则必须取得其书面同意，否则担保人将不再承担相应的担保责任。

二、审判实务

在审判实务中，适用本条时应当注意两个问题：

1. 债务承担的方式问题。

债务承担应当有两种方式：一是债权人与承担人的债务承担协议，

二是债务人与承担人的债务承担协议。司法实践中应认定债权人与第三人的债务承担协议亦可移转债务。此外，债权人与承担人签订债务承担协议的，该协议自成立时生效，无需征得债务人的同意。

2. 担保人免责的范围问题。

就担保人免责的范围问题而言，如果债务承担行为未得到提供担保的第三人的书面同意，自然应免除担保人的担保责任。但如何确定免责的范围，则应视未经该担保人同意转让的债务范围大小而确定。如果债权人允许债务人转让全部债务且债务人已将债务向承担人实际转让，但未征得担保人同意的，担保人将全部免除担保责任。如果债权人允许债务人转让主债务的一部分且未经担保人书面同意的，在担保人的免责范围应限于实际转让的债务部分，对于未转让的债务，仍应承担担保责任，但可以根据实际情况减少担保范围即担保责任，而不能全部免除担保责任。

典型案例

梧州市万辉商贸投资有限公司、黄燕与梧州市万辉商贸投资有限公司、黄燕等民间借贷纠纷案

案号:(2015)民申字第2562号

关键词:主债务承担对第三人担保责任的影响；解除担保责任

来源:法信精选

【人保物保并存下担保权实行规则】**第一百七十六条　被担保的债权既有物的担保又有人的担保的，债务人不履行到期债务或者发生当事人约定的实现担保物权的情形，债权人应当按照约定实现债权；没有约定或者约定不明确，债务人自己提供物的担保的，债权人应当先就该物的担保实现债权；第三人提供**

物的担保的，债权人可以就物的担保实现债权，也可以要求保证人承担保证责任。提供担保的第三人承担担保责任后，有权向债务人追偿。

条文主旨

本条是关于人保和物保并存情形下担保权实行规则的规定。

理解与适用

一、条文理解

对于人保与物保之间的关系，大体存在三种立法模式：其一，保证人绝对优待主义。此种模式下，债权人只能先行使担保物权以受偿债权，在仍不能完全受偿时，可以就余额再向保证人主张，保证人仅对物的担保以外的债权额承担保证责任。其二，保证人相对优待主义。在此种模式下，债权人可根据需要选择行使担保权利，保证人在承担责任之后可以向债务人求偿，并代位行使债权人享有的担保物权。债权人致使保证人可代位行使的担保物权消灭的，保证责任相应消灭。其三，平等主义。根据这种模式，债权人可以选择行使担保物权或保证债权，已承担责任的担保人可以向其他担保人追偿其应承担的份额。

基于上述三种模式的考察，本条结合采取保证人绝对优待主义和平等主义两种模式，规定：被担保的债权既有物的担保又有人的担保，债务人不履行到期债务或者发生当事人约定的实现担保物权的情形，债权人应当按照约定实现债权；没有约定或者约定不明确，债务人自己提供物的担保的，债权人应当先就该物的担保实现债权；第三人提供物的担保的，债权人可以就物的担保实现债权，也可以要求保证人承担保证责任。提供担保的第三人承担担保责任后，有权向债务人追偿。具体阐释如下：

第一，本条关于“被担保的债权既有物的担保又有人的担保，债务人不履行到期债务或者发生当事人约定的实现担保物权的情形，债权人应当按照约定实现债权”之规定，可以说明本条采取了有限的平等主义模式，并未赋予债权人以完全的选择权，而是尊重当事人的意思自治。即如果在担保合同中约定了担保人承担责任的顺序，则债权人应当受该约定顺序之约束。因为此种情形仅涉及当事人间利益的平衡，并不关涉公共利益之维护，因此，理当尊重当事人的意思，法律没有理由强行介入。

第二，本条关于“没有约定或者约定不明确，债务人自己提供物的担保的，债权人应当先就该物的担保实现债权”的规定，说明在没有约定或约定不明的场合，本条又采取保证人绝对优待主义，绝对限制债权人的选择权。债权人只能先行使担保物权以受偿债权，而后在不能完全受偿的余额范围内再向保证人主张，即保证人仅对物的担保以外的债权额承担保证责任。理由有二：其一，主债务人为本位债务承担者，担保人是在担保主债务人债务的履行，债权人对主债务人的财产享有担保物权而不行使，却转而行使对第三担保人的担保权，为通行观念所不接受，也有违公平精神。其二，债权人如果选择行使对第三担保人的担保权利，则在第三担保人承担责任后将发生对主债务人的追偿，这将增加成本支出。因此，限制债权人的选择权可有效节省社会成本。

第三，本条关于“第三人提供物的担保的，债权人可以就物的担保实现债权，也可以要求保证人承担保证责任”的规定，表明本条采纳《担保法司法解释》第38条规定的有限平等主义模式，规定在同一债权既有人保又有物保时，债权人享有选择权，债权人可选择行使保证债权或担保物权。理由在于：此时虽有数项权利，但其权利人为同一人，数项权利维护的利益具有一致性，并不存在权利冲突，因此没有对相冲突权利所维护的利益进行权衡的需要，也不存在所谓“物权优先于债权”的问题。因此，债权人享有充分的选择权，应是在这种情形下实行担保权一项基本原则。

第四，本条关于“提供担保的第三人承担担保责任后，有权向债务人追偿”之规定，是关于物上担保人追偿权的规定。以债务人以外的第三人的财产设定担保物权的，该第三人成为物上担保人。之所以赋予物上担保人以追偿权，理由在于：物上担保人并非保证人，其对债权人负担的责任为物的责任，仅以其提供的担保财产为限对债务的履行承担责任。在债务人不履行债务时，物上担保人可以代替债务人清偿债务以消灭担保物权；物上担保人在代替债务人清偿债务之后，在其清偿债务的限度内取得债权人对债务人所享有的权利，得以债权人的债权受让人之地位，对债务人行使求偿权。若债权人实行担保物权而处分该担保财产，在处分担保财产而清偿债权的价值范围内，债权人对债务人的权利同样应当转移给物上担保人，物上担保人对债务人享有追偿权。各国立法例关于物上担保人对债务人的追偿权均有类似的规定。

二、审判实务

在审判实践中，应当注意本条与《担保法》及其司法解释不同之处。

1. 关于保证人的优势地位问题。《担保法》第 28 条规定：“同一债权既有保证又有物的担保的，保证人对物的担保以外的债权承担保证责任。债权人放弃物的担保的，保证人在放弃权利的范围内免除保证责任。”显然该条规定确立了保证人的优势地位；但《物权法》本条并未采取保证人绝对优待主义。

2. 关于担保人追偿权问题。本条仅就物上担保人对债务人的追偿权作出规定。而《担保法司法解释》第 38 条规定保证人与物上担保人并存的情形下，若当事人对保证担保的范围或者物的担保的范围没有约定或者约定不明，则担保人不仅可以向债务人追偿，而且担保人相互之间也享有追偿权。应当看到，《担保法司法解释》第 38 条第 1 款规定“担保人”之间的追偿权，实际上确认了担保范围未约定时，保证与物的担保间的平等地位，“应当分担的份额”表明担保人之间存在比例责任关系。但是，在担保人对担保范围有明确约定时，是否为各自独立责任呢？不无疑问，这一点值得注意。

3. 关于保证人与物的担保人是否共同分担责任的问题。《物权法》没有规定保证人与物上担保人共同分担责任的问题。而《担保法司法解释》第 38 条通过担保人之间的相互追偿权确立了人保和物保共同分担责任，这无疑使法律规则过于繁杂。应当看到，分担责任的规则设计，必然涉及以下问题：分担比例标准如何确定、是否应考虑担保设定时间之先后、是否应考虑担保数额约定之有无、是否应考虑责任顺序约定之有无、是否应考虑是一般保证还是连带责任保证、到底应为当事人的意思留下多大的空间等。若要将这些问题均合理地解决，并最终将之融入规则之中，本身便十分艰难。在两个以上保证与两个以上物的担保并列时，按平等主义模式，规则的复杂程度更是将呈几何级数般增长。《担保法司法解释》对这些问题并未予以明确规定，《物权法》在本条中也未给予充分的关注。

典型案例

债权既有物保又有人保，当事人合法约定了担保实现方式的，担保实现从其约定

——黄山长江徽杭高速公路有限责任公司、上海新华闻投资有限公司与招商银行股份有限公司合肥马鞍山路支行借款担保合同纠纷案

案例要旨：本案债权有债务人提供的质押担保即物保，又有第三人提供的连带责任保证即人保。同一债权在物保、人保同时存在的情况下，债权人放弃物保，保证人是否有权主张其在债权人放弃物保的范围内免除保证责任，这是本案争议的主要焦点。本案中，保证人新华闻公司承诺在债务人徽杭高速公司违约时，债权人招商银行马鞍山路支行有权直接向其追索，而无需先行向徽杭高速公司主张债权；新华闻公司对于招商银行马鞍山路支行的索偿没有任何异议。此项关于债权人如何选择实现债权的约定，具体、明确，是当事人的真实意思表示，且与公序良俗、诚实信用原则均不违背，法律、

法规对此亦无禁止性规定。债权人招商银行马鞍山路支行有权基于其如何更有利于实现债权的判断，依据合同约定和《物权法》的规定，选择保证人承担担保责任。

来源：《商事审判指导》2011年第4辑

【担保物权消灭事由】 **第一百七十七条　有下列情形之一的，担保物权消灭：**

（一）主债权消灭；

（二）担保物权实现；

（三）债权人放弃担保物权；

（四）法律规定担保物权消灭的其他情形。

条文主旨

本条是关于担保物权消灭事由的规定。

理解与适用

一、条文理解

根据本条之规定，担保物权消灭的事由或原因有四：

（一）主债权消灭

担保物权是为担保主债权实现而存在的从权利，相对于被担保的主债权，抵押权具有绝对的附从性，主债权消灭，抵押权亦消灭。例如，《担保法》第52条即明确规定："抵押权与其担保的债权同时存在，债权消灭的，抵押权也消灭。"

一般来说，被担保主债权消灭的原因有四：其一，债务人或第三人清偿全部主债权。其二，债务人对担保物权人亦存在债权并符合抵销条件时，其债权相互抵销而导致主债消灭。其三，担保物权人与债务人因继承、合并等而发生混同，担保物权人与债务人成为一人，此时主债权消灭。其四，担保物权人在不损害第三人利益的情况下免除债务人的债务。

（二）担保物权实现

担保物权的实现，亦称担保物权的实行，系指在债务人不能履行债务时，担保物权人行使其担保物权将担保财产变价以满足其债权得到优先受偿的过程。担保物权的实现是债权实现的一种方式，是担保物权之担保功能实现的最后环节。担保物权实现，担保法律关系消灭，担保物权自然随之消灭。担保物权因实现而消灭，其所担保的债权是否得到全部清偿则在所不问，并且即使在同一担保财产上有数个担保物权，其中一个担保物权实现的，该担保物权及其他担保财产均消灭。

（三）债权人放弃担保物权

债权人放弃担保物权，其实质上属于民法理论上的抛弃物权。抛弃是指权利人不将其物权移转于他人而使其物权归于消灭的单独行为。担保物权为财产权，权利人在原则上得任意抛弃其担保物权；但是抛弃担保物权，一般应依一定的方式为之，才能产生抛弃之效力。由于抛弃是一种单独行为，属民事法律行为的一种，因此必须以意思表示为之，且抛弃人须具备行为能力，始能合法有效。

（四）法律规定担保物权消灭的其他情形

该项规定属于兜底条款。根据现行法律之规定，担保物权消灭的其他情形大致可以包括三种：第一，因丧失对担保财产的占有而消灭。这种情形主要是针对留置权而言。由于留置权之成立和持续是以占有留置物为要件，因此留置物占有之丧失，自然构成作为担保物权的留置权消灭之原因。例如，《物权法》第240条明确规定：“留置权人对留置财产丧失占有或者留置权人接受债务人另行提供担保的，留置权消灭。”第二，因另行提供担保而消灭。仍以留置权为例，根据《物权法》第241条之规定以及《担保法》第88条之规定，在债务人提出另行提供担保时，如果债权人同意其请求，则留置权发生消灭的效力。第三，因担保财产灭失而消灭。例如,《担保法》第58条规定:“抵押权因抵押物灭失而消灭。”第73条规定:“质权因质物灭失而消灭。”

二、审判实务

在司法实践中,在适用本条时应当注意担保物权的行使期限与诉讼时效的关系问题。以抵押权为例,抵押权的行使是否适用诉讼时效,是否受主债权诉讼时效的支配?诉讼时效经过后,抵押权是否消灭?

我国《担保法》对此未作规定,而《担保法司法解释》第12条规定:“担保物权所担保的债权的诉讼时效结束后,担保权人在诉讼时效结束后的二年内行使担保物权的,人民法院应当予以支持。”《物权法》第202条规定:“抵押权人应当在主债权诉讼时效期间行使抵押权;未行使的,人民法院不予保护。”从上述规定来看,《担保法司法解释》与《物权法》本条规定存在差异。

从《担保法司法解释》的规定看,抵押权的行使不受债权诉讼时效消灭的影响。在债权诉讼时效消灭后的二年内,即自主债务履行期届满之日起四年内,抵押权人行使抵押权的,人民法院应予支持。该四年应是除斥期间。同样,从《物权法》第202条之规定看,抵押权的行使似乎不因主债权诉讼时效的经过而消灭。依据物权法原理,诉讼时效并不适用抵押权。根据《物权法》和《担保法》关于抵押权等担保物权消灭上的从属性之规定看,抵押权等担保物权随着债权的消灭而消灭。主债权的诉讼时效的经过只是意味着其主债权胜诉权的消灭,而主债权并不消灭,那么抵押权作为债权的从权利也无从消灭。因此,《物权法》第202条所规定的二年期间,其性质目前尚不明确。就目前的条文表述而言,似应认为,抵押权等担保物权在主债务诉讼时效经过后,并不消灭,而是与主债权一样在诉讼中丧失胜诉权。但也有观点认为抵押权随主债权诉讼时效的经过而消灭。

【担保法与本法冲突时如何适用】 **第一百七十八条 担保法与本法**

的规定不一致的，适用本法。

条文主旨

本条是对《担保法》与本法冲突时如何适用的规定。

理解与适用

一、条文理解

就《物权法》与《担保法》两者的关系而言，因《担保法》并非《物权法》的特别法，自然无法适用“特别法优于一般法”的规则。《担保法》是全国人民代表大会制定并由常务委员会通过的法律，而《物权法》是全国人民代表大会制定并通过的法律，因此在法律位阶方面，《物权法》是上位法，《担保法》是下位法，根据“上位法优于下位法”之规则，《物权法》优于下位法。此外，鉴于《物权法》是新法，《担保法》是旧法，亦应适用“后法优于前法”之规定，故此本条明确规定：《担保法》与《物权法》的规定不一致的，适用《物权法》。

比较《物权法》与《担保法》关于担保制度规则方面的规定，的确存在诸多不一致之处。简要列举如下：

第一，关于独立担保的依据的规定不同。《担保法》第5条第1款规定：“担保合同是主合同的从合同，主合同无效，担保合同无效。担保合同另有约定的，按照约定。”而《物权法》第172条规定：“担保合同是主债权债务合同的从合同。主债权债务合同无效，担保合同无效，但法律另有规定的除外。”由此可见，《担保法》允许当事人通过合同约定独立担保，而《物权法》禁止当事人自行约定独立担保，而只能依据法律规定。

第二，关于担保权物上代位物范围的规定不同。《担保法》第58条规定：“抵押权因抵押物灭失而消灭。因灭失所得的赔偿金，应当作为抵押财产。”该规定将抵押权的物上代位仅以抵押物的毁损、灭失而发生的代位物为限。但《物权法》第175条规定："担保期间，担保财产毁损、灭失或者被征用等，担保物权人可以就获得的保险金、赔偿金或者补偿金等优先受偿。被担保债权的履行期未届满的，也可以提存该保险金、赔偿金或补偿金等。"《担保法司法解释》第80条第1款扩展了《担保法》的上述规定，规定："抵押物灭失、毁损或者被征用的情况下，抵押权人可以就该抵押物的保险金、赔偿金或者补偿金优先受偿。"该规定与《物权法》的规定精神相同，将物上代位物的范围予以扩展。

第三，关于人保和物保并存时担保权实行规则的规定不同。《担保法》第28条采取"保证人绝对优待主义"，规定："同一债权既有保证又有物的担保的，保证人对物的担保以外的债权承担保证责任。债权人放弃物的担保的，保证人在放弃权利的范围内免除保证责任。"而《物权法》采取保证人绝对优待主义和平等主义的综合模式，规定："被担保的债权既有物的担保又有人的担保，债务人不履行到期债务或者发生当事人约定的实现担保物权的情形的，债权人应当按照约定实现债权；没有约定或者约定不明确，债务人自己提供物的担保的，债权人应当先就该物的担保实现债权；第三人提供物的担保的，债权人可以就物的担保实现债权，也可以要求保证人承担保证责任。提供担保的第三人承担担保责任后，有权向债务人追偿。"

第四，关于抵押合同生效时间的规定不同。《担保法》第41条规定："当事人以本法第四十二条规定的财产抵押的，应当办理抵押物登记，抵押合同自登记之日起生效。"而《物权法》第187条规定："以本法第一百八十条第一款第一项至第三项规定的财产或者第五项规定的正在建造的建筑物抵押的，应当办理抵押登记，抵押权自登记时设立。"可见，同样是登记，《担保法》规定登记是抵押合同的生效条件，而《物权法》规定登记是抵押权的生效条件，两者之区别可谓重大。

第五，关于转质权的规定不同。《担保法》没有规定转质权，《担保法司法解释》第94条仅仅承认承诺转质，否认责任转质；而《物权法》

在第217条规定："质权人在质权存续期间，未经出质人同意转质，造成质押财产毁损、灭失的，应当向出质人承担赔偿责任"，显然《物权法》明确承认了责任转质，同时也意味着认可承诺转质。

此外，《担保法》与《物权法》在抵押权行使与诉讼时效的关系、抵押物转移制度、最高额抵押的转让、允许设定权利质押标的物的种类等诸多方面，存在不同。

二、审判实务

审判实践中，适用本条要注意以下问题：

《物权法》颁行后，将会形成《民法通则》《担保法》《物权法》关于担保物权的"三足鼎立"的态势，在法律适用上要适用《担保法》《物权法》。两法规定不一致的，应适用《物权法》。《民法通则》第五章第二节"债权"第89条规定了保证、抵押、定金、留置等四种担保方式，但并未区分标的物为动产或不动产、有形物还是权利。此外，没有规定担保物权的设定、公示及效力等，在条文的具体适用方面明显地欠缺操作性。因此，在审判实践中应当注意三部法律之间的关系，并避免出现法律适用冲突。

《物权法》明确地将担保物权作为物权予以规定，并在担保物权的类型、设定、公示方式和效力等方面作出明确的规定。因此，尽管本条仅规定了《担保法》与《物权法》的冲突时，应当适用《物权法》；但在解释上，在《民法通则》关于担保权的规定与《物权法》不一致时，亦应当适用《物权法》。

第十六章　抵　押　权

第一节　一般抵押权

【抵押权定义】 **第一百七十九条　为担保债务的履行，债务人或者**

第三人不转移财产的占有，将该财产抵押给债权人的，债务人不履行到期债务或者发生当事人约定的实现抵押权的情形，债权人有权就该财产优先受偿。

前款规定的债务人或者第三人为抵押人，债权人为抵押权人，提供担保的财产为抵押财产。

条文主旨

本条是关于抵押权定义的一般规定。

理解与适用

一、条文理解

本条对抵押权的界定，明确了抵押的目的、要件、标的物、类型、行使条件以及效力等。具体阐释如下：

第一，抵押权的设定目的是为债权提供担保。当事人设定抵押的目的，是为了保障债权人的债权届期能够得以清偿。被担保的债权通常为合同之债，而因侵权、不当得利、无因管理所生之债一般不能直接以抵押方式进行担保，但若当事人之间在不违反法律的前提下就上述之债达成清偿协议而使之转化为合同之债，则自应允许对此种债权设置抵押。

第二，抵押权以不转移抵押物之占有为要件特征。当债务人或第三人以特定财产提供抵押担保时，不以占有抵押物为要件，无须将抵押物交付抵押权人占有，此为抵押担保的最显著特征，亦是其区别于质押和留置的重要标志。

第三，抵押人可以是债务人或者第三人。抵押基本可以区分为债务人抵押和第三人抵押两种基本类型。当主债权合同的债务人与债权人达成抵押合同将其自己的特定财产作抵押时，该主债务人即为抵押人。当债权人和主债务人之外的任何第三人依照法律与债权人缔结抵押合同以特定财产为其债权提供担保时，该第三人即为抵押人。

第四，抵押权的实行以债务人不履行到期债务或发生约定情形为要件。抵押权在担保过程中仅为一种可能性权利或者期待型权利。应该注意的是，这里所指的不履行债务，应为不履行已届清偿期的债务，债务未届清偿期，债务人未履行的，抵押权人不得行使抵押权。债务人虽履行了债务，但其履行仅为部分履行，这时，抵押权人仍得行使抵押权，并就其未受清偿部分之债权从抵押物中优先受偿。

第五，优先受偿权是抵押权的核心和实质。在债务人届期不履行债务时，抵押权人可以抵押物折价或者从该抵押物的变价中优先于一般债权人而获得先位清偿。通常而言，抵押权的优先受偿的法律效力体现有二：其一，抵押权人对抵押物的变价有优先于无抵押权的债权人而获得清偿的权利；其二，在同一抵押物上存在数个抵押权时，登记在先的抵押权优先于登记在后的抵押权而获得优先受偿。

第六，抵押权应当设定在抵押财产即抵押物上。抵押物是指抵押人为担保债务的履行和债权的实现而提供的，用于设定抵押权的特定财产。并非任何财产皆可设定抵押权。能够设定抵押权的财产仅限于法律规定的财产；法律未作规定可以设定抵押权的财产或者法律禁止设定抵押的财产，不得设定抵押权。

在理解本条规定的基础上，在抵押法律关系中，应当区分两个概念，即抵押合同和抵押权。其中，抵押合同是抵押法律关系发生的原因；通过登记设定抵押权则是抵押合同履行的当然结果，并导致抵押权的得丧变更。其中，抵押权可谓抵押法律关系的核心。通常而言，抵押权具有物权性、从属性、特定性、不可分性和物上代位性等典型特征。

二、审判实务

在审判实践中，应当注意以下几个问题：

1. 抵押权能否对抗国家税收权？根据我国《企业破产法（试行）》的规定，债务人所欠国家税收只能从破产财产中获得清偿；而抵押权人可以就抵押物行使别除权。因此，通常而言，抵押权优先于国家税收权，国家税收权只优先于无担保债权。但应当注意，在抵押人欠税的情况下，国家税收的优先权将会升位。根据修订后于2001年5月1日施行的《税收征收管理法》第45条规定："纳税人欠缴的税款发生在纳税人以其财产设定抵押、质押或者纳税人的财产被留置之前的，税收应当先于抵押权、质权、留置权执行。""税务机关应当对纳税人欠缴税款的情况定期予以公告。"第46条规定："纳税人有欠税情形而以其财产设定抵押、质押的，应当向抵押权人、质权人说明其欠税情况，抵押权人、质权人可以请求税务机关提供有关的欠税情况。"由此可见，该规定的立法宗旨在于防止欠税人以抵押、质押担保为名恶意转移资产，以维护国家税收的权威性和稳定性。同时，也为抵押权人、质权人、留置权人等担保物权人提供了防范风险的必要信息和手段。在抵押担保实践中，抵押权人在缔结抵押担保合同时，应注意根据上述规定查明抵押人是否欠税，或者请求税务机关提供抵押人是否欠税的书面证明，以防范因抵押人欠税给抵押权带来的风险。同时，亦应当注意审查该抵押人是否存在以设定抵押为名行恶意转移资产之实的行为。

2.抵押权能否对抗建筑工程承包人的优先权?《合同法》第286条规定："发包人未按照约定支付价款的，承包人可以催告发包人在合理期限内支付价款。发包人逾期不支付的，除按照建设工程的性质不宜折价、拍卖的以外，承包人可以与发包人协议将该工程折价，也可以申请人民法院将该工程依法拍卖，建设工程的价款就该工程折价或者拍卖的价款优先受偿。"为了平衡建设工程承包人和发包人的关系，制约发包人拖欠承包人工程款的行为，保障建筑工人的劳动收入，维护消费者和劳动者等社会弱势群体的利益，最高人民法院于2002年6月20日公布《关于建设工程价款优先受偿权问题的批复》，该批复明确规定："一、人民法院在审理房地产纠纷案件和办理执行案件中，应当依照《中华人民共和国合同法》第二百八十六条的规定，认定建筑工程的承包人的优先受偿权优于抵押权和其他债权。二、消费者交付购买商品房的全部或者大部分款项后，承包人就该商品房享有的工程价款优先受偿权不得对抗买受人。三、建设工程价款包括承包人为建设工程应当支付的工作人员报酬、材料款等实际支出的费用，不包括承包人因发包人违约所造成的损失。四、建设工程承包人行使优先权的期限为六个月，自建设工程竣工之日或者建设工程合同约定的竣工之日起计算。”根据该批复，建设工程承包人行使优先权优于抵押权。

3. 担保债权的行使能否对抗破产程序中的职工债权？关于担保债权的行使和职工债权的受偿问题，《企业破产法》第 109 条、第 113 条和第 132 条作了特别规定。首先，对于破产人的特定财产享有担保权的权利人，对该特定财产享有优先受偿的权利，即原则上有财产担保的权利人在破产程序中完全可以基于物权担保的法律属性，对该特定担保物行使优先受偿权，除其放弃优先受偿权或者实现优先受偿权后剩余的部分可以作为可供分配的财产进行分配外，任何人无权从其担保财产中受偿，包括职工权益也不能在设定了担保的财产中受偿，这是对破产人特定财产设定担保的题中应有之意。其次，对于《企业破产法》公布前形成的未清偿职工债权，在按照正常清偿顺序无法实现时，以设定担保的特定财产受偿。后者的规定，系从解决目前我国社会矛盾的角度作出的特别规定，这与《企业破产法（试行）》的规定截然不同。故《企业破产法》施行后，对于正在审理的案件是否应当适用《企业破产法》的规定特别保护特定职工的利益，成为大家关注的问题。我们考虑到立法的本意，基于社会问题的彻底解决，倾向于《企业破产法》施行后，即按照其立法思想直接将此规定适用于未审结案件。但考虑到有财产担保的债权人的利益，在上述职工债权数额小于特定财产价值时，该债权人优先受偿权的行使并非一定要等到上述职工债权实现后再行使，故规定对破产人的特定财产享有担保权的权利人可以通过对《企业破产法》第 132 条规定的债权额全额提存的方式，在不影响该债权最终清偿的前提下，对特定财产行使优先受偿权。考虑到对破产企业财产享有担保权的权利人可能为两人以上，为在多个权利人之间设置一种公平的制度，本规定明确规定，享有担保权的权利人为两人以上时，上述债权应当以各担保权利人行使优先受偿权的财产按比例受偿。

4. 抵押权能否击破租赁权？“买卖不破租赁”原则，是指在租赁合同存续期间，出租人将租赁房屋让与第三人的，租赁合同对该受让人仍然有效。这既是租赁权物权化的集中体现，也是民法的一项重要原理。《合同法》第 229 条规定：“租赁物在租赁期间发生所有权变动的，不影响租赁合同的效力。”《民法意见》第 119 条第 2 款亦明确规定：“私有房屋在租赁期内，因买卖、赠与或者继承发生房屋产权转移的，原租赁合同对承租人和新房主继续有效。”按照“举重以明轻”法律解释原则，可以认为先设定的租赁合同可以对抗后设立的抵押权。即使抵押权人为了实现抵押权，对抵押的房屋进行强制拍卖，租赁关系仍能够对抗买受人，即为“拍卖不能击破租赁”原则。《物权法》第 190 条明确规定：“订立抵押合同前抵押财产已出租的，原租赁关系不受该抵押权的影响”。《担保法司法解释》第 65 条对此也作了明确规定：“抵押人将已出租的财产抵押的，抵押权实现后，租赁合同在有效期内对抵押物的受让人继续有效。”由此可见，在租赁关系成立于抵押关系之前的情形下，抵押权不能击破租赁，抵押权人不得单方解除。但由于租赁关系的确对抵押权的实现造成了一定的不利影响，所以抵押人应将已出租的事实告知承租人和抵押权人，由抵押权人决定是否接受抵押，否则，抵押人应对抵押权人因此产生的损害承担赔偿责任。另一方面，若干租赁关系成立于抵押关系之后的，则抵押权可以击破租赁关系，《物权法》第 190 条对此也作出明确规定：“抵押权设立后抵押财产出租的，该租赁关系受已登记的抵押权的影响。”

【可抵押的财产和集合抵押】 **第一百八十条　债务人或者第三人有权处分的下列财产可以抵押：**

（一）建筑物和其他土地附着物；

（二）建设用地使用权；

（三）以招标、拍卖、公开协商等方式取得的荒地等土地承包经营权；

（四）生产设备、原材料、半成品、产品；

（五）正在建造的建筑物、船舶、航空器；

（六）交通运输工具；

（七）法律、行政法规未禁止抵押的其他财产。

抵押人可以将前款所列财产一并抵押。

条文主旨

本条是关于可抵押的财产和集合抵押的规定。

理解与适用

一、条文理解

本条第 1 款采用的列举方式对担保实务运作具有指引作用，概括方式则为经济的发展预留相应的空间。依本条规定，下列财产可以抵押：

第一，建筑物和其他土地附着物。这是关于不动产抵押权的规定。《物权法》第 2 条第 2 款规定："本法所称物，包括不动产和动产。法律规定权利作为物权客体的，依照其规定。"虽然《物权法》未对不动产作出界定，但根据我国《担保法》第 92 条第 1 款的规定，不动产是指土地以及房屋、林木等地上定着物。建筑物指定着于土地上或地面以下，其具有顶盖、梁柱、墙壁，供人居住或使用的构造物，房屋、仓库、地下室、空中走廊、立体停车场等均包括在内。[1] 建筑物为典型的土地附着物。

① 陈阮雄：《民法总则新编》，台湾地区三民书局 1982 年版，第 370 页。转引自梁慧星主编：《中国物权法研究》，法律出版社 1998 年版，第 47 页。

本条所规定之其他土地附着物，其实就是《担保法》和民法法理所谓的“定着物”，指抵押人依法享有所有权或处分权的附着于土地之上的除建筑物和构筑物以外的不动产。通常包括：（1）林木。根据我国《担保法》第92条第1款的规定，林木是土地上的定着物，属于不动产；而且林木是独立的、区别于土地的不动产。根据《担保法》第42条第三项和《森林法》第3条第2款的规定，林木可以成为抵押物，并可以进行登记。因此，林木作为独立定着物，土地所有权或使用权的变动不影响其上林木的命运。（2）地上构筑物。即如前所述的能够进行登记的工作物。比如集体所有的砖瓦窑、石灰窑，企业的天车、工艺流程生产线，单位所有的烟囱、水塔、游泳池、雕像等。（3）与不动产尚未分离的出产物或不动产的出产物（products of immoval）。主要包括有机物（如农作物等，树木不包括在内）和无机物（如砂石），在未与不动产分离前，不能离开土地单独进行让与；但当事人有特别约定的，依当事人的约定。质言之，不动产的处分、抵押及于其上尚未分离的出产物，但这并非强制性规定，若当事人有相反约定，自应依当事人的约定。

第二，建设用地使用权。这是关于建设用地所有权抵押的规定。根据《物权法》第135条的规定，建设用地使用权是权利主体在法律允许的范围内依法享有的对国家所有的土地占有、使用和收益的权利，权利主体有权利用该土地建造并经营建筑物、构筑物及其附属设施。根据《物权法》第137条的规定，设立建设用地使用权的主要方式有出让和划拨两种：出让是国家以所有者的身份将建设用地使用权在一定年限让与使用者，并由使用者向国家支付建设用地使用权出让金的行为。具体包括协议、招标和拍卖三种具体方式。使用者可以其所获得的建设用地使用权设定抵押权。划拨是指国家通过行政审批程序将土地无偿地确定给使用权人使用，使用权人只需按照一定的程序向主管机关提出申请，经批准即取得建设用使用权，而不必向国家交付费用和租金。此外，《物权法》第144条之规定，转让、互换、出资、赠与以及行使抵押权等原则上也可以成为取得建设用地使用权的方式。

第三，以招标、拍卖、公开协商等方式取得的荒地等土地承包经营权。这是关于“四荒”土地承包经营权抵押的规定。近年来，在许多省、自治区出现了拍卖荒山、荒坡、荒沟、荒滩等所谓“四荒”的现象，竞买人通过竞拍取得“四荒”土地使用权。这种使用权亦以农林牧渔生产经营为目的，以集体所有或国有的“四荒”地表为客体，其存续期限几十年，有的长达近百年，其取得方式为拍卖。该权可以转让、抵押、入股、出租，并且不必征得拍卖人的同意。这种“四荒”土地使用权仅仅被省、自治区的地方法规或地方规章所承认，尚未被全国人大常委会通过的法律认可，按严格的物权法定主义衡量，算不上物权，但可发生债权效力。由于该权富有生命力，效益显著，很受欢迎，亟待物权立法将其确定为物权。《物权法》第 133 条规定将“四荒”土地经营权确定为物权：“通过招标、拍卖、公开协商等方式承包荒地等农村土地，依照农村土地承包法等法律和国务院的有关规定，其土地承包经营权可以转让、出租、入股、抵押或者以其他方式流转。”我国《农村土地承包法》第 49 条亦规定，通过招标、拍卖、公开协商等方式承包荒山、荒沟、荒丘、荒滩等农村土地的，经依法登记取得土地承包经营权证或者林权证等证书的，其土地承包经营权可以依法采取转让、出租、入股、抵押或者其他方式流转。为了促进荒地的开发利用，《物权法》和《担保法》等对“四荒”的土地使用权规定允许抵押。但必须符合三个条件：其一，用来抵押的使用权必须明确为荒地使用权；其二，对该片荒地抵押人应享有承包经营权；其三，须取得发包方的同意。实践中，有观点认为，现行法律关于“抵押人必须对该荒地拥有承包经营权”这一限制条件不合理、不全面，主张应将包括以购买、租赁、股份合作方式取得的“四荒”土地使用权规定为允许抵押的条件。《物权法》并未对《担保法》中关于“四荒”土地使用权抵押的限制条件进行修改，因此仍然应需抵押人必须享有该片荒地的承包经营特权。

第四，生产设备、原材料、半成品、成品。这是关于一般动产抵押的规定。动产抵押是指抵押权人对债务人或第三人不移转占有，而就其提供担保债权的动产设定动产抵押权，于债务人不履行主合同时，抵押权人可以占有抵押物，并得出卖或申请法院拍卖，就其卖得价金优先于其他债权而受清偿的担保方式。[①] 与不动产抵押权必须通过以登记为公示要件不同，动产抵押不以登记为抵押权设立要件。但动产抵押如不经登记，则设立的动产抵押权不得对抗善意第三人。[②]《物权法》规定的生产设备、原材料、半成品、成品等，通常是指机器、设备、工具、原料、半成品、成品等一般动产。但《物权法》并未规定可以设定抵押的一般动产的详细品名。在台湾地区，一般动产抵押的标的物的详细品名是由立法机关授权台湾地区“行政院”以命令定之，即《动产担保交易标的物品类表》。[③]

第五，正在建造的建筑物、船舶、航空器。本项是关于未来财产或在建财产的抵押之规定，是指以正在建造且未来一定存在的财产作为抵押物而设定的抵押。未来的财产必须是未来真实存在的物，不能真实存在的财产不能设定抵押。我国《担保法》对正在建造中的未来财产能否设定抵押未作明确规定，《担保法司法解释》第 47 条对此进一步作出规定：“以依法获准尚未建造的或者正在建造中的房屋或其他建筑物抵押的，当事人办理了抵押物登记，人民法院可以认定抵押有效。”《物权法》基于为更好地发挥正在建造的建筑物、船舶、航空器融通资金的能力，并考虑到在建工程等未来财产在司法实践中已经运用，故在此予以明确规定，允许抵押人将正在建造的建筑物如房屋或者其他地上定着物以及船舶、航空器设定抵押权。

---

① 刘春堂：《判解民法物权》，台湾地区三民书局印行 1987 年版，第 97 页。

② 王闯：《动产抵押制度研究》，载梁慧星主编：《民商法论丛》（第 3 卷），法律出版社 1995 年版，第 405 页。

③ 陶百川、王泽鉴等编：《最新综合六法全书（要旨增编・判解指引）》，台湾地区三民书局印行 1980 年版，第 512 ~ 514 页。

第六，交通运输工具。这是关于特殊动产或准不动产抵押的规定。在传统民法中，船舶、航空器等交通运输工具被视为准不动产，因此船舶、航空器等的抵押可以视为准不动产抵押，办理抵押登记是船舶、航空器抵押权的对抗要件，而非生效要件。根据我国《机动车登记规定》《海商法》和《民用航空法》的规定，机动车、船舶和航空器可以作为抵押物。《机动车登记规定》第二章第四节对机动车的抵押登记作了详细规定。《海商法》第 13 条规定："设定船舶抵押权，由抵押权人和抵押人共同向船舶登记机关办理抵押权登记；未经登记的，不得对抗第三人。"《民用航空法》第 16 条规定："设定民用航空器抵押权，由抵押权人和抵押人共同向国务院民用航空主管部门办理抵押权登记；未经登记的，不得对抗第三人。"

第七，法律、行政法规未禁止抵押的其他财产。这是一项兜底性规定，以适应不断变化的经济生活需要。只要某项财产符合抵押财产的条件，即抵押人有权处分，具有可让与性，便于管理和实施，就应当承认其属于抵押物的范围。根据私法自治原则，只要法律、行政法规未禁止抵押的财产，皆可设定抵押。

本条第 2 款关于"抵押人可以将前款所列财产一并抵押"的规定，其实是关于集合抵押制度的规定。集合抵押方式是抵押人以特定的不同种类的财产形成一个集合体来为同一债权设定的抵押，因抵押财产是不动产、动产和不动产财产权的集合体，故该条款应解释为"集合抵押"。就本条款立法意旨而言，系为克服一般抵押权的不足，并促进企业融通资金的能力而设。我国《担保法》第 34 条第 2 款明确规定："抵押人可以将前款所列财产一并抵押。"《物权法》本条第 2 款亦是沿承《担保法》的上述规定。

二、审判实务

审判实践中，在适用本条时应当注意以下几个问题：

1. 不动产抵押是否包括商品房按揭？一般认为，商品房按揭的性质既不是不动产抵押权，也不是权利质押，而是一种让与担保。理由在于：第一，按揭与抵押虽然皆是融资担保的手段，但是按揭必须以转让房地产的权益与按揭权人即银行作为必要条件。按揭人作为借款人必须以转让财产权作为代价才能获得银行的贷款。而抵押权或权利质押则无需转让标的物财产权，仅仅是在担保标的之上设定他物权而已。第二，按揭贷款合同中，按揭人必须将《房产买卖合同》和按揭房屋的《房地产证》的正本交付按揭权人银行执管；而不动产抵押权的设定并不需要交付房地产权益凭证。第三，按揭贷款中的借款人即购房人所贷款项，只能用于购买楼花或现房物业；而抵押贷款中的借款人所贷款项的用途，既可以用于购房，也可以作为他用，一般不受贷款银行的直接干预。总之，商品房按揭这种以购房人将其对于楼花或现楼的财产权或所有权转让与银行的贷款担保方式，完全符合让与担保的特征。[①]

2. 如何判定房屋等不动产抵押物？涉及房屋等建筑物及构筑物的判断，以下诸问题值得关注：其一，关于房屋的个数。一般的原则是，以房屋登记的个数为准。未登记的房屋，依社会一般观念为判断。[②]其二，关于房屋的构成部分。窗户、门和房屋的构成设备（如电梯、暖气等），一经设置于房屋，即构成房屋的一部分，不论是否易与房屋分离，已失去了独立性，不能成为独立的物权标的物。[③]其三，关于房屋的同一性。这于其上的抵押权的命运息息相关，房屋保持其同一性，则其上的抵押权不受影响，反之抵押权消灭。一般而言，房屋增建、扩建及部分拆除，不影响其同一性，不过此种情况下须办理变更登记。房屋部分修缮改建，

---

① 王闯：《让与担保法律制度研究》，法律出版社 2000 年版，第 151~165 页。

② 建筑物登记的个数，基本上是以其构造上的独立性和交易习惯为断，而当事人的意思是辅助的标准（将包含构造上有独立性的数个居室的一栋建筑物作为一个建筑物进行处分和登记，是当事人的自由）。一个建筑物的一部分具有构造上的独立性，则该部分的所有权移转是可能的，《物权法》第六章关于"业主的建筑物区分所有权"的规定即为体现。

③ 陈阮雄：《民法总则新编》，台湾地区三民书局 1982 年版，第 373 页。转引自梁慧星主编：《中国物权法研究》，法律出版社 1998 年版，第 49 页。

及其内部格局发生变动、进行装潢等，也不影响其同一性。房屋拆除重建，若系因土地重划且使用原来材料的，应认为不丧失同一性，发生此外的其他情形而拆除重建的，则应解释为房屋前后丧失同一性。其四，房屋因倒塌、火烧而有损坏的，视其残存程度是否仍堪使用而判定其是否仍为不动产。若不堪使用，则认为原房屋灭失，剩余部分不过是建筑材料而已，其上他物权归于消灭。反之，则认为仍为不动产。此外，钢筋水泥房屋火烧后纵仅剩外壳，若房屋的主体尚存，也应解释为其不动产的性质不受影响。

3. 应当注意集合抵押与连带债务的区分。虽然在责任承担方面集合抵押类似于连带债务，即集合抵押的数项抵押财产对于所担保的债权各负全部担保责任，但是连带债务为人的连带属于债权关系，负连带债务的人为债务人；集合抵押为财产的连带，属于物权关系；负连带责任的抵押财产，不以债务人所有或者有处分权的财产为限，第三人的财产也可以为集合抵押的标的。抵押物既不限于债务人或者同一抵押人所有的财产，也不限于同一种类的财产。

典型案例

不动产抵押权预告登记的权利人，在未办理房屋抵押权设立登记之前，可排他性地对抗他人对不动产的处分，但非对不动产享有现实的抵押权

——交通银行股份有限公司上海奉贤支行诉叶桂英金融借款合同纠纷

案例要旨：抵押物办理了抵押预告登记，但该预告登记与抵押权设立登记具有不同的法律性质，抵押权预告登记所登记的非现实的抵押权，而是将来发生抵押权变动的请求权，该请求权具有排他效力。因此，作为不动产抵押权预告登记的权利人，在未办理房屋抵押权设立登记之前，其享有的是当抵押登记条件成就或约定期限届满对涉案房产办理抵押权登记的请求权，并可排他性地对抗他人对不动产的处分，但非对不动产享有现实的抵押权。

来源：法信精选

【动产浮动抵押】**第一百八十一条　经当事人书面协议，企业、个体工商户、农业生产经营者可以将现有的以及将有的生产设备、原材料、半成品、产品抵押，债务人不履行到期债务或者发生当事人约定的实现抵押权的情形，债权人有权就实现抵押权时的动产优先受偿。**

条文主旨

本条是关于动产浮动抵押的规定。

理解与适用

一、条文理解

本条中明确动产浮动抵押制度，具体涵义如下：第一，动产浮动抵押的设定应当采用书面协议方式。此乃动产浮动抵押在方式上的法定性要求。我国《合同法》第11条规定，书面形式是指合同书、信件和数据电文（包括电报、电传、传真、电子数据交换和电子邮件）等可以有形地表现所载内容的形式。因此，未签订书面协议而主张抵押权存在的，原则上不予支持。第二，适用主体包括企业、个体工商户和农业生产经营者。第三，浮动抵押标的物限于现有的以及将有的动产。鉴于不动产等抵押权生效始于登记，知识产权根据物权法定主义不能作为抵押权之标的，因此为了适用法律的统一，《物权法》明确将抵押权的标的物限定为现有的以及将有的动产。这些动产包括生产设备、原材料、半成品和产品。

二、审判实务

审判实践中，适用本条要注意以下个问题：

1. 我国的浮动抵押制度与发达国家通行的浮动抵押制度的区别。主要有二：一是将设定人的范围扩及一切企业（包括公司企业、非公司企业、合伙企业、个体企业）和个体工商户、农业生产经营者。二是仅规定动产可以设定浮动抵押，而将不动产、知识产权和债权等财产排除在浮动抵押标的物范围之外。

2. 浮动抵押权的实行。债务人不履行到期债务或者发生当事人约定的实现抵押权的情形时，债权人有权就约定实现抵押权时的动产优先受偿。但应注意的是，浮动抵押权的实行不同于普通抵押权的实行。实行浮动抵押权，应由浮动抵押权人向人民法院提出实行申请。法院受理浮动抵押权人的申请后，经审查符合实行条件的，应作出实行浮动抵押权的决定，同时发布浮动抵押权开始实行的公告和查封抵押人总财产的公告，并指定财产管理人负责管理抵押人总财产。

【抵押权设定中土地使用权和地上建筑物之间关系】**第一百八十二条　以建筑物抵押的，该建筑物占用范围内的建设用地使用权一并抵押。以建设用地使用权抵押的，该土地上的建筑物一并抵押。**

抵押人未依照前款规定一并抵押的，未抵押的财产视为一并抵押。

条文主旨

本条是关于抵押权设定中土地使用权和地上建筑物之间关系的规定。

理解与适用

一、条文理解

由于建筑物和土地具有不可分离的依附关系，因此单独以建筑物或建设用地使用权为抵押，都必然涉及二者的关系如何处理的问题。我国一向采取“房随地走”和“地随房走”的双向统一原则，即在抵押权设定之时，法律将建筑物和建设用地使用权视为一个整体，不允许将它们分别抵押，无论是以建设用地使用权抵押为目的还是以土地上的建筑物抵押为目的，相应的建筑物或建设用地使用权作为统一的抵押标的物的组成部分。我国《城镇国有土地使用权出让和转让暂行条例》第33条规定："土地使用权抵押时，其地上建筑物、其他附着物随之抵押。地上建筑物、其他附着物抵押时，其使用范围内的土地使用权随之抵押。"《城市房地产管理法》第31条规定："房地产转让、抵押时，房屋的所有权和该房屋占用范围内的土地使用权同时转让、抵押。"本条立法系遵循以往立法与实务经验而作规定。

之所以采取"房随地走"和"地随房走"的双向原则，其立法理由在于：第一，土地是任何建筑物的基础，是土地之上建筑物的本质组成部分。建设用地使用者都是因为自己所有的或使用的房屋才利用该土地，如果对土地没有使用的权利，则无权在该地上建房或使用房屋，因此离开土地的建筑物不具备法律上的独立性，不能独自构成抵押标的。第二，建筑物虽然不是土地的本质组成部分，土地本身有独立的交换价值，但若建设用地使用权单独抵押而土地上的建筑物不进行抵押，就可能出现建设用地使用权与地上建筑物所有权或使用权主体不一致的状况，从而发生权利的冲突与摩擦，不利于建设用地使用权和地上建筑物的流通或转让，也不利于物的有序利用和社会秩序的稳定。为防止二者权属不一致，有必要将建筑物与建设用地使用权视为一个整体。

二、审判实务

在审判实践中，应当注意以下几个问题：

1.关于房地一并抵押的问题。以地上建筑物抵押的，该建筑物占用范围内的建设用地使用权应当一并抵押，不得仅抵押地上建筑物。应当指出的是，"地随房走"仅适用于国有土地上的房屋抵押，以及集体所有土地上的乡（镇）、村企业的厂房等建筑物抵押，而不包括集体所有土地上的其他房屋抵押，随同抵押的土地使用权限于房屋等建筑物所占有范围内的建设用地使用权，不得随意扩大范围。抵押地上建筑物的，债务人不能清偿被担保的债权时，抵押权人可以一并拍卖或变卖抵押的地上建筑物和其占用范围内的建设用地使用权，并以其拍卖或变价金额担保债权的受偿。

2. 关于建设用地使用权单独抵押的问题。根据《物权法》第 180 条第 2 款之规定，建设用地使用权可以设定抵押。审判实践中应注意区分以下两种情形：其一，抵押人仅以建设用地使用权抵押，而在抵押权生效时该建设用地上不存在可以抵押的建筑物或其他附着物的，则抵押权的效力不及于新增的地上建筑物或附着物。仅以建设用地使用权设定抵押时，债务人不履行债务的，抵押权人仅能以建设用地使用权的变价金优先受偿。其二，抵押建设用地使用权时，若存在地上建筑物，则应当将地上建筑物一并抵押。

3. 关于房地分别抵押并登记的效力问题。尽管我国法律法规历来规定"房随地走、地随房走"的双向统一原则，但在实践中由于建设用地使用权与建筑物两者的登记机关和审查权限[①]规定的不同，导致经常发生房地分别抵押并经合法登记的现象。基于交易安全的考虑，不宜认定这种情形中的抵押无效。即便出现房地分别抵押的情形，只要在实现权利转移和处置抵押物时能够保持权利归属上的一体，则可以妥当地解决上述权利冲突。

解决房地分别抵押实行问题，可以采用建设用地使用权和建筑物所有权分离理论来处理。由于当事人在两个抵押合同中都分别约定以建设用地使用权或者建筑物所有权单独进行抵押，不仅在评估作价时分别作价，而且在登记时亦是分别登记，充分表明当事人不仅具有将建设用地使用权和建筑物所有权分别抵押的合意，而且已经通过登记方式予以公示，因此可以认为两个抵押皆为有效。在抵押权实现之时，应就两项抵

① 即登记审查采取形式主义还是实质主义，或者是两者的结合，当时的有关法律、法规没有作出明确的规定。

押财产分别拍卖、分别受偿，但必须确保拍卖人为同一人，以使房地两个权利的最终取得者为同一人。

典型案例

以出让方式取得的国有土地使用权抵押的，应当将抵押时该国有土地上的房屋同时抵押，即遵循房地一体原则

——昆明富亨房地产开发经营公司执行申诉案

案例要旨：由于房地产的不可分性，我国在处理房地产法律关系时历来强调一项基本原则，即房屋所有权主体与房屋占用范围内的土地使用权主体一致的原则，以出让方式取得的国有土地使用权抵押的，应当将抵押时该国有土地上的房屋同时抵押。

来源：《执行工作指导》2012 年第 1 辑

【乡镇、村企业的建设用地使用权与地上建筑物的关系】**第一百八十三条　乡镇、村企业的建设用地使用权不得单独抵押。以乡镇、村企业的厂房等建筑物抵押的，其占用范围内的建设用地使用权一并抵押。**

条文主旨

本条是关于抵押权设定后乡镇、村企业的建设用地使用权与地上建筑物的关系的规定。

理解与适用

一、条文理解

应当看到，我国对乡镇、村企业等集体建设用地使用权抵押一直采取严格限制的态度，除非乡镇、村企业的厂房等建筑物抵押，否则其建设用地使用权并不必然与厂房等地上建筑物一并抵押。本条之规定即是延续了现行《担保法》第36条第3款关于“乡（镇）、村企业的土地使用权不得单独抵押。以乡（镇）、村企业的厂房等建筑物抵押的，其占用范围内的土地使用权一并抵押”之规定。其理由在于：第一，乡镇、村的土地属于集体所有，是用于发展农村经济、增加农民收入和提高农民生活水平的必需的生产资料，若任意抵押，则农民可能失去土地使用权，不利于农村经济的发展。第二，考虑到乡镇、村企业出于自身发展的需要，需要以厂房等建筑物抵押借以融通资金，因此本条贯彻《物权法》第181条“房随地走、地随房走”的双向一体原则，规定以乡镇、村企业的厂房等建筑物抵押的，其占用范围内的建设用地使用权一并抵押。

二、审判实务

审判实践中，适用本条要注意以下两个问题：

1. 本条所指的厂房等建筑物抵押，仅限于乡镇、村企业的厂房等建筑物，而不包括集体所有土地上的其他房屋。

2. 根据本条规定，以乡镇、村企业的厂房等建筑物抵押时，随同抵押的建设用地使用权并不一定是整个地块上的全部土地使用权，而是厂房等建筑物所占用范围内的建设用地使用权。至于具体界限及其确定标准，应当根据土地使用规则等加以明确。

【禁止抵押财产】 **第一百八十四条　下列财产不得抵押：**

（一）土地所有权；

（二）耕地、宅基地、自留地、自留山等集体所有的土地使用权，但法律规定可以抵押的除外；

（三）学校、幼儿园、医院等以公益为目的的事业单位、社会团体的教育设施、医疗卫生设施和其他社会公益设施；

（四）所有权、使用权不明或者有争议的财产；

（五）依法被查封、扣押、监管的财产；

（六）法律、行政法规规定不得抵押的其他财产。

条文主旨

本条是关于禁止抵押财产的列举性规定。

理解与适用

一、条文理解

本条规定其实是沿承现行《担保法》第37条之规定，若以法律禁止设定抵押的财产为抵押物，其抵押合同无效。根据本条之规定，下列财产不得抵押：

第一，土地所有权。土地所有权是土地所有者依法对土地实行占有、使用、收益和依照国家法律规定作出处分并排除他人干涉的权利。在我国，实行土地公有制，土地归国家和集体所有，根据物权法定原则，我国现行法律没有规定国有土地所有权可以处分，对集体土地所有权只能由国家依法征用，征用后的土地归国家所有。我国立法允许国有土地使用权抵押，禁止土地所有权抵押，这是为了维护社会主义土地公有制。

第二，耕地、宅基地、自留地、自留山等集体所有的土地使用权，但法律规定可以抵押的除外。集体土地的性质决定了其具有特殊用途和特殊意义，其不仅关系到我国农业的发展，也关系到农村经济的发展、农民收入的提高和农民生活水平的提高；若允许集体所有的土地使用权随便设定抵押，将不利于国家利益和社会安定。但为了鼓励农民开发荒地，解决资金短缺，《物权法》第180条第1款第三项允许以招标、拍卖、公开协商等方式取得的荒地等的土地承包经营权设定抵押；同时为发展农村经济，有利于乡（镇）、村企业融通资金，《物权法》第183条允许乡镇、村企业以其厂房等建筑物设定抵押，其建筑物所占用范围内的土地使用权一并抵押。

第三，学校、幼儿园、医院等以公益为目的的事业单位、社会团体的教育设施、医疗卫生设施和其他社会公益设施。本项规定完全是从公共利益角度出发而作的限制。

第四，所有权、使用权不明或者有争议的财产。由于设定抵押权的行为是一种处分行为，因此它首先要求抵押人对抵押财产享有所有权或依法有权处分，抵押权人才能在债务人届期不履行债务时可自主地处分抵押财产从而优先受偿，否则抵押权实现时，很可能发生争议，或者由于抵押人在设定抵押时不享有抵押财产的所有权或处分权，致使抵押人在行使抵押权时也无权处分抵押财产，从而无法保障债权人债权的实现，抵押权的设定便变得毫无意义。因此，本条立法禁止所有权、使用权不明或者有争议的财产作为抵押物。

第五，依法被查封、扣押、监管的财产。依法被采取查封、扣押或者监管等强制措施的财产，虽然所有权仍然属于财产所有人，但所有权或处分权的行使受到了法律的限制，因此本项规定不得以这些财产设定抵押，以这类财产设定抵押的，抵押合同无效。但该类财产被解除查封、扣押或者其他强制措施的，则可以为抵押标的物。应当指出，若抵押权设定后，抵押财产被依法查封、扣押、监管的，则抵押权不受影响；若采取的强制措施本身是违法的，也不影响抵押权的设定。

第六，法律、行政法规规定不得抵押的其他财产。这是一项兜底性规定。除本条前五项所列不得抵押的财产外，有的法律、行政法规规定了其他不得抵押的财产。在设定抵押权时，除要依照《物权法》外，还要看其他法律、行政法规有无禁止抵押的规定。

二、审判实务

在审判实践中，应当注意以下几个问题：

1. 学校等以公益为目的的事业单位、社会团体，以其社会公益设施以外的财产为自身债务设定抵押的效力问题。因为本项所禁止的只是教育设施、医疗卫生设施等社会公益设施，所以除此之外的其他设施，因与社会公共利益联系不紧密，法律对此不作限制。学校、幼儿园、医院等以公益为目的的事业单位、社会团体，以其教育设施、医疗卫生设施和其他社会公益设施以外的财产为自身债务设定抵押的，人民法院应当认定抵押有效。

2. 所有权、使用权不明或者有争议的财产，在实务中主要指以下情况下的财产：（1）继承发生后，遗产尚未分割的财产。按继承法规定，被继承人死亡后，发生继承问题。此时继承已经开始，但遗产可能尚未分割。继承人是否放弃继承权尚未表态，财产到底归谁所有尚不清晰，此时的遗产不能用来抵押。（2）有争议的财产。民事主体就财产的归属问题尚未达成一致，有关司法机关或仲裁机构正在进行司法裁决或仲裁进行期间，而未有终局的处理决定，此时财产所有权人或使用人尚未清楚，此时这类有争议的财产不能用作抵押。

3. 规定不得抵押的其他财产的法律位阶限于法律、行政法规。《最高人民法院关于适用〈中华人民共和国合同法〉若干问题的解释（一）》（以下简称《合同法解释（一）》）第4条规定："合同法实施以后，人民法院确认合同无效，应当以全国人大及其常委会制定的法律和国务院制定的行政法规为依据，不得以地方性法规、行政规章为依据。"类比该规定，本项规定的不得抵押的财产的法律位阶限于全国人大及其常委会制定的法律和国务院制定的行政法规，不得以地方性法规、行政规章或其他规范性文件为依据。

【抵押合同的法律形式和条款内容】**第一百八十五条　设立抵押权，当事人应当采取书面形式订立抵押合同。**

抵押合同一般包括下列条款：

（一）被担保债权的种类和数额；

（二）债务人履行债务的期限；

（三）抵押财产的名称、数量、质量、状况、所在地、所有权归属或者使用权归属；

（四）担保的范围。

条文主旨

本条是关于抵押合同的法律形式和抵押合同条款内容的规定。

理解与适用

一、条文理解

具体涵义如下：

1. 本条第一款规定约定抵押权的要式性。《物权法》所指称的抵押权系指约定抵押权。约定抵押权的设定必须通过当事人签订抵押合同的方式进行，依据本条之规定，抵押合同应当以书面形式订立。

书面的抵押合同既可以是一般书面形式，也可以是特殊的书面形式，即除当事人之间的一般书面抵押合同外，还需要履行公证、签证、审核等其他法律手续，从而才能称得上书面抵押合同的成立。此外，书面抵押合同既可以是在被担保主债权合同之外签订的独立的书面合同，包括当事人之间就抵押权设立事项的来往信函、传真等，也可以是所担保主债权合同中的一项或几项条款，即所谓《担保法》第 93 条规定的主债权合同中的抵押权条款。

2. 本条第 2 款规定抵押合同条款的内容。依本条的规定，抵押合同一般包括下列条款或包含下列内容：

（1）被担保债权的种类和数额。抵押权设立的目的就是为了担保主债权的实现。依据抵押权之原理，由于一般抵押权只能对现在发生且特定的债权设定，因此有必要在抵押合同中明确规定被担保债权的种类、数额，否则就有违担保物权法之债权特定性原则。

（2）债务人履行债务的期限。通常而言，抵押权的实现条件就是被担保主债权的债务人到期未履行债务，因此，主债务的履行期限对抵押人的利益而言至关重要，为此有必要在抵押合同中载明债务人履行债务的期限。但是，最高额抵押应属例外，因为在最高额抵押中，抵押担保的债权是在将来一定期限内连续发生的一系列债权，因此，每一宗具体的债权发生的期限是不确定的。不过，在最高额抵押中可以约定总债权的清偿期，总清偿期届满而不履行债务的，则抵押权人可以行使抵押权。不便约定总清偿期的，则应以决算期届至为清偿期届满，债务人于决算期届至时应履行全部债务。否则，债权人可以行使抵押权。

（3）抵押财产的名称、数量、质量、状况、所在地、所有权归属或者使用权归属。抵押财产的名称、数量、质量、状况等基本情况，是标志抵押财产总体价值的指标，是确保抵押合同有效履行以及实现抵押权的重要因素，可谓抵押合同的关键部分。抵押财产所有权或使用权权属，是指抵押财产为何人所有，或谁对该抵押物享有使用权。抵押财产可以是抵押人所有的财产，也可以是抵押人依法经营管理、有权处分的财产，同时，还可以是抵押人有权处分的建设用地使用权和土地承包经营权等。鉴于《物权法》第184条规定所有权、使用权不明或有争议的财产不得抵押，为保证抵押权人的合法权益和抵押权的顺利实现，在抵押合同中应明确规定抵押财产的产权关系。

（4）担保的范围。担保范围是指抵押人以抵押财产设定抵押，承担担保责任的范围，具体包括：主债权、利息、违约金、损害赔偿金、实现抵押权的费用。主债权是抵押合同中必须规定的，至于其他各项是否为担保事项，应由抵押权人和抵押人具体约定，一旦双方当事人约定就某项或某几项给予提供担保的，抵押人就必须依约承担担保责任。

二、审判实务

在审判实践中，应当注意以下几个问题：

1. 注意区分抵押合同的订立和抵押权的设定。抵押合同的订立和抵押权的设定是不同的法律事实，抵押合同的订立在当事人之间创设有关抵押权设定的权利义务关系，为物权变动的原因行为，属于《合同法》的范畴；抵押权的设定，是合法有效的抵押合同所产生的结果，属于物权变动的范畴。

抵押合同的生效与抵押财产的登记无关，抵押合同自依法成立之日生效，抵押权设定即生效，则根据抵押财产的不同而具有不同的生效时间。根据《物权法》第 187 条之规定，以《物权法》第 180 条第 1 款第一项至第三项等财产抵押的，抵押权自登记时发生效力。根据《物权法》第 188 条和第 189 条之规定，以《物权法》第 180 条第 1 款和第 181 条的相关财产抵押的，抵押权自抵押合同生效时发生效力。

2. 注意约定抵押权与法定抵押权。本条所规定的仅是约定抵押权的设定方式。应当注意到，在我国现行法律中，抵押权不仅包括《物权法》和《担保法》所规定的约定抵押权，还包括《合同法》第 286 条所规定的法定抵押权。现行《合同法》第 286 条规定："发包人未按照约定支付价款的，承包人可以催告发包人在合理期限内支付价款。发包人逾期不支付的，除按照建设工程的性质不宜折价、拍卖的以外，承包人可以与发包人协议将该工程折价，也可以申请人民法院将该工程依法拍卖。建设工程的价款就该工程折价或者拍卖的价款优先受偿。"

应当注意的是，在审判实践中如果发生法定抵押权与约定抵押权并存的情形时，如何协调两者的关系呢？无论约定抵押权发生在前或在后，法定抵押权均应优先于约定抵押权行使。主要理由是：第一，法定权利应当优先于约定权利。第二，从法律政策上考虑，法定抵押权所担保的债权中相当部分是建筑工人的劳动工资，应予优先确保。第三，建设工程是靠承包人付出劳动和垫付资金建造的，如果允许约定抵押权优先行使，则无异于以承包人的资金清偿发包人的债务，等于发包人将自己的欠债转嫁给属于第三人之承包人，违背公平及诚实信用原则。第四，承包人法定抵押权，是法律为保护承包人的利益而特别赋予的权利，具有保护劳动者利益和鼓励建筑、创造社会财富的政策目的。

【流质契约禁止】 **第一百八十六条　抵押权人在债务履行期届满前，不得与抵押人约定债务人不履行到期债务时抵押财产归债权人所有。**

条文主旨

本条是关于抵押权流质契约禁止的规定。

理解与适用

一、条文理解

《物权法》本条和现行《担保法》第40条对于流质契约均采取禁止主义。我国《担保法》第40条明确规定："订立抵押合同时抵押权人和抵押人在合同中不得约定在债务履行期届满抵押权人未受清偿时，抵押物的所有权转移为债权人所有。"我国法律之所以禁止流质契约，主要基于以下原因：

其一，为了体现民法的公平、等价有偿原则。在很多情况下，债务人为经济上困难所迫，会自己提供或请求第三人提供高价值的抵押财产担保价值较小的债权，而债权人可能乘人之危，迫使债务人订立流质契约，从中获取暴利，从而损害债务人或第三人之权益，明显有失公允；若抵押权设定后，抵押财产价值大跌，以致低于所担保的债权，此时虽对债务人有利，但对债权人也是不公平的。因此，禁止流质契约的目的主要是为了保护抵押人利益，但更重要的是体现民法的公平、等价有偿原则。

其二，如果债权人以胁迫或乘人之危，迫使债务人订立流质契约，或债务人基于对抵押财产的重大误解而订立显失公平的流质契约，债务人虽可以请求人民法院认定抵押合同无效或行使撤销权，从而保护自己的正当权益，但意思表示不真实导致合同无效或可撤销属于弹性条款，如果债务人不能举证证明意思表示不自由、不真实，法院自然不会认定合同无效或撤销合同，因此，不如直接由法律规定流质契约无效，以更好地保护抵押人的正当权益。

其三，流质契约禁止也是抵押权的本质属性所要求的。抵押权是一种变价受偿权，抵押财产未经折价或变价，就预先约定抵押财产移转于抵押权人所有，违背了抵押权的价值权属性。

二、审判实务

在审判实践中，应当注意以下几个问题：

1. 流质契约的无效不影响抵押合同其他部分内容以及抵押权的效力。根据本条之规定，流质契约的禁止是严格意义上的禁止。即便抵押权人在实现抵押权时，抵押财产的价值可能等于或小于被担保债权额，抵押权的实现结果并未侵害抵押人的权利，但该流质契约也应属无效。《合同法》第56条规定：“无效的合同或者被撤销的合同自始没有法律约束力。合同部分无效，不影响其他部分效力的，其他部分仍然有效。”据此，在司法实践中，当事人在抵押合同中约定，债务履行期届满抵押权人未受清偿时，抵押财产的所有权移转为债权人所有，人民法院自当认定该约定无效。但该内容的无效不应影响抵押合同其他部分内容的效力。

2. 注意区分抵押财产的折价与流质契约。债务人可以通过抵押财产的折价取得抵押财产的所有权，但必须符合两个条件：其一，债务履行期届满抵押权人未受清偿。其二，抵押权人与抵押人协议以折价取得抵押财产的所有权。

3. 注意区分抵押财产的拍卖、变卖与流质契约。若当事人在签订抵押合同时即约定，债务履行期届满抵押权人未受清偿的，抵押权人有权直接委托拍卖机构拍卖抵押财产。这种约定不是通过私力转移抵押财产的所有权或归属权，不属于流质契约。

【不动产和不动产物权抵押登记及其效力】 **第一百八十七条 以本法第一百八十条第一款第一项至第三项规定的财产或者第五项规定的正在建造的建筑物抵押的，应当办理抵押登记。抵押权自登记时设立。**

条文主旨

本条是关于不动产和不动产物权抵押登记及其效力的规定。

理解与适用

一、条文理解

本条所涉及抵押物仅指建筑物和其他土地附着物、建造中的建筑物、建设用地使用权和“四荒”土地承包经营权。这些抵押物可以概括为不动产和不动产物权。本条规定之具体涵义如下：

1. 以不动产或不动产物权设定抵押的应当登记。由于抵押权的设立并不转移抵押财产的占有，因而不能以交付占有为公示方式，而只能采取登记形式。抵押登记是公示抵押权乃至获得公信力的必要途径，其对于充分发挥抵押的担保功能，维护交易安全，保护第三人利益，避免纠纷发生等都具有非常重要的意义：（1）可以强化担保功能。（2）能够维护交易安全。（3）保护当事人利益，预防纠纷的发生。（4）保障抵押权的实现。

2. 不动产及不动产物权抵押登记采取登记成立主义。本条在区分抵押合同和抵押权的基础上，对不动产以及不动产物权的抵押登记采取了登记成立主义，不仅符合各国的通例，而且符合不动产所具有的特征。具体而言：

（1）依据《物权法》原理，以发生物权变动为目的的原因行为，自合法成立之时生效。在不能发生物权变动的结果时，有过错的当事人应当承担违约责任。在以不动产和不动产物权设立抵押权的情形中，抵押合同属于原因行为，该行为是否生效，应该依据《物权法》第184条以及《合同法》的相关规定来判断，而不能以抵押权是否设定登记为标准进行判断。如果抵押合同具备法律规定的生效要件，则应认为合同关系已经生效，从而对抵押合同当事人具有约束力，若有违约情形，自应承担违约责任。至于抵押权能否生效，则取决于是否存在处分行为即登记。就此而言，本条与《担保法》第41条所规定不同。《担保法》第41条关于“抵押合同自登记之日起生效”的规定，明显混淆了原因行为与结果行为，违背物权法理，始终受到学界的批判。本条和《物权法》第15条纠正了《担保法》第41条的不当之处，将不动产和不动产物权登记作为抵押权的成立条件，而非抵押合同的生效条件。

（2）以建筑物和其他土地附着物、建设用地使用权、土地承包经营权和正在建造的建筑物等不动产和不动产物权设定抵押的，抵押权的生效必须以登记为必要条件，而不能认为抵押合同生效后就必然发生抵押权的生效。在此种场合，抵押合同的生效仅能发生债法上的效果，但不能够发生物权变动之效果。只有进行登记，方能使抵押权成立并生效。

二、审判实务

审判实践中，适用本条要注意以下问题：

1. 注意区分抵押合同的生效和抵押权的生效。在理解和适用本条时，应特别注意区分物权变动的原因与结果，区分抵押合同的效力与抵押合同的履行，区分抵押合同与抵押登记。一言以蔽之，在设定不动产和不动产物权抵押权的场合，抵押合同是否生效与抵押权是否生效没有必然联系。

2. 抵押合同已生效但未办理抵押登记的处理。在设定不动产抵押权或不动产物权抵押权场合，抵押合同签订后，若抵押人违背诚实信用原则拒绝办理抵押登记的，则当事人可以请求法院判决抵押人补办抵押登记，或者判决抵押人承担违约责任或者损害赔偿责任。

【动产抵押登记及其效力】 **第一百八十八条　以本法第一百八十条第一款第四项、第六项规定的财产或者第五项规定的正在建造的船舶、航空器抵押的，抵押权自抵押合同生效时设立；未经登记，不得对抗善意第三人。**

条文主旨

本条是关于动产抵押登记及其效力的规定。

理解与适用

一、条文理解

本条所涉及抵押物仅指生产设备、原材料、半成品、产品等一般动产和交通运输工具、在建船舶、航空器等特殊动产，皆属于动产范畴。

本条明确规定：以《物权法》第 180 条第 1 款第四项、第六项规定的财产或者第五项规定的正在建造的船舶、航空器抵押的，抵押权自抵押合同生效时设立；未经登记，不得对抗善意第三人。具体阐释如下：

1. 我国动产抵押权的登记模式采用书面成立——登记对抗主义。

对于动产抵押权的公示模式，我国《物权法》在本条和现行《担保法》第 43 条皆采取的是书面成立——登记对抗主义模式。采取这种模式的理由，可以总结为以下四点：（1）从维护交易便捷和尊重当事人意愿的角度来看，该模式灵活简便，可以使动产抵押法律关系趋于明确和防止欺诈，更利于加速动产抵押交易的进行，从而有助于动产抵押制度的发展；同时，该主义能使当事人斟酌情势而自由决定是否申请登记以保障抵押权益，从而间接地利于他人，这正是私法自治精神的体现。（2）从保护第三人的利益和维护交易安全角度看，登记成立要件主义固然能达到上述目的，但书面成立——登记对抗主义也不会妨碍该目的之实现。（3）尽管书面成立——登记对抗主义有一定缺陷，但是任何制度均有其利弊，此主义与其他主义比较而言，堪称精密和周到。所以，只要它能保护大多数人的利益且欠缺减至最低限度，便属于可行的和正义的制度。（4）该模式已为世界大多数国家所采用，符合现今动产抵押的立法趋势。

2. 动产抵押权非经登记，不得对抗善意第三人。

依本条规定的书面成立——登记对抗主义模式，动产抵押权依当事人间的书面合同成立，但未经登记，不得对抗第三人。具体而言：

（1）动产抵押合同签订后，若未登记，抵押人将抵押财产转移，对于善意取得该物之人，抵押权人无权行使追及权，而只能要求抵押人重新提供新的担保或要求及时履行债务。反之，若已登记，抵押权人可对第三人就该抵押物主张优先受偿权或排除第三人的善意取得，第三人仅能向债务人请求损害赔偿。

（2）抵押合同签订后，若抵押人以该抵押物多次设定动产抵押权，此数个抵押权，已登记的优先于未登记的受偿；若均未登记，为贯彻非经登记不得对抗之规定，宜认为未登记之数个抵押权处于同一顺位，但先登记者，具有优先效力。不过，若该抵押权人明知已有其他未登记之动产抵押权存在时，不在此限。尽管纵使先经登记，其效力仍劣于成立在先之抵押权，以贯彻恶意不受保护基本原则。

（3）动产抵押权与动产质权并存于同一标的物上时，就成立先后而言，有两种情形：①动产抵押权成立在先，但未经登记，依非经登记不得对抗之原则，质权位序应优先于该抵押权；②质权成立在先，但后成立之动产抵押权已完成登记，由于登记的对抗力仅能向后发生，不能影响成立在前具有完全效力之质权，故先成立之质权优先于后登记的抵押权。

（4）关于未经登记的动产抵押与留置权并存时能否对抗留置权的问题。根据《物权法》第 239 条规定，两者并存时留置权优先。理由是法定动产担保的效力优于意定动产担保的效力。如我国台湾地区的“动产担保交易法”第 25 条规定：“抵押权人依本法规定实行占有抵押物时，不得对抗依法留置的善意第三人”及我国《海商法》第 25 条“船舶抵押权后于船舶留置权受偿”的规定即属此类。

二、审判实务

在审判实践中，应当注意以下几个问题：

1. 第三人范围的界定问题。依登记对抗之规则，抵押权设立的效力不得对抗抵押人和抵押权人之外的第三人。通常而言，该第三人主要是指与抵押财产有利害关系的抵押人和抵押权人以外的人，如自抵押人受领抵押财产的受让人、质权人、抵押人等。界定第三人的范围时，应注意第三人应指对同一标的物享有物权之人，债务人之一般债权人并不包括在内。

2. 第三人的善意与恶意之分问题。善意第三人是指在自抵押人处受让抵押财产或设定质权并移转占有等时，并不知道该财产之上已存在有抵押权人的抵押权的受让人、质权人等。在这里善意应是指主观上不知情，即根本不知道动产抵押权的存在，恶意第三人则是指在自抵押人处受让抵押财产或设定质权并移转占有等时，明知或应当知道该项财产之上已存在有抵押权人的抵押权的第三人。因未办理登记手续的这些财产所设定的抵押权并没有公示该抵押权的设立的方式，所以所谓恶意第三人的明知或可得而知主要是针对抵押人与抵押权人之间的抵押合同而言。

【动产浮动抵押】 **第一百八十九条　企业、个体工商户、农业生产经营者以本法第一百八十一条规定的动产抵押的，应当向抵押人住所地的工商行政管理部门办理登记。抵押权自抵押合同生效时设立；未经登记，不得对抗善意第三人。**

依照本法第一百八十一条规定抵押的，不得对抗正常经营活动中已支付合理价款并取得抵押财产的买受人。

条文主旨

本条是关于动产浮动抵押登记及其效力和保护善意相对人利益的规定。

理解与适用

一、条文理解

《物权法》第 181 条规定的浮动抵押制度是动产浮动抵押制度。在第 181 条明确创设了动产浮动抵押制度，可谓我国《物权法》的一项重要创新。但任何抵押皆需公示并明确其效力，因此本条明确规定："企业、个体工商户、农业生产经营者以本法第一百八十一条规定的动产抵押的，应当向抵押人住所地的工商行政管理部门办理登记。抵押权自抵押合同生效时设立；未经登记，不得对抗善意第三人。依照本法第一百八十一条规定抵押的，不得对抗正常经营活动中已支付合理价款并取得抵押财产的买受人。"具体涵义如下：

第一，动产浮动抵押权的设定应当登记。因浮动抵押权的实质仍为动产抵押，因此在公示方式方面仍然采取书面成立——登记对抗主义模式。

第二，浮动抵押登记的效力是不经登记不得对抗善意第三人。

第三，浮动抵押登记对抗力存在例外。那就是本条第二款规定浮动抵押权无论是否登记，都不能对抗正常经营活动中已支付合理价款并取得抵押财产的买受人。

具体判断时应注意结合本条第 2 款规定的另外两个因素：其一，存在有效的交易合同，且对方当事人已经支付了合理价款。其二，财产的所有权已经发生转移，买受人已经取得抵押财产的所有权。据此来综合判断抵押人自由处分行为是否已逾日常经营行为从而使抵押权人处于危险状态，这在逻辑上是可行的。

二、审判实务

审判实践中，适用本条要注意浮动抵押权的效力顺位问题。关于该问题，有观点认为，浮动抵押权应当优于无担保债权，在浮动抵押权与其他担保物权并存时，应遵循法定担保物权优先于浮动抵押权，以及当事人的自由合意确定其效力顺位问题自原则。在浮动抵押效力顺位上，应该区分浮动抵押转换为特定担保之前和之后的不同情况。因担保权的实行、债务人违约、约定事件、企业合并或企业破产等确定事由发生而转换为特定担保，抵押人当时拥有的全部动产才能特定为抵押物。因此，在全部动产特定为抵押物之前，其他担保物权应优先于浮动抵押权；一旦浮动抵押财产特定为抵押物，该浮动抵押权即成为固定抵押，设押财产的流动性也不复存在，在此种场合，浮动抵押权的效力应当优先于在此之后设立的担保物权以及其他无担保债权。

【抵押权与租赁权】 **第一百九十条　订立抵押合同前抵押财产已出租的，原租赁关系不受该抵押权的影响。抵押权设立后抵押财产出租的，该租赁关系不得对抗已登记的抵押权。**

条文主旨

本条是关于抵押权与租赁权之间关系的规定。

理解与适用

一、条文理解

本条明确规定了同一财产上抵押权与租赁权的关系，具体涵义阐释如下：

第一，标的物先租赁后抵押情形下的处理规则。抵押人抵押已租赁的标的物的，不影响抵押物上既存的租赁关系，承租人的权利优先于抵押权。抵押人出租租赁物时，抵押物的租赁对抵押权人的权利不发生影响。

租赁权在权利属性上不是物权而是债权，租赁权的标的物虽然在成立上以移转占有为其要件，但这种占有并不能使财产租赁权具有对世的绝对效力。《合同法》第229条规定“买卖不破租赁”规则，实现租赁权的物化，采取“买卖不破租赁”的原则对承租人加以保护；但这并不意味着租赁权的从债权演变成物权，其权利性质仍然是债权。根据“买卖不破租赁”规则，租赁关系成立后，即使出租人将租赁财产转让给第三人，承租人仍然可以向受让人主张租赁权，受让人所取得的财产是负担租赁权的财产。因此，租赁权成立在先而抵押权设定在后的场合，由于租赁物买受人的所有权不得对抗租赁权，所以抵押权在这种关系中并无优于所有权的效力，租赁权可以对抗抵押权而继续有效存在。

第二，标的物先抵押后租赁情形下的处理规则。《物权法》在不动产抵押方面采取登记成立主义，在动产抵押方面采取登记对抗主义，因此，无论动产还是不动产抵押，只要登记便产生对抗善意第三人之效力。据此，已登记的抵押权，可以对抗后成立的租赁权；未登记的抵押权，则不能对抗后成立的租赁权。具体而言：

（1）已登记的抵押权可以对抗该租赁关系。以已登记的抵押财产出租的，不适用“买卖不破租赁”之规则，抵押权优于租赁权；虽然租赁权具有物权的效力，但仍不能优于担保物权之效力。

（2）未登记的抵押权则不得对抗该租赁关系。根据《物权法》第188条、第189条等规定，我国对以不动产和不动产物权以外的财产抵押的，皆采取登记对抗主义，即未经登记的抵押权不得对抗善意第三人。因此，在标的物抵押后租赁情形下，如果抵押权未经登记，则不具有对抗善意的承租人的权利。

二、审判实务

审判实践中，适用本条要注意以下问题：

1. 在先租赁后抵押的场合，抵押人未告知承租人是否影响原租赁关系？根据“买卖不破租赁”的规则，为保护承租人的优先购买权，要求出租人须将买卖的事实告知承租人，只有在承租人表示在同等条件下也不愿意购买时，出租人在法律上才有可能与其他买受人订立合法有效的买卖合同。同样，在标的物已经先行出租的场合，抵押人再将已出租的财产抵押的，也无须取得承租人同意，因此此时设定的抵押权不能对抗租赁权。抵押人只要将设定抵押的事实告知承租人即可。质言之，抵押人履行告知义务的目的在于保护承租人的优先购买权，并非是租赁合同继续有效的条件。在抵押权实现时，承租人对抵押物即出租物，在同等条件下有优先购买权；承租人放弃优先购买权的，租赁关系未到期的，承租人仍可向第三人主张租赁权。

2. 在抵押权和租赁权并存场合，如何协调抵押权与承租人优先购买权的冲突？《合同法》第 230 条规定："出租人出卖租赁房屋的，应当在出卖之前的合理期限内通知承租人，承租人享有以同等条件优先购买的权利。"该条明确规定了承租人的优先购买权，该权利具有一定的专属性，只属于承租人。只要租赁权存在于抵押物上，承租人都有优先购买的权利。

由于在已出租财产上设定抵押之情形，租赁权不受抵押权的影响，因此，在实现抵押权时，如果抵押权人想通过抵押权取得抵押物时，就产生抵押权与承租人优先购买权之间的冲突。那么抵押权是否优先于承租人的优先购买权呢？抵押权人如想取得抵押物，也只有在承租人放弃优先购买权的情况下才能取得，优先购买权优先抵押权人的抵押权。当然，承租人行使优先购买权的前提条件在于，其只能在与抵押权人同等的条件下才有优先的权利，如抵押权人出价高于承租人而承租人又不愿意以抵押权人的价格购买该物时，只能说明承租人放弃了优先购买权。从另一方面而言，抵押权是优先受偿权，优先的内容在于抵押物的价值，而非取得抵押物的所有权，而优先购买权恰恰是以取得所有权为优先的内容。

在先设定抵押而后出租的场合，除非抵押权人同意租赁权的存在，否则租赁权将不能存在，因此自然无法产生优先购买权，也就不存在抵押权与优先购买权之间的冲突了。

【抵押物处分】**第一百九十一条　抵押期间，抵押人经抵押权人同意转让抵押财产的，应当将转让所得的价款向抵押权人提前清偿债务或者提存。转让的价款超过债权数额的部分归抵押人所有，不足部分由债务人清偿。**

抵押期间，抵押人未经抵押权人同意，不得转让抵押财产，但受让人代为清偿债务消灭抵押权的除外。

条文主旨

本条是关于抵押物处分的规定。

理解与适用

一、条文理解

《物权法》在总结既往的基础上，在本条中将价金物上代位主义和抵押权追及效力以及涤除权制度进行整合，设计出一个比较宽松和利益平衡的抵押物转移制度。具体涵义如下：

第一，本条第1款之规定为抵押财产的流通提供了可能性，在抵押权人同意的情况下，采用价金物上代位主义模式，抵押人可以处分即转让抵押财产。此时抵押人转让抵押财产的价款要么提前向抵押权人清偿，要么提存，但其自己却不能利用，除非抵押财产转让的价金高于所担保的债权额。

第二，本条第2款之规定，虽然该条款仅规定了买受人的代位清偿权，但实际上采取了与《担保法司法解释》相一致的立场，采用抵押权追及效力主义和涤除权制度，以此实现抵押权人与抵押物买受人之间的利益平衡。

综观本条两款之规定，可以看到：《物权法》在抵押物转移制度的设计上，从物尽其用和利益平衡的角度出发，充分发挥价金物上代位制度的优点，并通过追及效力来弥补其局限性，从而实现了制度的最优组合：

以转让价金物上代位为主导、抵押权追及效力为补充的抵押物转让制度，从而既贯彻了《物权法》上“物尽其用”之原则，又平衡了抵押权人、抵押人和受让人的利益。

二、审判实务

审判实践中，要正确适用本条，应当注意把握我国立法在抵押物转移制度上的轨迹。在抵押物转移制度上，我国立法从《民法通则》到《担保法》及其司法解释，再到《物权法》，经历了一个从严格限制到逐渐宽松的演变过程。

在《担保法》实施之前，《民通意见》第115条规定：“抵押物如由抵押人自己占有并负责保管，在抵押期间，非经债权人同意，抵押人将同一抵押物转让他人，其行为无效。”显然，该规定通过限制抵押物的转让来保障抵押权人的利益，在一定程度上妨碍了对抵押物的有效利用。

《担保法》第49条对此作了一定的改变：“抵押期间，抵押人转让已办理登记的抵押物的，应当通知抵押权人并告知受让人转让物已经抵押的情况；抵押人未通知抵押权人或者未告知受让人的，转让行为无效。”由此可见，《担保法》虽然对抵押人行使处分权有一定的限制，但从根本上说，是允许抵押人在抵押设定以后，将抵押物所有权让与第三人。由于在抵押关系设定以后，抵押人仍然享有对抵押物的所有权，相应地抵押人也应当享有对抵押标的物的处分权。但是在设定抵押以后，抵押人对抵押物处分要受到抵押关系的限制。此限制有三：一是有将抵押物转让的情况告知抵押权人的义务；二是有将转让物上存在抵押负担的事实告知受让人的义务；三是抵押人转让抵押物所得的价款，应当向抵押权人提前清偿所担保的债权或者向与抵押权人约定的第三人提存。法律设定这种限制的目的在于保护抵押权人和抵押物受让人的利益。

《担保法司法解释》对此又有所突破，其第67条规定：“抵押权存续期间，抵押人转让抵押物未通知抵押权人或者未告知受让人的，如果抵押物已经登记的，抵押权人仍可以行使抵押权；取得抵押物所有权的受让人，可以代替债务人清偿其全部债务，使抵押权消灭。受让人清偿债务后可以向抵押人追偿。如果抵押物未经登记的，抵押权不得对抗受让人，因此给抵押权人造成损失的，由抵押人承担赔偿责任。”这就承认抵押权具有追及效力，同时规定受让人享有涤除权，可以代替债务人清偿其全部债务，使抵押权消灭。

《物权法》为了适应我国市场经济条件下对物的流通的需求，总结并借鉴了其他国家的立法长处，仍然对抵押物转让的限制保持比较宽松的立法态度，将价金物上代位主义和抵押权追及效力以及涤除权制度进行整合，设计出目前这个比较宽松和利益平衡的抵押物转移制度。

【抵押权处分上的从属性】 **第一百九十二条　抵押权不得与债权分离而单独转让或者作为其他债权的担保。债权转让的，担保该债权的抵押权一并转让，但法律另有规定或者当事人另有约定的除外。**

条文主旨

本条是关于抵押权处分上从属性的规定。

理解与适用

一、条文理解

本条规定的抵押权处分上的从属性，是指在被担保债权发生转移时，该抵押权也随之发生转移，即只有附随于所担保的主债权才能够让与他人或者作为其他债权的担保。具体阐释如下：

第一，抵押权不得与所担保的主债权分离而予以单独让与。包括：（1）抵押权人不得以抵押权单独让与他人而自己保留被担保的主债权。（2）抵押权人不得将被担保的主债权单独让与他人而自己保留抵押权，此时按抵押权从属性原则，抵押权人让与其被担保的主债权，抵押权一般应随同转让，且无须征得抵押人的同意。但是如果抵押权人让与其被担保的主债权时，与受让人有特殊约定仅让与主债权而抵押权不转让的，则在法律上自应允许，但此时，抵押权人所保留的抵押权既然没有所担保的主债权存在，则违反抵押权从属性规则，该抵押权自应归于消灭。（3）抵押权人不得将其主债权与抵押权分别让与不同的主体。此时就主债权让与而言，受让人仅取得无抵押权担保的普通债权，而就抵押权让与而言，因违反抵押权的从属性原则，抵押权单独让与无效，抵押权人也不得保留无主债权的抵押权，抵押权应当归于消灭。

第二，抵押权不得由主债权分离而单独成为其他债权的担保。包括：（1）抵押权人不得仅以抵押权提供担保，而自己保留主债权。（2）抵押权人分别将债权与抵押权提供给不同人作担保时，就债权设定质权而言，应认为是有效的，成立无抵押权担保的债权质权；就抵押权单独设定担保而言，则在法律上是无效的。

但也应当看到，随着现代市场经济的发展，抵押权的从属性正日益呈现出缓和的状态。本条规定“法律另有规定或者当事人另有约定的除外”，这为抵押权转让的从属性预留了缓和的空间。

二、审判实务

审判实践中，适用本条要注意以下问题：

1. 如果抵押权设立时，当事人经特殊约定，抵押权不随同主债权转移，则该特约在当事人之间构成抵押权消灭的事由。如果发生被担保主债权转让的情形，即构成抵押权消灭的原因，抵押人可以据此请求涂销抵押权的登记。但是，这种特约应办理登记于抵押权登记中，若未予登记，则债权人的受让人或质权人因不知当事人之间的这种特殊约定，可以依据抵押权从属性规则，当然取得抵押权。

2. 从本条规定可以看出，法律是允许抵押权人处分抵押权的。结合《物权法》第194条之规定，抵押权人对抵押权的处分，包括对抵押权本身的处分和对抵押权顺位的处分。就抵押权人对抵押权的处分的而言，抵押权人可以让与抵押权或者以抵押权为他人再设定担保。但应注意，抵押权是其所担保主债权的从权利，抵押权应当与该主债权一同让与；同时，以抵押权提供担保也得随同其所担保的债权一同提供担保方可。也就是说，抵押权人以抵押权向他人提供担保时，应当与其所担保的债权一同向他人提供担保。就抵押权人抛弃抵押权而言，抵押权因抛弃而消灭，抵押权人因此成为普通债权人。但在债务人以自己的财产设定抵押的情形中，抵押权人放弃抵押权或者抵押权顺位的，除非其他担保人同意，否则其他担保人在该抵押权人丧失优先受偿权的范围内免除担保责任。

【抵押权保护】 **第一百九十三条　抵押人的行为足以使抵押财产价值减少的，抵押权人有权要求抵押人停止其行为。抵押财产价值减少的，抵押权人有权要求恢复抵押财产的价值，或者提供与减少的价值相应的担保。抵押人不恢复抵押财产的价值也不提供担保的，抵押权人有权要求债务人提前清偿债务。**

条文主旨

本条是关于抵押权保护的规定。

理解与适用

一、条文理解

本条规定之目的在于保障抵押权人的抵押权不因抵押财产的价值减少而受到影响。具体阐释如下：

第一，抵押人的行为足以造成抵押财产价值的减损的情形。本条第1款赋予抵押权人以抵押财产价值减少之防止权。该防止权的行使应当符合两个条件：其一，足以减损抵押财产的行为必须是抵押人的行为，而且不论其为故意还是过失，也不论是作为或不作为。此外，根据抵押权的不可分原理，抵押财产之上的每一部分都在担保着主债权之全部，因此抵押人的行为即使是针对抵押财产的一部分，也在防止的行为之列。其二，抵押人的侵害行为必须有使抵押财产价值减少的可能。当然，抵押人因对抵押财产正当的使用、收益或其他处分行为，无论是否会减少抵押财产的价值，依抵押权的属性，不应在限制之列。

第二，抵押人的行为已经造成抵押财产价值的减损的情形。在此场合之下，可以区分两种情况进行救济：其一，因可归责于抵押人的事由而减损抵押财产的。抵押权人可以要求抵押人恢复抵押财产的价值，或者提供与减少的价值相当的担保。其中，就恢复抵押财产的价值而言，主要是指恢复抵押财产的原状而言。就提供与减少的价值相当的担保而言，该担保方式既可以是人的担保即保证，也可以是物的担保诸如抵押权、质权等，但均应与所减少的价值额相当。当然，在此场合，是请求恢复抵押财产的价值，还是请求抵押人提供与减少的价值相当的担保，抵押权人享有选择权。其二，因不可归责于抵押人的事由而减损抵押财产的。在抵押人对抵押财产的减损并无过错的情况下，就面临抵押财产价值减少的风险分担问题。此时应由抵押人还是抵押权人来承担抵押财产减损之损失？根据本条之规定，该风险由抵押人承担，抵押权人于此可获得的救济与在因可归责于抵押人的事由而使抵押财产减损场合的救济相同：抵押权人有权要求恢复抵押财产的价值，或者提供减少的价值相当的担保。

在抵押人的行为已经造成抵押财产价值的减损的情形，无论是否可以归责于抵押人之原因，若抵押人既不恢复抵押财产的价值也不提供担保的，本条规定抵押权人有权要求抵押人提前清偿所担保的债权。

二、审判实务

审判实践中，适用本条要注意本条第 2 款所规定抵押人“提供相应的担保”。尽管该规则使抵押权人的债权处于担保权的保障之中，但仍有如下问题需要反思：抵押人能够提供与减损的价值相当的担保时，自然保障抵押权人的债权的力度，但倘若抵押人只能提供保证的话，因人的担保固有的局限性所致，抵押权人仍然面临着其债权不能全部或全部不能实现的风险。此外，在抵押人的行为致使担保财产价值减损时，抵押人提供相应担保的义务是因抵押权人的请求为产生前提，还是无论抵押权人请求与否，抵押人都负有提供相应担保的义务？从本条款之文义理解，并不十分清楚。从解释论的立场出发，基于财产流转、效率等原则的要求，应当解释为只有在抵押权人提出请求时，抵押人才有义务提供相应的担保；抵押人若违反此项义务，必须向抵押权人承担赔偿损失等民事责任。

【抵押权或抵押权顺位的放弃或变更】 **第一百九十四条　抵押权人可以放弃抵押权或者抵押权的顺位。抵押权人与抵押人可以协议变更抵押权顺位以及被担保的债权数额等内容，但抵押权的变更，未经其他抵押权人书面同意，不得对其他抵押权人产生不利影响。**

债务人以自己的财产设定抵押，抵押权人放弃该抵押权、抵押权顺位或者变更抵押权的，其他担保人在抵押权人丧失优先受偿权益的范围内免除担保责任，但其他担保人承诺仍然提供担保的除外。

条文主旨

本条是关于抵押权或者抵押权顺位的放弃或者变更及其效力的规定。

理解与适用

一、条文主旨

具体涵义阐释如下：

第一，抵押权或抵押权顺位的放弃。放弃抵押权或抵押权顺位，是抵押权人对私人利益的处分行为。在符合权利不得滥用原则的前提下，抵押权人的放弃行为无疑是其行使处分权的体现。本条第 1 款之规定，就是对抵押权人对抵押权或抵押权顺位处分行为的肯定。

通常而言，由于抵押权人放弃顺位是针对特定的某个后顺位抵押权人的，因此只要抛弃抵押权顺位的抵押权人与受抛弃利益的抵押权人达成合意就发生效力，不影响其他第三人的利益。此外，在抵押权人放弃抵押权顺位的场合，其对抵押权顺位的处分并不涉及抵押权本体的处分，抵押权本身并不消灭。如果相关当事人做出了约定，不应当认定为无效，而是应根据当事人的意思，兼顾相关利害关系人的利益，来确定该约定的效力。

第二，抵押权或抵押权顺位的变更。无论是抵押权顺位的变更还是被担保债权数额等内容的变更，都可以构成抵押权的变更。

（1）抵押权顺位的变更。主要是指同一抵押人的数抵押权人将其抵押权的顺位互为交换。根据本条之规定，抵押权顺位的变更至少存在三种情形：①单个抵押权人与抵押人通过协议变更抵押权的顺位；②数个抵押权人之间通过协议来互换抵押权的顺位。③数个抵押权人与抵押人共同达成关于变更抵押权顺位的协议。

（2）被担保的债权数额的变更。根据《物权法》第185条之规定，抵押合同一般都要包括被担保的债权数额等内容条款，以使预设定的抵押权得以明确。抵押合同乃债权合同，只要抵押权人与抵押人有一致意思表示，当然可以变更被担保的债权数额等内容抵押合同的内容。

无论是抵押权顺位的变更，还是被担保债权数额的变更，都必须存在协议，而且要经过其他抵押权人的书面同意，否则不得对其他抵押权人产生不利的影响，即不得加重其他抵押权人的负担或者减少其本应得到的利益，但可以增加其利益或者减轻、免除其负担。

第三，债务人提供抵押情形下抵押权或抵押权顺位的抛弃或变更。在同一债权既有债务人以自己的财产设定的抵押担保又有其他担保人（包括人保和物保）的场合，由于债务人是本位上的债务承担者，其他物的担保人及保证人仅是代替其承担责任，在他们承担责任后仍然对债务人享有求偿权，因此，在债务人自己提供抵押担保的情况下，若先处理该抵押财产清偿债务，就可以避免日后的求偿权诉讼。[①] 同时，在抵押权人放弃抵押权或者抵押权顺位时，其通常会丧失优先受偿权；在抵押权人与抵押人协议变更抵押权时，可能产生该抵押权人减少优先受偿的范围的结果。因此，抵押权人放弃抵押权、抵押权顺位或者变更抵押权的情形中，无疑会加大其他担保人的担保责任，这显然不甚公平。为了避免这种情况的发生，本条在第 2 款中明确规定，其他担保人在抵押权人丧失优先受偿权益的范围内免除担保责任。《担保法》第 28 条第 2 款也体现了同样的精神："债权人放弃物的担保的，保证人在债权人放弃权利范围内免除保证责任。"如果其他担保人自愿承受抵押权人处分抵押权的不利影响，承诺愿意继续提供担保的，意味着其同意抵押权人放弃抵押权或者抵押权顺位等处分行为的，法律自无加以干涉之必要。

二、审判实务

审判实践中，适用本条要注意以下问题：

1. 抵押权人相对抛弃抵押权顺位的效力问题。在先顺位抵押权人为了特定的后顺位抵押权人的利益而抛弃其优先受偿顺位的情形，在此场合，强调的是各抵押权人的归属与顺位并无变动，只是因抛弃顺位的结果，抛弃抵押权顺位的人与接受抛弃利益的抵押权人成为同一顺位，将其所得受分配的金额共同合计后，按各人债权额的比例予以分配。

2. 抵押权人绝对抛弃抵押权顺位的效力问题。如果先顺位的抵押权人并非专为某一特定的后顺位抵押权人的利益而抛弃优先受偿利益，在此情形中，后顺位抵押权人的顺位依次升进，而抛弃人则退处于最后的顺位。但抛弃后才成立的抵押权，其次序仍列于抛弃者之后。

【抵押权的实现】 **第一百九十五条　债务人不履行到期债务或者发**

① 李国光等：《关于适用〈中华人民共和国担保法〉若干问题的解释理解与适用》，吉林人民出版社 2000 年版，第 160 页。

生当事人约定的实现抵押权的情形，抵押权人可以与抵押人协议以抵押财产折价或者以拍卖、变卖该抵押财产所得的价款优先受偿。协议损害其他债权人利益的，其他债权人可以在知道或者应当知道撤销事由之日起一年内请求人民法院撤销该协议。

抵押权人与抵押人未就抵押权实现方式达成协议的，抵押权人可以请求人民法院拍卖、变卖抵押财产。

抵押财产折价或者变卖的，应当参照市场价格。

条文主旨

本条是关于抵押权实现的条件、途径和方式的规定。

理解与适用

一、条文理解

关于本条之规定，具体涵义阐释如下：

第一，实现抵押权的条件。实行抵押权的前提条件有三：其一，主债务履行期限业已届满；其二，债务人不履行其债务；其三，抵押权人的债权未受清偿。

第二，抵押权实现的途径。根据本条之规定，抵押权实现存在协议和诉讼两种途径。其一，协议实现：是指债务人在履行期限届满时未履行其债务且债权未受清偿的，由抵押权人与抵押人协议决定抵押权实现的情形。其二，诉讼实现：是指债务人在履行期限届满时未履行其债务而债权未受清偿的，并且抵押权人与抵押人不能就抵押权的实现达成协议时，由人民法院通过对抵押权登记等证据的审查来裁判实现抵押权的情形。

第三，抵押权受偿的方式。根据本条规定，抵押权受偿方式有三种：一是折价；二是拍卖；三是变卖。（1）折价：是指在实行抵押权时，抵押权人与抵押人协议，或者经由人民法院审理后作出裁判，按照抵押财产自身的性状品质等情况作价，把抵押财产的所有权或者归属权由抵押人转移给抵押权人，从而实现抵押权的情形。本条第三款规定，抵押财产折价的，应当参照市场价格。（2）拍卖：是指众多的购买者通过竞争与出卖人进行买卖、购买相关财产。（3）变卖：就是以拍卖方式以外的生活中一般的买卖形式来出卖抵押财产以实现债权的方式。为了保证变价价格公允，本条第三款规定，抵押财产变卖的，应当参照市场价格。

第四，恶意实行抵押权之撤销。抵押权人实行抵押权时无视抵押财产上其他权利，或者以不合理低价折价、变卖、拍卖抵押财产，损害其他权利人的权利的，即属于恶意行使抵押权。本条对此明确规定：抵押权人与抵押人的协议损害其他债权人利益的，其他债权人可以在知道或者应当知道撤销事由之日起一年内请求人民法院撤销该协议。现行《合同法》第74条规定："债务人以明显不合理的低价转让财产，对债权人造成损害，并且受让人知道该情形的，债权人也可以请求人民法院撤销债务人的行为。"本条在此与《合同法》第74条之规定精神相契合。据此，其他债权人即可以依据本条之规定或者《合同法》第74条的规定提起撤销权诉讼。

二、审判实务

审判实践中，适用本条要注意以下问题：

1. 关于实行抵押权的程序问题。

《物权法》规定的抵押权实行程序，允许抵押人与抵押权人协商实行抵押权，仅在实行不能时求助于司法程序。

在适用通过诉讼方式来实行抵押权时，应当澄清两个误解：其一，协商实行抵押权并不是抵押权人提起诉讼的前提，抵押权人可以在抵押权实行条件成熟后，直接向法院起诉，而不必先花费时间与抵押人协商。法院对这种纠纷也有权径行判决。其二，本条规定的是"请求人民法院拍卖、变卖抵押财产"，而不是申请法院就抵押权的实行进行裁判。两者的区别在于：前者要经过冗长而琐细的起诉、应诉、开庭、答辩等诉讼全过程，甚至会有上诉审、再审，抵押权实行成本高，效率低；后者是非诉程序，无须经过诉讼全过程，法院通过对抵押权登记等证据的审查，即可裁判实行抵押权，包括允许强制拍卖抵押财产。非诉程序成本低，效率高。

2. 关于折价方式实现抵押权与流质契约的关系问题。

《物权法》第 186 条规定了流质契约禁止，即“抵押权人在债务履行期届满前，不得与抵押人约定债务人不履行到期债务时抵押财产转移为债权人所有”。那么，以折价的方式实现抵押权与流质契约的规定两者适用的情形不同，并无冲突可言。

第 186 条之所以禁止流质契约，是为了避免抵押权人获取暴利等不公平现象的发生。因为债务人在订立抵押合同时，可能由于某种原因，而其本意并不愿以此担保财产折抵债务，这样如果法律允许抵押权人于债务人到期不能清偿债务时便转移抵押财产的所有权或归属权为自己所有，将会产生极大的不公平。尤其应当看到，第 186 条规定适用的情形仅为抵押合同订立阶段。而在抵押权实现阶段，已无对抵押人不公平而言了，此时就应按照当事人双方的协议或者法院的判决来处分抵押人提供的抵押财产，包括按照折价的方式处分抵押财产，以使抵押权得以实现，维护抵押权人的利益。

3. 关于在司法程序中采用折价方式的问题。

对抵押财产进行折价抵偿抵押权人的债权的方法属于抵押权人与抵押人协商实行抵押权的方法，除非抵押权人与抵押人同意以抵押财产折价的，否则只能对抵押财产进行变卖或拍卖，以价款清偿债权。因此，在诉讼程序中，法院不能强行对抵押财产折价，并裁判抵押财产归抵押权人以抵销抵押权人的债权。

【浮动抵押标的物的确定】 **第一百九十六条　依照本法第一百八十一条规定设定抵押的，抵押财产自下列情形之一发生时确定：**

（一）债务履行期届满，债权未实现；

（二）抵押人被宣告破产或者被撤销；

（三）当事人约定的实现抵押权的情形；

（三）严重影响债权实现的其他情形。

条文主旨

本条是关于浮动抵押标的物的确定之规定。

理解与适用

一、条文主旨

本条采用列举式和概括式相结合的方式规定了浮动抵押标的物确定的事由。依据本条之规定，浮动抵押标的物确定的事由有四：第一，债务履行期届满，债权未实现。即在浮动抵押所担保的债权届期不能受偿时，抵押权人提出实行浮动抵押权的申请。第二，抵押人被宣告破产或者被撤销。此时，抵押人进入清算程序。第三，当事人约定的实现抵押权的情形。第四，严重影响债权实现的其他情形。例如，抵押人与其他公司合并的场合，因为企业的合并将导致合并前的企业一方或者双方解散，当然此时应当属于“严重影响债权实现”情形。

二、审判实务

审判实践中，适用本条要注意以下两个问题：

1. 应注意区分抵押财产的确定时间和约定实现抵押权的时间。前者具有法定的指引性，为便于当事人在抵押合同中的约定进行参考和选择，在当事人没有就抵押权实现的时间进行约定的情况下作为法定补充条款。后者在于给予当事人更多的制度选择空间，允许当事人在参考法定补充条款后作出自己的选择，以顺应市场经济发展中可能出现的灵活多样的交易方式和交易惯例。

2. 关于“自动结晶（autonomous crystallization）”问题。所谓自动结

晶，是指当一些特定事项发生时，无需抵押权人意志的参与，浮动抵押当然结晶。本条第1款第三项规定，当事人约定的实现抵押权的情形发生时，浮动抵押的抵押财产确定，即发生结晶。可见，本条承认了自动结晶制度。

【抵押财产的孳息】 **第一百九十七条　债务人不履行到期债务或者发生当事人约定的实现抵押权的情形，致使抵押财产被人民法院依法扣押的，自扣押之日起抵押权人有权收取该抵押财产的天然孳息或者法定孳息，但抵押权人未通知应当清偿法定孳息的义务人的除外。**

前款规定的孳息应当先充抵收取孳息的费用。

条文主旨

本条是关于抵押权对抵押财产所生孳息的效力的规定。

理解与适用

一、条文理解

我国法律没有统一规定抵押权对抵押标的物的效力范围，本条所规定的，也仅是抵押权对抵押财产依法扣押后所产生的孳息的效力问题。具体涵义阐释如下：

第一，抵押权实行前抵押物孳息之归属。在抵押权实行之前，抵押设定人对于抵押物而言，既是所有权人，又是用益权人，还是善意占有人。因此，孳息应归属于抵押人。

第二，抵押权实行后抵押物孳息之归属。根据《物权法》第197条之规定，抵押权实行的途径有协议和诉讼两种。在以诉讼的方式实现抵押权的场合，若人民法院依抵押权人之财产保全申请或依职权对抵押财产予以扣押时，则依本条第1款之规定，抵押权的效力及于抵押财产自扣押之日起所产生之天然孳息或者法定孳息。但在法定孳息情形，清偿法定孳息的义务人的利益也应受到保护，所以若抵押权人未将扣押抵押物的事实向应清偿法定孳息的义务人作出通知的，则抵押权效力不及于该孳息。

第三，孳息冲抵费用。抵押权人就扣押后的抵押财产所收取的孳息，理应作为抵押财产的一部分，与抵押财产一起共同清偿所担保的债权，但也必须满足一项前提条件，即抵押权人所收取的孳息应当先充抵收取孳息的费用。

二、审判实务

审判实践中，适用本条要注意以下问题：

1. 关于天然孳息的界定问题。孳息，作为大陆法系民法上的概念，系指由母物所生的收益，有天然孳息和法定孳息之分。其中天然孳息包括物的有机出产物及其他依照物的用法而收获的出产物。

2. 关于天然孳息的分离问题。就抵押财产的天然孳息而言，天然孳息在与原物分离之前一般是原物的一部分，这样原物上的抵押权效力也就当然及于未分离的天然孳息。而当原物被人民法院依法扣押时，在扣押期间如果天然孳息才与原物分离，则此时抵押权的效力及于分离之后的天然孳息。故此抵押权的效力及于分离后的天然孳息。抵押权人可以收取此分离后的天然孳息，必须以抵押财产被扣押且天然孳息是在扣押之后才与抵押财产相分离为前提条件，否则抵押权人无权对此孳息主张抵押权。另外，天然孳息与抵押财产的分离是指自然地自原物脱离的过程，倘若抵押人在抵押权即将实现时，为避免抵押财产的天然孳息成为抵押权实现的标的物，而违反其自然规律将天然孳息提前脱离抵押财产，比如果实还未熟透，为避免因实现抵押权而使果实归属于他人，抵押人就提前摘取未熟透的果实等，此时抵押人的行为构成对抵押权人抵押权的侵害，抵押权人可以请求损害赔偿。

【抵押财产价款分配与剩余债务的清偿】 **第一百九十八条　抵押财**

产折价或者拍卖、变卖后，其价款超过债权数额的部分归抵押人所有，不足部分由债务人清偿。

条文主旨

本条是关于抵押权实现后抵押财产价款分配与剩余债务的清偿的规定。

理解与适用

一、条文理解

本条规定是关于抵押财产价款分配及剩余债务清偿的规定。具体含义如下：

第一，主债权到期后，债务人未履行债务的，抵押权人有权行使抵押权。抵押财产折价或者拍卖、变卖是抵押权人行使抵押权的具体形式。因此，债权到期后债务人未履行债务，抵押权人行使抵押权，这是本条规定得以适用的前提条件。

第二，抵押财产折价或者拍卖、变卖后，其价款超过债权数额的部分归抵押人所有。抵押人是第三人的，在抵押财产折价或者拍卖、变卖后，其价款超出所担保的债权的部分应当返还给抵押财产的先前所有人或者归属者，也就是返还给出质人。抵押人是债务人本人的，抵押财产变价超过债权数额的部分亦应归属于抵押人即债务人本人。

第三，抵押财产折价或者拍卖、变卖后，其价款不足债权数额的部分由债务人清偿。抵押人是第三人的，其对抵押权人承担的是一种物的担保责任，而不负担有债务，即抵押人只是担保人而非连带或者按份的债务人，当抵押权人在符合法定的条件和程序下行使抵押权时，对抵押财产进行折价或者拍卖、变卖，变价款不足以清偿债务的部分，抵押人因此不再承担担保责任，债务应由债务人清偿。此时，未受清偿的债权成为普通债权。债务人以自己的财产进行抵押的，抵押财产变价超过债权数额的部分亦应归属于抵押人即债务人本人，不足清偿债权的余额，由债务人承担清偿责任，从而成为债权人对债务人的普通债权。

二、审判实务

审判实践中，适用本条要注意以下问题：

1. 抵押人的权利义务会因抵押财产价值的增减而受影响。

对抵押财产价值计算的时间应明确为抵押权实现时抵押财产的价值，而非抵押权设定时的价值。当事人设定抵押时，未对抵押财产进行评估，或者估价失误，或者设定抵押的当时，抵押财产价值与所担保的债权数额相当，后因市场波动等不可预测的原因导致抵押财产价值下跌的，在债务清偿时应对抵押财产重新估价，按照抵押权实现时的价值进行清偿，抵押权人无权按抵押设定时约定的价值向债务人追偿。抵押权设定后，抵押财产价格上涨时，抵押人不享有使增加的价值脱离担保的权利；抵押财产价格下降时，抵押人不承担按减少的价值补充担保的义务。抵押财产折价或者拍卖、变卖该抵押财产的价款低于抵押权设定时约定价值的，应当按照抵押权实现时的价值进行清偿，不足清偿全部债权的，抵押系由债务人以外的第三人提供的，第三人对剩余的债权不再承担担保责任。此时，如果抵押人系债务人的，债务人对剩余的债权亦不再承担担保责任，剩余的债权仅能作为一般债权由债务人负清偿责任。

2. 抵押权人对债务人其他财产的求偿。

在债务人提供抵押财产的情况下，抵押权人是否可以不行使抵押权，而在债务人到期不清偿债务时，要求债务人以抵押财产之外的财产清偿债权？从《物权法》的条文来看，《物权法》并没有明确规定。该条规定“抵押财产折价或者拍卖、变卖后，……不足部分由债务人清偿”，强调的是抵押财产先折价，然后是债务人清偿不足部分。结合《担保法司法解释》第 73 条的内容，“抵押物折价或者拍卖、变卖该抵押物的价款低于抵押权设定时约定价值的，应当按照抵押物实现的价值进行清偿。不足清偿的剩余部分，由债务人清偿”。《物权法》并未为抵押权人选择权的问题作出明确的规定，《担保法司法解释》第73条也只是为了解决抵押财产价值的计算时间问题。在《物权法》和其他法律未明文规定抵押权人无选择权的情况下，可以承认抵押权人在对抵押财产行使抵押权之前，可以债权人的身份对债务人的其他财产先为清偿要求，债权人受清偿后，抵押权消灭，抵押财产成为债务人可以用来清偿其他债务的财产，这样有利于债权人债权的实现。

【抵押权受偿顺位】 **第一百九十九条　同一财产向两个以上债权人抵押的，拍卖、变卖抵押财产所得的价款依照下列规定清偿：**

（一）抵押权已登记的，按照登记的先后顺序清偿；顺序相同的，按照债权比例清偿；

（二）抵押权已登记的先于未登记的受偿；

（三）抵押权未登记的，按照债权比例清偿。

条文主旨

本条是关于抵押权受偿顺位的规定。

理解与适用

一、条文理解

本条具体阐释如下：

第一，抵押权已登记的，按照登记的先后顺序清偿；顺序相同的，按照债权比例清偿。确立顺位的基本依据，是登记的先后顺序。登记作为权利设定的标志，只要符合法定条件即可生成，在生成后非经当事人协议改变或者非由法律强行变更，即具有确定性。以抵押权登记时间的先后顺序为标准清偿抵押债权，亦是世界各国抵押担保制度中的通行规则。因此，本条第1款第一项按照登记先后顺序来构建抵押权的顺位，可谓合理解决资源分配的基本规则。如果登记顺序相同，则采用“平等主义”模式，在各抵押权之间按照债权比例分配。

第二，抵押权已登记的先于未登记的受偿。抵押合同虽然约定设立抵押权，但抵押权未进行登记的情形下，根据《物权法》之规定，要么该抵押权尚未生效，要么该抵押权不能对抗第三人，因此，该抵押权仅仅在当事人之间产生法律拘束力，由于登记的公示价值，尚未登记的抵押权还不被他人知悉，因此不能影响第三人的权利义务状况，不能对其他物权产生对抗效力和排他性。《物权法》赋予已登记的抵押权较未登记的抵押权以更为优先的效力，这对于保障安全的交易环境以及抵押关系当事人的利益是十分重要的。

第三，抵押权未登记的，按照债权比例清偿。在抵押权没有登记的情形下，抵押权人的内心意思如何等当事人的行为要素，并不能进入抵押登记顺位制度的调整范围。在《物权法》对不动产或不动产物权抵押权实行登记成立主义的情形下，未登记抵押权，意味着该抵押权尚未生效，只能按照抵押合同所产生的债权来主张。在动产抵押采登记对抗主义的情形下，抵押权均未办理登记时不能产生对抗善意第三人的效力，因此当然不具有对抗后成立的抵押权的抵押权人的效力，此时数个未登记的动产抵押权效力层次相同，彼此不存在优先性。只能按照平均主义之原则，与数个债权之间的平等关系一样，按照债权比例来受偿。

二、审判实务

在审判实践中，应当注意以下几个问题：

由于抵押权的顺位以登记先后为主要标准，因此登记时间的确定就显得异常重要。审判实践中，适用本条要注意抵押登记的时间确定问题。具体而言：

1. 确定抵押权登记时间的两种标准。其一，以登记簿中记载的登记时间为准。也就是说，在一般情况下，无论登记簿中记载的时间是否符合真实的登记时间，真实的登记时间不能成为界定登记时间的标准。这符合物权公示原则的基本效力，即以登记所表现的权利为正确性权利，以登记簿记载的顺位为真实顺位。基于这种标准，记载时间在先的登记顺位优于记载时间在后的登记顺位；记载时间相同的，顺位相同，此时，要依据诚实信用原则，来公平衡量权利人之间的利益关系。其二，虽然登记簿中记载的时间存在先后顺序或者相同，但是，登记簿中注明登记申请日期或者登记机关收到登记申请日期先后的，或者提出顺位主张的当事人能够证明登记申请日期先后的，则应以登记申请日期的先后顺序为准①。

2. 登记顺位要依照真实的登记日期确定。虽然登记簿记载的登记日期决定了登记顺位，但是，如果可以证明该日期不符合真实的登记日期，则登记顺位要依照真实的登记日期进行确定。

3. 有抵押权登记却无登记时间的处理。按照物权公示原则的要求和《物权法》之规定，不动产和不动产抵押权采取登记生效主义，动产抵押权采取登记对抗主义，无论何种情形，在实践中都可能存在已经登记，却未在登记簿上记载日期的现象。此时的登记顺位如何确定，也成为问题。对此，有两种解决方法：其一，如果登记的时间能够通过证明确定，则按照时间先后顺序确定顺位；其二，如果登记时间不能被确定，则其顺位在其他栏目有记载日期的登记顺位之后；同一栏目内的没有日期的登记顺位按照登记的空间顺序进行确定；不同栏目没有日期的登记顺位相同。

【建设用地使用权抵押权与地上新增建筑物的关系】**第二百条　建设用地使用权抵押后，该土地上新增的建筑物不属于抵押财产。该建设用地使用权实现抵押权时，应当将该土地上新增的建筑物与建设用地使**

---

① 这是一种通行的标准。比如，《日本土地登记法》第6条第2项第2句规定："关于登记用纸不同部所进行的登记，登记的先后依收件的号数。"依据同法第47条的规定，该收件号数是登记官接受登记申请时间先后的记载。我国台湾地区"土地登记规则"第48条、第54条，澳门《物业登记法典》第6条也作出了与上述法条意义相同的规定。

用权一并处分，但新增建筑物所得的价款，抵押权人无权优先受偿。

条文主旨

本条是关于建设用地使用权抵押权与地上新增建筑物的关系的规定。

理解与适用

一、条文理解

所谓新增的建筑物，是指建设用地使用权抵押后，在该建设用地上新增的房屋及其他建筑物。《担保法》第55条规定："城市房地产抵押合同签订后，土地上新增的房屋不属于抵押物。需要拍卖该抵押的房地产时，可以依法将该土地上新增的房屋与抵押物一同拍卖，但对拍卖新增房屋所得，抵押权人无权优先受偿。"《城市房地产管理法》第51条亦规定房地产抵押权的效力不及于其设定后新增的房屋。本条可谓上述规定的延续。

二、审判实务

审判实践中，适用本条应当注意，建设用地使用权抵押权的效力不及于其设定后新增的房屋的规定，可能产生两种不适当的后果：

1. 在处分抵押的建设用地使用权时，可能出现土地使用权与房屋异其主体的现象。对于这一不适当后果，我国法律允许抵押权人有权将建设用地使用权与新增房屋一同处分，但对新增的房屋的变价无权优先受偿，除非抵押合同有相反的约定。《城市房地产管理法》第51条和《担保法》第55条均作这样的规定，本条亦作类似规定。

2. 由于新增房屋在一定范围内可能影响建设用地使用权，因此抵押的建设用地使用权在处分时可能价值降低，从而使抵押权人的合法权益受到影响。依照本条规定不允许抵押权人将新增房屋变价，也不允许以新增房屋的部分变价弥补抵押土地使用权的变价降低额。

【“四荒”土地承包经营权抵押权和集体所有的建设用地使用权抵押权实行效果】**第二百零一条　依照本法第一百八十条第一款第三项规定的土地承包经营权抵押的，或者依照本法第一百八十三条规定以乡镇、村企业的厂房等建筑物占用范围内的建设用地使用权一并抵押的，实现抵押权后，未经法定程序，不得改变土地所有权的性质和土地用途。**

条文主旨

本条是关于“四荒”土地承包经营权抵押权和集体所有的建设用地使用权抵押权实行效果的规定。

理解与适用

一、条文理解

鉴于我国现行相关法律的严格规定，以土地承包经营权和法定允许的集体所有土地使用权抵押的，本条严格限制抵押权实现后土地的权属性质和土地用途的改变，具体涵义阐释如下：

第一，以“四荒”土地承包经营权抵押的情形。当事人以“四荒”土地承包经营权抵押的，债务履行期届满，债权未受清偿的，抵押权人可以与抵押人通过协议以该土地承包经营权折价或者以拍卖、变卖该土地承包经营权所得的价款优先受偿。

以折价方式实现抵押权的，抵押权人必须符合我国《农村土地承包法》规定的相关条件并办理相应的手续，且不得损害其他依法享有优先权的法律主体。《农村土地承包法》第17条规定：“维持土地的农业用途，不得用于非农建设。”第33条规定：“土地承包经营权流转应当遵循以下原则：（一）平等协商、自愿、有偿，任何组织和个人不得强迫或者阻碍承包方进行土地承包经营权流转；（二）不得改变土地所有权的性质和土地的农业用途；（三）流转的期限不得超过承包期的剩余期限；（四）受让方须有农业经营能力；（五）在同等条件下，本集体经济组织成员享有优先权。”由于我国人多地少，粮食是关系国计民生的大事，因此法律明确规定农民承包土地的义务和责任是必须务农，其立法目的在于保护耕地，稳定农业（主要是粮食）生产。

以拍卖、变卖方式实现抵押权的，买受人的主体条件和所应履行的手续与上述折价方式抵押权人相同。具体包括受让人主体条件、签订书面转让合同等。

第二，以乡镇、村企业的厂房等建筑物占用范围内土地使用权一并抵押的情形。根据《物权法》第183条的规定，以乡镇、村企业的厂房等建筑物抵押的，其占用范围内的土地使用权一并抵押。因此，债务履行期届满而债权未受清偿的，抵押权人可以与抵押人通过协议以该乡镇、村企业的厂房等建筑物随同土地使用权一并折价或者以拍卖、变卖该两项财产所得的价款优先受偿。但是，基于维护农村集体土地使用权所有权性质和用途不变的考虑，为了防止抵押权实现后，受让人在该乡镇、村企业的厂房等建筑物占用范围内的土地上从事与建设用地相类似的项目开发或设施建设，从而在实质上变更了该土地集体使用的法律属性，损害了农村集体的利益，因此本条规定在抵押权实现时，未经法定程序不得改变土地所有权的性质和土地用途。

二、审判实务

审判实践中，适用本条要注意：尽管《物权法》第128条规定：“土地承包经营权人依照农村土地承包法的规定，有权将土地承包经营权采取转包、互换、转让等方式流转。”但考虑到我国地少人多，必须实行最严格的耕地保护制度。目前，我国农村社会保障体系尚未全面建立，土地承包经营权和宅基地使用权是农民基本生产生活保障。从全国范围看，放开土地承包经营权抵押和宅基地使用权转让的条件尚不成熟。农民贷款难的问题，应通过完善农村金融服务体系来解决。因此，《物权法》不允许除“四荒”土地之外的其他土地承包经营权抵押，这也是与《宪法》《农村土地承包法》《土地管理法》等法律的规定是一致的，同中央有关方针政策也是一致的。

【抵押权的行使期间】 **第二百零二条　抵押权人应当在主债权诉讼时效期间行使抵押权；未行使的，人民法院不予保护。**

条文主旨

本条是关于抵押权行使期间的规定。

理解与适用

一、条文理解

本条规定并未明确规定抵押权的存续期间，而只是规定抵押权的行使期间。《物权法》所规定的行使期限就是抵押权的存续期限，而不是抵押权受到公力保护的期限。即抵押权可以因时间的经过而消灭。分析其理由，应该在于：抵押权对抵押财产具有权能上的限制，对抵押财产的使用和转让均发生影响，规定抵押权有存续期间，便于担保物的流转，并能充分发挥担保物的使用价值。确立抵押权期限制度，促使抵押权人积极地及时行使抵押权，迅速了结债权债务关系，也有利于社会经济秩序的稳定。而且，抵押权人长期怠于行使其权利，法律对之也无特别加以保护的必要，应使抵押权消灭。

但是应当看到，抵押权在物上的法定担保权，依据物权法定原则，抵押权的设立、变更和消灭均须由法律规定之，任何人包括当事人不得任意为之。因此，除非有法律明确规定的消灭事由发生，否则抵押权是永续存在的。抵押权即便在一定期限内不行使，也不能发生抵押权消灭的效力。但是，抵押权的永续存在而不行使不利于抵押财产的交易价值和担保秩序的稳定，反而可能会助长抵押权人滥用因财产之抵押而取得的优势地位，损害债务人的利益。抵押人可主张对抵押财产清偿债务之多余部分的权利，特别是抵押权设立时不转移对抵押财产的占有，抵押人需为之保管抵押权的实现又往往求助于法院为之实施。为排除上述怠于行使抵押权之弊端，在权衡抵押权人、抵押人以及其他利害关系人（如非为抵押人的债务人）的利益的基础上，本条规定若抵押权人在一定期间内可行使而不行使其抵押权的，则该权利即不受人民法院保护。这就是关于抵押权行使期间的规定。

二、审判实务

审判实践中，适用本条要注意以下三个问题：

1. 抵押权人应当在主债权诉讼时效期间行使抵押权。本条规定的抵押权行使期间，是与抵押权所担保的主债权挂钩，这个期间即为主债权的诉讼时效期间。如果主债权自受到侵害之日起，债权人一直没有行使权利，我国民法规定的普通诉讼时效为自权利人知道或者应当知道权利受到侵害之日起 3 年，那么，为主债权担保的抵押权的存续期间与主债权的诉讼时效期间相同。换言之，如果主债权诉讼时效一直没有届满，则抵押权一直存续而不消灭。

除了上述的普通诉讼时效期间，在主债权的诉讼时效期间因法律的特殊规定而长于或者短于 3 年的，即存在特殊诉讼时效期间，则抵押权的行使期间与该特殊诉讼时效期间相同。

2. 抵押权未及时行使的后果是丧失人民法院的公力保护。采用存续期间说则抵押权消灭，采行使期间说，则权利未消灭。

3. 当事人约定或者登记部门要求登记的抵押权的存续期间不影响抵押权的存续。实务中经常存在担保合同当事人在合同中约定抵押权的期限、登记机关在登记时强制性地将抵押权登记为一定期限的情形。[①] 该期限的约定是否影响抵押权？《物权法》对此未置明文，但该期限不能影

---

① 该问题仅仅在约定抵押权和质权场合多有发生，例如，抵押人在抵押合同中约定抵押期间为债务履行期届满之日起一年，或者登记机关在办理登记时将抵押权登记为六个月等。而对于法定担保物权，则不存在当事人约定担保物权期限的问题，在我国现行法上，法定担保物权主要包括留置权以及《合同法》第 286 条所规定的法定抵押权。

响抵押权的存续。《担保法司法解释》第12条第1款规定："当事人约定的或者登记部门要求登记的担保期间，对担保物权的存续不具有法律约束力。"

第二节　最高额抵押权

【最高额抵押】**第二百零三条　为担保债务的履行，债务人或者第三人对一定期间内将要连续发生的债权提供担保财产的，债务人不履行到期债务或者发生当事人约定的实现抵押权的情形，抵押权人有权在最高债权额限度内就该担保财产优先受偿。**

最高额抵押权设立前已经存在的债权，经当事人同意，可以转入最高额抵押担保的债权范围。

条文主旨

本条是关于最高额抵押的特征及其适用范围的规定。

理解与适用

一、条文理解

本条明确规定了最高额抵押权的特性和适用范围。具体涵义阐释如下：

（一）最高额抵押权在从属性、特定性、适用范围和实现等方面具有特殊性

1.在抵押权的从属性上具有特殊性。最高额抵押权的从属性与普通抵押权的从属性亦存在三个方面的不同：其一，存在上的从属性的特殊表现：最高额抵押权成立在先，而债权可能成立在后；而普通抵押权则债权成立在前，而抵押权成立在后。其二，处分上的从属性的特殊表现：普通抵押权应当随主债权的转移而转移，而最高额抵押权却并不随某一

具体债权的转让而转让，而只能随基础法律关系一同转让。其三，消灭上的从属性的特殊表现：在抵押存续期间内，最高额抵押权不因某一具体债权的消灭而消灭，但这并不是说最高额抵押权没有处分上的从属性。因为某一具体债权的消灭，并不意味着最高额抵押权所担保债权的全部消灭，而最高额抵押权所担保的并不是某一特定的债权。即使某一具体债权消灭了，其后还有其他债权发生的可能。但在最高额抵押权确定时，全部债权都归于消灭，则最高额抵押权自不能存在。

2. 在抵押权的特定性上具有特殊性。最高额抵押权所担保的债权，以约定的最高额为限度，在最高额抵押权确定时，实际确定的债权额并不当然为抵押权所担保的债权。在最高额限度内的，以实际债权额为优先受偿债权额；超出最高额的，超出部分的实际债权额则不受最高额抵押权的担保。可见，最高额抵押权以最高额为限对债权提供价值担保，这就是最高额抵押权的特定性的特殊之处。

3. 在抵押权适用范围上具有特殊性。由于抵押权是为担保债权的实现而设定的物权，因此抵押权所担保的对象只能是债权。原则上说，无论何种债权，均可设定抵押权，如不能以金钱计算为标的债权、将来可能发生的债权、金钱债权、以给付代替物为标的的债权、附条件债权、诉讼时效完成后的债权等。就最高额抵押权而言，并不是上述所有的债权均可为之设定，而只能为将来债权设定。最高额抵押权所担保的将来不特定的债权，必须是一定期间内连续发生的债权，因而，最高额抵押权只能适用于连续发生债权的继续性法律关系，而不适用于仅发生一个独立债权的情形[①]。也就是说，只有在持续发生同一性质的法律关系的债权人与债务人之间，才能设定最高额抵押权。

4. 在抵押权实现上具有特殊性。通常而言，抵押权的实现应当具备下列条件：一是须抵押权有效存在；二是须债务人的债务清偿期限届满；

① 参见房绍坤、吴兆祥：《论最高额抵押权》，载《法学家》1998年第2期。

三是须债务人未清偿债务；四是债务人未清偿不是由于债权人方面的原因。上述条件对普通抵押权和最高额抵押权都是适用的。普通抵押权具备上述条件，即可以实现，但最高额抵押权仅具备上述条件是不够的。最高额抵押权的实现除具备上述条件外，还必须具备最高额确定的条件（主要是决算期届至）。没有最高额的确定，最高额抵押权所担保的债权额就不能确定，最高额抵押权也就不能实现。

（二）最高额抵押权的设立在具体内容上与普通抵押权的设立有所差别

首先，最高额抵押权须为继续性法律关系中的不特定债权而设立。其次，当事人须订立最高额抵押合同。设立最高额抵押权，当事人须订立书面抵押合同。最高额抵押合同与普通抵押合同的内容基本相同，所不同者在于，最高额抵押合同应订明以下两项内容：最高额和决算期。最后，设立最高额抵押权须依抵押财产的性质进行登记。《物权法》对最高额抵押权的登记问题没有专门规定，而是适用于普通抵押权的规定。根据《物权法》的规定，抵押权登记根据抵押财产的性质分别采取了登记生效主义和登记对抗主义两种方法。即法律明确规定必须登记的，非经登记不生效；法律未要求必须登记的，非经登记不得对抗第三人。最高额抵押权的登记亦是如此。

（三）最高额抵押权所担保的债权范围

最高额抵押权所担保的债权在抵押权设立时并没有确定具体的数额，只是确定了最高额和一定期间。在最高额抵押权没有确定时，债权额得随时增减变动，即使债权一度为零，也不因此影响最高额抵押权的效力，其仍对之后发生的债权发生效力。最高额抵押权所担保的债权仅以现在及将来债权为限，而不能回溯至过去的债权。但是，如果当事人约定同意可以回溯至过去债权的，即当事人同意最高额抵押权设立之前已经存在的债权可以转让最高额抵押权担保的债权范围的，法律自应尊重当事人的意思自治。因此本条第二款对这种意思自治予以认可。

二、审判实务

审判实践中，适用本条要注意最高额抵押的独立性和担保债权范围问题。

1. 就最高额抵押的独立性而言：独立性可谓最高额抵押与一般抵押不同之处。最高额抵押的独立性首先表现在最高额抵押的设定，以将来的债权为前提，在发生上与被担保债权之间没有从属性。其次，最高额抵押在决算前与被担保债权中的个别债权无一对一的担保关系，最高额抵押人也不承担担保责任，因此与单个的债权之间无从属性。再次，最高额抵押在决算前不随被担保债权的转让而转让，在转让上与被担保的债权之间无从属性。最后，最高额抵押权并不因抵押存续期间内的某一具体债权的消灭而消灭，某一具体债权的消灭，并不意味着最高额抵押权所担保债权的全部消灭，而最高额抵押所担保的并不是某一特定的债权。

2. 就最高额抵押权所担保的债权范围而言，我国最高额抵押权所担保的债权范围应当包括主债权（原本）及利息、违约金和损害赔偿金。但应当注意的是，实现抵押权的费用不得算入最高额，而应在抵押物的拍卖、变卖所得价金中扣除。

【最高额抵押权处分从属性】 **第二百零四条　最高额抵押担保的债权确定前，部分债权转让的，最高额抵押权不得转让，但当事人另有约定的除外。**

条文主旨

本条是关于最高额抵押权处分从属性的特殊规定。

理解与适用

一、条文理解

本条规定：最高额抵押担保的债权确定前，部分债权转让的，最高额抵押权不得转让，但当事人另有约定的除外。具体包含以下几个方面：

第一，最高额抵押担保的债权尚未确定：最高额抵押债权的确定意味着被担保债权的确定和最高额抵押关系的结束。本条规定在最高额抵押担保的债权确定前，允许主合同项下的部分债权自由转让，这样一方面给予了当事人更多的选择，也有利于维护抵押人的利益。

第二，部分债权转让的：最高额抵押权是为担保未来一定期间内连续发生的不确定的债权而设立的一种抵押权，其担保的债权为将来发生的不特定债权。最高额抵押权的显著特征是其独立性。最高额抵押在决算前与被担保债权中的个别债权无一对一的担保关系，与单个的债权之间无从属性。在决算前不随被担保债权的转让而转让，在转让上与被担保的某一笔具体债权之间无从属性，最高额抵押担保仅对特定的债务人或者特定交易关系中连续发生的债权负责，在决算之前，也就是最高额抵押权行使条件成就之前，不从属于哪一笔债权。

第三，当事人另有约定的除外：当事人可以在抵押合同中约定，在最高额抵押担保的债权确定前，部分债权转让的，最高额抵押亦随之转让。

二、审判实务

审判实践中，适用本条要注意以下两个问题：

1. 最高额抵押决算前主合同债权转让的，最高额抵押不随之转让。《担保法》第 61 条规定："最高额抵押的主合同债权不得转让。"《合同法》对债权转让有详备的规定，为债权的转让提供了法律依据，限制债权转让是没有理论上的依据和现实意义的。因此《物权法》吸取理论和实务上的经验，并不限制主合同债权的转让，因最高额抵押在决算前的独立性，主合同债权转让不发生最高额抵押的转让，债权的转让对最高额抵押人也不发生影响。

2. 最高额抵押决算后债权的转让不受限制。主债权转让的，最高额抵押权原则上一并转让。《最高人民法院关于审理涉及金融资产管理公司收购、管理、处置国有银行不良贷款形成的资产的案件适用法律若干问题的规定》第 8 条规定："人民法院对最高额抵押所担保的不特定债权特定后，原债权银行转让主债权的，可以认定转让债权的行为有效。"最高额抵押权所担保的不特定债权，在特定后，债权已届清偿期的，最高额抵押权人可以根据普通抵押权的规定行使其抵押权。按照普通抵押权行使抵押权，在主债权（基础合同）转让时，抵押权原则上也随之转让了。

【最高额抵押协议变更制度】 **第二百零五条　最高额抵押担保的债权确定前，抵押权人与抵押人可以通过协议变更债权确定的期间、债权范围以及最高债权额，但变更的内容不得对其他抵押权人产生不利影响。**

条文主旨

本条是关于最高额抵押协议变更制度的规定。

理解与适用

一、条文理解

本条规定的最高额抵押协议变更制度，是指对被担保债权、最高限额、决算期等的变更。具体涵义阐释如下：

第一，确定债权的期间的变更。也称为决算期的变更。对于最高额抵押合同中约定的决算期，当事人可以变更，既可以延长决算期，也可以缩短决算期。且此项变更无须征得第三人的同意。但决算期已经登记的，在变更时亦应为变更登记，否则不得对抗后顺位经过登记的抵押权人和其他善意第三人。

第二，债权范围的变更。债权范围的变更就是最高额抵押权所担保的债权范围的变化，主要是指担保债权的更换。

第三，最高债权额的变更。最高额抵押合同成立后，合同中约定的最高额可依当事人的合意增加或减少。但是最高额抵押权所担保的债权，抵押权人仅在最高额范围内对抵押财产具有优先受偿的地位，因此，抵押合同约定的最高限额，决定着抵押财产的交换价值的可利用程度，同时也决定着抵押权人对抵押财产的交换价值的可支配范围，最高额的变更对在同一抵押顺序抵押权的债权人以及普通债权人的影响很大，故不允许当事人一方单独加以变更，除非最高抵押权人放弃权利。

二、审判实务

审判实践中，适用本条应当注意：当事人对最高额抵押合同的最高限额、最高额抵押期间进行变更，以其变更对抗顺序在后的抵押权人的，人民法院应当不予支持。

【最高额抵押的确定原因】 **第二百零六条　有下列情形之一的，抵押权人的债权确定：**

（一）约定的债权确定期间届满；

（二）没有约定债权确定期间或者约定不明确，抵押权人或者抵押人自最高额抵押权设立之日起满二年后请求确定债权；

（三）新的债权不可能发生；

（四）抵押财产被查封、扣押；

（五）债务人、抵押人被宣告破产或者被撤销；

（六）法律规定债权确定的其他情形。

条文主旨

本条是关于最高额抵押的确定原因的规定。

理解与适用

一、条文理解

依据本条之规定，最高额抵押债权确定的原因主要有以下几种情形：

第一，约定的债权确定期间届满。意味着抵押合同约定的决算期届至。决算期是最高额抵押合同的一个重要内容，是确定最高额抵押权所担保的债权实际数额的时间。

第二，没有约定债权确定期间或者约定不明确，抵押权人或者抵押人自最高额抵押权设立之日起满二年请求确定债权。法律赋予抵押人有请求确定最高额抵押权担保债权的权利。该确定请求制度是为保护抵押物所有人的利益而设的，固不允许当事人之间以任何特别约定排除之。抵押物所有人行使确定请求权仅须作出意思表示即可，无须采取书面形式。

抵押权人或者抵押人行使确定请求权须具备三个条件：（1）行使请求权的人应为抵押人。抵押权人请求的，亦应当允许。此外，应当允许抵押财产所有人的债权人代位行使确定请求权。（2）最高额抵押合同没有约定决算期。（3）最高额抵押合同设定后满一定期间。对此，本条规定为 2 年。

第三，新的债权不可能再发生。如果最高额抵押权所担保的债权已没有发生的可能性，则构成最高额抵押权确定的原因。最高额抵押权所担保的债权不可能再发生的原因主要有三：其一，一定种类交易的终结。其二，继续性交易合同的终止。其三，最高额抵押权所担保的债权决定标准变更。

第四，抵押财产被查封、扣押。最高额抵押权存续期间，抵押财产被查封、扣押的，其通常的结果可能导致抵押财产被强制拍卖。此时，如果强制拍卖抵押财产，抵押权消灭，最高额抵押应当确定。

第五，债务人、抵押人被宣告破产或者被撤销的。债务人、抵押人被宣告破产是指法院对债务人、抵押人具备破产原因的事实作出有法律效力的认定。[1]债务人、抵押人被撤销的，是债务人、抵押人根据国家主管机关或者法院的裁决而强制解散，是债务人、抵押人进行清算的原由之一。最高额抵押所担保的债权于债务人或者抵押人被破产宣告或者被有关机关作出撤销决定之日起，抵押权人的债权得以确定。

第六，法律规定债权确定的其他情形。除上述五种情形之外，本条为适应实务的发展作了概括性的规定。根据审判实务，最高额债权被确定的原因还可能包括抵押物被强制拍卖。

二、审判实务

审判实践中，适用本条要注意以下问题：

1. 新的债权不可能再发生的适用实例。最高额抵押权所担保的债权不再有发生的可能性，构成最高额抵押权决算的原因。如被担保债权的基础法律关系消灭而没有再发生债权的可能的，在这种情况下，即便最高额抵押合同约定的决算期尚未届至，债权人和抵押人也可以要求对债权进行决算，并以抵押财产承担担保责任。

2. 最高额抵押权确定后的效力。其效力基本有三：其一，被担保债权确定时存在的原本债权，不论该债权是否已届清偿期或者是否附有条件，均属于抵押担保的范围。被担保债权确定后所发生的任何债权，不属于抵押担保的范围。其二，被担保债权确定时存在的被担保债权之利息、违约金、赔偿金，不论在确定时是否已经发生，均属于被担保债权的范围。其三，不论在被担保的债权确定时是否已经发生，属于抵押担保的范围。其四，受抵押担保的原本债权、利息、违约金、赔偿金，受抵押财产的优先取偿的，不得超过最高额抵押预先约定的最高额。但是，实行抵押权的费用，应当从抵押财产的拍卖价金中扣除，不得计入最高额。

---

① 王卫国：《破产法》，人民法院出版社 1999 年版，第 110 页。

【最高额抵押适用的法律】 **第二百零七条　最高额抵押权除适用本节规定外，适用本章第一节一般抵押权的规定。**

条文主旨

本条是关于最高额抵押适用的法律的规定。

理解与适用

一、条文理解

本章立法分为一般抵押权和最高额抵押权两节内容，第一节是对财产抵押的一般性规定，第二节关于最高额抵押的规定，是将最高额抵押作为抵押的一种特殊形态对待，有必要作专门规定。但是最高额抵押作为财产抵押的一部分，除了具有自身的特性外，同时具有一般财产抵押的共性。故本条设上述规定，凡是《物权法》未作特殊规定，最高额抵押权适用《物权法》第十六章第一节有关一般抵押权的规定，避免了法律适用的矛盾和重复。

纵览本节关于最高额抵押权的专门规定，仅有四个条文的实质性内容，如果不适用一般抵押权的规定，将很难规范最高额抵押的实践活动。必须认识到，最高额抵押作为适应担保制度由保全型担保向金融媒介型担保转变的趋势，为强化抵押制度作为生产信用主要担保手段的技能产生的新型抵押形式，具有相当的特殊性，简单地套用一般财产抵押的规定，不仅会损害当事人的利益，而且会损害社会的公共利益。因此我国必须在司法实践中进一步完善此种新型抵押制度，以更好地发挥最高额抵押的功能。

二、审判实务

审判实践中，适用本条所谓的“适用本章第一节一般抵押权的规定”，不等于毫无保留地适用一般抵押权的相关规定，因此审判实务中必须牢牢把握最高额抵押权的特征及其与一般抵押权的区别，在本节没有规定而适用一般抵押权的相关规则时，凡是与最高额抵押权的性质和特征不相符的规则，应当依照最高额抵押的特性，采取类推、举重明轻之推论、反面推论、目的论限缩等法学方法，从而作出更加合理的裁判。具体而言，有以下几方面的适用：

1. 最高额抵押的登记制度。最高额抵押构成要素包括基础债权合同、最高限额和决算期。基础债权合同，即一定期间内将要连续发生的债权，是最高额抵押产生的前提条件，而最高限额和决算期则是区别于一般抵押的内容。而本节没有关于最高额抵押权登记的相关规定，一般抵押权的登记根据抵押财产的性质而分为登记成立要件（《物权法》第 187 条）和登记对抗要件（《物权法》第 188 条、第 189 条）两种情况，因此最高额抵押权的登记应当依据抵押财产的性质来决定，以登记生效要件项下的抵押财产设定最高额抵押权的，抵押权自登记时发生效力；以登记对抗要件项下的抵押财产设定最高额抵押权的，抵押权自抵押合同生效时发生效力，未经登记的，不得对抗善意第三人。

2. 最高额抵押合同条款的变更。最高额抵押合同具有与一般抵押合同不同的内容，故需特别规定。最高额抵押合同条款已登记的，当事人如要变更应进行变更登记。最高限额的变更，非经登记不生效力或者不得对抗第三人（依抵押财产的性质决定）；增加最高限额的，不得以其增加部分对抗变更登记前已成立的后序位抵押权人；延长抵押合同存续期间的，如已登记合同存续期间，不为期间延长的登记，不得对抗善意第三人。

3. 最高额抵押权的转让。《物权法》第 204 条确定最高额抵押权不得随部分债权转让而转让的规则，这是对《物权法》第 192 条确立的“从随主”原则的变更。但在最高额抵押权的债权确定后，最高额抵押即转化为一般抵押，此时自然应当适用第 192 条的相关规定。

4. 最高额抵押权的消灭。最高额抵押权的消灭与一般财产抵押权不同，由于它主要是担保将来的债权，因此，如果其所担保的债权额得到确定，则最高额抵押权消灭，最高额抵押权转变为一般抵押权，适用一般抵押的规定。

此外，《物权法》关于一般抵押权的抵押财产范围（第180条至第184条）、抵押合同的形式和内容（第185条）、流质契约之禁止（第186条）、价金物上代位性和涤除权的行使（第191条）以及抵押权的实现方式（第195条）等规则均可以适用于最高额抵押权。

第十七章 质 权

第一节 动产质权

【动产质权】 **第二百零八条 为担保债务的履行，债务人或者第三人将其动产出质给债权人占有的，债务人不履行到期债务或者发生当事人约定的实现质权的情形，债权人有权就该动产优先受偿。**

前款规定的债务人或者第三人为出质人，债权人为质权人，交付的动产为质押财产。

条文主旨

本条是关于动产质权定义的一般规定。

理解与适用

一、条文理解

本条具体涵义阐释如下：

第一，根据本条第1款，动产质权作为一种担保物权，具有三个重要特性：其一，动产质权以动产为标的。其二，动产质权须转移质押标的物的占有。其三，动产质权为优先受偿的权利。

第二，本条第2款明确了动产质押的当事人和质押财产。动产质权法律关系有两方当事人：出质人（债务人和第三人）与质权人（债权人）。动产质权标的物为交付的动产即质押财产。出质人应为质物的所有人或者对质物有处分的权利。质权人须为质权担保的主债权的债权人。质权人占有出质人提供的动产，并在符合法律规定的条件下，可以处分该动产优先清偿债权。质押财产是质权法律关系的标的物。在动产质权中，只能是动产。质权关系的成立，以质押财产的交付为要件。

二、审判实务

审判实践中，适用本条时要注意以下问题：

1.“保证”“抵押”和“动产质押”的区分。其中，保证属于人的担保，其区别于抵押和动产质押的特点在于，保证是由当事人以外的第三人作保证人，以其一般财产和信誉为债务人履行债务提供担保；保证人的责任在于债务人不履行到期债务时代替其履行或者承担连带责任，债权人对保证人产生的权利为债权，不具有优先受偿权。抵押和动产质押都属于物的担保，皆为担保物权，抵押区别于动产质押的显著特征在于，抵押的标的为不动产和不动产物权以及动产，且不转移标的物的占有；而动产质押的标的为仅限于动产且必须转移标的物的占有，否则动产抵押不生效。

2.金钱可否质押的问题。金钱是一种特殊的物，一旦取得占有，即取得了所有权。质押的原则是，质物仅移转占有，而不移转所有权。因此，金钱设质有悖于质押原则。但是，如果将金钱予以特定，应当认为可以作质物。《合同法》理论上有“合同标的不特定，则合同不能成立的原则”。押金、保证金等金钱作为动产作债权的担保，交付押金、保证金设定担保，符合质权的法律特征。押金、保证金的交付属于质权，但是，属于债权质权还是动产质权，取决于其是否特定化。如果金钱特定化，属于动产质；如果金钱非特定化，属于债权质。

3.动产质权的善意取得问题。在出质人以自己无所有权或者无处分权的财产出质的场合，该质押是否有效以及质物的所有人能否向质权人追索，涉及质权人对质权的善意取得问题。为保护善意取得动产质权的质权人和维护交易安全，各国民商法普遍承认质权的善意取得，即使债务人无权处分质物，质权人仍可取得质权。我国《物权法》对此没有明文规定，鉴于动产物权通常以交付占有设定生效条件，以保护交易安全，但在解释论上，应当承认质权的善意取得，并准用动产所有权的善意取得制度。

在司法实践中应当掌握动产质权善意取得的要件：其一，善意取得的标的物限于动产，以下几类动产不适用善意取得：登记为对抗要件的特殊动产，以企业的设备和其他动产抵押的，货币不发生善意取得的问题，记名有价证券依背书设定质押，法律禁止流通的物品，遗失物与盗赃物。善意取得动产质权应以质权人取得动产的占有为要件。质权人取得动产的占有包括：现实交付，简易交付，指示交付，动产质权的占有不包括占有改定。其二，须以设定质权为目的，即出质人将动产移交债权人占有，须有设定质权、担保债权的意图和目的。[①] 其三，质权人须为善意。

【动产质押财产范围的禁止性规定】 **第二百零九条　法律、行政法规禁止转让的动产不得出质。**

条文主旨

本条是关于动产质押财产范围的禁止性规定。

理解与适用

一、条文理解

可以设立质权的财产必须是可以转让的财产，若以法律法规禁止转

① 陈小君、曹诗权：《质权的若干问题及其适用》，载《法商研究》1996年第5期。

让的财产设定质权，则将来在实行质权时，无论采取折价、变卖或者是拍卖的方式，都会导致质押财产因与法律法规禁止流通的强制性规范相违背而无法拍卖或变卖质押财产的问题，从而导致质权无法实现，设定质权之目的落空的结果。

因本条明确规定法律、行政法规禁止转让的动产不得出质，因此，禁止流通的动产自然不能设定质权，而可以流通和限制流通的动产则可以出质。我国目前限制流通物主要有：（1）按照指令性计划购、销的物资必须按计划流通。（2）黄金、白银，只能由国家规定的专营单位经营，公民之间不得买卖。[①]（3）外币，在我国境内禁止流通，公民之间不得炒买炒卖。[②]（4）公民收藏的文物，不得在个人之间买卖，更不得自售给外国人。如要出售，只能售给国家规定的文物收购部门。[③]（5）麻醉药品、毒品、运动枪支，只能由国家允许的单位购售，个人不能随意购售。（6）国有企业法人闲置的固定资产或因关停并转需要转让给其他单位的资产，在转让时应取得上级主管机关的同意。（7）法律规定的其他限制流通物。禁止流通物主要包括国家专有的物资、土地、矿藏、水流、淫秽书画等。[④]

本条关于“法律、行政法规禁止转让的动产不得处置”之规定的具体含义如下：

第一，作为质押财产的动产须具有可让与性。《物权法》不允许在不可让与的动产上设定质权。不可让与的动产在理论上即为上述所说的禁止流通的动产。上述所列举的限制流通的动产，比如文物，依照本条规定的精神，可以作为质押财产，只是在实现质权时不得自由买卖，应当由国家有关部门收购或者按照法定的条件和程序流通。

---

① 《金银管理条例》第7条、第8条、第12条。

② 《外汇管理条例》第6条。

③ 《文物保护法》第24条、第25条。

④ 请参见张俊浩主编：《民法学原理》，中国政法大学出版社2000年版，第370页。

第二、本条文具有援用法律的功能，据以援用的立法文件位阶限于狭义上的法律和行政法规。1999 年最高人民法院《合同法解释（一）》第 4 条规定："合同法实施以后，人民法院确认合同无效，应当以全国人大及其常委会制定的法律和国务院制定的行政法规为依据，不得以地方性法规、行政规章为依据。"为了保持立法和适用法律上的一致性，本条据以援用的立法文件位阶即应限于全国人大及其常委会制定的法律和国务院制定的行政法规，不得以地方性法规、行政规章以及其他规范性文件为依据。

二、审判实务

审判实践中，适用本条要注意以下问题：

1. 国家机关的财产。《担保法司法解释》第 3 条规定："国家机关和以公益为目的的事业单位、社会团体违反法律规定提供担保的，担保合同无效。因此给债权人造成损失的，应当根据《担保法》第 5 条第 2 款的规定处理。"国家机关被《担保法》禁止担任保证人，规定在《担保法》第 8 条，至于国家机关能否用自己的财产为自己或他人提供抵押或质押，《担保法》和《物权法》均没有明确规定。依上述司法解释的规定，以国家机关的财产进行抵押或质押的行为是无效行为，行为无效后，也不排除国家机关承担民事责任的可能性。

2. 学校、幼儿园、医院等以公益为目的的事业单位、社会团体的教育设施、医疗卫生设施和其他社会公益设施。《物权法》第 184 条第三项规定，学校、幼儿园、医院等以公益为目的的事业单位、社会团体的教育设施、医疗卫生设施和其他社会公益设施不得抵押，该原则精神适用于质押应无疑问。教育设施、医疗卫生设施和其他社会公益设施中属于动产的部分，不得出质。但上述事业单位、社会团体，以其教育设施、医疗卫生设施和其他社会公益设施以外的财产为自身债务设定质押的，人民法院可以认定质权有效。

3. 不动产及其用益权。土地、房屋、桥梁等建筑物以及土地使用权等属于不动产及其用益权，不得出质。

4. 船舶、航空器。对于船舶、航空器是否可以质押，《物权法》并无禁止性规定。但由于船舶和航空器属于特殊动产，具有准不动产的性质，为了发挥这类特殊动产的使用价值，《物权法》在第180条和第188条规定了船舶、飞行器的抵押和登记制度。而若在这类特殊动产上设定质权，必将影响它们的使用价值并增加债权人维护、管理上的困难，因此为“防止影响出质人的正常生活和生产经营活动”，对于船舶、飞行器质押的态度，应与禁止不动产质押的立法态度相同，不宜允许这类财产设定质押。但是，如果当事人合意以船舶、航空器出质的，若没有其他无效之事由，人民法院应当尊重当事人的意思自治，不应过度干涉。

5. 机动车。车辆等机动车属于动产，因此设定质押应当没有疑义。但由于车辆也可以设定抵押权，且经过登记的车辆抵押权具有对抗第三人的效力，因此质权人在接受以车辆出质的，应当审查车辆的权利凭证以及登记事项，并应当要求出质人同时交付车辆的权利凭证，以免出质人在车辆上重复设定抵押权，从而更好地维护自己的利益。若质权人怠于审查权利凭证及相关登记文件，以占有车辆为由主张质权优先于已经登记的抵押权的，法院应当不予支持。

（二）关于质押无效的问题

以禁止流通的动产设定质押的，质押合同无效；以限制流通的动产设定质押的，因涉及公共利益等事由，亦经常会导致质押合同的无效。但这样的无效合同，很可能属于非法合同，实务中值得注意。

【质权合同的形式和内容】 **第二百一十条　设立质权，当事人应当采取书面形式订立质权合同。**

质权合同一般包括下列条款：

（一）被担保债权的种类和数额；

（二）债务人履行债务的期限；

（三）质押财产的名称、数量、质量、状况；

（四）担保的范围；

（五）质押财产交付的时间。

条文主旨

本条是关于质权合同的法律形式和质权合同条款内容的规定。

理解与适用

一、条文理解

具体涵义阐释如下：

第一，应当通过订立质权合同来设定质权。在我国质权只有约定质权一种，没有关于法定质权的规定。《物权法》对书面质权合同的形式，并无明确规定。根据现行《担保法》第93条，在解释上，《物权法》本条所规定的书面质权合同，既可以是在被担保主债权合同之外签订的独立的书面合同，包括当事人之间就质权设立事项的来往信函、传真等，也可以是所担保主债权合同中的一项或几项条款，即所谓的主债权合同中的质权条款。

第二，质权合同条款的内容。依本条的规定，质权合同一般包括下列条款或包含下列内容：

（1）被担保债权的种类和数额。动产质权是一般质权，其只能对现在发生的并且是特定的债权设定，因此有必要在质权合同中明确规定被担保债权的种类、数额。所谓所担保主债权的种类，主要是指明被担保主债权是买卖、租赁、借款等性质。被担保主债权的数额是限定质权人负担保责任的一个认定标准。

（2）债务人履行债务的期限。一般而言，质权的实现条件就是被担保主债权的债务人到期未履行债务，因此，主债务的履行期限对质权人的利益来讲至关重大，因此也有必要在质权合同中载明债务人履行债务的期限。但是,《物权法》第222条所规定的最高额质权则属例外。

（3）质押财产的名称、数量、质量、状况。质押财产是质押法律关系的标的物。质押担保是以质押财产来担保债权实现的法律制度，债权的实现必须以质押财产的变价来满足。所以应当对质押财产的情况有明确的约定。

（4）担保的范围。担保范围，是指出质人以质押财产设定质权，承担担保责任的范围，具体包括：主债权、利息、违约金、损害赔偿金、质押财产保管费用和实现质权的费用。

（5）质押财产交付的时间。质押财产的交付时间，是质权合同中的重要内容，它决定着质权的生效时间。根据《物权法》第212条的规定，质权自出质人交付质押财产时发生效力。

二、审判实务

审判实践中，适用本条要注意质权合同欠缺主债权种类、质押财产名称等内容情形下的质权合同效力问题。

在实践中当事人在签订合同时，有时并不能很完备地约定好上述各项内容，这样质权合同的条款就有可能欠缺。质权合同条款的欠缺的法律后果，要根据不同的情形予以不同的处理。（1）在因一些条款的欠缺导致质权合同无法明确其内容的，将导致质权合同的不成立，例如欠缺被担保主债权条款，则必与质权的从属性原则相违背，使质权无所依附，就只能使质权合同不成立[①]；即使以后当事人之间就主债权条款重新约定，也只能是新的质权合同的订立，而不是原质权合同的补正或修改。质权合同欠缺质押财产条款的，可以通过当事人事后补正使合同成立，但若根据主合同和质权合同不能补正或者无法推定的，质权不成立。（2）有些条款的欠缺或不明确，则不一定使质权合同不成立，仍然可以参照其

① 标的须确定并且可能系法律行为的一般成立要件。参阅张俊浩主编：《民法学原理》，中国政法大学出版社2000年版，第250～251页。

他条款或情况予以确定，当事人也可以予以补正，如欠缺质权担保范围条款，则不能使质权合同当然不成立，只要主债权条款约定明确，往往可以认为是以质押财产的全部价值就主债权的全部为担保；再如质押财产条款约定不甚明确时，也不一定使质权合同不成立，当事人对此可以事后予以补正，如果客观情况能确定质押财产，则无须补正；质押财产的交付时间若没有约定的，如前所述，则质权的生效以实际交付的时间为准。

【质权流质契约禁止】 **第二百一十一条　质权人在债务履行期届满前，不得与出质人约定债务人不履行到期债务时质押财产归债权人所有。**

条文主旨

本条是关于质权流质契约禁止的规定。

理解与适用

一、条文理解

所谓流质契约，是指在质权设立时至债务履行期届满前，质权人和出质人关于在主债权已届清偿期未受清偿时，质押财产的所有权即移转为债权人所有的约定。其在学说上又称为绝押合同、流押契约、流抵契约、质物代偿条款等。依据本条的规定，这种约定是绝对禁止的。

《物权法》之所以禁止流质契约，主要基于以下原因：其一，为维护质权的价值权性质。质权是一种变价受偿权，是以质物的卖得价金来清偿所担保的主债权，而流质契约将质物所有权预先约定移转于质押权人所有，与上述价值权的性质相违背。其二，防止质权人获取高额暴利以及保护债务人的利益，避免债权人利用债务人一时的急迫困窘而与其订立流质条款，并在债务人届期不能偿债时，获得该质物的所有权。这样将会使债务人遭受重大损失，也有违民法公平原则。其三，如果债权人以胁迫或乘人之危，迫使债务人订立流质契约，或债务人基于对质押财产的重大误解而订立显失公平的流质契约，此时虽然债务人可以请求人民法院认定质权合同无效或行使撤销权，从而保护自己的正当权益，但意思表示不真实导致合同无效或可撤销属于弹性条款，如果债务人不能举证证明意思表示不自由、不真实，法院不会认定合同无效或撤销合同，因此，为更好地保护出质人的正当权益，不如直接由法律规定流质契约无效。现行《担保法》第66条规定："出质人和质权人在合同中不得约定在债务履行期届满质权人未受清偿时，质物的所有权转移为质权人所有。"《物权法》亦沿承《担保法》上述规定。

二、审判实务

审判实践中，适用本条要注意以下问题：

1. 流质契约的无效不影响质权合同其他部分内容以及质权的效力。司法实践中，当事人在质权合同中约定，债务履行期届满质权人未受清偿时，质押财产的所有权移转为债权人所有，应认定该约定无效，但该内容的无效不影响质权合同其他部分内容的效力。

2. 注意区分质押财产的折价与流质契约。债务人可以通过质押财产的折价取得质押财产的所有权。但必须符合两个条件：一是债务履行期届满债权人未受清偿。二是质权人与出质人协议以折价取得质押财产的所有权。

3. 注意区分质押财产的拍卖、变卖与流质契约。若当事人在签订质权合同时即约定，债务履行期届满质权人未受清偿的，质权人有权直接委托拍卖机构拍卖质押财产。这种约定不是通过私力转移质押财产的所有权或归属权，不属于流质契约。质权的行使必须依照法定程序，或者通过与出质人协议，或者通过法院诉讼，否则质权人无权擅自处分质押财产。

【质权生效时间】**第二百一十二条　质权自出质人交付质押财产时**

设立。

条文主旨

本条是关于质权生效时间的规定。

理解与适用

一、条文理解

《物权法》第23条规定："动产物权的设立和转让，自交付时发生效力，但法律另有规定的除外。"本条延续了总则的这一规定，在区分质权合同和质权的基础上，明确规定"质权自出质人交付质押财产时发生效力"。具体包括以下含义：

第一，关于设立动产质权的基础关系，即质权合同是否生效，应该依据《合同法》的相关规定来判断，而不能以质权是否设定为标准进行判断。如果质权合同具备法律规定的生效要件，则应认为合同关系已经发生，当事人应该受到合同的约束。违约者，应该承担违约责任。至于质权能否生效，并不是质权合同生效的必要条件。

第二，以具有可让与性的动产设定质权的，质权的生效，必须以质押财产的交付为必要条件，而不能认为质权合同生效后就必然发生质权的生效。质权合同的生效能够发生债法上的效果，但是不一定能够发生《物权法》上的效果。要发生质权设定的效果，必须进行质权的公示即交付。如果质权合同生效而当事人未交付质押财产，则权利人就只享有债权请求权，而不享有物权请求权。

第三，交付的法律意义。出质人将质押财产移交质权人占有的行为，也就是交付行为。交付行为有多种形式，如现实交付、简易交付、指示交付等。出质人移交质押财产的占有，并不限于现实交付方式，也可以其他方式交付。

二、审判实务

审判实践中，适用本条要注意以下问题：

1. 注意区分质权合同的生效和质权的生效。质权合同的订立和质权的设定为不同的法律事实，质权合同的订立在当事人之间创设有关质权设定的权利义务关系，为物权变动的原因行为，属于《合同法》的范畴；质权的设定，是合法有效的质权合同所产生的结果，属于物权变动的范畴。质押合同自依法成立之日生效，质权的生效则自出质人交付质押财产时发生效力。通常情形下，质权合同的生效往往先于质权的生效，因此，在出质人不依约交付质押财产时，出质人应当承担违约责任。

2. 质权合同已生效但当事人未交付质押财产的，应区别不同情况作出处理。质权合同具有债权的预约效力，当事人订立质权合同后，负有交付质押财产义务的当事人违背诚实信用原则拒绝交付质押财产的，则质权不能设定和生效。当事人可以请求法院判决出质人交付质押财产，或者判决出质人承担违约责任或者损害赔偿责任。

3. 交付的质押财产与质权合同约定的质押财产不一致时的处理。质权合同中对质押财产约定不明，或者约定的出质财产与实际移交的财产不一致的，以实际交付占有的财产为准。由于质权存在于质押财产之上，所以质权在出质人实际交付质押财产时设立，因而实际交付的质押财产是质权存在的标志，也是质权人得以对质押财产占有而对抗第三人和优先受偿的效力来源。因此，应认为质权人实际占有的质押财产属于质权的效力范围。

4. 质权的效力对质押财产从物的影响。动产质权以占有债务人或者第三人移交的动产为生效要件，出质人仅交付质押财产而未交付从物的，质权的效力当然不及于从物。动产质权效力及于标的物的从物的前提是：如果从物随同质押财产交付于质权人占有时，质权的效力及于从物；如果从物未随同质押财产交付于质权人占有时，质权的效力不及于从物。

5. 对约定由出质人代质权人占有质押财产的处理。约定由出质人代质权人占有质押财产，即为占有改定的交付方式。根据本条规定的立法精神，占有改定在质权设定中不具有物权的公示效应，不能依占有改定的方式设定质权。因此实务中当事人约定由出质人或者出质人的代理人代为占有质押财产的，不构成本条所规定的有效交付，因此质权不生效。

6. 质权人返还质押财产对质权效力的影响。《物权法》对质押财产返还对质权的影响未作规定，《担保法司法解释》第 87 条规定："质权人将质物返还于出质人后，以其质权对抗第三人的，人民法院不予支持。"由此可见，司法解释是采取了质押财产返还不消灭质权的态度。在我国现行法律背景下，质权人返还质押财产于出质人，无论是质权人依自己的意思表示（如交付质押财产于出质人保管、使用），还是质权人非依自己的意思表示（如质权人受出质人、债务人的欺诈返还质押财产），均不能消灭质权，质权人返还质押财产仅发生该质权"不得对抗第三人"的结果。至于"不得对抗的第三人"的范围，应该包括：质押财产的所有权取得人（比如善意取得人）、新质权人（出质人以质押财产再出质后形成的质权人）、经登记的动产抵押权人。租赁人、查封债权人、破产债权人。应当指出，尽管质权人因不再继续占有质押财产而不得对抗上述第三人，但仍然可以对抗出质人的一般债权人，否则质权即丧失存在的意义，与质权消灭已无二致，反不如按照质押财产返还、质权消灭的处理方法简洁、关系清楚。

【质押财产的孳息】 **第二百一十三条　质权人有权收取质押财产的孳息，但合同另有约定的除外。**

前款规定的孳息应当先充抵收取孳息的费用。

条文主旨

本条是关于质权人收取孳息权及孳息收取费用充抵的规定。

理解与适用

一、条文理解

本条第1款规定了质权人的孳息收取权。除当事人另有约定外，占有质押财产的质权人有权收取质押财产的孳息。如果当事人约定质权人无权收取质押财产的孳息，则质权人不能收取孳息作为债权的担保。如果当事人对于质权人能否收取质押财产的孳息没有约定或者约定不明的，质权人就可以按照本条规定收取质押财产的孳息。

质押财产的孳息包括天然孳息与法定孳息两种。天然孳息是指依自然规律所产生的收益，如果树所结的果实、牲畜所生的幼畜等；而法定孳息则指依法律关系所产生的收益，如存款的利息、出租人有权收取的租金等。孳息可以是金钱，也可以是金钱以外的物。若孳息是金钱，则质权人可以径以金钱充抵收取孳息的费用等。若是金钱以外的孳息，可以根据当事人的合意进行估价，以其估价额充抵。就估价不能协议时，可以拍卖或者以其他所协议的方法进行变价。但是，如因迟延而有发生损害之虞时，应认为债权人可以以相当价额出卖孳息，而以其所得价款充抵质权人收取孳息的费用等。

根据本条第2款的规定，质权人所收取的孳息，应当先充抵收取孳息的费用。

二、审判实务

审判实践中，适用本条时应注意以下问题：

1. 孳息余额的处理问题。如果质权人根据本条第2款之规定所收取的孳息在充抵收取孳息的费用后，若孳息尚有剩余应如何处理？对此，《物权法》没有明确规定。

《担保法司法解释》第96条规定："本解释第五十七条、第六十二条、第六十四条、第七十一条、第七十二条、第七十三条、第七十四条、第八十条之规定，适用于动产质押。"该解释第64条规定："债务履行期届满，债务人不履行债务致使抵押物被人民法院依法扣押的，自扣押之日起抵押权人收取的由抵押物分离的天然孳息和法定孳息，按照下列顺序清偿：（一）收取孳息的费用；（二）主债权的利息；（三）主债权。”以此为参照，分析本条关于质权人可以收取孳息之规定的本意，应当是质权人因收取孳息而取得对孳息的质权，即质权效力范围扩展至所收取的孳息之上，以实现质权担保之目的，因此，在解释上应当认为：质权人所收取的孳息充抵质权人收取孳息的费用后，其次可以充抵主债权利息，再次可以充抵主债权。

2. 动产质权的效力范围问题。除合同另有约定外，本条规定动产质权效力及于孳息，却未对是否及于质物的从物、添附物作出明确规定。我们认为，质权的效力原则上及于质物的从物，但动产质权的效力并非当然及于从物，必须将从物移交质权人占有时，才能为质权的效力所及。在质押期间，由于质权人不得使用质物，出质人亦无法使用质物，因而质物与他人发生添附的可能很小。

【擅自使用、处分质押财产的责任】 **第二百一十四条　质权人在质权存续期间，未经出质人同意，擅自使用、处分质押财产，给出质人造成损害的，应当承担赔偿责任。**

条文主旨

本条是关于质权人擅自使用、出租、处分质押财产的责任的规定。

理解与适用

一、条文理解

由于动产质权为担保物权而非用益物权，因此质权人并不拥有对质押财产的使用收益权。质权人占有质押财产，目的在于担保债权之实现，客观上却形成对出质人使用或者处分质押财产的限制。质权人使用、出租或者处分质押财产，违反设定质权的目的。

质权存续期间，质权人可以根据质权合同的约定或经出质人同意使用、出租、处分质押财产，并以其收益清偿被担保的债权。质权人未经出质人同意或者非因保管质押财产的需要使用、出租、处分质押财产造成出质人损失的，应当承担赔偿责任。

质权人非经同意使用、出租、处分质押财产所承担的赔偿责任不以质押财产毁损、灭失为条件，即便质押财产没有毁损、灭失，只要质权人自使用、出租、处分质押财产中受益的，该受益部分在扣除支出后，成为质权人赔偿出质人的数额基准，出质人可以请求法院减少或者免除其应当承担的债务数额；受益部分大于该债务数额的部分，质权人还负有返还不当得利的义务。

二、审判实务

审判实践中，适用本条要注意以下问题：

1. 不得擅自使用、出租、处分质押财产的义务与妥善保管质押财产义务的区别。本条规定的是积极利益的损失，而第 215 条关于质权人妥善保管质押财产义务的规定，是关于消极利益的损失。

1. 不得擅自使用、出租、处分质押财产的义务与妥善保管质押财产义务的区别。本条规定的是积极利益的损失，而第 215 条关于质权人妥善保管质押财产义务的规定，是关于消极利益的损失。

2. 质权人丧失占有的效力问题。质权人丧失对质物占有能否导致质权消灭？我国《物权法》对此未作明确规定。如果占有仅为质权行使的对抗要件，出质人和质权人可以借此规避质物的占有转移的效力，增加动产质押担保交易风险。质权人丧失对质物的占有时，依照民法关于占有保护的规定而回复对质物的占有，质权并不消灭。质权人将质物返还于出质人，不论其返还质物出于什么原因，质权归于消灭。因此，动产质权人向出质人返还或者交付质物时约定质权继续存在的，其约定不发生效力。我国法律未规定占有制度，因此，质权人对质物的占有受到侵害时，或者质权人丧失对质物的占有时，可以依照保护所有权的有关规定，请求不当占有质物的第三人返还质物。质物占有的丧失，并不是基于质权人的意志发生的，质权并不因此而消灭，质权人可以提起占有回复之诉。质权人丧失对质物的占有且不能向占有人请求返还时，质权消灭。质权人非因自己的原因而丧失质物的占有，在三年诉讼时效期间内未依占有回复诉讼请求返还质物占有的，其质权归于消灭。

【质权人妥善保管质押财产的义务】 **第二百一十五条 质权人负有妥善保管质押财产的义务；因保管不善致使质押财产毁损、灭失的，应当承担赔偿责任。**

质权人的行为可能使质押财产毁损、灭失的，出质人可以要求质权人将质押财产提存，或者要求提前清偿债务并返还质押财产。

条文主旨

本条是关于质权人妥善保管质押财产的义务以及出质人提出补救措施的规定。

理解与适用

一、条文理解

第一，质权人对质押财产的善管义务。对质押财产妥善保管，不得任意毁损或不作为使质押财产受有损害，是质权人的义务。质权人妥善保管质物的义务，属于善良管理人的注意义务范畴。质权人一旦违反善良管理义务，导致质押财产遭受毁损或者灭失的，须承担相应的赔偿责任。质权人违反妥善保管义务的举证责任由谁负担，《物权法》规定不明确。在解释上应当认为，出质人仅负责证明质押财产灭失或者毁损的事实，而应由质权人证明自己对质押财产已经尽到妥善保管义务或者证明对质押财产的毁损灭失没有过错。如果质权人不能举证证明，则应推定其有过错，应当承担赔偿责任。

第二，质押财产面临可能灭损时的补救措施。

（1）本条第2款规定的“质权人的行为可能使质押财产毁损、灭失的”，是指质权人因过错未尽善管义务而可能使质押财产遭受不毁损或灭失的事实。由于这种事实仅仅是质押财产有可能遭受毁损或者灭失的危险，而并非质押财产已实际遭受毁损或灭失，因此出质人并不能向质权人提起损害赔偿的请求。鉴于《物权法》第34条规定：“有可能妨害行使物权的，权利人可以请求消除危险”，因此本条根据总则中的这一关于物权保护的原则性规定之一即消除危险请求权，规定了出质人根据对质押财产的所有权享有的补救措施。

（2）出质人的补救措施包括提存质物、请求提前清偿债权并返还质物。第一，出质人可以要求将质权人将质押财产提存。本条所指的提存是经出质人要求由债权人把质押财产交付提存机关，目的在于维护质押财产交易价值的稳定，并有利于出质人的利益。此时，债务依然存在。质押财产交付提存机关后，在债权履行期届至时，如果债务人已经履行了债务，则出质人可以从提存机关取回质押财产。如果债权履行期届至而债权未受清偿的，质权人即可行使质权，以质押财产优先受偿。第二，出质人也可以要求提前清偿被担保的债权而返还质押财产。本条为了给予当事人更大的意思自治的空间，允许在债务人有条件提前清偿或者作为第三人的出质人有条件代债务人提前清偿的前提下，出质人可以向债权人要求提前清偿债权并返还质押财产。

二、审判实务

审判实践中，适用本条要注意以下两个问题：

1. 质押财产的保管费用与必要费用的负担。质权人在不能对质押财产妥善保管时，可以委托专门的保管人保管，发生的保管费用由质权人承担。质权人因保管质押财产支出的必要费用应由出质人承担，这与保管费用有区别。必要费用是指维持质押财产价值必须支出的费用，如质押财产的定期保养费、修缮费、动物饲养费等。保管费用是因质权人不能尽妥善保管质押财产的义务而发生的费用，属于额外费用，应由质权人承担。

2. 出质人要求提前履行债务给债权人造成损失的处理。履行债务是债务人的法定义务，债权人提前履行债务如果对债权人并无不利的，债权人应当接受。如果提前履行债务给债权人造成损失的应该如何处理，本条对此没有规定。在此种情形中，如果当事人事先有具体约定的，按照约定执行。若当事人没有约定，根据本条规定的立法本意，因出质人这一要求的提出是由于质权人的行为所致，因此应当由质权人承担提前履行所带来的不利益。而且从本条规定所使用的法律语言来看，本条规定系赋予出质人一项权利（“可以”），质权人不得拒绝受偿。而且，法律对出质人提前清偿债权采取鼓励的态度，允许出质人扣除债权未到期之间的利息，《担保法司法解释》第92条对此给予了明确。在出质人提前清偿债权时，质权人将损失利息，这可以视为质权人不能尽妥善保管质押财产的义务所产生的债权损失。

【质权保护】 **第二百一十六条　因不能归责于质权人的事由可能使质押财产毁损或者价值明显减少，足以危害质权人权利的，质权人有权要求出质人提供相应的担保；出质人不提供的，质权人可以拍卖、变卖质押财产，并与出质人通过协议将拍卖、变卖所得的价款提前清偿债务或者提存。**

条文主旨

本条是关于质权保护的规定。

理解与适用

一、条文理解

本条规定之目的在于保障质权人的质权不因质押财产的毁损或价值减少而受到影响。具体涵义阐释如下：

第一，本条规定的“因不能归责于质权人的事由，可能使质押财产毁损或者价值明显减少的”，是指质押财产有毁损或者价值明显减少的可能，但不是由于质权人的过错所致，而是由于质押财产自身原因或者第三人的原因或者其他事由使其价值有减少的可能。此时，质权人即有权要求出质人提供相应的担保。但是，如果质押财产只是有减少或毁损的可能，且这种可能只是质权人主观判断，而非客观存在或必然发生，或者损坏或减少的价值并不构成对债权人利益的侵害，质押财产尚能担保债权实现的，质权人就不得要求出质人提供担保。

第二，本条规定的“相应的担保”，是指质权人要求出质人提供的担保的价值与质押财产可能毁损或者减少部分的价值相当。也即出质人提供的担保在价值上应能代替质押财产可毁损或者价值明显减少的部分。在出质人拒绝提供担保的情况下，债权人就可以拍卖或者变卖质押财产。

第三，质权人须以质押财产的变价代替质押财产。质权人在上述情形下对质押财产的拍卖或者变卖，与质权实现时对质押财产的拍卖或者变卖是不同的。这时的拍卖或变卖质押财产，是在债权未届满清偿期前的预行拍卖，是质权的一种保障措施。所以，对在此情形下拍卖或变卖质押财产所得的价款，质权人不得径行受偿。由此拍卖或变卖所得的价款只能代充质押财产。对质押财产的变价，质权人应与出质人协商处置方式。经出质人同意的，质权人得以质押财产的变价款用于提前清偿质权所担保的债权；出质人不同意提前清偿的，则应将质押财产的变价款向与出质人约定的第三人提存。出质人与质权人对于向何人提存也不能达成协议时，则质权人应向法院或者约定的仲裁机构提起诉讼或者仲裁，由法院或仲裁机构裁决。

二、审判实务

审判实践中，适用本条要注意本条所规定出质人“提供相应的担保”。该规则使质权处于被保护之中，但如下问题需要注意：出质人能够提供与减损的价值相当的担保时，自然可以保障质权人的债权的力度，但倘若出质人只能提供保证的话，因人的担保固有的局限性所致，质权人仍然面临着其债权不能全部或全部不能实现的风险。此外，在出质人的行为致使担保财产价值减损时，出质人提供相应担保的义务是因质权人的请求为产生前提。还是无论质权人请求与否，出质人都负有提供相应担保的义务？从本条款之文义观察，并不十分清楚。从解释论的立场出发，基于财产流转、效率等原则的要求，应当解释为只有在质权人提出请求时，出质人才有义务提供相应的担保；出质人若违反此项义务，必须向质权人承担赔偿损失等民事责任。

【责任转质】 **第二百一十七条　质权人在质权存续期间，未经出质人同意转质，造成质押财产毁损、灭失的，应当向出质人承担赔偿责任。**

条文主旨

本条是关于责任转质的规定。

理解与适用

一、条文理解

我国《担保法》没有规定转质权，《物权法》正式承认并规定了质权人的转质权。本条具体涵义阐释如下：

（一）认可责任转质和承诺转质

根据是否经出质人同意，质物的转质可以分为承诺转质和责任转质。承诺转质是指质权人经出质人许可，为担保自己或者他人的债务，以其占有的质押财产为第三人再设定较自己质权有优先效力的新质权。责任转质是指质权人在质权存续过程中，不经出质人同意而将质物转质于第三人，并由质权人承担责任。

1. 承诺转质。

就承诺转质而言，由于该转质是经出质人同意，而出质人的同意实质上是对质权人质物处分权的授予，该转质行为的后果直接指向出质人，质权人除受转质权人的质权优先效力制约之外，并不因转质而加重责任，因此法律对承诺转质没有必要进行限制或者禁止。所以，《担保法司法解释》第 94 条第 1 款明确承认承诺转质的效力："质权人在质权存续期间，为担保自己的债务，经出质人同意，以其所占有的质物为第三人设定质权的，应当在原质权所担保的债权范围之内，超过的部分不具有优先受偿的效力 . 转质权的效力优于原质权。"《物权法》在本条仅规定了责任转质，而未明确规定承诺转质，在解释上自应认为《物权法》认可承诺转质。

2. 责任转质。

《担保法司法解释》第 94 条第 2 款明确否定承诺转质的效力："质权人在质权存续期间，未经出质人同意，为担保自己的债务，在其所占有的质物上为第三人设定质权的无效。质权人对因转质而发生的损害承担赔偿责任。"但应当注意的是，《物权法》在本条不仅规定了责任转质，而且明确承认责任转质的效力，并规定了责任转质场合质权人对出质人所承担的损害赔偿责任。究其理由，应当是：转质是质权人为担保自己或者他人债务而在质物上设定新质权的行为，性质上属于质权的再设定，只不过新设定的转质权所支配的标的仍为原质权支配的标的，转质权就质物取得更优先的支配力而已。因此承认责任转质，对于质权人充分利用质物的交换价值有重要的意义，而对出质人的利益并无明显的不利影响，所以没有必要完全否定责任转质的效力。[1]

（二）明确责任转质的法律效力

责任转质的效力基本上涉及三方当事人，即出质人、质权人（即转质人）和转质权人。

1. 责任转质对于出质人的效力。

转质权是为我国《物权法》所承认的可以由质权人就其质物新设的质权，因此是一种物权。其不仅对于转质权人和转质人（质权人）有效力，而且对于出质人也有效力。在责任转质场合，出质人要想清偿债务并取回质物，便应当先向转质权人清偿；倘若清偿转质权所担保的债务有剩余的，则应再向质权人清偿。否则，其清偿对于转质权人不生效力。另外，被担保债权的存在既然是质权成立的基础，则该担保债权的债务人即使不是出质人，仍然是质权关系的一环，在质权人将质物转质时，由于转质权是物权。因此，转质权对于原质权所担保的债权的债务人也应当具有效力，所以即便在责任转质场合，该债务人如果没有征得转质权人的同意就向质权人进行清偿时，也不可以之对抗转质权人。

2. 责任转质对于质权人（转质人）的效力。

关于此问题，有两点需要明确：其一，转质人对于因转质所遭受不可抗力的损失，也应当负责。其二，质权人转质后应当受转质权的约束，易言之，即负有不得消灭其所支配的交换价值的义务，所以不得抛弃其质权，免除质权所担保的债权，或受清偿、抵销等。另外，转质人在转质之后已经没有质权实行权。转质权消灭时，无论基于任何原因，上述约束自当归于消灭。

3. 责任转质对转质权人的效力。

首先，转质权人对于质物取得新质权，不仅取得一般质权人的权利，

---

① 王闯：《理论争鸣与制度创新——关于最高法院担保法司法解释的若干问题》，载梁慧星主编：《民商法论丛》第19卷，第327页。

而且负担一般质权人的义务。其次，转质权人可以行使质物的变价权。只是这项权利的行使不仅需要自己的债权已经届至清偿期，而且需要原质权所担保的债权也已经届至清偿期。最后，转质权人就质物卖得价金也有优先受偿权，而且优先于质权人。

二、审判实务

审判实践中，适用本条时应注意转质权的担保范围和责任转质的效力问题。

1. 关于转质权所担保的债权范围的限制问题。转质权与原质权是相互独立的，因转质而取得质权的权利人为转质权人，转质权人的质权优先于原质权人的质权。因此，转质权所担保的债权范围，应当在原质权所担保的债权范围之内。转质权人在原质权所担保的债权额范围内，于自己债权受清偿前，对质押财产享有留置、占有权，而质权人则丧失该权利。转质权人对于转质人的债权如果已届清偿期，无论转质人的债权是否已届清偿期，均可以直接实现其质权。在实现质权时，应以质押财产的变价价款优先清偿转质权人的债权，然后再以其余额清偿转质人的债权。出质人向转质人清偿债务后，原质权消灭，但转质权并不因此而消灭。转质人不能清偿转质权人的到期债务时，质押财产所有人可以第三人的身份向转质权人清偿转质人的债务，取回质押财产，从而抵销原债务人对质权人的债务。

2. 关于责任转质的效力问题。本条明确规定，因责任转质造成质押财产毁损灭失的，质权人应当向出质人承担赔偿责任。这种规定是非常合理的，因为此时如果要求出质人不通过质权人而直接向转质权人主张赔偿责任，出质人将因信息不对称等原因而存在困难和障碍。根据民商法上的权利义务相一致的原则，在赋予质权人以转质的便利之同时，要求质权人因转质权人的过错造成质押财产毁损、灭失向出质人承担赔偿责任，可谓实现了双方当事人的利益均衡。

【质权的放弃】**第二百一十八条　质权人可以放弃质权。债务人以自己的财产出质，质权人放弃该质权的，其他担保人在质权人丧失优先受偿权益的范围内免除担保责任，但其他担保人承诺仍然提供担保的除外。**

条文主旨

本条是关于质权的放弃及其对其他担保人的影响的规定。

理解与适用

一、条文理解

本条规定与《物权法》第194条关于放弃抵押权或抵押权顺位的规定具有相似的立法目的。

我国现行《担保法》第28条规定，债权人放弃物的担保的，保证人在放弃权利的范围内免除保证责任。本条即是沿承《担保法》该条规定之精神。但考虑到保证人如愿意承受不利影响而同意质权人放弃质权，法律自没有横加干涉之必要。本条具体涵义阐释如下：

第一，质权放弃及其方式。通常认为，质权人放弃质权，应当以明示的方式作出。质权人不行使质权或怠于行使质权的，不能推定质权人放弃质权。质权人放弃质权，是质权人的单方意思表示，不需取得出质人的同意。质权因质权人放弃质权的行为而丧失。

第二，质权放弃的效力。本条中明确规定，其他担保人在质权人丧失优先受偿权益的范围内免除担保责任。但是，如果其他担保人自愿承受质权人放弃抵押权所产生的不利影响而承诺愿意继续提供担保的，意味着其同意质权人放弃质权的处分行为，法律自无加以干涉之必要。

二、审判实务

审判实践中，适用本条时应当注意以下问题：

实务中质权人放弃质权应尽量以书面形式。质权人放弃质权后又反悔的，原则上不应允许，但若质权人口头放弃质权后又主张反悔的，如果质权人在法庭上否认自己曾经放弃过质权，则出质人和其他担保人的利益将很难得以保护。为了更好地维护出质人和其他担保人的利益，应当要求质权人采取见诸书面的形式放弃自己的质权。当然，《物权法》并未明确要求质权人必须用书面形式放弃质权，担保实务中放弃质权的具体形式还可能是质权人的行为，例如质权人主动返还质押财产于出质人的行为。由于质押财产的交付占有乃质权的生效和存续要件，因此如果质权人主动返还质押财产以抛弃质权的，由于质权的公信力已经不存在，此时若质权人举不出其他更有说服力的证据否认自己的行为系放弃质权，则应当认为质权人已经放弃自己的质权。

【质权人的质押财产返还义务及质权实现】**第二百一十九条　债务人履行债务或者出质人提前清偿所担保的债权的，质权人应当返还质押财产。**

债务人不履行到期债务或者发生当事人约定的实现质权的情形，质权人可以与出质人协议以质押财产折价，也可以就拍卖、变卖质押财产所得的价款优先受偿。

质押财产折价或者变卖的，应当参照市场价格。

条文主旨

本条是关于质权人的质押财产返还义务及质权实现的规定。

理解与适用

一、条文理解

具体涵义阐释如下：

第一，质押财产的返还。在债务人履行债务或者出质人提前清偿所担保的债权时，由于被担保债权因此而消灭，因此质权自然也随之消灭，导致质权人丧失继续占有或者留置质押财产的依据，所以，质权人应当将质押财产返还给出质人。现行《担保法》第71条第1款对此已有规定，本条第1款维持现制。

第二，质权实现的条件。本条第2款规定动产质权的实行，目的在于为质权人正当行使权利提供依据。但实现质权应当符合三个条件：其一，主债务履行期限业已届满；其二，债务人不履行其债务；其三，质权人的债权未受清偿。

第三，质权实现的方式。依据本条第2款之规定，质权的实行与抵押权的实行存在区别，即质权人有单方面变卖、拍卖质押财产的权利。质权行使的方式依本条规定有三种：其一，折价方式。即在债务履行期限届满债权未受清偿时，质权人与出质人协议，按照质押财产自身的品质等情况，参照一定的市场价格，把质押财产的所有权由出质人转移给质权人，从而实现质权的情形。为了保证折价公允，本条第三款规定，抵押财产折价的，应当参照市场价格。但是，当事人协议以质押财产折价的，不得损害其他债权人的利益，否则其他债权人得请求撤销质权人与出质人的折价行为。其二，拍卖方式。即以公开竞价方式把质押财产卖给出价最高的人。拍卖可分为任意拍卖与强制拍卖两类。任意拍卖是出卖人与拍卖行订立委托合同，委托拍卖行进行拍卖；强制拍卖是由于债务人的财产基于某些法定的原因而由司法机关如人民法院强制进行的拍卖。在本条规定的情形中，仅指任意拍卖，因为质权与抵押不同，质权人有单方面拍卖质押财产的权利。其三，变卖方式。即以拍卖方式以外的生活中一般的买卖形式来出卖质押财产以实现债权的方式。为了保证变价价格公允，本条第三款规定，质押财产变卖的，应当参照市场价格。

二、审判实务

审判实践中，适用本条要注意以下三个问题：

1. 考虑到质权人已经占有质押财产，在质权的实行方面居于有利地位，为了更好地协调出质人和质权人之间的利益，给予出质人替代债务人履行债务或者以其他方法消灭质权的机会。因此，应当要求质权人拍卖或者变卖质押财产前应当通知出质人，但质权人无法通知的除外。

2. 质押财产折价或者拍卖、变卖该质押财产的价款低于质权设定时约定价值的，应当按照质押财产实现时的价值进行清偿。不足清偿的部分，由债务人清偿。质押财产折价或者拍卖、变卖所得的价款，当事人没有约定的，按下列顺序清偿：（1）实现质权的费用；（2）主债权的利息；（3）主债权。

3. 如果数物为同一债权担保，而各个质押财产都为可分物时，质权也及于各个质押财产。但在质权人以折价、拍卖或变卖方式出卖质押财产时，部分质押财产的变价足以清偿担保的债权时，质权人即不得再对其他质押财产进行处分或折价，而应返还给出质人。

【出质人对质权人的及时行使质权请求权】 **第二百二十条　出质人可以请求质权人在债务履行期届满后及时行使质权；质权人不行使的，出质人可以请求人民法院拍卖、变卖质押财产。**

出质人请求质权人及时行使质权，因质权人怠于行使权利造成损害的，由质权人承担赔偿责任。

条文主旨

本条是关于出质人对质权人及时行使质权请求权和质权人怠于行使质权责任的规定。

理解与适用

一、条文理解

具体含义如下：

第一，出质人有权请求质权人在债务到期后行使质权。动产质权的质权人有权在债务人不履行到期债务时，留置质押财产，并以质押财产的变价款优先受清偿。质权存续期间，债务履行期限届满，质权人在质押财产所担保的债权未全部清偿前，可以持续不断地占有留置质押财产，并以质押财产的全部行使权利，出质人不得请求质权人返还质押财产，此时，质权人可以与出质人协议以质押财产折价，也可以依法拍卖、变卖质押财产。作为与出质人上述权利相对应的权利，出质人在债务到期后有权请求质权人行使质权，而不论此时债权人是否有条件清偿已经到期的债权。

第二，质权人经出质人请求不行使质权的，出质人可以请求人民法院拍卖、变卖质押财产。本条赋予出质人请求质权人在债务到期后行使质权的权利，但若质权人不行使质权或者怠于行使质权，质权人有权诉诸公力救济，请求人民法院依法拍卖、变卖质押财产以实现质权。《物权法》第 195 条第 2 款规定："抵押权人与抵押人未就抵押权实现方式达成协议的，抵押权人可以请求人民法院拍卖、变卖抵押财产。"之所以允许通过人民法院来实行抵押权，有一点考虑的因素在于抵押财产并未移转占有，而为抵押人占有。本条规定亦允许通过人民法院来实行质权，考虑的因素也在于此时质押财产为质权人所占有，出质人直接拍卖、变卖质押财产存在一定的阻力。

第三，质权人怠于行使权利造成损害的，由质权人承担赔偿责任。如前所述，质权人在主债权已届清偿期未受清偿的情形下，可以请求以折价或者拍卖、变卖的方式实现质权。质权实行的方式和及时性，关系到出质人和对质押财产具有利害关系的第三人的利益。因此质权人应当本着善良、勤勉的注意义务实行质权，在出质人请求及时行使质权，而质权人怠于行使权利致使抵押财产价格下降或者造成其他损害的，质权人应当对出质人或者对质押财产具有利害关系的第三人承担损害赔偿责任。

二、审判实务

审判实践中，适用本条要注意以下问题：

1. 出质人请求质权人行使质权的，可以与质权人协议以质押财产折价或者采取拍卖、变卖质押财产的方式来实现质权。根据《物权法》第224条的规定，债务人不履行到期债务，质权人可以与出质人通过协议以质押财产折价，也可以就拍卖、变卖质押财产所得的价款优先受偿，即质权行使的方式包括折价、拍卖和变卖三种方式。因此出质人依据本条规定，请求质权人行使质权时，可以采取与出质人协议以质押财产折价来实现质权，也可以与质权人协商一致采取拍卖或者变卖质押财产来实现质权。在质权人不同意采取前述协商方式时，出质人有权诉诸法院，请求法院拍卖、变卖质押财产，以便更迅捷地实现质权。

2. 应以质权人“怠于行使权利”为要件。不能质押财产价格一下跌即裁判质权人承担赔偿责任，否则将增加债权实现上的风险，损害质权人的合法利益。由于质权人在质权得以行使后，可以在相当长的时间内自由选择行使质权的时机，所以判断质权人“怠于行使权利”比较困难。本条规定了一个前提，即以“出质人请求质权人及时实现质权”为前提，即在出质人向质权人提出行使质权的请求之前，不能下质权人“怠于行使权利”的结论。此外，质权人承担责任的性质应为一种法定的侵权赔偿责任。

【质押财产价款分配】 **第二百二十一条　质押财产折价或者拍卖、变卖后，其价款超过债权数额的部分归出质人所有，不足部分由债务人清偿。**

条文主旨

本条是关于质权实现后质押财产价款分配与剩余债务的清偿的规定。

理解与适用

一、条文理解

具体涵义阐释如下：

第一，主债权到期后，债务人未履行债务的，质权人有权行使质权。质押财产折价或者拍卖、变卖是质权人行使质权的具体形式。因此，债权到期后债务人未履行债务，质权人行使质权，这是本条规定得以适用的前提条件。

第二，质押财产折价或者拍卖、变卖后，其价款超过债权数额的部分归出质人所有。质权担保的目的在于确保债权的清偿，受质权担保的债权不能如期受清偿时，质权人有必要行使质权而优先受偿。出质人是第三人的，在质押财产折价或者拍卖、变卖后，其价款超出所担保的债权的部分应当返还给质押财产的所有人或者有权处分者，也就是返还给出质人。质押人是债务人本人的，质押财产变价超过债权数额的部分亦应归属于出质人即债务人本人。

第三，质押财产折价或者拍卖、变卖后，其价款不足债权数额的部分由债务人清偿。出质人是第三人的，其对质权人承担的是一种物的担保责任，而不负担有债务，即出质人只是担保人而非连带或者按份的债务人，当质权人在符合法定的条件和程序下行使质权时，对质押财产进行折价或者拍卖、变卖，变价款不足以清偿债务的部分，出质人因此不再承担责任，债务应由债务人清偿。此时，未受清偿的债权成为普通债权。债务人以自己的财产出质的，质押财产变价超过债权数额的部分亦应归属于出质人即债务人本人，不足清偿债权的余额，由债务人承担清偿责任，从而成为债权人对债务人的普通债权。

二、审判实务

审判实践中，适用本条要注意以下问题：

1. 质权设定后，出质人的权利义务会因质押财产价值的增减而受影响。对质押财产价值计算的时间应明确为质权实现时质押财产的价值，而非质权设定时的价值。质押财产折价或者拍卖、变卖该质押财产的价款低于质权设定时约定价值的，应当按照质权实现时的价值进行清偿，不足清偿全部债权的，质押系由债务人以外的第三人提供的，第三人对剩余的债权不再承担担保责任。此时，如果出质人系债务人的，债务人对剩余的债权亦不再承担担保责任，剩余的债权仅能作为一般债权由债务人负清偿责任。

2. 质押财产折价或者拍卖、变卖所得的价款，当事人没有约定时的清偿顺序。实践中一般按下列顺序清偿：（1）实现质权的费用；（2）主债权的利息；（3）主债权。《物权法》第 173 条规定："担保物权的担保范围包括主债权及其利息、违约金、损害赔偿金、保管担保财产和实现担保物权的费用。当事人另有约定的，按照约定。"该条规定为法定补充条款，质权人和出质人可以参照该条款的内容约定质押担保的范围。实现质权时，质押财产折价或者拍卖、变卖所得的价款，超过约定担保范围数额的部分归出质人所有，不足部分由债务人清偿。具体的清偿方式和数额分配已如前述。

【最高额质权】 **第二百二十二条　出质人与质权人可以协议设立最高额质权。**

最高额质权除适用本节有关规定外，参照本法第十六章第二节最高额抵押权的规定。

条文主旨

本条是最高额质权的设立及其法律适用的规定。

理解与适用

一、条文理解

本条具体含义如下：

第一，最高额质权，是指对于债权人的一定范围内不特定而连续发生的债权预定一个限额，并由债务人或者第三人提供质押财产予以担保而设定的特殊质权。[①] 本条规定赋予了当事人设立最高额质权的权利，给予了当事人在设定担保物权上更多的意思自治的空间。

第二，最高额质权可以适用《物权法》关于动产质权的有关规定。《物权法》第十七章第一节对动产质权作了详细规定，其中关于动产质权的特征和当事人（第 208 条）、标的物范围（第 209 条）、设定合同（第 210 条）、流质契约的禁止（第 211 条）、生效要件（第 212 条）、出质人和质权人的权利和义务（第 213 条至第 218 条）、实行（第 219 条）等内容的规定，均可以适用于最高额质权。

第三，最高额质权的适用可以参照《物权法》有关最高额抵押权的规定。《物权法》第十七章第二节对最高额抵押权作了详细规定，其中关于最高额抵押权的特征和设立（第 203 条）、处分从属性的特殊规则（第 204 条）、协议变更规则（第 205 条）以及债权确定（第 206 条）等规定可以作为最高额质权适用时的参照。

二、审判实务

审判实践中，适用本条要注意以下问题：

1. 最高额质权的独立性。

最高额质权适用《物权法》关于动产质权的有关规定时，应当注意，最高额质权与最高额抵押一样，在质权的从属性（包括存在、处分和消

① 梁慧星主编：《中国物权法研究》，法律出版社 1998 年版，第 991 页。

灭）、特定性、适用范围和实现上具有不同于一般质权的特殊规则。[①] 审判实践中应尤其注意最高额质权的独立性，这是最高额质权与一般质权相比所具有的非常特别的地方。最高额质权的独立性首先表现在最高额质权的设定，以将来的债权为前提，在与被担保债权的发生从属上，存在时间差，因此可以理解为最高额质权在发生上与被担保债权之间无从属性。其次，最高额质权在决算前与被担保债权中的个别债权无一对一的担保关系，最高额质权人也不承担担保责任，因此与单个的债权之间无从属性。再次，最高额质权在决算前不随被担保债权的转让而转让，在转让上与被担保的债权之间无从属性，最高额质权担保仅对特定的债务人或者特定交易关系中连续发生的债权负责，在决算之前，也就是最高额质权行使条件成就之前，不从属于哪一笔债权。最后，最高额质权并不因质权存续期间内的某一具体债权的消灭而消灭，某一具体债权的消灭，并不意味着最高额质权所担保债权的全部消灭，而最高额质权所担保的并不是某一特定的债权。即使某一具体债权消灭了，其后还有其他债权发生的可能。

2. 最高额质权人债权的确定事由可以参照适用《物权法》第 206 条规定的事由。最高额质权确定后，发生以下效力：（1）被担保债权确定时存在的原本债权，不论该债权是否已届清偿期或者是否附有条件，均属于质押担保的范围。被担保债权确定后所发生的任何债权，不属于质押担保的范围。（2）被担保债权确定时存在的被担保债权之利息、违约金、赔偿金，不论在确定时是否已经发生，均属于被担保债权的范围。（3）保管质押财产和实行质权的费用，不论在被担保的债权确定时是否已经发生，属于抵押担保的范围。（4）受质押担保的原本债权、利息、违约金、赔偿金，受质押财产优先取偿的，不得超过最高额质押预先约定的最高额；但是，保管质押财产和实行质权的费用，应当从质押财产

① 参见本书关于《物权法》第 204 条的“条文理解”部分。

的拍卖价金中扣除，不得计入最高额。[①]

第二节 权利质权

【可以出质的权利】 **第二百二十三条 债务人或者第三人有权处分的下列权利可以出质：**

（一）汇票、支票、本票；

（二）债券、存款单；

（三）仓单、提单；

（四）可以转让的基金份额、股权；

（五）可以转让的注册商标专用权、专利权、著作权等知识产权中的财产权；

（六）应收账款；

（七）法律、行政法规规定可以出质的其他财产权利。

条文主旨

本条是关于可以出质的权利的规定。

理解与适用

一、条文理解

权利质权和动产质权的一个重要区别就是以权利为标的，这种权利应当具备以下特点：其一，须是私法上的财产权。其二，须具有可让与性。其三，须是有权利凭证或有特定机构管理的财产权。这是我国《担保法》和《物权法》对权利质权所作的特别规定。本条规定的可以出质的权利均属于有权利凭证的权利或有特定机构管理的权利，除此之外的

① 梁慧星主编：《中国物权法研究》，法律出版社1998年版，第996页。

其他权利没有涉及。

根据本条规定，可以作为权利质权的标的具有以下几种：

（一）汇票、支票、本票

1. 汇票。对于汇票质押，《票据法》第 35 条第 2 款规定："汇票可以设定质押；质押时应当以背书记载'质押'字样。被背书人依法实现其质权时，可以行使汇票权利。"

2. 支票。我国《票据法》对支票出质未作规定。鉴于支票作为有价证券，不仅具有支付功能，而且具有信用功能，同样具有流通性和价值性，支票上的权利应为一种金钱债权，该权利具有可让与性，因而《担保法》和《物权法》皆规定支票可以出质。

3. 本票。对于本票的质押，《票据法》未作规定，仅在第 81 条中规定了本票的保证适用有关汇票的规定，而对本票能否质押规定不清。《担保法》和《物权法》规定本票可以质押。

（二）债券、存款单

1. 债券。是由政府、金融机构或者企业为筹措资金而依照法定程序向社会发行，约定在一定期限内还本付息的有价证券。债券实际上是借款凭证，债券按其发行主体分为国库债券、金融债券和公司债券。

2. 存款单。存款单是指由银行、储蓄机构发给存款人的证明其债权的凭证。可以出质的存款单主要是指各类定期存款单。

（三）仓单、提单

1. 仓单。是指由仓储保管人填发的证明寄托人寄存物品的凭证（单据）。仓单是一种有价证券，要行使仓单上的权利，必须以持有仓单为必要。

2. 提单。根据《海商法》第 71 条的规定，提单是指用以证明海上货物运输合同和货物已经由承运人接收或者装船，以及承运人保证据以交付货物的单证。可以出质的提单主要是指可以转让的或者经法定程序认定后成为可以转让的提单。

（四）可以转让的基金份额、股权

1. 基金份额。基金份额和股份一样，是资本市场中的一种重要的财产类型，法律上既允许依法可以转让的股份作为担保物，亦应允许依法可以转让的基金份额作为担保物，以扩充当事人的融资担保工具。

2. 股权。股权的种类包括有限责任公司的股权和股份有限公司的股份两种。有限责任公司股权的表现形式是公司向股东签发的出资证明书（《公司法》第 32 条）。有限责任公司的股权是均记名（《公司法》第 32 条第 2 款第四项）。

（五）可以转让的注册商标专用权、专利权、著作权等知识产权中的财产权

1. 注册商标专用权。根据《商标法》的规定，商标专用权是指注册商标所有人依法对注册商标享有的独占使用权。注册商标转让权和注册商标使用许可权是注册商标所有人的财产权，这两项权利可以作为权利质权的标的进行出质。

2. 专利权。根据《专利法》的规定，专利权包括发明专利权、实用新型专利权和外观设计专利权。专利转让权和专利实施许可权等是专利权的财产权，专利权人可以以此作为质权合同的标的，设定权利质权。

3. 著作权。根据《著作权法》第 10 条的规定，著作权包括人身权和财产权。著作权人可以许可他人行使前述的著作财产权，也可以全部或者部分转让前述的著作财产权，并依照约定或者《著作权法》的有关规定获得报酬。著作财产权是可以转让的，因此可以作为权利质权的标的进行出质。

（六）应收账款

应收账款实质是一般债权，根据《合同法》第 79 条之规定，一般债权可以转让，因此应收账款设定质押没有法律上的障碍。

（七）法律、行政法规规定可以出质的其他财产权利

这是《物权法》对权利质权标的所规定的一个弹性条款。我国法律

允许一般债权的转让，就没有理由禁止一般债权的担保，债权为财产权，原则上应可以为质权的标的，但是如前所述，依法律或者其性质不可转让的债权以及当事人约定不可让与的债权应为例外。

二、审判实务

审判实践中，适用本条要注意以下问题：

1. 应收账款作担保的风险应由当事人自己评估和避免。应收账款是一种请求权，不像动产、不动产有实物存在，以请求权作担保确实会面临不能实现的风险，但这种风险应由当事人自己去评估，法律不可能替当事人排除这种风险。当事人一般在合同中对实现应收账款作担保权的条件、贷款额与应收账款作担保额的比例、担保权人对担保人的监控措施等作约定。

2. 应收账款作担保的公示。应收账款作担保的关键问题是如何对第三人产生对抗效力，公示是解决这个问题的最好方法。登记无疑是最好的公示方式，《物权法》第228条规定，以应收账款出质的，应在信贷征信机构办理出质登记。

【有价证券出质】 **第二百二十四条　以汇票、支票、本票、债券、存款单、仓单、提单出质的，当事人应当订立书面合同。质权自权利凭证交付质权人时设立；没有权利凭证的，质权自有关部门办理出质登记时设立。**

条文主旨

本条是关于有价证券出质的方式和生效要件的规定。

理解与适用

一、条文理解

具体涵义阐释如下：

第一，设立权利质权，应当订立质权合同。该合同为要式合同，即必须通过书面形式。参照《物权法》第210条的规定，权利质权合同一般包括以下条款：被担保债权的种类和数额，债务人履行债务的期限，出质权利的名称、数额、状况等，担保的范围，出质权利凭证移交的时间以及当事人认为需要约定的其他事项。最后应当有双方当事人的签字或者盖章。

第二，权利质权以交付权利凭证或办理出质登记为生效条件。根据本条之规定，以有价证券设定权利质押的，依该权利是否存在权利凭证而区分权利质权的生效要件：有权利凭证的，质权自权利凭证交付时生效；无权利凭证的，质权自有关部门办理出质登记时生效。如果在质权合同订立前，债权人已实际占有了该权利凭证的，则质权自质权合同生效时生效。

二、审判实务

审判实践中，适用本条要注意以下四个问题：

1.票据质押合同与质押背书之间的关系的问题。

本条规定，以汇票、支票、本票等票据出质的，质权自权利凭证即票据交付时生效。而我国《票据法》规定票据质押时，应当背书质押。《物权法》与《票据法》的规定不同，司法实践中如何理解质押合同与质押背书之间的关系？

背书，是指在票据背面或者粘单上记载有关事项并签章的票据行为。背书转让票据权利或者背书授予票据权利时，必须记载被背书人名称。票据上只背书记载“质押”字样，出质人未在票据上签章的，不具有背书质押的效力。未经背书质押的票据，不得对抗第三人。《票据法》规定票据可以设定质押，质押时应当以背书记载“质押”字样。票据由出质人持有转为质权人持有，应当设质背书，这是国际上通行的做法。只有背书，才能产生出质的法律效果。原则上，以无记名票据出质时，由当事人达成设质合意并交付票据即可，无需设质背书记载；以指示票据出质时，除当事人之间的合意、交付票据之外，还应在票据上背书设质。关于背书的方式，当事人双方可以在票据上记载“因担保”“因设质”等设定质权的文句并予以背书而设定票据质权。关于设质背书的形式，不限于完全背书，空白背书也可以。但是，如果背书时未记载设质文句，不能对抗善意第三人。

2. 公司债券出质时的质权生效条件问题。

公司债券分为记名债券和无记名债券。《公司法》规定：“记名债券，由债券持有人以背书方式或者法律规定的方式转让。记名债券的转让，由公司将受让人的姓名或者名称及住所记载于公司债券存根簿。无记名债券，由债券持有人在依法设立的证券交易场所将该债券交付给受让人后即发生转让的效力。”上述规定的目的，旨在保护第三人不因公司债券的转让而受损，以维护交易的安全。因此，公司债券质权的设定，应根据《公司法》的特别规定。记名公司债券质权的设定，除根据《物权法》本条规定订立质押合同、交付权利凭证外，还需将质权人的姓名或者名称记载于债券，并将质权人的姓名或者名称及住所记载于公司债券存根簿，否则不得以其质权对抗公司及其他第三人。无记名公司债券质权的设定，持有人在依法设立的证券交易所将债券交付给质权人后即发生质押的效力。

3. 存单出质是否需要通知存款银行的问题。

由于存单质押的实质属于债权出质，根据《合同法》的规定，债权转让要通知债务人。未经通知，该转让对债务人不生效力。本条规定存单质押应在出质人向质权人交付存单后方才生效，并未规定以存单等债权凭证出质时应当通知第三债务人。由于存单的性质决定，其兑付方式与丧失补救具有不同于票据及其他权利凭证的特点。因此，存单出质应当通知存单债务人，即第三债务人，使其知道存单已经质押的事实，以此保护存单质权人的利益。此外，司法实践中，存单出质后，出质人又到存单签发行挂失，然后将现金提走，存单质权人虽已占有存单，却由于存款人以挂失名义取走存款而使其质权落空。这种情况下，签发银行是否承担民事责任。为防止这种情况的发生，以存单出质的，出质人与质权人应当订立质押合同或者背书记载质押字样，质押合同自存单交付之日起生效。存单出质经签发银行进行核押或者登记的，再行挂失造成存款流失的，签发银行应承担民事责任。未经背书质押的存款单，不得对抗第三人。

4. 仓单出质是否需要保管人签章的问题。

《合同法》第387条规定："仓单是提取仓储物的凭证。存货人或者仓单持有人在仓单上背书并经保管人签字或者盖章的，可以转让提取仓储物的权利。"由此可见，仓单转让即代表提取仓储物的权利的转让，并且这种权利的让与，应当经过保管人的签字或者盖章，否则不生转让的效力。权利质权的设定应当遵循权利让与的规则，所以，根据《合同法》的规定，以仓单出质时，应当背书并经过保管人的签字或盖章才能生效。以仓单出质时，除当事人之间的出质合意、背书和交付外，还需要以保管人的签名或者盖章为必要条件。

【有价证券质权的实现方式】 **第二百二十五条　汇票、支票、本票、债券、存款单、仓单、提单的兑现日期或者提货日期先于主债权到期的，质权人可以兑现或者提货，并与出质人协议将兑现的价款或者提取的货物提前清偿债务或者提存。**

条文主旨

本条是关于有价证券质权的实现方式的规定。

理解与适用

一、条文理解

本条所指兑现日期，是指汇票、支票、本票、债券、存款单上所记载的权利得以实现的日期。所谓提货日期，是指仓单、提单上记载的交付物品的日期。

汇票、支票、本票、债券、存款单、仓单、提单的兑现或者提货日期届至时，也就是第三债务人债务的清偿届至日期。一般地，为了免除第三人的债务，应当允许兑现或提货。特别是上述权利作为质权标的时，如不允许第三债务人履行债务，则对出质人与质权人均为不利，也会对第三债务人带来一定的损失。这种损失一般为保管费用的支出。按本条规定，证券兑现日期或提货日期先于债务履行期的，由质权人实现其上权利，取得所兑现价款或者提取货物而行使占有。此时，第三债务人因向质权人清偿而免除了债务。

但是，质权人在取得价款或货物后，应即告知出质人，并与出质人通过协议将兑现的价款或者提取的货物提前清偿债权或者提存。若以取得之货物清偿债权，则既可以对其进行折价，也可以将其拍卖或者变卖得款而为之。提存是债务人将难以清偿的标的物交提存部门保存以消灭债的行为（《合同法》第 101 条）。

二、审判实务

审判实践中，适用本条要注意有价证券兑现或提货日期晚于债务履行期的处理规则问题。

如果本条所列上述诸项证券的兑现或提货日期晚于债务履行期，而被担保的债权又未获清偿的，质权人则无权提前兑现或者提货。如果允许质权人兑现或者提货，就等于要求第三债务人提前履行债务，这样无疑加重了该第三人的责任，对该第三人来讲也是不公平的。而且该第三人的债务是对出质人的，原与质权人无关，只是由于权利质权的设定才与质权人发生了法律上的关系。因为第三债务人的债务尚未届期，如果质权人提前兑现或者提货，即违反了法律的规定。对此，质权人应当于证券到期日实现兑现或者提取货物而受偿，或者在被担保债权届期未获清偿时，于证券上权利行使之日期之前，将证券转让，以所得价款受偿。

【基金份额、股权质权】**第二百二十六条 以基金份额、股权出质的，当事人应当订立书面合同。以基金份额、证券登记结算机构登记的股权出质的，质权自证券登记结算机构办理出质登记时设立；以其他股权出质的，质权自工商行政管理部门办理出质登记时设立。**

基金份额、股权出质后，不得转让，但经出质人与质权人协商同意的除外。出质人转让基金份额、股权所得的价款，应当向质权人提前清偿债务或者提存。

条文主旨

本条是关于基金份额、股权质权的设定及标的处分限制的规定。

理解与适用

一、条文理解

依据本条之规定，基金份额、股权出质应当符合书面要式和登记生效的条件，且没有合意不得转让，转让所得价款可以提前清偿债券或提存。其含义具体如下：

第一，以基金份额、股权出质的，当事人应当订立书面合同。依据《物权法》第229条（权利质权的法律适用）和第210条（质权合同的形式和内容）的规定，基金份额、股权出质合同的签订可以参照动产质权合同的签订形式和约定的内容来进行。设立基金份额、股权质权，当事人应采取书面形式订立基金份额、股权质权合同。基金份额、股权质权合同采取书面形式，是法律的强制性规定，当事人不得口头约定。

第二，以基金份额、证券登记结算机构登记的股权出质的，质权自证券登记机构办理出质登记时发生效力。基金份额、证券登记结算机构登记的股权质押经向中介机构即证券登记机构办理出质登记后，该质权才始得生效，而且根据我国《公司法》《证券法》及其他有关规定，该质押的事实一般还应该由出质人在公告中予以披露，社会公众也可以通过向证券登记机构查询的方式获得该质押的情况，从而使该质押的事实为社会公众所知悉，进而使该质押具有相当的公示力和公信力。

第三，以其他股权出质的，质权自工商行政管理部门办理出质登记时发生效力。因为这类股权已经出质的事实被记载于由工商行政管理部门所保存的企业工商档案之中，因此社会公众完全可以通过向工商行政管理部门查询，获悉该股权出质的情况，从而能够使该股权的变动处于工商行政管理部门的有效监督之下，使出质人在质权存续期间私自转让该股权或者以该股权重复出质的恶意行为不能实施。

第四，基金份额、股权出质后，不得转让，但经出质人与质权人协商同意的除外。出质人未经质权人同意转让基金份额、股权的，除法律另有规定外[①]，应认定该转让行为无效，因此而给质权人或者第三人造成损失的，出质人应当承担赔偿责任。但是，出质人与质权人协商一致转让基金份额、股权的，根据本条的规定，自当允许，在此情况下转让基金份额、股权的行为，才为合法。

第五，出质人转让基金份额、股权所得的价款，应当向质权人提前清偿债权或者提存。一般而言，出质基金份额、股权的转让都是在债务清偿期届至前进行的，质权人对自己的债权还不能行使请求权。所以，质权人就不得以转让所得价款先行清偿债权。如果预清偿，须与出质人协商一致。协商不成的，则应协议确定提存人，将该得款交付提存人继续质押。

二、审判实务

审判实践中，适用本条要注意以下两个问题：

1. 关于基金份额质权人收取基金收益的权利操作问题。

由于基金收益属于基金份额的法定孳息，因此在基金份额被质押后，

---

① 如新《证券法》第120条（我国2005年10月27日修订的《证券法》第120条规定："按照依法制定的交易规则进行的交易，不得改变其交易结果。对交易中违规交易者应负的民事责任不得免除；在违规交易中所获利益，依照有关规定处理。"）

根据《物权法》第213条之规定，质权人享有收取基金收益的权利，但质押合同另有约定的除外。在具体操作上，因基金份额质押后基金交易账户即被冻结，如果基金份额持有人选择的分红方式是转份额，则所转的份额即进入相应的交易账户，此时因交易账户被冻结，所以所转入的基金份额也被冻结起来。如果基金份额持有人选择的分红方式是现金分红，并且质押合同约定分红不属于质押范围的，则基金登记注册机构应当将该现金划转至给基金份额持有人的资金账户；如果质押合同约定分红列入质押范围，在这种情况下，基金注册登记机构一般暂时把这部分资金存在基金登记注册机构的清算账户中不作分配，当质权人实现其质权时，这部分现金直接抵偿债务。将现金作为质押标的与质押担保的一般原则有悖，但这种情形实质上是以基金份额受益权作为质押标的的，现金并不直接表现为质押标的。

2. 关于股权质权的真正内容问题。

股权有共益权和自益权之分，自益权主要是财产权，而共益权主要是公司事务的参与权，股权质押仅以其股权中的财产权利为质权的标的，因为共益权属于人身非财产性权利，不可转让。由于股权的特殊性，其共益权和自益权不能截然分开。所以，股权在出质时，应以其中的自益权和共益权一并出质。为了保护股东的利益，《公司法》规定了股东的财产性权利和公司事务参与权，两种权利的有机结合即为股权。因此，作为质权标的的股权，不可分割。股权作为质权的标的，是以其全部权能作为债权的担保。在债权届期不能受到清偿时，按照法律的规定，可以处分股权以使债权人优先受偿。对股权的处分，就是对股权的全部权能的处分，其结果是发生股权转让的效力。如果认为股权质权的标的仅为财产性权利，而股权质权的实现也仅能处分股权中的财产性权利，则很难自圆其说。

【知识产权质权】**第二百二十七条　以注册商标专用权、专利权、**

著作权等知识产权中的财产权出质的，当事人应当订立书面合同。质权自有关主管部门办理出质登记时设立。

知识产权中的财产权出质后，出质人不得转让或者许可他人使用，但经出质人与质权人协商同意的除外。出质人转让或者许可他人使用出质的知识产权中的财产权所得的价款，应当向质权人提前清偿债务或者提存。

条文主旨

本条是关于知识产权质权的设定及标的处分限制的规定。

理解与适用

一、条文理解

本条之规定，知识产权出质应当符合书面要式和登记生效的条件，且没有合意不得转让，转让所得价款可以提前清偿债务或提存。具体涵义阐释如下：

第一，以知识产权中的财产权出质的，当事人应当订立书面合同。因此，本规定排除了当事人以口头或其他形式订立质权合同的可能性。依据《物权法》第 229 条（权利质权的法律适用）和第 210 条（质权合同的形式和内容）的规定，知识产权质权合同的签订可以参照动产质权合同的签订形式和约定的内容来进行。

第二，知识产权质权自有关主管部门办理出质登记时发生效力。出质登记是知识产权质权的生效要件，区别于知识产权质权合同的生效。中国专利局是专利权出质登记的管理部门。商标专用权质押登记机关是国家工商行政管理局，国家工商行政管理局商标局具体办理商标专用权质押登记。国家版权局是著作权质押合同登记的管理机关，国家版权局指定专门机构进行著作权质押合同登记。

第三，知识产权中的财产权出质后，出质人不得转让或者许可他人使用，但经出质人与质权人协商同意的除外。上述所指诸项权利被出质并经登记后，质权人便对其享有质权。出质人对该权利的其他权能的形式则受到了限制。出质人未经质权人同意而转让或者许可他人使用已经出质的权利的，应当认定无效，因此给质权人或者第三人造成损失的，出质人应当承担赔偿责任。但是，依据本条规定，如果出质人与质权人协商同意可以将出质的知识产权中的财产权转让或者许可他人使用，法律应当尊重当事人的意思自治，给当事人以更多的选择空间。

第四，出质人与质权人协商同意转让或者许可他人使用出质的知识产权所得的价款，应当向质权人提前清偿债权或者提存。因转让或者许可他人使用的行为是在质权设定期间，即债务未届履行期前进行的，所以，该转让或者许可他人使用所得的转让费、许可费在性质上仍归出质人所有，不得当然由质权人用于清偿债权。但由于出质人将上述财产权已作为债务履行的担保，因而负有对质权人不得损及质权的义务。根据质权的物上代位性规则，质权人的质权应及于出质人的转让费或许可使用费上。这样，出质人对该项转让费或许可使用费的所有权受到了质权的限制，出质人不得对其进行使用或有其他处分行为。此时，出质人应当用所得的价款向质权人提前清偿债权。如果出质人或者质权人有一方不同意提前清偿债权或者提前清偿存在困难的，出质人应当依照我国有关提存的相关规定，向公证机关提存所得价款，以继续维持对债权的担保。

二、审判实务

审判实践中，适用本条要注意以下两个问题：

1. 关于商誉权能否质押的问题。商誉通常附载于商标、商号等载体之上，对企业的营利产生在十分重要的影响。商誉权可以转让，条件是商誉必须连同企业一并转让。所以，商誉权不得单独质押，但是可以连同企业一并质押。

2. 关于商号权可否质押的问题。商号作为区分不同经营主体的一种标志，可产生识别作用，因此商号往往是企业商誉外在表现的一个载体，从而使商号权具有了一定的财产属性，可以成为转让的对象。商号权不能单独质押，应当与企业共同作为担保的对象。

【应收账款出质】**第二百二十八条　以应收账款出质的，当事人应当订立书面合同。质权自信贷征信机构办理出质登记时设立。**

应收账款出质后，不得转让，但经出质人与质权人协商同意的除外。出质人转让应收账款所得的价款，应当向质权人提前清偿债务或者提存。

条文主旨

本条是关于应收账款出质和限制转让的规定。

理解与适用

一、条文理解

依据本条之规定，应收账款出质应当符合书面要式和登记生效的条件，且没有合意不得转让，转让所得价款可以提前清偿债务或提存。具体涵义阐释如下：

第一，以应收账款出质的，当事人应当订立书面合同。依据《物权法》第229条（权利质权的法律适用）和第210条（质权合同的形式和内容）的规定，应收账款出质合同的签订可以参照动产质权合同的签订形式和约定的内容来进行。

第二，以应收账款出质的，质权自信贷征信机构办理出质登记时发生效力。应收账款质押必须经信贷征信机构办理出质登记，才能发生效力。

第三，应收账款出质后，不得转让，但经出质人与质权人协商同意的除外。因为对应收账款的转让的实质是对应收账款的处分，而应收账款虽然设定出质，但其所有权仍为出质人所有，只有出质人及所有权人才享有对基金份额、股权行使处分的权利。作为出质人，其虽为所有人，但此基金份额、股权已被出质，而且被质权人以登记形式占有，成为债权的担保。因而出质人的权利已受有限制，不得对应收账款进行转让，否则即可损及质权人的利益。出质人未经质权人同意转让应收账款的，应认定该转让行为无效。但是，出质人与质权人协商一致转让应收账款的，法律应当尊重当事人的意思自治，给当事人以更多的选择空间。

第四，出质人转让应收账款所得的价款，应当向质权人提前清偿债权或者提存。因转让行为发生于质权存续期间，故该转让所得的价款在性质上仍归出质人所有，不得当然由质权人用于清偿债权。但由于出质人将应收账款已作为债务履行的担保，因而负有对质权人不得损及质权的义务。根据质权的物上代位性规则，质权人的质权应及于出质人转让所得的价款。此时，出质人应当用所得的价款向质权人提前清偿债权。如果出质人或者质权人有一方不同意提前清偿债权或者提前清偿存在困难的，出质人应当依照我国有关提存的相关规定，向提存机关提存所得价款，以继续维持对债权的担保。

二、审判实务

审判实践中，适用本条要注意以下问题：

1. 允许作担保的应收账款的范围问题。应当包括将来发生的应收账款。理由在于认为实践中多数应收账款是不断发生的。对企业和银行来说，这种不断发生的应收账款恰恰是最有担保价值的，应当允许将来发生的应收账款作担保。应收账款既包括现有的债权，也包括将来发生的债权。

2. 关于应收账款的时效性问题。用于设定质押的应收账款债权必须尚未超过诉讼时效。诉讼时效超过，便意味着债权人的债权从法律权利已蜕变为一种自然权利。

【权利质权的法律适用】 **第二百二十九条　权利质权除适用本节规**

定外，适用本章第一节动产质权的规定。

条文主旨

本条是关于权利质权的法律适用的规定。

理解与适用

一、条文理解

具体适用如下：

动产质权在《物权法》中是作为质权担保的一般形式被加以规定的，作为权利质权，则是质权担保的特殊形式。二者在很多方面可以适用一样的规则。例如，第208条关于动产质权的一般规定，第210条关于质权合同形式和内容的规定，第211条关于流质禁止的规定，第213条关于质权人收取孳息的规定，第214条关于质权人处分权限制的规定，第216条关于替代担保的规定，第217条关于责任转质的规定，第220条关于质权人怠于形式质权的责任的规定，第218条关于质权放弃的规定，第220条关于质权行使的规定，第220条关于出质人的质权行使请求权的规定，第221条关于质权清算的规定以及第222条关于最高额质权的规定等均可作为权利质权适用时的参照。为了避免重复和重叠，使法律规范体系更加严谨，在立法技术上，立法者就没有必要将这些共同性内容在相关条款中再加以规定。当事人在设定和行使权利质权时，若《物权法》关于权利质权没有明文规定的，可以参照适用《物权法》关于动产质权的相关规定。

二、审判实务

审判实践中，适用本条要注意以下问题：

1. 权利质权与动产质权在保全和实现方法方面的差异。保全动产质权的主要方式是质权人对质押财产的实际掌握、控制，而保全权利质权的主要方式则是对出质人处分出质权利的法律限制。在质权的实现方式上，折价、拍卖或变卖质押财产并从卖得价款中优先受偿，是动产质权人实现其质权的法定选择方式，而权利质权的实现方式更为多样化：其一，处分出质权利并从处分所得价款中优先受偿；其二，取代出质人的地位，向出质权利的义务主体直接行使出质权利，并通过直接行使出质权利使被担保债权优先受偿，如通过收取出质债权的本金和利息使被担保债权优先受偿。后一种还是实现权利质权的主要方式。

2. 权利质权与动产质权的相互转化问题。权利质权的效力与动产质权的效力，即质权人与出质人的权利、义务则是基本相同的，对权利质权关系中发生的问题除适用法律关于权利质权的专门规定外，还适用法律关于动产质权的相关规定。权利质权与动产质权在一定条件下还互相转让。例如，当因出质的动产灭失而使出质人获得赔偿请求权时，动产质权就因此而转化为对赔偿请求权的权利质权；当出质权利先于被担保债权清偿期而实现时，如出质人不愿提前清偿主债权，质权继续存在于出质权利实现后所得价款或货物上，此时权利质权也就转化为以价款或货物为标的的动产质权。

第十八章　留　置　权

【留置权】 **第二百三十条　债务人不履行到期债务，债权人可以留置已经合法占有的债务人的动产，并有权就该动产优先受偿。**

前款规定的债权人为留置权人，占有的动产为留置财产。

条文主旨

本条是关于留置权的规定。

理解与适用

一、条文理解

具体阐释如下：

1. 依本条及民法理论，留置权的法律特征。

（1）留置权是一种担保物权。

（2）留置权是法定担保物权。留置权与一般的抵押权和质权不同，它直接依照法律的规定而产生，而不是依当事人的协议设立，因此它是一种法定权利而非意设权利。

（3）留置权具有不可分性。不可分性是物权，特别是担保物权的共性。留置权作为一种担保物权，当然具有不可分性。所谓留置权的不可分性，是指留置权的效力就债权的全部及于留置物的全部。

（4）留置权具有从属性。留置权为担保债权而设立，故留置权从属于其所担保的债权。留置权的从属性表现在以下三点：①留置权的成立以主债权的成立为前提。②留置权随主债权的消灭而消灭。③留置权优先受偿的范围决定于债权的范围。

2. 依照本条规定，留置权的成立应符合三项基本要件。

（1）须债权人占有属于债务人之动产。留置权的客体，应为属于债务人的动产。留置物应当具有让与性。留置物应为债权人占有的动产。占有的方式则不限于直接占有，间接占有也可。但留置物的交付与质物一样也不能通过占有改定的方法移转占有。

（2）须债权已届清偿期。债权人留置债务人的动产，须以债权已届清偿期为条件。如果债务履行期限尚未届满，则债务人有权通过履行债务而为清偿，倘若允许债权人随意留置债务人的动产，势必违反公平原则。

（3）须债权人合法占有债务人的动产。债权人留置债务人的动产，必须是债权人合法占有的债务人的动产。此规定排除以下情形中留置权的适用：①须动产非因侵权行为而占有。留置权的发生应占有动产，但对动产的占有不得基于侵权行为。②动产的留置不违反公序良俗。公序良俗是民法上的强行规定，当事人不得违反，否则行为无效。③动产的留置不得与债权人所承担的义务相抵触。例如，承运人负有将货物运到目的地的义务，但承运人以运费未支付而在中途留置货物的，则为法律不允许。

二、审判实务

审判实践中，适用本条要注意以下问题：

该条中的债权发生并不一定是基于合同关系，与《担保法》的规定不同。《担保法》第 84 条规定："因保管合同、运输合同、加工承揽合同发生的债权，债务人不履行该债务的，债权人有留置权。"留置权只产生于保管、运输与加工承揽等合同关系，而不适用其他法律关系。《物权法》并未对此作出限制，因此，应当认为留置权的适用并不受债权范围的限制，可以基于合同之债，也可以是不当得利之债、无因管理之债或者侵权之债。

【留置财产与债权的关系】**第二百三十一条　债权人留置的动产，应当与债权属于同一法律关系，但企业之间留置的除外。**

条义主旨

本条是对留置财产与债权的关系的规定。

理解与适用

留置权成立应当符合留置的动产与债权属于同一法律关系的条件，实际上是对债权人可以进行留置的动产的范围作了严格的限制。留置的动产与债权属于同一法律关系，是指债权人占有动产是基于与其债权发生的同一法律关系发生。《担保法》第 84 条规定的保管合同、运输合同和加工承揽合同是最为典型能够产生此种留置动产的法律关系。保管合同中的保管费用之债权与保管人对保管物的占有即是基于保管合同关系产生的；运输合同中运费之债权与承运人对货物的占有都是基于运输合同产生的；加工承揽人对加工成果物的占有和其加工费之债权都是基于加工承揽合同关系产生的。所以，通常留置权的成立，留置动产与债权之间应当具备此种共同的法律关系。但现实生活中不排除在侵权之债、不当得利之债和无因管理之债关系中，也会具备此种条件。无因管理之债多数可能都符合债权与动产占有基于同一法律关系产生的情形。侵权之债也有许多情形可能会具备此种条件，比如一家的狗跑到邻家咬了一头猪，结果被关在了猪圈里即符合本条规定的留置权成立的条件。

本条同时规定此条件的例外，即在债权人和债务人均为企业的情况下，债权人留置的动产，不必与债权属于同一法律关系。这种企业之间留置的情形，多称为商事留置权。商事留置权，商事主体在双方商事行为的场合下，债权人为实现其债权，留置债务人所有物或有价证券的权利。在构成上，商事留置权只要求留置标的物与被担保债权有一般关联性即可，并不要求两者间有直接的法律关系上的同一性。

在审判中适用本条规定时，要注意正确界定企业的范围。按照我国现有法律规定，企业主要是指公司，但又不限于公司，还有一些未公司化的国有企业，还有非公司的合伙企业等等，均可以认定为企业。但个体工商户、承包经营户、个人合伙则不能认定为企业。

【留置权成立的消极要件】**第二百三十二条　法律规定或者当事人约定不得留置的动产，不得留置。**

条文主旨

本条是关于留置权成立的消极要件规定。

理解与适用

《物权法》大大扩展了留置权的适用范围。《担保法》第 84 条规定："因保管合同、运输合同、加工承揽合同发生的债权，债务人不履行该债务的，债权人有留置权。法律规定可以留置的其他合同，适用前款规定。当事人可以在合同中约定不得留置的物。"由此可以看出，《担保法》规定的留置权的适用范围限于合同，而且主要是保管、运输、加工承揽三种典型合同。对于其他合同，也应当在法律有明确规定的情况下，才有留置权之适用。《物权法》则扩大了留置权的适用范围，留置权的适用不再局限在合同的范围内，而是只要债权人合法占有债务人的动产与债权属于同一法律关系即可成立留置权。但《物权法》明确规定了不得留置的情形。

第一，"法律规定不得留置"情形。"法律"应当解释为狭义的法律，全国人民代表大会及其常务委员会制定的法律，"法律规定不得留置"的情形包括：一是法律直接规定不得留置的情况，既包括现有法律中已经规定的不得留置的情形，也包括将来立法中规定的不得留置的情形。二是对于禁止流通物，不得留置。禁止流通物是依照法律规定，不允许在商品交换领域为实现其价值而流通的物。

第二，当事人约定不得留置的情形。当事人约定不得留置，主要是指当事人在合同中明确约定排除行使留置权的情形，也包括当事人的约定与留置权行使直接冲突的情形。在《担保法》第 82 条中有如此规定，最高人民法院的司法解释也持此观点。如《担保法司法解释》第 197 条规定："当事人在合同中约定排除留置权，债务履行期届满，债权人行使留置权的，人民法院不予支持。"《物权法》对此规定予以确认，其目的主要是贯彻当事人意思自治原则，当事人约定排除留置权适用的，当然不得成立留置权。

【留置物的价值应与债务的金额相当】 **第二百三十三条　留置财产为可分物的，留置财产的价值应当相当于债务的金额。**

条文主旨

本条是关于留置物的价值应当与债务的金额相当的规定。

理解与适用

《担保法》第85条有相同规定。留置权既然以保证债权人之债能够得到清偿为目的，留置权行使的范围也应以满足此目的为限度。

留置的财产为不可分物时，因其不可分割或分割就会改变其效益，所以，留置权人得以就留置物的全部行使其留置权。这与留置物的不可分性是同一的，即留置权的效力及于债权人所留置占有的债务人财产的全部，而非部分，否则会影响债权人债权的实现。

留置的财产是可分物的，所留置的财产应当相当于债务的金额。法律如此规定，是因为债权人留置财产的目的，是为了清偿债权，只要留置物的价值相当于债务的金额，就能保证其债权得到实现。如果债权人行使留置权的范围明显超过了本条规定的价值范围，在于留置动产是可分物时，则构成不正当行使留置权。对于超出留置范围的留置动产，债务人有权要求解除留置并返还。留置权人拒不解除留置的，则应当承担违约责任或者侵权责任。如因此还对债务人造成其他损失的，应当承担相应的赔偿责任。

根据该条，只有留置的物属于可分物时，才有本条的适用，否则债权人有权留置物的全部。

【留置权人保管义务】 **第二百三十四条　留置权人负有妥善保管留置财产的义务；因保管不善致使留置财产毁损、灭失的，应当承担赔偿责任。**

条文主旨

本条是关于留置权人保管义务的规定。

理解与适用

一、条文理解

在《担保法》第86条中有相似规定。在留置权关系中，留置权人依法实际占有留置物，因此也就相应地产生了对留置物的保管义务。即留置权人应尽到财产占有人的注意义务，要妥善保管好留置物。这是留置权人的基本义务。此项义务，是基于留置权产生的，从而一旦留置权消灭时，此义务即消灭，但在留置物交还之前，留置权人仍有保管留置物的义务。

留置权人应以善良管理人的注意保管留置物。留置物在保管期间，因为留置权人的过失，未尽到应有的注意或者保管方法不当致使留置物灭失或者毁损的，留置权人不仅丧失了留置权，而且还要承担留置物灭失或者毁损的赔偿责任，但其债权并未丧失。留置权人于占有标的物期间是否已为必要的注意，应由留置权人来举证。留置权人保管留置物须债务人予以协助的，得请求债务人协助；如债务人不应其请求予以协助，对因此而造成的留置物的毁损、灭失，债务人不能请求损害赔偿。

《担保法》规定，在留置权人未能妥善保管留置物以致留置物毁损灭失的，应当承担民事责任。承担民事责任的方式有如下几种：停止侵害；排除妨碍；消除危险；返还财产；恢复原状；修理、重作、更换；赔偿损失；支付违约金；消除影响、恢复名誉；赔礼道歉。因此，留置权人承担民事责任的方式有多种可以选择。在《物权法》中，仅仅规定了留置权人承担责任的方式是赔偿损失，更加容易操作。

二、审判实务

审判实践中，应当注意以下问题：

1. 准确掌握留置权人保管不善损害赔偿责任的构成要件。留置权人因保管不善造成留置动产的毁损、灭失的赔偿责任是过错责任，即以留置权人“保管不善”，也就是说未尽到其保管义务之过失为要件。如果非因留置权人之保管义务之违反而产生的留置动产的损失，留置权人不承担赔偿责任。对留置权人对留置动产的损害有无过错，应当由留置权人负举证责任。如果留置权人不能证明其没有过错，则应当承担损害赔偿责任。因此，留置权人保管不善的损害赔偿责任实际上是严格责任，或者过错推定责任。

2. 损害赔偿责任产生时的抵销问题。因留置权人保管不善导致留置动产损害的，债务人有权请求其承担赔偿责任。如果债务人还未履行或者未完全履行其债务时，得以其债务与留置权人的损害赔偿之债进行抵销。

【留置权人孳息收取权】 **第二百三十五条　留置权人有权收取留置财产的孳息。**

前款规定的孳息应当先充抵收取孳息的费用。

条文主旨

本条是关于留置权人孳息收取权的规定。

理解与适用

留置权人可以收取留置物所生的孳息，以抵偿其债权，这就是留置权人的孳息收取权。在《担保法》中对此问题并未做相应规定。

留置权人虽有收取孳息的权利，但所收取的孳息不是即属于他所有，而是可以成为留置权的标的物，留置权人对其所享有的权利或所负的义务，与一般留置权相同，所以债权人可以以之优先抵偿其债权，留置权人丧失孳息的占有时，也丧失孳息的留置权，就该孳息再生有孳息时，留置权人也有收取的权利。孳息如何收取与抵偿应类推适用留置权人应以对于自己财产同一的注意来收取孳息，并用以先抵充收取孳息的费用，然后再抵充原债权的利息，再抵充原债权，而为债务人计算，孳息如果是金钱的，可以直接用以抵偿债权，如果不是金钱债权的，则需在符合留置权实行要件时，以拍卖后变价抵偿或订约取得其所有权的方法抵偿。只是留置权人可以收取孳息，以抵偿债权，并非留置权的常态与机能，所以不得因此就说留置权是用益物权。

孳息的收取既然是留置权人的权利，所以在不违反其善良管理人注意的留置物保管义务范围内，留置权人是否收取孳息是他的自由。留置权人不收取孳息，致使债务人受到损害的时候，仅以留置权人有违反上述保管义务为限，才能请求留置权人赔偿损害。

留置权人有收取留置动产的孳息的权利，但收取的孳息只能作为留置动产的一部分，而非直接归留置权人所有，也不能直接为债务清偿。只是由于留置权人收取孳息需要支付一定的费用，可以孳息价值优先清偿此种费用。但收取孳息的费用应当以合理为限，即留置权人应当按照一个善良管理人的注意义务而选择收取的方法。如果因为收取方法不当造成孳息损失的，视为留置权人未尽到妥善保管义务，应当对债务人承担赔偿责任。如果留置权人采用明显不合理的方法收取孳息而支出的不合理费用或者产生的其他不法后果，应当由留置权人自行负责。

【留置权实现】 **第二百三十六条　留置权人与债务人应当约定留置财产后的债务履行期间；没有约定或者约定不明确的，留置权人应当给债务人两个月以上履行债务的期间，但鲜活易腐等不易保管的动产除外。债务人逾期未履行的，留置权人可以与债务人协议以留置财产折价，也可以就拍卖、变卖留置财产所得的价款优先受偿。**

留置财产折价或者变卖的，应当参照市场价格。

条文主旨

本条是关于留置权实现的规定。

理解与适用

一、条文理解

留置权实现包括两个方面：一是留置权实现的条件，二是留置权实现的方式。

1. 关于留置权实现的条件。留置权是有二次效力的担保物权。留置权的第一次效力在于促使债务人履行其义务。留置权的第二次效力，是留置权的最终效力，其目的是使债权人能受偿其债权。所谓留置权的实现，一般是指留置权的第二次效力的实现，是留置权人对留置物进行处分、以其价款保证债务的实现。《担保法》第 87 条有类似规定。留置权人实现其留置权，应当具备以下三个条件：

（1）留置权人留置财产后确定债务人履行债务的一定期限。留置权人在通过处分留置动产而就其价值优先受偿之前，应当给予债务人一定的期限履行债务。留置后宽限的履行债务期限应当合理。对该期限，首先可以由当事人约定。如果当事人没有约定，或者约定不明确的，则适用《物权法》的规定期限。在此情况下，由债权人按照《物权法》规定指定宽限履行期限。债权人指定的履行宽限期限，应当不短于法律规定的期限。《物权法》规定的法定宽限最低为两个月。债务履行宽限期应从主合同债务履行期限届满之日起计算。不过两个月以上的时间只是一般性的规定，在留置物为鲜活易腐等不易保管的动产时，对此类动产留置时可以不必规定两个月的履行期，债权人得尽快行使留置权，一方面实现其债权，另一方面也使物得以尽其用，避免不必要的损失。

（2）债权人通知债务人在确定的宽限期内履行义务。此通知具有催告的性质，债权人未经事前通知债务人于确定的期限内履行债务的，不得实现留置权。但是应当认为，如对债务人无法通知时，如债务人若于两个月期限内仍不履行义务时，留置权人得实现留置权。如债权人与债务人已于合同中有宽限期限约定的，则债权人不予通知。

（3）债权人须持续占有留置物。债权人对留置物的占有是留置权成立和存续的要件，如果在债务履行期限届满前，债权人丧失对债务人财产的占有，留置权不能成立；如果在留置权成立后，由于债权人自己的原因丧失对留置物的占有，债权人不得以留置权对抗第三人，只能对债务人行使请求权，不得行使留置权。

（4）债务人于宽限期内仍不履行其义务，并且也不另外担保。此时，债权人可以与债务人协议以折价留置物或者拍卖、变卖等方式优先受偿。

2. 关于留置权人实现留置权的方式，《物权法》规定了三种：一是以留置物折价受偿；二是拍卖留置物受偿；三是以其他形式变卖留置物受偿。

（1）折价受偿。协议取得留置物所有权，应当具备以下三个条件：①留置权人和债务人订立合同。②合同以清偿留置物担保的债权为目的。③无害于其他担保权人的利益。

（2）拍卖受偿。拍卖留置物受偿，是指按照法定的拍卖程序，以拍卖所得价金清偿债权的方法，这是留置权人变价留置物受偿的主要方法。依照《物权法》本条规定，留置权人可与债务人协议拍卖留置物。留置权人和债务人不能达成协议委托拍卖人以拍卖变价留置物的，留置权人可以向人民法院提起诉讼。

（3）变卖受偿。变卖留置物受偿，是指债权人和债务人通过协议约定以留置物折价和拍卖留置物以外的方法变现留置物以清偿债权。

3. 法律对折价与变卖留置物时价格的限制。债权人与债务人在现实中往往会不平等，如果任由当事人恣意约定留置物的价格，往往会造成不公平的情形出现。另外，如果涉及第三人利益的，如果允许当事人随意约定折价或者变卖之价格，还有可能损害第三人之利益。因此，《物权法》明确规定“留置财产折价或者变卖的，应当参照市场价格”。参照的市场价格是指折价或者变卖留置动产之时，市场上该类动产交易的平均价格。

二、审判实务

审判实践中，适用本条规定，应当注意留置权的行使与时效的关系。

留置权因为债权已届清偿期、债务人不履行债务、债权人占有债务人的财产而发生效果，只要债权人占有而不给付（返还）留置物，留置权始终处于有效形式状态，留置权人对留置物享有的权利没有计算诉讼时效的余地。所以，留置权的行使不受债权的诉讼时效是否完成的影响，债权罹于诉讼时效，留置权人仍得行使其留置权。

【债务人请求及时行使留置权】**第二百三十七条　债务人可以请求留置权人在债务履行期届满后行使留置权；留置权人不行使的，债务人可以请求人民法院拍卖、变卖留置财产。**

条文主旨

本条是关于债务人请求及时行使留置权的规定。

理解与适用

一、条文理解

具体涵义阐释如下：

第一，债务人有权请求留置权人在债务履行期届满后行使留置权。留置权成立后，依照《物权法》第240条留置权人与债务人应当约定留置财产后的债务履行期间；没有约定或者约定不明确的，留置权人应当给债务人两个月以上履行债务的期间，但鲜活易腐等不易保管的动产除外。债务人逾期未履行的，留置权人可以与债务人协议以留置财产折价，也可以就拍卖、变卖留置财产所得的价款优先受偿。作为与留置权人上述权利相对应的权利，债务人在债务履行期届满后也有权请求质权人行使质权。这一规定意在实现出质人和质权人双方利益的均衡，从而促进双方利益的最大化。

第二，债务人请求留置权人行使留置权而留置权人不行使的，债务人可以请求人民法院拍卖、变卖留置财产。留置权人在债务履行期届满后不积极行使留置权，一直占有留置物时，可能构成权利滥用，根据民法上权利滥用禁止原则，应该赋予债务人以救济性权利，此时，债务人可以请求人民法院以公权利来拍卖、变卖留置财产。折价的方式之所以不能适用，是因为折价需要债权人和债务人双方协商，而债权人又不积极行使留置权，不与债务人协商，双方无法达成折价协议。

二、审判实务

本条规定的“债务履行期间届满后”，债务人有权请求留置权人行使留置权。“债务履行期间届满后”，在留置权适用的情形，可以有两种解释。一是指《物权法》第236条规定债务履行宽限期。即在原债务履行期限届满后留置权成立时，当事人约定的或者债权人指定的债务履行宽限期间。二是指原债务履行期间届满后。对此，《物权法》规定不是很明确。本条规定实际上是对债务人在留置权行使方面的权利的规定。其目的在于督促留置权人及时地行使留置权，以减少留置财产的闲置浪费。而《物权法》第236条规定的债务履行宽限期限，其立法目的是给予债务人合理的期间以清偿债务，避免留置财产被变现清偿债务，从而使债务人丧失了其对留置财产的使用权利。因此，债务履行宽限期对债务人来说是一种权利。而对于留置权人来说，此期间是对其权利的限制。因此，如果债务人放弃其履行宽限期间利益，要求留置权人提前实现留置权，是债务人对自己权利的处分，该处分只要不违反法律、行政法规的强制性规定，就是有效的。提前实现留置权，也完全符合留置权人的利益。因此，如果债务人在原债务履行期间届满，留置权成立后，债务履行宽限期届满之前，请求留置权人行使留置权的，留置权人可以行使留置权。留置权人不行使留置权，债务人向法院起诉要求对留置财产拍卖、变卖，以清偿债务的，人民法院应当支持。

【留置财产价款分配】 **第二百三十八条　留置财产折价或者拍卖、变卖后，其价款超过债权数额的部分归债务人所有，不足部分由债务人清偿。**

条文主旨

本条是关于留置权实现后留置财产价款分配与剩余债务的清偿的规定。

理解与适用

一、条文理解

留置财产折价或者拍卖、变卖后，其价款超过债权数额的部分归债务人所有，如果债权人受领了该余额，则其应当及时将该余额归还给债务人，债务人就其损失依法享有对债权人的追偿权。留置财产折价或者拍卖、变卖后，价款不足以使债权获得完全清偿的，债务人应以其他财产清偿。

留置财产折价或者拍卖、变卖后，留置权人就留置财产或者价金受清偿后，其留置权归于消灭。若价款不足以清偿留置担保的债权的，留置权人未受清偿的债权部分，得以以普通债权人的身份继续向债务人求偿。

二、审判实务

审判实践中，适用本条应该注意以下问题：

1. 留置财产折价或者拍卖、变卖所得的价款，当事人没有约定的，实践中一般按下列顺序清偿：（1）实现留置权的费用；（2）债权的利息；（3）债权，依照《物权法》第 173 条规定："担保物权的担保范围包括主债权及其利息、违约金、损害赔偿金、保管担保财产和实现担保物权的费用。当事人另有约定的，按照约定。”留置权人在实现留置权时，留置财产折价或者拍卖、变卖所得的价款，超过约定担保范围数额的部分归留置人所有，不足部分由债务人清偿。具体的清偿方式和数额分配已如前述。

2. 留置权人对债务人其他财产的求偿。在留置权成立的情况下，留置权人是否可以不行使留置权，而在债务人债务履行期届满不清偿债务时，要求债务人以留置财产之外的财产清偿债权？在《物权法》和其他法律未明文规定留置权人无选择权的情况下，可以承认留置权人在对留置财产行使留置权之前，可以债权人的身份对债务人的其他财产先为清偿要求。债权人受清偿后，留置权消灭，留置财产成为债务人可以用来清偿其他债务的财产，这样有利于债权人债权的实现。但在债务人破产之时，应当加以限制。在债务人破产时，留置权人享有别除权，如果还允许留置权人以全部债权额先行参加破产程序，不够时再处理留置财产，则不利于保护全体破产债权人的利益。由此可以得出“在债务人破产时，应当对留置权人在债务人留置财产之外的财产上求偿进行限制”的结论。至于在一般情况下，应该认为留置权人在对留置财产行使留置权之前，可以债权人的身份对债务人的其他财产先为清偿要求，债权人受清偿后，留置权消灭，留置财产成为债务人可以用来清偿其他债务的财产，这样有利于债权人债权的实现。

【留置权与其他担保物权竞合时的实现顺序】 **第二百三十九条　同一动产上已设立抵押权或者质权，该动产又被留置的，留置权人优先受偿。**

条文主旨

本条是对留置权与其他担保物权竞合时实现顺序的规定。

理解与适用

一、条文理解

由于《担保法》未规定担保物权的竞合问题，导致实践中产生不少问题。本条规定了留置权与抵押权、质权的竞合，可谓立法进步。具体涵义阐释如下：

（一）先设定抵押权后成立留置权的处理

对于同一动产上先设定抵押权后成立留置权，两者何者优先问题，《担保法司法解释》第79条第2款的规定与《物权法》规定相同："同一财产抵押权与留置权并存时，留置权人优先于抵押权人受偿。"那么，恶意的留置权人是否也优先于抵押权人呢?《物权法》对此未作规定，此前的立法和司法解释也未有规定。虽然本条未明确留置权人的善意或恶意因素对其优先地位的影响，但是在理解该条时，基本上无须考虑留置权人主观因素。

（二）动产质权和留置权竞合的处理

根据《物权法》之规定，质权人占有质物期间，质权人将质物交由第三人直接占有，而自己间接占有时，第三人得基于留置权的成立事由而取得留置权。例如，质权人将质物交由第三人保管，保管人得于具备留置权条件下取得留置权。因为留置权是担保基于维护或保存标的物的价值的行为而发生的债权，并且标的物由留置权人直接占有，质权人仅为间接占有人，于此情形，因质权人的质权并不消灭，发生留置权与质权的竞合，留置权优先于质权。

二、审判实务

在审判实践中，适用本条应注意以下问题：

（一）关于先发生留置权而后发生抵押权或质权的处理问题

区分两种情形述之：

1. 先成立留置权而后设定抵押权的情形之处理。

这种情形的产生有两种可能：一是留置物所有人将留置物抵押，此时在留置物上又成立了抵押权，抵押权与留置权竞合，因留置权成立在先，留置权的效力当然优先于抵押权。二是留置权人将留置物抵押，于此情形下，因为留置权人非为标的物所有人，抵押应为无效，不发生抵押权与留置权的竞合。但若是经留置物所有权人的同意，留置权人为自己的债务履行为其债权设定抵押权的，抵押权可为有效，发生抵押权与留置权的竞合。不过于此情形下，抵押权的效力应优先于留置权，因为留置权人是抵押权所担保债权的债务人，债务人的权利不能优先于债权人的权利。

2. 先成立留置权后成立质权的情形之处理。

留置权人经留置物所有人同意在留置物上设定质权，或者留置权人虽未经留置物所有人同意擅自出质，而第三人善意取得质权的，在这两种情况下，留置权与质权竞合，后设定的质权效力优先于留置权。因为在此情形下，标的物为质权人实际直接占有，而留置权人仅为间接占有人。若留置物所有人经留置权人同意在留置物上设定质权，则成立在先的留置权优先于在后质权。

（二）关于留置权与优先权竞合时的处理

《物权法》对此未作规定。留置权和优先权同属法定担保物权，留置权的效力原则上后于优先权。我国法律规定的优先权，主要有船舶优先权和民用航空器优先权。留置权不具有对抗优先权的效力。

【留置权消灭】 第二百四十条　留置权人对留置财产丧失占有或者留置权人接受债务人另行提供担保的，留置权消灭。

条文主旨

本条是关于留置权消灭的规定。

理解与适用

一、条文理解

关于留置权消灭的规定,《担保法》第88条规定“留置权因下列原因消灭:(一)债权消灭的;(二)债务人另行提供担保并被债权人接受的。”

根据本条之规定,留置权消灭的原因有两种:一是留置权人丧失对留置权物的占有;二是债务人提供相当的担保。

1. 留置权人丧失对留置物的占有。

留置权是以留置物的占有为其成立与存续的要件,留置物权人丧失留置物的占有的,会导致留置权的消灭。所谓丧失占有,是指丧失留置物的事实上的控制。丧失占有的原因,无论是出于留置权人的意思,还是由于留置权人之外的原因都包括在内。但对于留置财产占有的丧失,如不是出于留置权人意思的,如果留置财产的占有因他人非法原因为丧失时,留置权人享有返还请求权的,于该请求权不能实现之前,仍应认为留置权人享有占有权利,其留置权并未消灭。

2. 留置权人接受债务人另行提供担保的。

债务人为债务的清偿,已经提出相当的担保的,债权人的留置权消灭。成为留置权的特殊消灭原因之一。此项规定在留置物的价值高于担保债权,或留置物于所有人主观上具有贵重的价值的情形,是有实际意义的。该规定的具体含义如下:

(1)此为债务人的权利,是只有债务人才有提供担保的权利,也只有留置权人才有接受的义务。但在留置权发生后,第三人取得留置物所有者也有可能产生。留置物为第三人取得所有权的,在解释上也应认为其有权提供担保以消灭留置权。

(2)此项担保无论是人的保证或物的担保,均无不可,只是以相当为必要。相当与否,应先由留置权人的主观方面决定;如果有争执时,再依客观的社会观念决定。

（3）所谓已提出担保，是指已经为债权人设定担保物权或保证人已经与债权人订立保证合同，也即提供的担保已经成立。虽然《物权法》规定，债务人提供担保，留置权人接受担保时留置权消灭。但只要债务人提供的担保足以保障债权得到清偿的，留置权人不得拒绝该担保。第三人提供保证时，如果留置权人拒不接受的，视为债务人提供的担保不符合《物权法》规定的条件，留置权不消灭。

（4）债务人的担保，虽然须为债务的清偿而提出，但其提出时无须具有消灭留置权的意思。债务人提出的担保，一旦符合本条规定的要件时，留置权当然消灭，无须再经债务人为请求消灭留置权的意思表示，或债权人另为同意的意思表示。

留置权消灭时，留置权人对留置财产，负有返还（给付）的义务。留置权一旦消灭，则债权人即丧失了继续占有留置财产的基础，债务人即取得要求债权人返还留置财产的权利。

二、审判实务

在审判实践中，适用本条应当注意以下问题：

留置权消灭还有其他原因。《物权法》仅规定了留置权消灭的两种原因，在留置物消灭、被担保债权消灭时，留置权亦消灭。

1. 因发生物权消灭的原因消灭留置权的。留置权作为物权的一种，因为物权消灭之通常原因而消灭。例如，因为留置物的混同、标的物的灭失、标的物被征收、权利人放弃权利、留置权的行使等原因的发生，留置权消灭。

2. 因被担保债权消灭。留置权为担保物权，目的在于担保债权的受偿；受留置权担保的债权之存在，为留置权存续的要件。若债权因为清偿、提存、抵销、免除、混同等原因全部消灭时，留置权随之消灭。若债权部分消灭，因留置权具有行使的不可分性，留置权并不消灭。

第三部分

相关法律、法规、司法解释等

一、法律、行政法规、部门规章等

中华人民共和国民法总则（节录）

（2017年3月15日）

第一章　基本规定

第一条　为了保护民事主体的合法权益，调整民事关系，维护社会和经济秩序，适应中国特色社会主义发展要求，弘扬社会主义核心价值观，根据宪法，制定本法。

第二条　民法调整平等主体的自然人、法人和非法人组织之间的人身关系和财产关系。

第三条　民事主体的人身权利、财产权利以及其他合法权益受法律保护，任何组织或者个人不得侵犯。

第四条　民事主体在民事活动中的法律地位一律平等。

第五条　民事主体从事民事活动，应当遵循自愿原则，按照自己的意思设立、变更、终止民事法律关系。

第六条　民事主体从事民事活动，应当遵循公平原则，合理确定各方的权利和义务。

第七条　民事主体从事民事活动，应当遵循诚信原则，秉持诚实，恪守承诺。

第八条　民事主体从事民事活动，不得违反法律，不得违背公序良俗。

第九条　民事主体从事民事活动，应当有利于节约资源、保护生态环境。

第十条　处理民事纠纷，应当依照法律；法律没有规定的，可以适用习惯，但是不得违背公序良俗。

第十一条　其他法律对民事关系有特别规定的，依照其规定。

第十二条　中华人民共和国领域内的民事活动，适用中华人民共和国法律。法律另有规定的，依照其规定。

第二章　自然人

第一节　民事权利能力和民事行为能力

第十三条　自然人从出生时起到死亡时止，具有民事权利能力，依法享有民事权利，承担民事义务。

第十四条　自然人的民事权利能力一律平等。

第十五条　自然人的出生时间和死亡时间，以出生证明、死亡证明记载的时间为准；没有出生证明、死亡证明的，以户籍登记或者其他有效身份登记记载的时间为准。有其他证据足以推翻以上记载时间的，以该证据证明的时间为准。

第十六条　涉及遗产继承、接受赠与等胎儿利益保护的，胎儿视为具有民事权利能力。但是胎儿娩出时为死体的，其民事权利能力自始不存在。

第十七条　十八周岁以上的自然人为成年人。不满十八周岁的自然人为未成年人。

第十八条　成年人为完全民事行为能力人，可以独立实施民事法律行为。

十六周岁以上的未成年人，以自己的劳动收入为主要生活来源的，视为完全民事行为能力人。

第十九条　八周岁以上的未成年人为限制民事行为能力人，实施民事法律行为由其法定代理人代理或者经其法定代理人同意、追认，但是可以独立实施纯获利益的民事法律行为或者与其年龄、智力相适应的民事法律行为。

第二十条　不满八周岁的未成年人为无民事行为能力人，由其法定代理人代理实施民事法律行为。

第二十一条　不能辨认自己行为的成年人为无民事行为能力人，由其法定代理人代理实施民事法律行为。

八周岁以上的未成年人不能辨认自己行为的，适用前款规定。

第二十二条　不能完全辨认自己行为的成年人为限制民事行为能力人，实施民事法律行为由其法定代理人代理或者经其法定代理人同意、追认，但是可以独立实施纯获利益的民事法律行为或者与其智力、精神健康状况相适应的民事法律行为。

第四节　个体工商户和农村承包经营户

第五十四条　自然人从事工商业经营，经依法登记，为个体工商户。个体工商户可以起字号。

第五十五条　农村集体经济组织的成员，依法取得农村土地承包经营权，从事家庭承包经营的，为农村承包经营户。

第五十六条 个体工商户的债务，个人经营的，以个人财产承担；家庭经营的，以家庭财产承担；无法区分的，以家庭财产承担。

农村承包经营户的债务，以从事农村土地承包经营的农户财产承担；事实上由农户部分成员经营的，以该部分成员的财产承担。

第三章 法 人

第一节 一般规定

第五十七条 法人是具有民事权利能力和民事行为能力，依法独立享有民事权利和承担民事义务的组织。

第五十八条 法人应当依法成立。

法人应当有自己的名称、组织机构、住所、财产或者经费。法人成立的具体条件和程序，依照法律、行政法规的规定。

设立法人，法律、行政法规规定须经有关机关批准的，依照其规定。

第五十九条 法人的民事权利能力和民事行为能力，从法人成立时产生，到法人终止时消灭。

第六十条 法人以其全部财产独立承担民事责任。

第六十一条 依照法律或者法人章程的规定，代表法人从事民事活动的负责人，为法人的法定代表人。

法定代表人以法人名义从事的民事活动，其法律后果由法人承受。

法人章程或者法人权力机构对法定代表人代表权的限制，不得对抗善意相对人。

第六十二条 法定代表人因执行职务造成他人损害的，由法人承担民事责任。

法人承担民事责任后，依照法律或者法人章程的规定，可以向有过错的法定代表人追偿。

第六十三条 法人以其主要办事机构所在地为住所。依法需要办理法人登记的，应当将主要办事机构所在地登记为住所。

第六十四条 法人存续期间登记事项发生变化的，应当依法向登记机关申请变更登记。

第六十五条 法人的实际情况与登记的事项不一致的，不得对抗善意相对人。

第六十六条 登记机关应当依法及时公示法人登记的有关信息。

第六十七条 法人合并的，其权利和义务由合并后的法人享有和承担。

法人分立的，其权利和义务由分立后的法人享有连带债权，承担连带债务，但是债权人和债务人另有约定的除外。

第六十八条 有下列原因之一并依法完成清算、注销登记的，法人终止：

（一）法人解散；

（二）法人被宣告破产；

（三）法律规定的其他原因。

法人终止，法律、行政法规规定须经有关机关批准的，依照其规定。

第六十九条 有下列情形之一的，法人解散：

（一）法人章程规定的存续期间届满或者法人章程规定的其他解散事由出现；

（二）法人的权力机构决议解散；

（三）因法人合并或者分立需要解散；

（四）法人依法被吊销营业执照、登记证书，被责令关闭或者被撤销；

（五）法律规定的其他情形。

第七十条 法人解散的，除合并或者分立的情形外，清算义务人应当及时组成清算组进行清算。

法人的董事、理事等执行机构或者决策机构的成员为清算义务人。法律、行政法规另有规定的，依照其规定。

清算义务人未及时履行清算义务，造成损害的，应当承担民事责任；主管机关或者利害关系人可以申请人民法院指定有关人员组成清算组进行清算。

第七十一条 法人的清算程序和清算组职权，依照有关法律的规定；没有规定的，参照适用公司法的有关规定。

第七十二条 清算期间法人存续，但是不得从事与清算无关的活动。

法人清算后的剩余财产，根据法人章程的规定或者法人权力机构的决议处理。法律另有规定的，依照其规定。

清算结束并完成法人注销登记时，法人终止；依法不需要办理法人登记的，清算结束时，法人终止。

第七十三条 法人被宣告破产的，依法进行破产清算并完成法人注销登记时，法人终止。

第七十四条 法人可以依法设立分支机构。法律、行政法规规定分支机构应当登记的，依照其规定。

分支机构以自己的名义从事民事活动，产生的民事责任由法人承担；也可以先以该分支机构管理的财产承担，不足以承担的，由法人承担。

第七十五条 设立人为设立法人从事的民事活动，其法律后果由法人承受；法人未成立的，其法律后果由设立人承受，设立人为二人以上的，享有连带债权，承担连带债务。

设立人为设立法人以自己的名义从事民事活动产生的民事责任，第三人有权选择请求法人或者设立人承担。

第二节 营利法人

第七十六条 以取得利润并分配给股东等出资人为目的成立的法人，为营利法人。

营利法人包括有限责任公司、股份有限公司和其他企业法人等。

第七十七条 营利法人经依法登记成立。

第七十八条 依法设立的营利法人，由登记机关发给营利法人营业执照。营业执照签发日期为营利法人的成立日期。

第七十九条 设立营利法人应当依法制定法人章程。

第八十条 营利法人应当设权力机构。

权力机构行使修改法人章程，选举或者更换执行机构、监督机构成员，以及法人章程规定的其他职权。

第八十一条 营利法人应当设执行机构。

执行机构行使召集权力机构会议，决定法人的经营计划和投资方案，决定法人内部管理机构的设置，以及法人章程规定的其他职权。

执行机构为董事会或者执行董事的，董事长、执行董事或者经理按照法人章程的规定担任法定代表人；未设董事会或者执行董事的，法人章程规定的主要负责人为其执行机构和法定代表人。

第八十二条 营利法人设监事会或者监事等监督机构的，监督机构依法行使检查法人财务，监督执行机构成员、高级管理人员执行法人职务的行为，以及法人章程规定的其他职权。

第八十三条 营利法人的出资人不得滥用出资人权利损害法人或者其他出资人的利益。滥用出资人权利给法人或者其他出资人造成损失的，应当依法承担民事责任。

营利法人的出资人不得滥用法人独立地位和出资人有限责任损害法人的债权人利益。滥用法人独立地位和出资人有限责任，逃避债务，严重损害法人的债权人利益的，应当对法人债务承担连带责任。

第八十四条 营利法人的控股出资人、实际控制人、董事、监事、高级管理人员不得利用其关联关系损害法人的利益。利用关联关系给法人造成损失的，应当承担赔偿责任。

第八十五条 营利法人的权力机构、执行机构作出决议的会议召集程序、表决方式违反法律、行政法规、法人章程，或者决议内容违反法人章程的，营利法人的出资人可以请求人民法院撤销该决议，但是营利法人依据该决议与善意相对人形成的民事法律关系不受影响。

第八十六条 营利法人从事经营活动，应当遵守商业道德，维护交易安全，接受政府和社会的监督，承担社会责任。

第三节 非营利法人

第八十七条 为公益目的或者其他非营利目的成立，不向出资人、设立人或者会员分配所取得利润的法人，为非营利法人。

非营利法人包括事业单位、社会团体、基金会、社会服务机构等。

第八十八条 具备法人条件，为适应经济社会发展需要，提供公益服务设立的事业单位，经依法登记成立，取得事业单位法人资格；依法不需要办理法人登记的，从成立之日起，具有事业单位法人资格。

第八十九条 事业单位法人设理事会的，除法律另有规定外，理事会为其决策机构。事业单位法人的法定代表人依照法律、行政法规或者法人章程的规定产生。

第九十条 具备法人条件，基于会员共同意愿，为公益目的或者会员共同利益等非营利目的设立的社会团体，经依法登记成立，取得社会团体法人资格；依法不需要办理法人登记的，从成立之日起，具有社会团体法人资格。

第九十一条 设立社会团体法人应当依法制定法人章程。

社会团体法人应当设会员大会或者会员代表大会等权力机构。

社会团体法人应当设理事会等执行机构。理事长或者会长等负责人按照法人章程的规定担任法定代表人。

第九十二条 具备法人条件，为公益目的以捐助财产设立的基金会、社会服务机构等，经依法登记成立，取得捐助法人资格。

依法设立的宗教活动场所，具备法人条件的，可以申请法人登记，取得捐助法人资格。法律、行政法规对宗教活动场所有规定的，依照其规定。

第九十三条 设立捐助法人应当依法制定法人章程。

捐助法人应当设理事会、民主管理组织等决策机构，并设执行机构。理事长等负责人按照法人章程的规定担任法定代表人。

捐助法人应当设监事会等监督机构。

第九十四条 捐助人有权向捐助法人查询捐助财产的使用、管理情况，并提出意见和建议，捐助法人应当及时、如实答复。

捐助法人的决策机构、执行机构或者法定代表人作出决定的程序违反法律、行政法规、法人章程，或者决定内容违反法人章程的，捐助人等利害关系人或者主管机关可以请求人民法院撤销该决定，但是捐助法人依据该决定与善意相对人形成的民事法律关系不受影响。

第九十五条　为公益目的成立的非营利法人终止时，不得向出资人、设立人或者会员分配剩余财产。剩余财产应当按照法人章程的规定或者权力机构的决议用于公益目的；无法按照法人章程的规定或者权力机构的决议处理的，由主管机关主持转给宗旨相同或者相近的法人，并向社会公告。

第四节　特别法人

第九十六条　本节规定的机关法人、农村集体经济组织法人、城镇农村的合作经济组织法人、基层群众性自治组织法人，为特别法人。

第九十七条　有独立经费的机关和承担行政职能的法定机构从成立之日起，具有机关法人资格，可以从事为履行职能所需要的民事活动。

第九十八条　机关法人被撤销的，法人终止，其民事权利和义务由继任的机关法人享有和承担；没有继任的机关法人的，由作出撤销决定的机关法人享有和承担。

第九十九条　农村集体经济组织依法取得法人资格。

法律、行政法规对农村集体经济组织有规定的，依照其规定。

第一百条　城镇农村的合作经济组织依法取得法人资格。

法律、行政法规对城镇农村的合作经济组织有规定的，依照其规定。

第一百零一条　居民委员会、村民委员会具有基层群众性自治组织法人资格，可以从事为履行职能所需要的民事活动。

未设立村集体经济组织的，村民委员会可以依法代行村集体经济组织的职能。

第四章　非法人组织

第一百零二条　非法人组织是不具有法人资格，但是能够依法以自己的名义从事民事活动的组织。

非法人组织包括个人独资企业、合伙企业、不具有法人资格的专业服务机构等。

第一百零三条　非法人组织应当依照法律的规定登记。

设立非法人组织，法律、行政法规规定须经有关机关批准的，依照其规定。

第一百零四条　非法人组织的财产不足以清偿债务的，其出资人或者设立人承担无限责任。法律另有规定的，依照其规定。

第一百零五条 非法人组织可以确定一人或者数人代表该组织从事民事活动。

第一百零六条 有下列情形之一的，非法人组织解散：

（一）章程规定的存续期间届满或者章程规定的其他解散事由出现；

（二）出资人或者设立人决定解散；

（三）法律规定的其他情形。

第一百零七条 非法人组织解散的，应当依法进行清算。

第一百零八条 非法人组织除适用本章规定外，参照适用本法第三章第一节的有关规定。

第五章　民事权利

第一百零九条 自然人的人身自由、人格尊严受法律保护。

第一百一十条 自然人享有生命权、身体权、健康权、姓名权、肖像权、名誉权、荣誉权、隐私权、婚姻自主权等权利。

法人、非法人组织享有名称权、名誉权、荣誉权等权利。

第一百一十一条 自然人的个人信息受法律保护。任何组织和个人需要获取他人个人信息的，应当依法取得并确保信息安全，不得非法收集、使用、加工、传输他人个人信息，不得非法买卖、提供或者公开他人个人信息。

第一百一十二条 自然人因婚姻、家庭关系等产生的人身权利受法律保护。

第一百一十三条 民事主体的财产权利受法律平等保护。

第一百一十四条 民事主体依法享有物权。

物权是权利人依法对特定的物享有直接支配和排他的权利，包括所有权、用益物权和担保物权。

第一百一十五条 物包括不动产和动产。法律规定权利作为物权客体的，依照其规定。

第一百一十六条 物权的种类和内容，由法律规定。

第一百一十七条 为了公共利益的需要，依照法律规定的权限和程序征收、征用不动产或者动产的，应当给予公平、合理的补偿。

第一百一十八条 民事主体依法享有债权。

债权是因合同、侵权行为、无因管理、不当得利以及法律的其他规定，权利人请求特定义务人为或者不为一定行为的权利。

第一百一十九条 依法成立的合同，对当事人具有法律约束力。

第一百二十条 民事权益受到侵害的，被侵权人有权请求侵权人承担侵权责任。

第一百二十一条　没有法定的或者约定的义务，为避免他人利益受损失而进行管理的人，有权请求受益人偿还由此支出的必要费用。

第一百二十二条　因他人没有法律根据，取得不当利益，受损失的人有权请求其返还不当利益。

第一百二十三条　民事主体依法享有知识产权。

知识产权是权利人依法就下列客体享有的专有的权利：

（一）作品；

（二）发明、实用新型、外观设计；

（三）商标；

（四）地理标志；

（五）商业秘密；

（六）集成电路布图设计；

（七）植物新品种；

（八）法律规定的其他客体。

第一百二十四条　自然人依法享有继承权。

自然人合法的私有财产，可以依法继承。

第一百二十五条　民事主体依法享有股权和其他投资性权利。

第一百二十六条　民事主体享有法律规定的其他民事权利和利益。

第一百二十七条　法律对数据、网络虚拟财产的保护有规定的，依照其规定。

第一百二十八条　法律对未成年人、老年人、残疾人、妇女、消费者等的民事权利保护有特别规定的，依照其规定。

第一百二十九条　民事权利可以依据民事法律行为、事实行为、法律规定的事件或者法律规定的其他方式取得。

第一百三十条　民事主体按照自己的意愿依法行使民事权利，不受干涉。

第一百三十一条　民事主体行使权利时，应当履行法律规定的和当事人约定的义务。

第一百三十二条　民事主体不得滥用民事权利损害国家利益、社会公共利益或者他人合法权益。

第六章　民事法律行为

第一节　一般规定

第一百三十三条　民事法律行为是民事主体通过意思表示设立、变更、终止民事法律关系的行为。

第一百三十四条　民事法律行为可以基于双方或者多方的意思表示一致成立，也可以基于单方的意思表示成立。

法人、非法人组织依照法律或者章程规定的议事方式和表决程序作出决议的，该决议行为成立。

第一百三十五条　民事法律行为可以采用书面形式、口头形式或者其他形式；法律、行政法规规定或者当事人约定采用特定形式的，应当采用特定形式。

第一百三十六条　民事法律行为自成立时生效，但是法律另有规定或者当事人另有约定的除外。

行为人非依法律规定或者未经对方同意，不得擅自变更或者解除民事法律行为。

第二节　意思表示

第一百三十七条　以对话方式作出的意思表示，相对人知道其内容时生效。

以非对话方式作出的意思表示，到达相对人时生效。以非对话方式作出的采用数据电文形式的意思表示，相对人指定特定系统接收数据电文的，该数据电文进入该特定系统时生效；未指定特定系统的，相对人知道或者应当知道该数据电文进入其系统时生效。当事人对采用数据电文形式的意思表示的生效时间另有约定的，按照其约定。

第一百三十八条　无相对人的意思表示，表示完成时生效。法律另有规定的，依照其规定。

第一百三十九条　以公告方式作出的意思表示，公告发布时生效。

第一百四十条　行为人可以明示或者默示作出意思表示。

沉默只有在有法律规定、当事人约定或者符合当事人之间的交易习惯时，才可以视为意思表示。

第一百四十一条　行为人可以撤回意思表示。撤回意思表示的通知应当在意思表示到达相对人前或者与意思表示同时到达相对人。

第一百四十二条　有相对人的意思表示的解释，应当按照所使用的词句，结合相关条款、行为的性质和目的、习惯以及诚信原则，确定意思表示的含义。

无相对人的意思表示的解释，不能完全拘泥于所使用的词句，而应当结合相关条款、行为的性质和目的、习惯以及诚信原则，确定行为人的真实意思。

第三节 民事法律行为的效力

第一百四十三条 具备下列条件的民事法律行为有效：

（一）行为人具有相应的民事行为能力；

（二）意思表示真实；

（三）不违反法律、行政法规的强制性规定，不违背公序良俗。

第一百四十四条 无民事行为能力人实施的民事法律行为无效。

第一百四十五条 限制民事行为能力人实施的纯获利益的民事法律行为或者与其年龄、智力、精神健康状况相适应的民事法律行为有效；实施的其他民事法律行为经法定代理人同意或者追认后有效。

相对人可以催告法定代理人自收到通知之日起一个月内予以追认。法定代理人未作表示的，视为拒绝追认。民事法律行为被追认前，善意相对人有撤销的权利。撤销应当以通知的方式作出。

第一百四十六条 行为人与相对人以虚假的意思表示实施的民事法律行为无效。

以虚假的意思表示隐藏的民事法律行为的效力，依照有关法律规定处理。

第一百四十七条 基于重大误解实施的民事法律行为，行为人有权请求人民法院或者仲裁机构予以撤销。

第一百四十八条 一方以欺诈手段，使对方在违背真实意思的情况下实施的民事法律行为，受欺诈方有权请求人民法院或者仲裁机构予以撤销。

第一百四十九条 第三人实施欺诈行为，使一方在违背真实意思的情况下实施的民事法律行为，对方知道或者应当知道该欺诈行为的，受欺诈方有权请求人民法院或者仲裁机构予以撤销。

第一百五十条 一方或者第三人以胁迫手段，使对方在违背真实意思的情况下实施的民事法律行为，受胁迫方有权请求人民法院或者仲裁机构予以撤销。

第一百五十一条 一方利用对方处于危困状态、缺乏判断能力等情形，致使民事法律行为成立时显失公平的，受损害方有权请求人民法院或者仲裁机构予以撤销。

第一百五十二条 有下列情形之一的，撤销权消灭：

（一）当事人自知道或者应当知道撤销事由之日起一年内、重大误解的当事人自知道或者应当知道撤销事由之日起三个月内没有行使撤销权；

（二）当事人受胁迫，自胁迫行为终止之日起一年内没有行使撤销权；

（三）当事人知道撤销事由后明确表示或者以自己的行为表明放弃撤销权。

当事人自民事法律行为发生之日起五年内没有行使撤销权的，撤销权消灭。

第一百五十三条 违反法律、行政法规的强制性规定的民事法律行为无效，但是该强制性规定不导致该民事法律行为无效的除外。

违背公序良俗的民事法律行为无效。

第一百五十四条 行为人与相对人恶意串通，损害他人合法权益的民事法律行为无效。

第一百五十五条 无效的或者被撤销的民事法律行为自始没有法律约束力。

第一百五十六条 民事法律行为部分无效，不影响其他部分效力的，其他部分仍然有效。

第一百五十七条 民事法律行为无效、被撤销或者确定不发生效力后，行为人因该行为取得的财产，应当予以返还；不能返还或者没有必要返还的，应当折价补偿。有过错的一方应当赔偿对方由此所受到的损失；各方都有过错的，应当各自承担相应的责任。法律另有规定的，依照其规定。

第四节 民事法律行为的附条件和附期限

第一百五十八条 民事法律行为可以附条件，但是按照其性质不得附条件的除外。附生效条件的民事法律行为，自条件成就时生效。附解除条件的民事法律行为，自条件成就时失效。

第一百五十九条 附条件的民事法律行为，当事人为自己的利益不正当地阻止条件成就的，视为条件已成就；不正当地促成条件成就的，视为条件不成就。

第一百六十条 民事法律行为可以附期限，但是按照其性质不得附期限的除外。附生效期限的民事法律行为，自期限届至时生效。附终止期限的民事法律行为，自期限届满时失效。

中华人民共和国合同法（节录）

（1999年3月15日）

第一章　一般规定

第一条　为了保护合同当事人的合法权益，维护社会经济秩序，促进社会主义现代化建设，制定本法。

第二条　本法所称合同是平等主体的自然人、法人、其他组织之间设立、变更、终止民事权利义务关系的协议。婚姻、收养、监护等有关身份关系的协议，适用其他法律的规定。

第三条　合同当事人的法律地位平等，一方不得将自己的意志强加给另一方。

第四条　当事人依法享有自愿订立合同的权利，任何单位和个人不得非法干预。

第五条　当事人应当遵循公平原则确定各方的权利和义务。

第六条　当事人行使权利、履行义务应当遵循诚实信用原则。

第七条　当事人订立、履行合同，应当遵守法律、行政法规，尊重社会公德，不得扰乱社会经济秩序，损害社会公共利益。

第八条　依法成立的合同，对当事人具有法律约束力。当事人应当按照约定履行自己的义务，不得擅自变更或者解除合同。依法成立的合同，受法律保护。

第二章　合同的订立

第九条　当事人订立合同，应当具有相应的民事权利能力和民事行为能力。当事人依法可以委托代理人订立合同。

第十条　当事人订立合同，有书面形式、口头形式和其他形式。法律、行政法规规定采用书面形式的，应当采用书面形式。当事人约定采用书面形式的，应当采用书面形式。

第十一条　书面形式是指合同书、信件和数据电文（包括电报、电传、传真、电子数据交换和电子邮件）等可以有形地表现所载内容的形式。

第十二条　合同的内容由当事人约定，一般包括以下条款：

（一）当事人的名称或者姓名和住所；

（二）标的；

（三）数量；

（四）质量；

（五）价款或者报酬；

（六）履行期限、地点和方式；

（七）违约责任；

（八）解决争议的方法。当事人可以参照各类合同的示范文本订立合同。

第十三条 当事人订立合同，采取要约、承诺方式。

第十四条 要约是希望和他人订立合同的意思表示，该意思表示应当符合下列规定：

（一）内容具体确定；

（二）表明经受要约人承诺，要约人即受该意思表示约束。

第十五条 要约邀请是希望他人向自己发出要约的意思表示。寄送的价目表、拍卖公告、招标公告、招股说明书、商业广告等为要约邀请。商业广告的内容符合要约规定的，视为要约。

第十六条 要约到达受要约人时生效。

采用数据电文形式订立合同，收件人指定特定系统接收数据电文的，该数据电文进入该特定系统的时间，视为到达时间；未指定特定系统的，该数据电文进入收件人的任何系统的首次时间，视为到达时间。

第十七条 要约可以撤回。撤回要约的通知应当在要约到达受要约人之前或者与要约同时到达受要约人

第十八条 要约可以撤销。撤销要约的通知应当在受要约人发出承诺通知之前到达受要约人。

第十九条 有下列情形之一的，要约不得撤销：

（一）要约人确定了承诺期限或者以其他形式明示要约不可撤销；

（二）受要约人有理由认为要约是不可撤销的，并已经为履行合同作了准备工作。

第二十条 有下列情形之一的，要约失效：

（一）拒绝要约的通知到达要约人；

（二）要约人依法撤销要约；

（三）承诺期限届满，受要约人未作出承诺；

（四）受要约人对要约的内容作出实质性变更。

第二十一条 承诺是受要约人同意要约的意思表示。

第二十二条 承诺应当以通知的方式作出，但根据交易习惯或者要约表明可以通

过行为作出承诺的除外

第二十三条　承诺应当在要约确定的期限内到达要约人。要约没有确定承诺期限的，承诺应当依照下列规定到达：

（一）要约以对话方式作出的，应当即时作出承诺，但当事人另有约定的除外；

（二）要约以非对话方式作出的，承诺应当在合理期限内到达。

第二十四条　要约以信件或者电报作出的，承诺期限自信件载明的日期或者电报交发之日开始计算。信件未载明日期的，自投寄该信件的邮戳日期开始计算。要约以电话、传真等快速通讯方式作出的，承诺期限自要约到达受要约人时开始计算。

第二十五条　承诺生效时合同成立。

第二十六条　承诺通知到达要约人时生效。承诺不需要通知的，根据交易习惯或者要约的要求作出承诺的行为时生效。

采用数据电文形式订立合同的，承诺到达的时间适用本法第十六条第二款的规定。

第二十七条　承诺可以撤回。撤回承诺的通知应当在承诺通知到达要约人之前或者与承诺通知同时到达要约人。

第二十八条　受要约人超过承诺期限发出承诺的，除要约人及时通知受要约人该承诺有效的以外，为新要约。

第二十九条　受要约人在承诺期限内发出承诺，按照通常情形能够及时到达要约人，但因其他原因承诺到达要约人时超过承诺期限的，除要约人及时通知受要约人因承诺超过期限不接受该承诺的以外，该承诺有效。

第三十条　承诺的内容应当与要约的内容一致。受要约人对要约的内容作出实质性变更的，为新要约。有关合同标的、数量、质量、价款或者报酬、履行期限、履行地点和方式、违约责任和解决争议方法等的变更，是对要约内容的实质性变更。

第三十一条　承诺对要约的内容作出非实质性变更的，除要约人及时表示反对或者要约表明承诺不得对要约的内容作出任何变更的以外，该承诺有效，合同的内容以承诺的内容为准。

第三十二条　当事人采用合同书形式订立合同的，自双方当事人签字或者盖章时合同成立。

第三十三条　当事人采用信件、数据电文等形式订立合同的，可以在合同成立之前要求签订确认书。签订确认书时合同成立。

第三十四条　承诺生效的地点为合同成立的地点。

采用数据电文形式订立合同的，收件人的主营业地为合同成立的地点；没有主营业地的，其经常居住地为合同成立的地点。当事人另有约定的，按照其约定。

第三十五条 当事人采用合同书形式订立合同的，双方当事人签字或者盖章的地点为合同成立的地点。

第三十六条 法律、行政法规规定或者当事人约定采用书面形式订立合同，当事人未采用书面形式但一方已经履行主要义务，对方接受的，该合同成立。

第三十七条 采用合同书形式订立合同，在签字或者盖章之前，当事人一方已经履行主要义务，对方接受的，该合同成立。

第三十八条 国家根据需要下达指令性任务或者国家订货任务的，有关法人、其他组织之间应当依照有关法律、行政法规规定的权利和义务订立合同。

第三十九条 采用格式条款订立合同的，提供格式条款的一方应当遵循公平原则确定当事人之间的权利和义务，并采取合理的方式提请对方注意免除或者限制其责任的条款，按照对方的要求，对该条款予以说明。

格式条款是当事人为了重复使用而预先拟定，并在订立合同时未与对方协商的条款。

第四十条 格式条款具有本法第五十二条和第五十三条规定情形的，或者提供格式条款一方免除其责任、加重对方责任、排除对方主要权利的，该条款无效。

第四十一条 对格式条款的理解发生争议的，应当按照通常理解予以解释。对格式条款有两种以上解释的，应当作出不利于提供格式条款一方的解释。格式条款和非格式条款不一致的，应当采用非格式条款。

第四十二条 当事人在订立合同过程中有下列情形之一，给对方造成损失的，应当承担损害赔偿责任：

（一）假借订立合同，恶意进行磋商；

（二）故意隐瞒与订立合同有关的重要事实或者提供虚假情况；

（三）有其他违背诚实信用原则的行为。

第四十三条 当事人在订立合同过程中知悉的商业秘密，无论合同是否成立，不得泄露或者不正当地使用。泄露或者不正当地使用该商业秘密给对方造成损失的，应当承担损害赔偿责任。

第三章　合同的效力

第四十四条 依法成立的合同，自成立时生效。

法律、行政法规规定应当办理批准、登记等手续生效的，依照其规定。

第四十五条 当事人对合同的效力可以约定附条件。附生效条件的合同，自条件成就时生效。附解除条件的合同，自条件成就时失效。

当事人为自己的利益不正当地阻止条件成就的，视为条件已成就；不正当地促成条件成就的，视为条件不成就。

第四十六条 当事人对合同的效力可以约定附期限。附生效期限的合同，自期限届至时生效。附终止期限的合同，自期限届满时失效。

第四十七条 限制民事行为能力人订立的合同，经法定代理人追认后，该合同有效，但纯获利益的合同或者与其年龄、智力、精神健康状况相适应而订立的合同，不必经法定代理人追认。

相对人可以催告法定代理人在一个月内予以追认。法定代理人未作表示的，视为拒绝追认。合同被追认之前，善意相对人有撤销的权利。撤销应当以通知的方式作出。

第四十八条 行为人没有代理权、超越代理权或者代理权终止后以被代理人名义订立的合同，未经被代理人追认，对被代理人不发生效力，由行为人承担责任。

相对人可以催告被代理人在一个月内予以追认。被代理人未作表示的，视为拒绝追认。合同被追认之前，善意相对人有撤销的权利。撤销应当以通知的方式作出。

第四十九条 行为人没有代理权、超越代理权或者代理权终止后以被代理人名义订立合同，相对人有理由相信行为人有代理权的，该代理行为有效。

第五十条 法人或者其他组织的法定代表人、负责人超越权限订立的合同，除相对人知道或者应当知道其超越权限的以外，该代表行为有效。

第五十一条 无处分权的人处分他人财产，经权利人追认或者无处分权的人订立合同后取得处分权的，该合同有效。

第五十二条 有下列情形之一的，合同无效：

（一）一方以欺诈、胁迫的手段订立合同，损害国家利益；

（二）恶意串通，损害国家、集体或者第三人利益；

（三）以合法形式掩盖非法目的；

（四）损害社会公共利益；

（五）违反法律、行政法规的强制性规定。

第五十三条 合同中的下列免责条款无效：

（一）造成对方人身伤害的；

（二）因故意或者重大过失造成对方财产损失的。

第五十四条 下列合同，当事人一方有权请求人民法院或者仲裁机构变更或者撤销：

（一）因重大误解订立的；

（二）在订立合同时显失公平的。

一方以欺诈、胁迫的手段或者乘人之危，使对方在违背真实意思的情况下订立的合同，受损害方有权请求人民法院或者仲裁机构变更或者撤销。

当事人请求变更的，人民法院或者仲裁机构不得撤销

第五十五条 有下列情形之一的，撤销权消灭：

（一）具有撤销权的当事人自知道或者应当知道撤销事由之日起一年内没有行使撤销权；

（二）具有撤销权的当事人知道撤销事由后明确表示或者以自己的行为放弃撤销权。

第五十六条 无效的合同或者被撤销的合同自始没有法律约束力。合同部分无效，不影响其他部分效力的，其他部分仍然有效。

第五十七条 合同无效、被撤销或者终止的，不影响合同中独立存在的有关解决争议方法的条款的效力。

第五十八条 合同无效或者被撤销后，因该合同取得的财产，应当予以返还；不能返还或者没有必要返还的，应当折价补偿。有过错的一方应当赔偿对方因此所受到的损失，双方都有过错的，应当各自承担相应的责任。

第五十九条 当事人恶意串通，损害国家、集体或者第三人利益的，因此取得的财产收归国家所有或者返还集体、第三人。

第四章 合同的履行

第六十条 当事人应当按照约定全面履行自己的义务。

当事人应当遵循诚实信用原则，根据合同的性质、目的和交易习惯履行通知、协助、保密等义务。

第六十一条 合同生效后，当事人就质量、价款或者报酬、履行地点等内容没有约定或者约定不明确的，可以协议补充；不能达成补充协议的，按照合同有关条款或者交易习惯确定。

第六十二条 当事人就有关合同内容约定不明确，依照本法第六十一条的规定仍不能确定的，适用下列规定：

（一）质量要求不明确的，按照国家标准、行业标准履行；没有国家标准、行业标准的，按照通常标准或者符合合同目的的特定标准履行。

（二）价款或者报酬不明确的，按照订立合同时履行地的市场价格履行；依法应当执行政府定价或者政府指导价的，按照规定履行。

（三）履行地点不明确，给付货币的，在接受货币一方所在地履行；交付不动产的，在不动产所在地履行；其他标的，在履行义务一方所在地履行。

（四）履行期限不明确的，债务人可以随时履行，债权人也可以随时要求履行，但应当给对方必要的准备时间。

（五）履行方式不明确的，按照有利于实现合同目的的方式履行。

（六）履行费用的负担不明确的，由履行义务一方负担。

第六十三条　执行政府定价或者政府指导价的，在合同约定的交付期限内政府价格调整时，按照交付时的价格计价。逾期交付标的物的，遇价格上涨时，按照原价格执行；价格下降时，按照新价格执行。逾期提取标的物或者逾期付款的，遇价格上涨时，按照新价格执行；价格下降时，按照原价格执行。

第六十四条　当事人约定由债务人向第三人履行债务的，债务人未向第三人履行债务或者履行债务不符合约定，应当向债权人承担违约责任。

第六十五条　当事人约定由第三人向债权人履行债务的，第三人不履行债务或者履行债务不符合约定，债务人应当向债权人承担违约责任。

第六十六条　当事人互负债务，没有先后履行顺序的，应当同时履行。一方在对方履行之前有权拒绝其履行要求。一方在对方履行债务不符合约定时，有权拒绝其相应的履行要求。

第六十七条　当事人互负债务，有先后履行顺序，先履行一方未履行的，后履行一方有权拒绝其履行要求。先履行一方履行债务不符合约定的，后履行一方有权拒绝其相应的履行要求。

第六十八条　应当先履行债务的当事人，有确切证据证明对方有下列情形之一的，可以中止履行：

（一）经营状况严重恶化；

（二）转移财产、抽逃资金，以逃避债务；

（三）丧失商业信誉；

（四）有丧失或者可能丧失履行债务能力的其他情形。

当事人没有确切证据中止履行的，应当承担违约责任。

第六十九条　当事人依照本法第六十八条的规定中止履行的，应当及时通知对方。对方提供适当担保时，应当恢复履行。中止履行后，对方在合理期限内未恢复履行能力并且未提供适当担保的，中止履行的一方可以解除合同。

第七十条　债权人分立、合并或者变更住所没有通知债务人，致使履行债务发生困难的，债务人可以中止履行或者将标的物提存。

第七十一条　债权人可以拒绝债务人提前履行债务，但提前履行不损害债权人利益的除外。债务人提前履行债务给债权人增加的费用，由债务人负担。

第七十二条 债权人可以拒绝债务人部分履行债务，但部分履行不损害债权人利益的除外。债务人部分履行债务给债权人增加的费用，由债务人负担。

第七十三条 因债务人怠于行使其到期债权，对债权人造成损害的，债权人可以向人民法院请求以自己的名义代位行使债务人的债权，但该债权专属于债务人自身的除外。

代位权的行使范围以债权人的债权为限。债权人行使代位权的必要费用，由债务人负担。

第七十四条 因债务人放弃其到期债权或者无偿转让财产，对债权人造成损害的，债权人可以请求人民法院撤销债务人的行为。债务人以明显不合理的低价转让财产，对债权人造成损害，并且受让人知道该情形的，债权人也可以请求人民法院撤销债务人的行为。

撤销权的行使范围以债权人的债权为限。债权人行使撤销权的必要费用，由债务人负担。

第七十五条 撤销权自债权人知道或者应当知道撤销事由之日起一年内行使。自债务人的行为发生之日起五年内没有行使撤销权的，该撤销权消灭。

第七十六条 合同生效后，当事人不得因姓名、名称的变更或者法定代表人、负责人、承办人的变动而不履行合同义务。

第五章　合同的变更和转让

第七十七条 当事人协商一致，可以变更合同。

法律、行政法规规定变更合同应当办理批准、登记等手续的，依照其规定。

第七十八条 当事人对合同变更的内容约定不明确的，推定为未变更。

第七十九条 债权人可以将合同的权利全部或者部分转让给第三人，但有下列情形之一的除外：

（一）根据合同性质不得转让；

（二）按照当事人约定不得转让；

（三）依照法律规定不得转让。

第八十条 债权人转让权利的，应当通知债务人。未经通知，该转让对债务人不发生效力。

债权人转让权利的通知不得撤销，但经受让人同意的除外。

第八十一条 债权人转让权利的，受让人取得与债权有关的从权利，但该从权利专属于债权人自身的除外。

第八十二条　债务人接到债权转让通知后，债务人对让与人的抗辩，可以向受让人主张。

第八十三条　债务人接到债权转让通知时，债务人对让与人享有债权，并且债务人的债权先于转让的债权到期或者同时到期的，债务人可以向受让人主张抵销。

第八十四条　债务人将合同的义务全部或者部分转移给第三人的，应当经债权人同意。

第八十五条　债务人转移义务的，新债务人可以主张原债务人对债权人的抗辩。

第八十六条　债务人转移义务的，新债务人应当承担与主债务有关的从债务，但该从债务专属于原债务人自身的除外。

第八十七条　法律、行政法规规定转让权利或者转移义务应当办理批准、登记等手续的，依照其规定。

第八十八条　当事人一方经对方同意，可以将自己在合同中的权利和义务一并转让给第三人。

第八十九条　权利和义务一并转让的，适用本法第七十九条、第八十一条至第八十三条、第八十五条至第八十七条的规定。

第九十条　当事人订立合同后合并的，由合并后的法人或者其他组织行使合同权利，履行合同义务。当事人订立合同后分立的，除债权人和债务人另有约定的以外，由分立的法人或者其他组织对合同的权利和义务享有连带债权，承担连带债务。

第六章　合同的权利义务终止

第九十一条　有下列情形之一的，合同的权利义务终止：

（一）债务已经按照约定履行；

（二）合同解除；

（三）债务相互抵销；

（四）债务人依法将标的物提存；

（五）债权人免除债务；

（六）债权债务同归于一人；

（七）法律规定或者当事人约定终止的其他情形。

第九十二条　合同的权利义务终止后，当事人应当遵循诚实信用原则，根据交易习惯履行通知、协助、保密等义务。

第九十三条　当事人协商一致，可以解除合同。

当事人可以约定一方解除合同的条件。解除合同的条件成就时，解除权人可以解除合同。

第九十四条 有下列情形之一的，当事人可以解除合同：

（一）因不可抗力致使不能实现合同目的；

（二）在履行期限届满之前，当事人一方明确表示或者以自己的行为表明不履行主要债务；

（三）当事人一方迟延履行主要债务，经催告后在合理期限内仍未履行；

（四）当事人一方迟延履行债务或者有其他违约行为致使不能实现合同目的；

（五）法律规定的其他情形。

第九十五条 法律规定或者当事人约定解除权行使期限，期限届满当事人不行使的，该权利消灭。

法律没有规定或者当事人没有约定解除权行使期限，经对方催告后在合理期限内不行使的，该权利消灭。

第九十六条 当事人一方依照本法第九十三条第二款、第九十四条的规定主张解除合同的，应当通知对方。合同自通知到达对方时解除。对方有异议的，可以请求人民法院或者仲裁机构确认解除合同的效力。

法律、行政法规规定解除合同应当办理批准、登记等手续的，依照其规定。

第九十七条 合同解除后，尚未履行的，终止履行；已经履行的，根据履行情况和合同性质，当事人可以要求恢复原状、采取其他补救措施，并有权要求赔偿损失。

第九十八条 合同的权利义务终止，不影响合同中结算和清理条款的效力。

第九十九条 当事人互负到期债务，该债务的标的物种类、品质相同的，任何一方可以将自己的债务与对方的债务抵销，但依照法律规定或者按照合同性质不得抵销的除外。

当事人主张抵销的，应当通知对方。通知自到达对方时生效。抵销不得附条件或者附期限。

第一百条 当事人互负债务，标的物种类、品质不相同的，经双方协商一致，也可以抵销。

第一百零一条 有下列情形之一，难以履行债务的，债务人可以将标的物提存：

（一）债权人无正当理由拒绝受领；

（二）债权人下落不明；

（三）债权人死亡未确定继承人或者丧失民事行为能力未确定监护人；

（四）法律规定的其他情形。

标的物不适于提存或者提存费用过高的，债务人依法可以拍卖或者变卖标的物，提存所得的价款。

第一百零二条　标的物提存后，除债权人下落不明的以外，债务人应当及时通知债权人或者债权人的继承人、监护人。

第一百零三条　标的物提存后，毁损、灭失的风险由债权人承担。提存期间，标的物的孳息归债权人所有。提存费用由债权人负担。

第一百零四条　债权人可以随时领取提存物，但债权人对债务人负有到期债务的，在债权人未履行债务或者提供担保之前，提存部门根据债务人的要求应当拒绝其领取提存物。

债权人领取提存物的权利，自提存之日起五年内不行使而消灭，提存物扣除提存费用后归国家所有。

第一百零五条　债权人免除债务人部分或者全部债务的，合同的权利义务部分或者全部终止。

第一百零六条　债权和债务同归于一人的，合同的权利义务终止，但涉及第三人利益的除外。

第七章　违约责任

第一百零七条　当事人一方不履行合同义务或者履行合同义务不符合约定的，应当承担继续履行、采取补救措施或者赔偿损失等违约责任。

第一百零八条　当事人一方明确表示或者以自己的行为表明不履行合同义务的，对方可以在履行期限届满之前要求其承担违约责任。

第一百零九条　当事人一方未支付价款或者报酬的，对方可以要求其支付价款或者报酬。

第一百一十条　当事人一方不履行非金钱债务或者履行非金钱债务不符合约定的，对方可以要求履行，但有下列情形之一的除外：

（一）法律上或者事实上不能履行；

（二）债务的标的不适于强制履行或者履行费用过高；

（三）债权人在合理期限内未要求履行。

第一百一十一条　质量不符合约定的，应当按照当事人的约定承担违约责任。对违约责任没有约定或者约定不明确，依照本法第六十一条的规定仍不能确定的，受损害方根据标的的性质以及损失的大小，可以合理选择要求对方承担修理、更换、重作、退货、减少价款或者报酬等违约责任。

第一百一十二条　当事人一方不履行合同义务或者履行合同义务不符合约定的，

在履行义务或者采取补救措施后，对方还有其他损失的，应当赔偿损失。

第一百一十三条 当事人一方不履行合同义务或者履行合同义务不符合约定，给对方造成损失的，损失赔偿额应当相当于因违约所造成的损失，包括合同履行后可以获得的利益，但不得超过违反合同一方订立合同时预见到或者应当预见到的因违反合同可能造成的损失。

经营者对消费者提供商品或者服务有欺诈行为的，依照《中华人民共和国消费者权益保护法》的规定承担损害赔偿责任。

第一百一十四条 当事人可以约定一方违约时应当根据违约情况向对方支付一定数额的违约金，也可以约定因违约产生的损失赔偿额的计算方法。

约定的违约金低于造成的损失的，当事人可以请求人民法院或者仲裁机构予以增加；约定的违约金过分高于造成的损失的，当事人可以请求人民法院或者仲裁机构予以适当减少。

当事人就迟延履行约定违约金的，违约方支付违约金后，还应当履行债务。

第一百一十五条 当事人可以依照《中华人民共和国担保法》约定一方向对方给付定金作为债权的担保。债务人履行债务后，定金应当抵作价款或者收回。给付定金的一方不履行约定的债务的，无权要求返还定金；收受定金的一方不履行约定的债务的，应当双倍返还定金。

第一百一十六条 当事人既约定违约金，又约定定金的，一方违约时，对方可以选择适用违约金或者定金条款。

第一百一十七条 因不可抗力不能履行合同的，根据不可抗力的影响，部分或者全部免除责任，但法律另有规定的除外。当事人迟延履行后发生不可抗力的，不能免除责任。

本法所称不可抗力，是指不能预见、不能避免并不能克服的客观情况。

第一百一十八条 当事人一方因不可抗力不能履行合同的，应当及时通知对方，以减轻可能给对方造成的损失，并应当在合理期限内提供证明。

第一百一十九条 当事人一方违约后，对方应当采取适当措施防止损失的扩大；没有采取适当措施致使损失扩大的，不得就扩大的损失要求赔偿。

当事人因防止损失扩大而支出的合理费用，由违约方承担。

第一百二十条 当事人双方都违反合同的，应当各自承担相应的责任。

第一百二十一条 当事人一方因第三人的原因造成违约的，应当向对方承担违约责任。当事人一方和第三人之间的纠纷，依照法律规定或者按照约定解决。

第一百二十二条 因当事人一方的违约行为，侵害对方人身、财产权益的，受损害方有权选择依照本法要求其承担违约责任或者依照其他法律要求其承担侵权责任。

第八章　其他规定

第一百二十三条　其他法律对合同另有规定的，依照其规定。

第一百二十四条　本法分则或者其他法律没有明文规定的合同，适用本法总则的规定，并可以参照本法分则或者其他法律最相类似的规定。

第一百二十五条　当事人对合同条款的理解有争议的，应当按照合同所使用的词句、合同的有关条款、合同的目的、交易习惯以及诚实信用原则，确定该条款的真实意思。

合同文本采用两种以上文字订立并约定具有同等效力的，对各文本使用的词句推定具有相同含义。各文本使用的词句不一致的，应当根据合同的目的予以解释。

第一百二十六条　涉外合同的当事人可以选择处理合同争议所适用的法律，但法律另有规定的除外。涉外合同的当事人没有选择的，适用与合同有最密切联系的国家的法律。

在中华人民共和国境内履行的中外合资经营企业合同、中外合作经营企业合同、中外合作勘探开发自然资源合同，适用中华人民共和国法律。

第一百二十七条　工商行政管理部门和其他有关行政主管部门在各自的职权范围内，依照法律、行政法规的规定，对利用合同危害国家利益、社会公共利益的违法行为，负责监督处理；构成犯罪的，依法追究刑事责任。

第一百二十八条　当事人可以通过和解或者调解解决合同争议。

当事人不愿和解、调解或者和解、调解不成的，可以根据仲裁协议向仲裁机构申请仲裁。涉外合同的当事人可以根据仲裁协议向中国仲裁机构或者其他仲裁机构申请仲裁。当事人没有订立仲裁协议或者仲裁协议无效的，可以向人民法院起诉。当事人应当履行发生法律效力的判决、仲裁裁决、调解书；拒不履行的，对方可以请求人民法院执行。

第一百二十九条　因国际货物买卖合同和技术进出口合同争议提起诉讼或者申请仲裁的期限为四年，自当事人知道或者应当知道其权利受到侵害之日起计算。因其他合同争议提起诉讼或者申请仲裁的期限，依照有关法律的规定。

第十二章　借款合同

第一百九十六条　借款合同是借款人向贷款人借款，到期返还借款并支付利息的合同。

第一百九十七条　借款合同采用书面形式，但自然人之间借款另有约定的除外。

借款合同的内容包括借款种类、币种、用途、数额、利率、期限和还款方式等条款。

第一百九十八条 订立借款合同，贷款人可以要求借款人提供担保。担保依照《中华人民共和国担保法》的规定。

第一百九十九条 订立借款合同，借款人应当按照贷款人的要求提供与借款有关的业务活动和财务状况的真实情况。

第二百条 借款的利息不得预先在本金中扣除。利息预先在本金中扣除的，应当按照实际借款数额返还借款并计算利息。

第二百零一条 贷款人未按照约定的日期、数额提供借款，造成借款人损失的，应当赔偿损失。

借款人未按照约定的日期、数额收取借款的，应当按照约定的日期、数额支付利息。

第二百零二条 贷款人按照约定可以检查、监督借款的使用情况。借款人应当按照约定向贷款人定期提供有关财务会计报表等资料。

第二百零三条 借款人未按照约定的借款用途使用借款的，贷款人可以停止发放借款、提前收回借款或者解除合同。

第二百零四条 办理贷款业务的金融机构贷款的利率，应当按照中国人民银行规定的贷款利率的上下限确定。

第二百零五条 借款人应当按照约定的期限支付利息。对支付利息的期限没有约定或者约定不明确，依照本法第六十一条的规定仍不能确定，借款期间不满一年的，应当在返还借款时一并支付；借款期间一年以上的，应当在每届满一年时支付，剩余期间不满一年的，应当在返还借款时一并支付。

第二百零六条 借款人应当按照约定的期限返还借款。对借款期限没有约定或者约定不明确，依照本法第六十一条的规定仍不能确定的，借款人可以随时返还；贷款人可以催告借款人在合理期限内返还。

第二百零七条 借款人未按照约定的期限返还借款的，应当按照约定或者国家有关规定支付逾期利息。

第二百零八条 借款人提前偿还借款的，除当事人另有约定的以外，应当按照实际借款的期间计算利息

第二百零九条 借款人可以在还款期限届满之前向贷款人申请展期。贷款人同意的，可以展期。

第二百一十条 自然人之间的借款合同，自贷款人提供借款时生效。

第二百一十一条 自然人之间的借款合同对支付利息没有约定或者约定不明确的，视为不支付利息。

自然人之间的借款合同约定支付利息的，借款的利率不得违反国家有关限制借款利率的规定。

中华人民共和国票据法（节录）

（2004年8月28日）

第十条　票据的签发、取得和转让，应当遵循诚实信用的原则，具有真实的交易关系和债权债务关系。

票据的取得必须给付对价，即应当给付票据双方当事人认可的相对应的代价。

第十三条　票据债务人不得以自己与出票人或者与持票人的前手之间的抗辩事由，对抗持票人。但是，持票人明知存在抗辩事由而取得票据的除外。

票据债务人可以对不履行约定义务的与自己有直接债权债务关系的持票人，进行抗辩。

本法所称抗辩，是指票据债务人根据本法规定对票据债权人拒绝履行义务的行为。

第三十五条　背书记载"委托收款"字样的，被背书人有权代背书人行使被委托的汇票权利。但是，被背书人不得再以背书转让汇票权利。

汇票可以设定质押；质押时应当以背书记载"质押"字样。被背书人依法实现其质权时，可以行使汇票权利。

中华人民共和国商业银行法（节录）

（2015年8月29日）

第八十一条　未经国务院银行业监督管理机构批准，擅自设立商业银行，或者非法吸收公众存款、变相吸收公众存款，构成犯罪的，依法追究刑事责任；并由国务院银行业监督管理机构予以取缔。

伪造、变造、转让商业银行经营许可证，构成犯罪的，依法追究刑事责任。

中华人民共和国银行业监督管理法（节录）

（2006年10月31日）

第十九条 未经国务院银行业监督管理机构批准，任何单位或者个人不得设立银行业金融机构或者从事银行业金融机构的业务活动。

中华人民共和国公司法（节录）

（2013年12月28日）

第二十八条 股东应当按期足额缴纳公司章程中规定的各自所认缴的出资额。股东以货币出资的，应当将货币出资足额存入有限责任公司在银行开设的账户；以非货币财产出资的，应当依法办理其财产权的转移手续。

股东不按照前款规定缴纳出资的，除应当向公司足额缴纳外，还应当向已按期足额缴纳出资的股东承担违约责任。

第三十一条 有限责任公司成立后，应当向股东签发出资证明书。

出资证明书应当载明下列事项：

（一）公司名称；

（二）公司成立日期；

（三）公司注册资本；

（四）股东的姓名或者名称、缴纳的出资额和出资日期；

（五）出资证明书的编号和核发日期。

出资证明书由公司盖章。

中华人民共和国企业破产法（节录）

（2006年8月27日）

第十八条 人民法院受理破产申请后，管理人对破产申请受理前成立而债务人和对方当事人均未履行完毕的合同有权决定解除或者继续履行，并通知对方当事人。管理人自破产申请受理之日起二个月内未通知对方当事人，或者自收到对方当事人催告之日起三十日内未答复的，视为解除合同。

管理人决定继续履行合同的，对方当事人应当履行；但是，对方当事人有权要求管理人提供担保。管理人不提供担保的，视为解除合同。

第四十六条 未到期的债权，在破产申请受理时视为到期。

附利息的债权自破产申请受理时起停止计息。

中华人民共和国农村土地承包法（节录）

（2009年8月27日）

第四十九条 通过招标、拍卖、公开协商等方式承包农村土地，经依法登记取得土地承包经营权证或者林权证等证书的，其土地承包经营权可以依法采取转让、出租、入股、抵押或者其他方式流转。

中华人民共和国城市房地产管理法（节录）

（2009年8月27日）

第五十一条 设定房地产抵押权的土地使用权是以划拨方式取得的，依法拍卖该房地产后，应当从拍卖所得的价款中缴纳相当于应缴纳的土地使用权出让金的款额后，抵押权人方可优先受偿。

第六十一条 以出让或者划拨方式取得土地使用权，应当向县级以上地方人民政府土地管理部门申请登记，经县级以上地方人民政府土地管理部门核实，由同级人民政府颁发土地使用权证书。

在依法取得的房地产开发用地上建成房屋的，应当凭土地使用权证书向县级以上地方人民政府房产管理部门申请登记，由县级以上地方人民政府房产管理部门核实并颁发房屋所有权证书。

房地产转让或者变更时，应当向县级以上地方人民政府房产管理部门申请房产变更登记，并凭变更后的房屋所有权证书向同级人民政府土地管理部门申请土地使用权变更登记，经同级人民政府土地管理部门核实，由同级人民政府更换或者更改土地使用权证书。

法律另有规定的，依照有关法律的规定办理。

中华人民共和国民事诉讼法

（2017年6月27日）

目 录

第一编 总 则
第一章 任务、适用范围和基本原则
第二章 管 辖
第一节 级别管辖
第二节 地域管辖
第三节 移送管辖和指定管辖
第三章 审判组织
第四章 回 避
第五章 诉讼参加人
第一节 当事人
第二节 诉讼代理人
第六章 证 据
第七章 期间、送达
第一节 期 间

第二节　送　达
第八章　调　解
第九章　保全和先予执行
第十章　对妨害民事诉讼的强制措施
第十一章　诉讼费用
第二编　审判程序
第十二章　第一审普通程序
第一节　起诉和受理
第二节　审理前的准备
第三节　开庭审理
第四节　诉讼中止和终结
第五节　判决和裁定
第十三章　简易程序
第十四章　第二审程序
第十五章　特别程序
第一节　一般规定
第二节　选民资格案件
第三节　宣告失踪、宣告死亡案件
第四节　认定公民无民事行为能力、限制民事行为能力案件
第五节　认定财产无主案件
第六节　确认调解协议案件
第七节　实现担保物权案件
第十六章　审判监督程序
第十七章　督促程序
第十八章　公示催告程序
第三编　执行程序
第十九章　一般规定
第二十章　执行的申请和移送
第二十一章　执行措施
第二十二章　执行中止和终结
第四编　涉外民事诉讼程序的特别规定
第二十三章　一般原则
第二十四章　管　辖

第二十五章　送达、期间
第二十六章　仲　　裁
第二十七章　司法协助

城市房地产抵押管理办法

（2001年8月15日）

第一章　总　则

第一条　为了加强房地产抵押管理，维护房地产市场秩序，保障房地产抵押当事人的合法权益，根据《中华人民共和国城市房地产管理法》《中华人民共和国担保法》，制定本办法。

第二条　凡在城市规划区国有土地范围内从事房地产抵押活动的，应当遵守本办法。

地上无房屋（包括建筑物、构筑物及在建工程）的国有土地使用权设定抵押的，不适用本办法。

第三条　本办法所称房地产抵押，是指抵押人以其合法的房地产以不转移占有的方式向抵押权人提供债务履行担保的行为。债务人不履行债务时，债权人有权依法以抵押的房地产拍卖所得的价款优先受偿。

本办法所称抵押人，是指将依法取得的房地产提供给抵押权人，作为本人或者第三人履行债务担保的公民、法人或者其他组织。

本办法所称抵押权人，是指接受房地产抵押作为债务人履行债务担保的公民、法人或者其他组织。

本办法所称预购商品房贷款抵押，是指购房人在支付首期规定的房价款后，由贷款银行代其支付其余的购房款，将所购商品房抵押给贷款银行作为偿还贷款履行担保的行为。

本办法所称在建工程抵押，是指抵押人为取得在建工程继续建造资金的贷款，以其合法方式取得的土地使用权连同在建工程的投入资产，以不转移占有的方式抵押给贷款银行作为偿还贷款履行担保的行为。

第四条　已依法取得的房屋所有权抵押的，该房屋占用范围内的土地使用权必须同时抵押。

第五条　房地产抵押，应当遵循自愿、互利、公平和诚实信用的原则。

依法设定的房地产抵押，受国家法律保护。

第六条　国家实行房地产抵押登记制度。

第七条　国务院建设行政主管部门归口管理全国城市房地产抵押管理工作。

省、自治区建设行政主管部门归口管理本行政区域内的城市房地产抵押管理工作。

直辖市、市、县人民政府房地产行政主管部门（以下简称房地产管理部门）负责管理本行政区域内的房地产抵押管理工作。

第二章　房地产抵押权的设定

第八条　下列房地产不得设定抵押：

（一）权属有争议的房地产；

（二）用于教育、医疗、市政等公共福利事业的房地产；

（三）列入文物保护的建筑物和有重要纪念意义的其他建筑物；

（四）已依法公告列入拆迁范围的房地产；

（五）被依法查封、扣押、监管或者以其他形式限制的房地产；

（六）依法不得抵押的其他房地产。

第九条　同一房地产设定两个以上抵押权的，抵押人应当将已经设定过的抵押情况告知抵押权人。

抵押人所担保的债权不得超出其抵押物的价值。

房地产抵押后，该抵押房地产的价值大于所担保债权的余额部分，可以再次抵押，但不得超出余额部分。

第十条　以两宗以上房地产设定同一抵押权的，视为同一抵押房地产。但抵押当事人另有约定的除外。

第十一条　以在建工程已完工部分抵押的，其土地使用权随之抵押。

第十二条　以享受国家优惠政策购买的房地产抵押的，其抵押额以房地产权利人可以处分和收益的份额比例为限。

第十三条　国有企业、事业单位法人以国家授予其经营管理的房地产抵押的，应当符合国有资产管理的有关规定。

第十四条　以集体所有制企业的房地产抵押的，必须经集体所有制企业职工（代表）大会通过，并报其上级主管机关备案。

第十五条　以中外合资企业、合作经营企业和外商独资企业的房地产抵押的，必须经董事会通过，但企业章程另有规定的除外。

第十六条 以有限责任公司、股份有限公司的房地产抵押的，必须经董事会或者股东大会通过，但企业章程另有规定的除外。

第十七条 有经营期限的企业以其所有的房地产设定抵押的，所担保债务的履行期限不应当超过该企业的经营期限。

第十八条 以具有土地使用年限的房地产设定抵押的，所担保债务的履行期限不得超过土地使用权出让合同规定的使用年限减去已经使用年限后的剩余年限。

第十九条 以共有的房地产抵押的，抵押人应当事先征得其他共有人的书面同意。

第二十条 预购商品房贷款抵押的，商品房开发项目必须符合房地产转让条件并取得商品房预售许可证。

第二十一条 以已出租的房地产抵押的，抵押人应当将租赁情况告知抵押权人，并将抵押情况告知承租人。原租赁合同继续有效。

第二十二条 设定房地产抵押时，抵押房地产的价值可以由抵押当事人协商议定，也可以由房地产价格评估机构评估确定。

法律、法规另有规定的除外。

第二十三条 抵押当事人约定对抵押房地产保险的，由抵押人为抵押的房地产投保，保险费由抵押人负担。抵押房地产投保的，抵押人应当将保险单移送抵押权人保管。在抵押期间，抵押权人为保险赔偿的第一受益人。

第二十四条 企业、事业单位法人分立或者合并后，原抵押合同继续有效，其权利和义务由变更后的法人享有和承担。

抵押人死亡、依法被宣告死亡或者被宣告失踪时，其房地产合法继承人或者代管人应当继续履行原抵押合同。

第三章 房地产抵押合同的订立

第二十五条 房地产抵押，抵押当事人应当签订书面抵押合同。

第二十六条 房地产抵押合同应当载明下列主要内容：

（一）抵押人、抵押权人的名称或者个人姓名、住所；

（二）主债权的种类、数额；

（三）抵押房地产的处所、名称、状况、建筑面积、用地面积以及四至等；

（四）抵押房地产的价值；

（五）抵押房地产的占用管理人、占用管理方式、占用管理责任以及意外损毁、灭失的责任；

（六）债务人履行债务的期限；

（七）抵押权灭失的条件；

（八）违约责任；

（九）争议解决方式；

（十）抵押合同订立的时间与地点；

（十一）双方约定的其他事项。

第二十七条　以预购商品房贷款抵押的，须提交生效的预购房屋合同。

第二十八条　以在建工程抵押的，抵押合同还应当载明以下内容：

（一）《国有土地使用权证》《建设用地规划许可证》和《建设工程规划许可证》编号；

（二）已交纳的土地使用权出让金或需交纳的相当于土地使用权出让金的款额；

（三）已投入在建工程的工程款；

（四）施工进度及工程竣工日期；

（五）已完成的工作量和工程量。

第二十九条　抵押权人要求抵押房地产保险的，以及要求在房地产抵押后限制抵押人出租、转让抵押房地产或者改变抵押房地产用途的，抵押当事人应当在抵押合同中载明。

第四章　房地产抵押登记

第三十条　房地产抵押合同自签订之日起30日内，抵押当事人应当到房地产所在地的房地产管理部门办理房地产抵押登记。

第三十一条　房地产抵押合同自抵押登记之日起生效。

第三十二条　办理房地产抵押登记，应当向登记机关交验下列文件：

（一）抵押当事人的身份证明或法人资格证明；

（二）抵押登记申请书；

（三）抵押合同；

（四）《国有土地使用权证》《房屋所有权证》或《房地产权证》，共有的房屋还必须提交《房屋共有权证》和其他共有人同意抵押的证明；

（五）可以证明抵押人有权设定抵押权的文件与证明材料；

（六）可以证明抵押房地产价值的资料；

（七）登记机关认为必要的其他文件。

第三十三条 登记机关应当对申请人的申请进行审核。凡权属清楚、证明材料齐全的，应当在受理登记之日起7日内决定是否予以登记，对不予登记的，应当书面通知申请人。

第三十四条 以依法取得的房屋所有权证书的房地产抵押的，登记机关应当在原《房屋所有权证》上作他项权利记载后，由抵押人收执，并向抵押权人颁发《房屋他项权证》。

以预售商品房或者在建工程抵押的，登记机关应当在抵押合同上作记载。抵押的房地产在抵押期间竣工的，当事人应当在抵押人领取房地产权属证书后，重新办理房地产抵押登记。

第三十五条 抵押合同发生变更或者抵押关系终止时，抵押当事人应当在变更或者终止之日起15日内，到原登记机关办理变更或者注销抵押登记。

因依法处分抵押房地产而取得土地使用权和土地建筑物、其他附着物所有权的，抵押当事人应当自处分行为生效之日起30日内，到县级以上地方人民政府房地产管理部门申请房屋所有权转移登记，并凭变更后的房屋所有权证书向同级人民政府土地管理部门申请土地使用权变更登记。

第五章　抵押房地产的占用与管理

第三十六条 已作抵押的房地产，由抵押人占用与管理。

抵押人在抵押房地产占用与管理期间应当维护抵押房地产的安全与完好。抵押权人有权按照抵押合同的规定监督、检查抵押房地产的管理情况。

第三十七条 抵押权可以随债权转让。抵押权转让时，应当签订抵押权转让合同，并办理抵押权变更登记。抵押权转让后，原抵押权人应当告知抵押人。

经抵押权人同意，抵押房地产可以转让或者出租。

抵押房地产转让或者出租所得价款，应当向抵押权人提前清偿所担保的债权。超过债权数额的部分，归抵押人所有，不足部分由债务人清偿。

第三十八条 因国家建设需要，将已设定抵押权的房地产列入拆迁范围的，抵押人应当及时书面通知抵押权人；抵押双方可以重新设定抵押房地产，也可以依法清理债权债务，解除抵押合同。

第三十九条 抵押人占用与管理的房地产发生损毁、灭失的，抵押人应当及时将情况告知抵押权人，并应当采取措施防止损失的扩大。抵押的房地产因抵押人的行为造成损失使抵押房地产价值不足以作为履行债务的担保时，抵押权人有权要求抵押人重新提供或者增加担保以弥补不足。

抵押人对抵押房地产价值减少无过错的，抵押权人只能在抵押人因损害而得到的赔偿的范围内要求提供担保。抵押房地产价值未减少的部分，仍作为债务的担保。

第六章 抵押房地产的处分

第四十条 有下列情况之一的，抵押权人有权要求处分抵押的房地产：

（一）债务履行期满，抵押权人未受清偿的，债务人又未能与抵押权人达成延期履行协议的；

（二）抵押人死亡，或者被宣告死亡而无人代为履行到期债务的；或者抵押人的合法继承人、受遗赠人拒绝履行到期债务的；

（三）抵押人被依法宣告解散或者破产的；

（四）抵押人违反本办法的有关规定，擅自处分抵押房地产的；

（五）抵押合同约定的其他情况。

第四十一条 有本办法第四十条规定情况之一的，经抵押当事人协商可以通过拍卖等合法方式处分抵押房地产。协议不成的，抵押权人可以向人民法院提起诉讼。

第四十二条 抵押权人处分抵押房地产时，应当事先书面通知抵押人；抵押房地产为共有或者出租的，还应当同时书面通知共有人或承租人；在同等条件下，共有人或承租人依法享有优先购买权。

第四十三条 同一房地产设定两个以上抵押权时，以抵押登记的先后顺序受偿。

第四十四条 处分抵押房地产时，可以依法将土地上新增的房屋与抵押财产一同处分，但对处分新增房屋所得，抵押权人无权优先受偿。

第四十五条 以划拨方式取得的土地使用权连同地上建筑物设定的房地产抵押进行处分时，应当从处分所得的价款中缴纳相当于应当缴纳的土地使用权出让金的款额后，抵押权人方可优先受偿。

法律、法规另有规定的依照其规定。

第四十六条 抵押权人对抵押房地产的处分，因下列情况而中止：

（一）抵押权人请求中止的；

（二）抵押人申请愿意并证明能够及时履行债务，并经抵押权人同意的；

（三）发现被拍卖抵押物有权属争议的；

（四）诉讼或仲裁中的抵押房地产；

（五）其他应当中止的情况。

第四十七条 处分抵押房地产所得金额，依下列顺序分配：

（一）支付处分抵押房地产的费用；

（二）扣除抵押房地产应缴纳的税款；

（三）偿还抵押权人债权本息及支付违约金；

（四）赔偿由债务人违反合同而对抵押权人造成的损害；

（五）剩余金额交还抵押人。

处分抵押房地产所得金额不足以支付债务和违约金、赔偿金时，抵押权人有权向债务人追索不足部分。

第七章　法律责任

第四十八条　抵押人隐瞒抵押的房地产存在共有、产权争议或者被查封、扣押等情况的，抵押人应当承担由此产生的法律责任。

第四十九条　抵押人擅自以出售、出租、交换、赠与或者以其他方式处分抵押房地产的，其行为无效；造成第三人损失的，由抵押人予以赔偿。

第五十条　抵押当事人因履行抵押合同或者处分抵押房地产发生争议的，可以协商解决；协商不成的，抵押当事人可以根据双方达成的仲裁协议向仲裁机构申请仲裁；没有仲裁协议的，也可以直接向人民法院提起诉讼。

第五十一条　因国家建设需要，将已设定抵押权的房地产列入拆迁范围时，抵押人违反前述第三十八条的规定，不依法清理债务，也不重新设定抵押房地产的，抵押权人可以向人民法院提起诉讼。

第五十二条　登记机关工作人员玩忽职守、滥用职权，或者利用职务上的便利，索取他人财物，或者非法收受他人财物为他人谋取利益的，依法给予行政处分；构成犯罪的，依法追究刑事责任。

第八章　附　则

第五十三条　在城市规划区外国有土地上进行房地产抵押活动的，参照本办法执行。

第五十四条　本办法由国务院建设行政主管部门负责解释。

第五十五条　本办法自 1997 年 6 月 1 日起施行。

证券公司股票质押贷款管理办法

（2004 年 11 月 2 日）

第一章　总　则

第一条　为规范股票质押贷款业务，维护借贷双方的合法权益，防范金融风险，促进我国资本市场的稳健发展，根据《中华人民共和国中国人民银行法》《中华人民共和国银行业监督管理法》《中华人民共和国商业银行法》《中华人民共和国证券法》《中华人民共和国担保法》的有关规定，特制定本办法。

第二条　本办法所称股票质押贷款，是指证券公司以自营的股票、证券投资基金券和上市公司可转换债券作质押，从商业银行获得资金的一种贷款方式。

第三条　本办法所称质物，是指在证券交易所上市流通的、证券公司自营的人民币普通股票（A 股）、证券投资基金券和上市公司可转换债券（以下统称股票）。

第四条　本办法所称借款人为依法设立并经中国证券监督管理委员会批准可经营证券自营业务的证券公司（指法人总部，下同），贷款人为依法设立并经中国银行业监督管理委员会批准可经营股票质押贷款业务的商业银行（以下统称商业银行）。证券登记结算机构为本办法所指质物的法定登记结算机构。

第五条　商业银行授权其分支机构办理股票质押贷款业务须报中国银行业监督管理委员会备案。

第六条　借款人通过股票质押贷款所得资金的用途，必须符合《中华人民共和国证券法》的有关规定，用于弥补流动资金的不足。

第七条　中国人民银行、中国银行业监督管理委员会依法对股票质押贷款业务实施监督管理。

第二章　贷款人、借款人

第八条　申请开办股票质押贷款业务的贷款人，应具备以下条件：

（一）资本充足率等监管指标符合中国银行业监督管理委员会的有关规定；

（二）内控机制健全，制定和实施了统一授信制度；

（三）制定了与办理股票质押贷款业务相关的风险控制措施和业务操作流程；

（四）有专职部门和人员负责经营和管理股票质押贷款业务；

（五）有专门的业务管理信息系统，能同步了解股票市场行情以及上市公司有关重要信息，具备对分类股票分析、研究和确定质押率的能力；

（六）中国银行业监督管理委员会认为应具备的其他条件。

第九条　借款人应具备以下条件：

（一）资产具有充足的流动性，且具备还本付息能力；

（二）其自营业务符合中国证券监督管理委员会规定的有关风险控制比率；

（三）已按中国证券监督管理委员会规定提取足额的交易风险准备金；

（四）已按中国证券监督管理委员会规定定期披露资产负债表、净资本计算表、利润表及利润分配表等信息；

（五）最近一年经营中未出现中国证券监督管理委员会认定的重大违规违纪行为或特别风险事项，现任高级管理人员和主要业务人员无中国证券监督管理委员会认定的重大不良记录；

（六）客户交易结算资金经中国证券监督管理委员会认定已实现有效独立存管，未挪用客户交易结算资金；

（七）贷款人要求的其他条件。

第三章　贷款的期限、利率、质押率

第十条　股票质押贷款期限由借贷双方协商确定，但最长为一年。借款合同到期后，不得展期，新发生的质押贷款按本办法规定重新审查办理。借款人提前还款，须经贷款人同意。

第十一条　股票质押贷款利率水平及计结息方式按照中国人民银行利率管理规定执行。

第十二条　用于质押贷款的股票应业绩优良、流通股本规模适度、流动性较好。贷款人不得接受以下几种股票作为质物：

（一）上一年度亏损的上市公司股票；

（二）前六个月内股票价格的波动幅度（最高价 / 最低价）超过 200% 的股票；

（三）可流通股股份过度集中的股票；

（四）证券交易所停牌或除牌的股票；

（五）证券交易所特别处理的股票；

（六）证券公司持有一家上市公司已发行股份的 5% 以上的，该证券公司不得以该种股票质押；但是，证券公司因包销购入售后剩余股票而持有 5% 以上股份的，不受此限。

第十三条 股票质押率由贷款人依据被质押的股票质量及借款人的财务和资信状况与借款人商定，但股票质押率最高不能超过 60%。质押率上限的调整由中国人民银行和中国银行业监督管理委员会决定。

质押率的计算公式：

质押率=（贷款本金 / 质押股票市值）×100%

质押股票市值=质押股票数量 × 前七个交易日股票平均收盘价。

第四章 贷款程序

第十四条 借款人申请质押贷款时，必须向贷款人提供以下材料：

（一）企业法人营业执照、法人代码证、法定代表人证明文件；

（二）中国人民银行颁发的贷款卡（证）；

（三）上月的资产负债表、损益表和净资本计算表及经会计（审计）师事务所审计的上一年度的财务报表（含附注）；

（四）由证券登记结算机构出具的质物的权利证明文件；

（五）用作质物的股票上市公司的基本情况；

（六）贷款人要求的其它材料。

第十五条 贷款人收到借款人的借款申请后，对借款人的借款用途、资信状况、偿还能力、资料的真实性，以及用作质物的股票的基本情况进行调查核实，并及时对借款人给予答复。

第十六条 贷款人在贷款前，应审慎分析借款人信贷风险和财务承担能力，根据统一授信管理办法，核定借款人的贷款限额。

第十七条 贷款人对借款人的借款申请审查同意后，根据有关法律、法规与借款人签订借款合同。

第十八条 借款人和贷款人签订借款合同后，双方应共同在证券登记结算机构办理出质登记。证券登记结算机构应向贷款人出具股票质押登记的证明文件。

第十九条 贷款人在发放股票质押贷款前，应在证券交易所开设股票质押贷款业务特别席位，专门保管和处分作为质物的股票。贷款人应在贷款发放后，将股票质押贷款的有关信息及时录入信贷登记咨询系统。

第二十条 借款人应按借款合同的约定偿还贷款本息。在借款人清偿贷款后，借款合同自行终止。贷款人应在借款合同终止的同时办理质押登记注销手续，并将股票质押登记的证明文件退还给借款人。

第五章　贷款风险控制

第二十一条　贷款人发放的股票质押贷款余额，不得超过其资本净额的15%；贷款人对一家证券公司发放的股票质押贷款余额，不得超过贷款人资本净额的5%。

第二十二条　借款人出现下列情形之一时，应当及时通知贷款人：

（一）预计到期难以偿付贷款利息或本金；

（二）减资、合并、分立、解散及申请破产；

（三）股权变更；

（四）借款合同中约定的其他情形。

第二十三条　一家商业银行及其分支机构接受的用于质押的一家上市公司股票，不得高于该上市公司全部流通股票的10%。一家证券公司用于质押的一家上市公司股票，不得高于该上市公司全部流通股票的10%，并且不得高于该上市公司已发行股份的5%。被质押的一家上市公司股票不得高于该上市公司全部流通股票的20%。上述比率由证券登记结算机构负责监控，对超过规定比率的股票，证券登记结算机构不得进行出质登记。中国人民银行和中国银行业监督管理委员会可根据需要适时调整上述比率。

第二十四条　贷款人有权向证券登记结算机构核实质物的真实性、合法性，证券登记结算机构应根据贷款人的要求，及时真实地提供有关情况。

第二十五条　贷款人应随时分析每只股票的风险和价值，选择适合本行质押贷款的股票，并根据其价格、盈利性、流动性和上市公司的经营情况、财务指标以及股票市场的总体情况等，制定本行可接受质押的股票及其质押率的清单。

第二十六条　贷款人应随时对持有的质押股票市值进行跟踪，并在每个交易日至少评估一次每个借款人出质股票的总市值。

第二十七条　为控制因股票价格波动带来的风险，特设立警戒线和平仓线。警戒线比例（质押股票市值/贷款本金 ×100%）最低为135%，平仓线比例（质押股票市值/贷款本金 ×100%）最低为120%。在质押股票市值与贷款本金之比降至警戒线时，贷款人应要求借款人即时补足因证券价格下跌造成的质押价值缺口。在质押股票市值与贷款本金之比降至平仓线时，贷款人应及时出售质押股票，所得款项用于还本付息，余款清退给借款人，不足部分由借款人清偿。

第六章　质物的保管和处分

第二十八条　贷款人应在证券交易所开设股票质押特别席位（以下简称特别席

位），用于质物的存放和处分；在证券登记结算机构开设特别资金结算账户（以下简称资金账户），用于相关的资金结算。借款合同存续期间，存放在特别席位下的股票，借款人不得转让，但本办法第三十三条规定以及借款人和贷款人协商同意的情形除外。

第二十九条　证券登记结算机构应根据出质人及贷款人的申请将出质股票足额、及时转移至贷款人特别席位下存放。

第三十条　借款人可向贷款人提出申请，经贷款人同意后，双方重新签订合同，进行部分（或全部）质物的置换，经贷款人同意后，由双方共同向证券登记结算机构办理质押变更登记。质押变更后，证券登记结算机构应向贷款人重新出具股票质物登记证明。

第三十一条　在质押合同期内，借款人可向贷款人申请，贷款人同意后，按借款人的指令，由贷款人进行部分（或全部）质物的卖出，卖出资金必须进入贷款人资金账户存放，该资金用于全部（或部分）提前归还贷款，多余款项退借款人。

第三十二条　出现以下情况之一，贷款人应通知借款人，并要求借款人立即追加质物、置换质物或增加在贷款人资金账户存放资金：

（一）质物的市值处于本办法第二十七条规定的警戒线以下；

（二）质物出现本办法第十二条中的情形之一。

第三十三条　用于质押股票的市值处于本办法第二十七条规定的平仓线以下（含平仓线）的，贷款人有权无条件处分该质押股票，所得的价款直接用于清偿所担保的贷款人债权。

第三十四条　借款合同期满，借款人履行还款义务的，贷款人应将质物归还借款人；借款合同期满，借款人没有履行还款义务的，贷款人有权依照合同约定通过特别席位卖出质押股票，所得的价款直接用于清偿所担保的贷款人债权。

第三十五条　质物在质押期间所产生的孳息（包括送股、分红、派息等）随质物一起质押。

质物在质押期间发生配股时，出质人应当购买并随质物一起质押。出质人不购买而出现质物价值缺口的，出质人应当及时补足。

第七章　罚　则

第三十六条　贷款人有下列行为之一的，由中国银行业监督管理委员会依法给予警告。情节严重的，暂停或取消其办理股票质押贷款业务资格，并追究有关人员的责任：

（一）未经中国银行业监督管理委员会批准从事股票质押贷款业务；

（二）对不具备本办法规定资格的证券公司发放股票质押贷款；

（三）发放股票质押贷款的期限超过一年；

（四）接受本办法禁止质押的股票为质物；

（五）质押率和其它贷款额度控制比率超过本办法规定的比率；

（六）未按统一授信制度和审慎原则等规定发放股票质押贷款；

（七）泄露与股票质押贷款相关的重要信息和借款人商业秘密。

第三十七条 借款人有下列行为之一的，由中国证券监督管理委员会视情节轻重，给予警告、通报，并追究有关人员的责任：

（一）用非自营股票办理股票质押贷款；

（二）未按合同约定的用途使用贷款；

（三）拒绝或阻挠贷款人监督检查贷款使用情况；

（四）未按本办法第九条第（四）项之规定履行信息披露义务。

第三十八条 证券登记结算机构有下列行为之一的，由其主管机关视情节轻重，给予警告、通报，并追究有关人员的责任：

（一）未按贷款人要求核实股票的真实性与合法性；

（二）未按贷款人要求及时办理质押股票的冻结和解冻；

（三）为超过本办法第二十三条规定比率的股票办理质押登记；

（四）为借款人虚增质物数量或出具虚假质押证明。

第三十九条 中国人民银行及其分支机构可以建议中国银行业监督管理委员会、中国证券监督管理委员会及上述两个机构的派出机构对违反本办法规定的行为进行监督检查。监管机关对上述行为的查处结果应及时抄送中国人民银行或其分支机构。

第八章 附 则

第四十条 证券登记结算机构应按照本办法制定有关实施细则。

第四十一条 商业银行从事股票质押贷款业务，应根据本办法制定实施细则，以及相应的业务操作流程和管理制度，并报中国人民银行和中国银行业监督管理委员会备案。

第四十二条 贷款人办理股票质押业务中所发生的相关费用由借贷双方协商解决。

第四十三条 本办法由中国人民银行会同中国银行业监督管理委员会和中国证券监督管理委员会解释。

第四十四条 本办法自发布之日起执行，2000年2月2日由中国人民银行和中国证券监督管理委员会颁布的《证券公司股票质押贷款管理办法》同时废止。

个人定期存单质押贷款办法

（2007年7月3日）

第一条 为加强个人定期存单质押贷款管理，根据《中华人民共和国商业银行法》《中华人民共和国担保法》及其他有关法律、行政法规，制定本办法。

第二条 个人定期存单质押贷款（以下统称存单质押贷款）是指借款人以未到期的个人定期存单作质押，从商业银行（以下简称贷款人）取得一定金额的人民币贷款，到期由借款人偿还本息的贷款业务。

第三条 本办法所称借款人，是指中华人民共和国境内具有相应民事行为能力的自然人、法人和其他组织。

外国人、无国籍人以及港、澳、台居民为借款人的，应在中华人民共和国境内居住满一年并有固定居所和职业。

第四条 作为质押品的定期存单包括未到期的整存整取、存本取息和外币定期储蓄存款存单等具有定期存款性质的权利凭证。

所有权有争议、已作担保、挂失、失效或被依法止付的存单不得作为质押品。

第五条 借款人以本人名下定期存单作质押的小额贷款（以下统称小额存单质押贷款），存单开户银行可授权办理储蓄业务的营业网点直接受理并发放。

各商业银行总行可根据本行实际，确定前款小额存单质押贷款额度。

第六条 以第三人存单作质押的，贷款人应制定严格的内部程序，认真审查存单的真实性、合法性和有效性，防止发生权利瑕疵的情形。对于借款人以公开向不特定的自然人、法人和其他组织募集的存单申请质押贷款的，贷款人不得向其发放贷款。

第七条 存单质押担保的范围包括贷款本金和利息、罚息、损害赔偿金、违约金和实现质权的费用。

存单质押贷款金额原则上不超过存单本金的90%（外币存款按当日公布的外汇（钞）买入价折成人民币计算）。各行也可以根据存单质押担保的范围合理确定贷款金额，但存单金额应能覆盖贷款本息。

第八条 存单质押贷款期限不得超过质押存单的到期日。若为多张存单质押，以距离到期日时间最近者确定贷款期限，分笔发放的贷款除外。

第九条 存单质押贷款利率按国家利率管理规定执行，计、结息方式由借贷双方协商确定。

第十条 在贷款到期日前，借款人可申请展期。贷款人办理展期应当根据借款人资信状况和生产经营实际需要，按审慎管理原则，合理确定贷款展期期限，但累计贷款期限不得超过质押存单的到期日。

第十一条 质押存单存期内按正常存款利率计息。存本取息定期存款存单用于质押时，停止取息。

第十二条 凭预留印鉴或密码支取的存单作为质押时，出质人须向发放贷款的银行提供印鉴或密码；以凭有效身份证明支取的存单作为质押时，出质人应转为凭印鉴或密码支取，否则银行有权拒绝发放贷款。

以存单作质押申请贷款时，出质人应委托贷款行申请办理存单确认和登记止付手续。

第十三条 办理存单质押贷款，贷款人和出质人应当订立书面质押合同，或者贷款人、借款人和出质人在借款合同中订立符合本办法规定的质押条款。

第十四条 质押合同应当载明下列内容：

（一）出质人、借款人和质权人姓名（名称）、住址或营业场所；

（二）被担保的贷款的种类、数额、期限、利率、贷款用途以及贷款合同号；

（三）定期存单号码及所载存款的种类、户名、开立机构、数额、期限、利率；

（四）质押担保的范围；

（五）定期存单确认情况；

（六）定期存单的保管责任；

（七）质权的实现方式；

（八）违约责任；

（九）争议的解决方式；

（十）当事人认为需要约定的其他事项。

第十五条 质押存续期间，除法律另有规定外，任何人不得擅自动用质押存单。

第十六条 出质人和贷款人可以在质押合同中约定，当借款人没有依法履行合同的，贷款人可直接将存单兑现以实现质权。存单到期日后于借款到期日的，贷款人可继续保管质押存单，在存单到期日兑现以实现质权。

第十七条 存单开户行（以下简称存款行）应根据出质人的申请及质押合同办理存单确认和登记止付手续，并妥善保管有关文件和资料。

第十八条 贷款人应妥善管理质押存单及出质人提供的预留印签或密码。因保管不善造成丢失、损坏，由贷款人承担责任。

用于质押的定期存单在质押期间丢失、毁损的，贷款人应立即通知借款人和出质人，并与出质人共同向存款开户行申请挂失、补办。补办的存单仍应继续作为质物。

质押存单的挂失申请应采用书面形式。在特殊情况下，可以用口头或函电形式，但必须在五个工作日内补办书面挂失手续。

申请挂失时，除出质人应按规定提交的申请资料外，贷款人应提交营业执照复印件、质押合同副本。

挂失生效，原定期存单所载的金额及利息应继续作为出质资产。

质押期间，未经贷款人同意，存款行不得受理存款人提出的挂失申请。

第十九条 质押存续期间如出质人死亡，其合法继承人依法办理存款过户和继承手续，并继续履行原出质人签订的质押合同。

第二十条 贷款期满借款人履行债务的，或者借款人提前偿还质押贷款的，贷款人应当及时将质押的定期存单退还出质人，并及时到存单开户行办理登记注销手续。

第二十一条 借款人按贷款合同约定还清贷款本息后，出质人凭存单保管收据取回质押存单。若出质人将存单保管收据丢失，由出质人、借款人共同出具书面证明，并凭合法身份证明到贷款行取回质押存单。

第二十二条 有下列情形之一的，贷款人可依第十六条的约定方式或其他法定方式处分质押的定期存单：

（一）质押贷款合同期满，借款人未按期归还贷款本金和利息的；

（二）借款人或出质人违约，贷款人需依法提前收回贷款的；

（三）借款人或出质人被宣告破产的；

（四）借款人或出质人死亡而无继承人履行合同的。

第二十三条 质押合同、贷款合同发生纠纷时，各方当事人均可按协议向仲裁机构申请调解或仲裁，或者向人民法院起诉。

第二十四条 存款行出具虚假的个人定期储蓄存单或个人定期储蓄存单确认书的，依照《金融违法行为处罚办法》第十三条的规定予以处罚。

第二十五条 存款行不按本办法规定对质物进行确认，或者贷款行接受未经确认的个人定期储蓄存单质押的，由中国银行业监督管理委员会给予警告，并处三万元以下的罚款，并责令对其主要负责人和直接责任人员依法给予行政处分。

第二十六条 借款人已履行合同，贷款人不按规定及时向出质人退回个人定期储蓄存单或在质押存续期间，未经贷款人同意，存款行受理存款人提出的挂失申请并挂失的，由中国银行业监督管理委员会给予警告，并处三万元以下罚款。构成犯罪的，由司法机关依法追究刑事责任。

第二十七条 各商业银行总行可根据本办法制定实施细则，并报中国银业监督管理委员会或其派出机构备案。

第二十八条 城市信用社、农村信用社、村镇银行、贷款公司、农村资金互助社办理个人存单质押贷款业务适用本办法。

第二十九条 本办法由中国银行业监督管理委员会负责解释和修改。

第三十条 本办法自公布之日起施行，本办法施行之前有关规定与本办法相抵触的，以本办法为准。

单位定期存单质押贷款管理规定

（2007 年 7 月 3 日）

第一章 总 则

第一条 为加强单位定期存单质押贷款管理，根据《中华人民共和国银行业监督管法》《中华人民共和国商业银行法》《中华人民共和国物权法》及其他有关法律、行政法规，制定本规定。

第二条 在中华人民共和国境内从事单位定期存单质押贷款活动适用本规定。

本规定所称单位包括企业、事业单位、社会团体以及其他组织。

第三条 本规定所称单位定期存单是指借款人为办理质押贷款而委托贷款人依据开户证实书向接受存款的金融机构（以下简称存款行）申请开具的人民币定期存款权利凭证。

单位定期存单只能以质押贷款为目的开立和使用。

单位在金融机构办理定期存款时，金融机构为其开具的《单位定期存款开户证实书》不得作为质押的权利凭证。

金融机构应制定相应的管理制度，加强对开具《单位定期存款开户证实书》和开立、使用单位定期存单的管理。

第四条 单位定期存单质押贷款活动应当遵守国家法律、行政法规，遵循平等、自愿、诚实信用的原则。

第二章 单位定期存单的开立与确认

第五条 借款人办理单位定期存单质押贷款，除按其他有关规定提交文件、资料外，还应向贷款人提交下列文件、资料：

（一）开户证实书，包括借款人所有的或第三人所有而向借款人提供的开户证实书；

（二）存款人委托贷款人向存款行申请开具单位定期存单的委托书；

（三）存款人在存款行的预留印鉴或密码。

开户证实书为第三人向借款人提供的，应同时提交第三人同意由借款人为质押贷款目的而使用其开户证实书的协议书。

第六条 贷款人经审查同意借款人的贷款申请的，应将开户证实书和开具单位定期存单的委托书一并提交给存款行，向存款行申请开具单位定期存单和确认书。

贷款人经审查不同意借款人的贷款申请的，应将开户证实书和委托书及时退还给借款人。

第七条 存款行收到贷款人提交的有关材料后，应认真审查开户证实书是否真实，存款人与本行是否存在真实的存款关系，以及开具单位定期存单的申请书上的预留印鉴或提供的密码是否和存款人在存款时预留的印鉴或密码一致。必要时，存款行可以向存款人核实有关情况。

第八条 存款行经过审查认为开户证实书证明的存款属实的，应保留开户证实书及第三人同意由借款人使用其开户证实书的协议书，并在收到贷款人的有关材料后3个工作日内开具单位定期存单。

存款行不得开具没有存款关系的虚假单位定期存单或与真实存款情况不一致的单位定期存单。

第九条 存款行在开具单位定期存单的同时，应对单位定期存单进行确认，确认后认为存单内容真实的，应出具单位定期存单确认书。确认书应由存款行的负责人签字并加盖单位公章，与单位定期存单一并递交给贷款人。

第十条 存款行对单位定期存单进行确认的内容包括：

（一）单位定期存单所载开立机构、户名、账号、存款数额、存单号码、期限、利率等是否真实准确；

（二）借款人提供的预留印鉴或密码是否一致；

（三）需要确认的其他事项。

第十一条 存款行经过审查，发现开户证实书所载事项与账户记载不符的，不得开具单位定期存单，并及时告知贷款人，认为有犯罪嫌疑的，应及时向司法机关报案。

第十二条 经确认后的单位定期存单用于贷款质押时，其质押的贷款数额一般不超过确认数额的90%。各行也可以根据存单质押担保的范围合理确定贷款金额，但存单金额应能覆盖贷款本息。

第十三条 贷款人不得接受未经确认的单位定期存单作为贷款的担保。

第十四条 贷款人对质押的单位定期存单及借款人或第三人提供的预留印鉴和密码等应妥善保管，因保管不善造成其丢失、毁损或泄密的，由贷款人承担责任。

第三章 质押合同

第十五条 办理单位定期存单质押贷款，贷款人和出质人应当订立书面质押合同。在借款合同中订立质押条款的，质押条款应符合本章的规定。

第十六条 质押合同应当载明下列内容：

（一）出质人、借款人和质权人名称、住址或营业场所；

（二）被担保的贷款的种类、数额、期限、利率、贷款用途以及贷款合同号；

（三）单位定期存单号码及所载存款的种类、户名、账户、开立机构、数额、期限、利率；

（四）质押担保的范围；

（五）存款行是否对单位定期存单进行了确认；

（六）单位定期存单的保管责任；

（七）质权的实现方式；

（八）违约责任；

（九）争议的解决方式；

（十）当事人认为需要约定的其他事项。

第十七条 质押合同应当由出质人和贷款人签章。签章为其法定代表人、经法定代表人授权的代理人或主要负责人的签字并加盖单位公章。

第十八条 质押期间，除法律另有规定外，任何人不得擅自动用质押款项。

第十九条 出质人和贷款人可以在质押合同中约定，当借款人没有依约履行合同的，贷款人可直接将存单兑现以实现质权。

第二十条 存款行应对其开具并经过确认的单位定期存单进行登记备查，并妥善保管有关文件和材料。质押的单位定期存单被退回时，也应及时登记注销。

第四章 质权的实现

第二十一条 单位定期存单质押担保的范围包括贷款本金和利息、罚息、损害赔偿金、违约金和实现质权的费用。质押合同另有约定的，按照约定执行。

第二十二条 贷款期满借款人履行债务的，或者借款人提前偿还所担保的贷款的，贷款人应当及时将质押的单位定期存单退还存款行。存款行收到退回的单位定期存单后，应将开户证实书退还贷款人并由贷款人退还借款人。

第二十三条 有下列情形之一的，贷款人可依法定方式处分单位定期存单：

（一）质押贷款合同期满，借款人未按期归还贷款本金和利息的；

（二）借款人或出质人违约，贷款人需依法提前收回贷款的；

（三）借款人或出质人被宣告破产或解散的。

第二十四条 有第二十三条所列情形之一的，贷款人和出质人可以协议以单位定期存单兑现或以法律规定的其他方式处分单位定期存单。以单位定期存单兑现时，贷款人应向存款行提交单位定期存单和其与出质人的协议。

单位定期存单处分所得不足偿付第二十一条规定的款项的，贷款人应当向借款人另行追偿；偿还第二十一条规定的款项后有剩余的，其超出部分应当退还出质人。

第二十五条 质押存单期限先于贷款期限届满的，贷款人可以提前兑现存单，并与出质人协议将兑现的款项提前清偿借款或向与出质人约定的第三人提存，质押合同另有约定的，从其约定。提存的具体办法由各当事人自行协商确定。

贷款期限先于质押的单位定期存单期限届满，借款人未履行其债务的，贷款人可以继续保管定期存单，在存单期限届满时兑现用于抵偿贷款本息。

第二十六条 经与出质人协商一致，贷款人提前兑现或提前支取的，应向存款行提供单位定期存单、质押合同、需要提前兑现或提前支取的有关协议。

第二十七条 用于质押的单位定期存单项下的款项在质押期间被司法机关或法律规定的其他机关采取冻结、扣划等强制措施的，贷款人应当在处分此定期存款时优先受偿。

第二十八条 用于质押的单位定期存单在质押期间丢失，贷款人应立即通知借款人和出质人，并申请挂失；单位定期存单毁损的，贷款人应持有关证明申请补办。

质押期间，存款行不得受理存款人提出的挂失申请。

第二十九条 贷款人申请挂失时，应向存款行提交挂失申请书，并提供贷款人的营业执照复印件、质押合同副本。

挂失申请应采用书面形式。在特殊情况下，可以用口头或函电形式，但必须在五个工作日内补办书面挂失手续。

挂失生效，原单位定期存单所载的金额及利息应继续作为出质资产。

第三十条 出质人合并、分立或债权债务发生变更时，贷款人仍然拥有单位定期存单所代表的质权。

第五章　罚　则

第三十一条　存款行出具虚假的单位定期存单或单位定期存单确认书的，依照《金融违法行为处罚办法》第十三条的规定对存款行及相关责任人予以处罚。

第三十二条　存款行不按本规定对质物进行确认或贷款行接受未经确认的单位定期存单质押的，由中国银行业监督管理委员会给予警告，并处以三万元以下的罚款，并责令对其主要负责人和直接责任人员依法给予行政处分。

第三十三条　贷款人不按规定及时向存款行退回单位定期存单的，由中国银行业监督管理委员会给予警告，并处以三万元以下罚款。给存款人造成损失的，依法承担相应的民事责任。构成犯罪的，由司法机关依法追究刑事责任。

第六章　附　则

第三十四条　个人定期储蓄存款存单质押贷款不适用本规定。

第三十五条　中华人民共和国境内的国际结算和融资活动中需用单位定期存单作质押担保的，参照本规定执行。

第三十六条　本规定由中国银行业监督管理委员会负责解释和修改。

第三十七条　本规定自公布之日起施行。本规定公布施行前的有关规定与本规定有抵触的，以本规定为准。

专利权质押登记办法

（2010 年 8 月 26 日）

第一条　为了促进专利权的运用和资金融通，保障债权的实现，规范专利权质押登记，根据《中华人民共和国物权法》《中华人民共和国担保法》《中华人民共和国专利法》及有关规定，制定本办法。

第二条　国家知识产权局负责专利权质押登记工作。

第三条　以专利权出质的，出质人与质权人应当订立书面质押合同。

质押合同可以是单独订立的合同，也可以是主合同中的担保条款。

第四条　以共有的专利权出质的，除全体共有人另有约定的以外，应当取得其他共有人的同意。

第五条　在中国没有经常居所或者营业所的外国人、外国企业或者外国其他组织办理专利权质押登记手续的，应当委托依法设立的专利代理机构办理。

中国单位或者个人办理专利权质押登记手续的，可以委托依法设立的专利代理机构办理。

第六条　当事人可以通过邮寄、直接送交等方式办理专利权质押登记相关手续。

第七条　申请专利权质押登记的，当事人应当向国家知识产权局提交下列文件：

（一）出质人和质权人共同签字或者盖章的专利权质押登记申请表；

（二）专利权质押合同；

（三）双方当事人的身份证明；

（四）委托代理的，注明委托权限的委托书；

（五）其他需要提供的材料。

专利权经过资产评估的，当事人还应当提交资产评估报告。

除身份证明外，当事人提交的其他各种文件应当使用中文。身份证明是外文的，当事人应当附送中文译文；未附送的，视为未提交。

对于本条第一款和第二款规定的文件，当事人可以提交电子扫描件。

第八条　国家知识产权局收到当事人提交的质押登记申请文件后，应当通知申请人。

第九条　当事人提交的专利权质押合同应当包括以下与质押登记相关的内容：

（一）当事人的姓名或者名称、地址；

（二）被担保债权的种类和数额；

（三）债务人履行债务的期限；

（四）专利权项数以及每项专利权的名称、专利号、申请日、授权公告日；

（五）质押担保的范围。

第十条 除本办法第九条规定的事项外，当事人可以在专利权质押合同中约定下列事项：

（一）质押期间专利权年费的缴纳；

（二）质押期间专利权的转让、实施许可；

（三）质押期间专利权被宣告无效或者专利权归属发生变更时的处理；

（四）实现质权时，相关技术资料的交付。

第十一条 国家知识产权局自收到专利权质押登记申请文件之日起 7 个工作日内进行审查并决定是否予以登记。

第十二条 专利权质押登记申请经审查合格的，国家知识产权局在专利登记簿上予以登记，并向当事人发送《专利权质押登记通知书》。质权自国家知识产权局登记时设立。

经审查发现有下列情形之一的，国家知识产权局作出不予登记的决定，并向当事人发送《专利权质押不予登记通知书》：

（一）出质人与专利登记簿记载的专利权人不一致的；

（二）专利权已终止或者已被宣告无效的；

（三）专利申请尚未被授予专利权的；

（四）专利权处于年费缴纳滞纳期的；

（五）专利权已被启动无效宣告程序的；

（六）因专利权的归属发生纠纷或者人民法院裁定对专利权采取保全措施，专利权的质押手续被暂停办理的；

（七）债务人履行债务的期限超过专利权有效期的；

（八）质押合同约定在债务履行期届满质权人未受清偿时，专利权归质权人所有的；

（九）质押合同不符合本办法第九条规定的；

（十）以共有专利权出质但未取得全体共有人同意的；

（十一）专利权已被申请质押登记且处于质押期间的；

（十二）其他应当不予登记的情形。

第十三条 专利权质押期间，国家知识产权局发现质押登记存在本办法第十二条第二款所列情形并且尚未消除的，或者发现其他应当撤销专利权质押登记的情形的，应当撤销专利权质押登记，并向当事人发出《专利权质押登记撤销通知书》。

专利权质押登记被撤销的，质押登记的效力自始无效。

第十四条 国家知识产权局在专利公报上公告专利权质押登记的下列内容：出质人、质权人、主分类号、专利号、授权公告日、质押登记日等。

专利权质押登记后变更、注销的，国家知识产权局予以登记和公告。

第十五条 专利权质押期间，出质人未提交质权人同意其放弃该专利权的证明材料的，国家知识产权局不予办理专利权放弃手续。

第十六条 专利权质押期间，出质人未提交质权人同意转让或者许可实施该专利权的证明材料的，国家知识产权局不予办理专利权转让登记手续或者专利实施合同备案手续。

出质人转让或者许可他人实施出质的专利权的，出质人所得的转让费、许可费应当向质权人提前清偿债务或者提存。

第十七条 专利权质押期间，当事人的姓名或者名称、地址、被担保的主债权种类及数额或者质押担保的范围发生变更的，当事人应当自变更之日起 30 日内持变更协议、原《专利权质押登记通知书》和其他有关文件，向国家知识产权局办理专利权质押登记变更手续。

第十八条 有下列情形之一的，当事人应当持《专利权质押登记通知书》以及相关证明文件，向国家知识产权局办理质押登记注销手续：

（一）债务人按期履行债务或者出质人提前清偿所担保的债务的；

（二）质权已经实现的；

（三）质权人放弃质权的；

（四）因主合同无效、被撤销致使质押合同无效、被撤销的；

（五）法律规定质权消灭的其他情形。

国家知识产权局收到注销登记申请后，经审核，向当事人发出《专利权质押登记注销通知书》。专利权质押登记的效力自注销之日起终止。

第十九条 专利权在质押期间被宣告无效或者终止的，国家知识产权局应当通知质权人。

第二十条 专利权人没有按照规定缴纳已经质押的专利权的年费的，国家知识产权局应当在向专利权人发出缴费通知书的同时通知质权人。

第二十一条 本办法由国家知识产权局负责解释。

第二十二条 本办法自 2010 年 10 月 1 日起施行。1996 年 9 月 19 日中华人民共和国专利局令第八号发布的《专利权质押合同登记管理暂行办法》同时废止。

著作权质权登记办法

（2010年11月25日）

第一条 为规范著作权出质行为，保护债权人合法权益，维护著作权交易秩序，根据《中华人民共和国物权法》《中华人民共和国担保法》和《中华人民共和国著作权法》的有关规定，制定本办法。

第二条 国家版权局负责著作权质权登记工作。

第三条 《中华人民共和国著作权法》规定的著作权以及与著作权有关的权利（以下统称“著作权”）中的财产权可以出质。

以共有的著作权出质的，除另有约定外，应当取得全体共有人的同意。

第四条 以著作权出质的，出质人和质权人应当订立书面质权合同，并由双方共同向登记机构办理著作权质权登记。

出质人和质权人可以自行办理，也可以委托代理人办理。

第五条 著作权质权的设立、变更、转让和消灭，自记载于《著作权质权登记簿》时发生效力。

第六条 申请著作权质权登记的，应提交下列文件：

（一）著作权质权登记申请表；

（二）出质人和质权人的身份证明；

（三）主合同和著作权质权合同；

（四）委托代理人办理的，提交委托书和受托人的身份证明；

（五）以共有的著作权出质的，提交共有人同意出质的书面文件；

（六）出质前授权他人使用的，提交授权合同；

（七）出质的著作权经过价值评估的、质权人要求价值评估的或相关法律法规要求价值评估的，提交有效的价值评估报告；

（八）其他需要提供的材料。

提交的文件是外文的，需同时附送中文译本。

第七条 著作权质权合同一般包括以下内容：

（一）出质人和质权人的基本信息；

（二）被担保债权的种类和数额；

（三）债务人履行债务的期限；

（四）出质著作权的内容和保护期；

（五）质权担保的范围和期限；

（六）当事人约定的其他事项。

第八条　申请人提交材料齐全的，登记机构应当予以受理。提交的材料不齐全的，登记机构不予受理。

第九条　经审查符合要求的，登记机构应当自受理之日起10日内予以登记，并向出质人和质权人发放《著作权质权登记证书》。

第十条　经审查不符合要求的，登记机构应当自受理之日起10日内通知申请人补正。补正通知书应载明补正事项和合理的补正期限。无正当理由逾期不补正的，视为撤回申请。

第十一条《著作权质权登记证书》的内容包括：

（一）出质人和质权人的基本信息；

（二）出质著作权的基本信息；

（三）著作权质权登记号；

（四）登记日期。

《著作权质权登记证书》应当标明：著作权质权自登记之日起设立。

第十二条　有下列情形之一的，登记机构不予登记：

（一）出质人不是著作权人的；

（二）合同违反法律法规强制性规定的；

（三）出质著作权的保护期届满的；

（四）债务人履行债务的期限超过著作权保护期的；

（五）出质著作权存在权属争议的；

（六）其他不符合出质条件的。

第十三条　登记机构办理著作权质权登记前，申请人可以撤回登记申请。

第十四条　著作权出质期间，未经质权人同意，出质人不得转让或者许可他人使用已经出质的权利。

出质人转让或者许可他人使用出质的权利所得的价款，应当向质权人提前清偿债务或者提存。

第十五条　有下列情形之一的，登记机构应当撤销质权登记：

（一）登记后发现有第十二条所列情形的；

（二）根据司法机关、仲裁机关或行政管理机关作出的影响质权效力的生效裁决或行政处罚决定书应当撤销的；

（三）著作权质权合同无效或者被撤销的；

（四）申请人提供虚假文件或者以其他手段骗取著作权质权登记的；

（五）其他应当撤销的。

第十六条 著作权出质期间，申请人的基本信息、著作权的基本信息、担保的债权种类及数额，或者担保的范围等事项发生变更的，申请人持变更协议、原《著作权质权登记证书》和其他相关材料向登记机构申请变更登记。

第十七条 申请变更登记的，登记机构自受理之日起10日内完成审查。经审查符合要求的，对变更事项予以登记。

变更事项涉及证书内容变更的，应交回原登记证书，由登记机构发放新的证书。

第十八条 有下列情形之一的，申请人应当申请注销质权登记：

（一）出质人和质权人协商一致同意注销的；

（二）主合同履行完毕的；

（三）质权实现的；

（四）质权人放弃质权的；

（五）其他导致质权消灭的。

第十九条 申请注销质权登记的，应当提交注销登记申请书、注销登记证明、申请人身份证明等材料，并交回原《著作权质权登记证书》。

登记机构应当自受理之日起10日内办理完毕，并发放注销登记通知书。

第二十条 登记机构应当设立《著作权质权登记簿》，记载著作权质权登记的相关信息，供社会公众查询。

《著作权质权登记证书》的内容应当与《著作权质权登记簿》的内容一致。记载不一致的，除有证据证明《著作权质权登记簿》确有错误外，以《著作权质权登记簿》为准。

第二十一条 《著作权质权登记簿》应当包括以下内容：

（一）出质人和质权人的基本信息；

（二）著作权质权合同的主要内容；

（三）著作权质权登记号；

（四）登记日期；

（五）登记撤销情况；

（六）登记变更情况；

（七）登记注销情况；

（八）其他需要记载的内容。

第二十二条 《著作权质权登记证书》灭失或者毁损的，可以向登记机构申请补发或换发。登记机构应自收到申请之日起5日内予以补发或换发。

第二十三条　登记机构应当通过国家版权局网站公布著作权质权登记的基本信息。

第二十四条　本办法由国家版权局负责解释。

第二十五条　本办法自2011年1月1日起施行。1996年9月23日国家版权局发布的《著作权质押合同登记办法》同时废止。

注册商标专用权质权登记程序规定

（2009年9月10日）

第一条　为充分发挥商标专用权无形资产的价值，促进经济发展，根据《物权法》《担保法》《商标法》和《商标法实施条例》的有关规定，制定本程序规定。

国家工商行政管理总局商标局负责办理注册商标专用权质权登记。

第二条　自然人、法人或者其他组织以其注册商标专用权出质的，出质人与质权人应当订立书面合同，并向商标局办理质权登记。

质权登记申请应由质权人和出质人共同提出。质权人和出质人可以直接向商标局申请，也可以委托商标代理机构代理。在中国没有经常居所或者营业场所的外国人或者外国企业应当委托代理机构办理。

第三条　办理注册商标专用权质权登记，出质人应当将在相同或者类似商品/服务上注册的相同或者近似商标一并办理质权登记。质权合同和质权登记申请书中应当载明出质的商标注册号。

第四条　申请注册商标专用权质权登记的，应提交下列文件：

（一）申请人签字或者盖章的《商标专用权质权登记申请书》；

（二）出质人、质权人的主体资格证明或者自然人身份证明复印件；

（三）主合同和注册商标专用权质权合同；

（四）直接办理的，应当提交授权委托书以及被委托人的身份证明；委托商标代理机构办理的，应当提交商标代理委托书；

（五）出质注册商标的注册证复印件；

（六）出质商标专用权的价值评估报告。如果质权人和出质人双方已就出质商标专用权的价值达成一致意见并提交了相关书面认可文件，申请人可不再提交；

（七）其他需要提供的材料。

上述文件为外文的，应当同时提交其中文译文。中文译文应当由翻译单位和翻译人员签字盖章确认。

第五条 注册商标专用权质权合同一般包括以下内容：

（一）出质人、质权人的姓名（名称）及住址；

（二）被担保的债权种类、数额；

（三）债务人履行债务的期限；

（四）出质注册商标的清单（列明注册商标的注册号、类别及专用期）；

（五）担保的范围；

（六）当事人约定的其他事项。

第六条 申请登记书件齐备、符合规定的，商标局予以受理。受理日期即为登记日期。商标局自登记之日起5个工作日内向双方当事人发放《商标专用权质权登记证》。

《商标专用权质权登记证》应当载明下列内容：出质人和质权人的名称（姓名）、出质商标注册号、被担保的债权数额、质权登记期限、质权登记日期。

第七条 质权登记申请不符合本办法第二条、第三条、第四条、第五条规定的，商标局应当通知申请人，并允许其在30日内补正。申请人逾期不补正或者补正不符合要求的，视为其放弃该质权登记申请，商标局应书面通知申请人。

第八条 有下列情形之一的，商标局不予登记：

（一）出质人名称与商标局档案所记载的名称不一致，且不能提供相关证明证实其为注册商标权利人的；

（二）合同的签订违反法律法规强制性规定的；

（三）商标专用权已经被撤销、被注销或者有效期满未续展的；

（四）商标专用权已被人民法院查封、冻结的；

（五）其他不符合出质条件的。

第九条 质权登记后，有下列情形之一的，商标局应当撤销登记：

（一）发现有属于本办法第八条所列情形之一的；

（二）质权合同无效或者被撤销的；

（三）出质的注册商标因法定程序丧失专用权的；

（四）提交虚假证明文件或者以其他欺骗手段取得商标专用权质权登记的。

第十条 质权人或者出质人的名称（姓名）更改，以及质权合同担保的主债权数额变更的，当事人可以凭下列文件申请办理变更登记：

（一）申请人签字或者盖章的《商标专用权质权登记事项变更申请书》；

（二）出质人、质权人的主体资格证明或者自然人身份证明复印件；

（三）有关登记事项变更的协议或相关证明文件；

（四）原《商标专用权质权登记证》；

（五）授权委托书、被委托人的身份证明或者商标代理委托书；

（六）其他有关文件。

出质人名称（姓名）发生变更的，还应按照《商标法实施条例》的规定在商标局办理变更注册人名义申请。

第十一条　因被担保的主合同履行期限延长、主债权未能按期实现等原因需要延长质权登记期限的，质权人和出质人双方应当在质权登记期限到期前，持以下文件申请办理延期登记：

（一）申请人签字或者盖章的《商标专用权质权登记期限延期申请书》；

（二）出质人、质权人的主体资格证明或者自然人身份证明复印件；

（三）当事人双方签署的延期协议；

（四）原《商标专用权质权登记证》；

（五）授权委托书、被委托人的身份证明或者商标代理委托书；

（六）其他有关文件。

第十二条　办理质权登记事项变更申请或者质权登记期限延期申请后，由商标局在原《商标专用权质权登记证》上加注发还，或者重新核发《商标专用权质权登记证》。

第十三条　商标专用权质权登记需要注销的，质权人和出质人双方可以持下列文件办理注销申请：

（一）申请人签字或者盖章的《商标专用权质权登记注销申请书》；

（二）出质人、质权人的主体资格证明或者自然人身份证明复印件；

（三）当事人双方签署的解除质权登记协议或者合同履行完毕凭证；

（四）原《商标专用权质权登记证》；

（五）授权委托书、被委托人的身份证明或者商标代理委托书；

（六）其他有关文件。

质权登记期限届满后，该质权登记自动失效。

第十四条　《商标专用权质权登记证》遗失的，可以向商标局申请补发。

第十五条　商标局设立质权登记簿，供相关公众查阅。

第十六条　反担保及最高额质权适用本规定。

第十七条　本规定自 2009 年 11 月 1 日起施行。本规定施行之日起原《商标专用权质押登记程序》（国家工商行政管理局工商标字〔1997〕第 127 号）废止。

工商行政管理机关股权出质登记办法

（2016年4月29日）

第一条 为规范股权出质登记行为，根据《中华人民共和国物权法》等法律的规定，制定本办法。

第二条 以持有的有限责任公司和股份有限公司股权出质，办理出质登记的，适用本办法。已在证券登记结算机构登记的股份有限公司的股权除外。

第三条 负责出质股权所在公司登记的工商行政管理机关是股权出质登记机关（以下简称登记机关）。

各级工商行政管理机关的企业登记机构是股权出质登记机构。

第四条 股权出质登记事项包括：

（一）出质人和质权人的姓名或名称；

（二）出质股权所在公司的名称；

（三）出质股权的数额。

第五条 申请出质登记的股权应当是依法可以转让和出质的股权。对于已经被人民法院冻结的股权，在解除冻结之前，不得申请办理股权出质登记。

第六条 申请股权出质设立登记、变更登记和注销登记，应当由出质人和质权人共同提出。申请股权出质撤销登记，可以由出质人或者质权人单方提出。

申请人应当对申请材料的真实性、质权合同的合法性有效性、出质股权权能的完整性承担法律责任。

第七条 申请股权出质设立登记，应当提交下列材料：

（一）申请人签字或者盖章的《股权出质设立登记申请书》；

（二）记载有出质人姓名（名称）及其出资额的有限责任公司股东名册复印件或者出质人持有的股份公司股票复印件（均需加盖公司印章）；

（三）质权合同；

（四）出质人、质权人的主体资格证明或者自然人身份证明复印件（出质人、质权人属于自然人的由本人签名，属于法人的加盖法人印章，下同）；

（五）国家工商行政管理总局要求提交的其他材料。

指定代表或者共同委托代理人办理的，还应当提交申请人指定代表或者共同委托代理人的证明。

第八条　出质股权数额变更，以及出质人、质权人姓名（名称）或者出质股权所在公司名称更改的，应当申请办理变更登记。

第九条　申请股权出质变更登记，应当提交下列材料：

（一）申请人签字或者盖章的《股权出质变更登记申请书》；

（二）有关登记事项变更的证明文件。属于出质股权数额变更的，提交质权合同修正案或者补充合同；属于出质人、质权人姓名（名称）或者出质股权所在公司名称更改的，提交姓名或者名称更改的证明文件和更改后的主体资格证明或者自然人身份证明复印件；

（三）国家工商行政管理总局要求提交的其他材料。

指定代表或者共同委托代理人办理的，还应当提交申请人指定代表或者共同委托代理人的证明。

第十条　出现主债权消灭、质权实现、质权人放弃质权或法律规定的其他情形导致质权消灭的，应当申请办理注销登记。

第十一条　申请股权出质注销登记，应当提交申请人签字或者盖章的《股权出质注销登记申请书》。

指定代表或者共同委托代理人办理的，还应当提交申请人指定代表或者共同委托代理人的证明。

第十二条　质权合同被依法确认无效或者被撤销的，应当申请办理撤销登记。

第十三条　申请股权出质撤销登记，应当提交下列材料：

（一）申请人签字或者盖章的《股权出质撤销登记申请书》；

（二）质权合同被依法确认无效或者被撤销的法律文件；

指定代表或者委托代理人办理的，还应当提交申请人指定代表或者委托代理人的证明。

第十四条　登记机关对登记申请应当当场办理登记手续并发给登记通知书。通知书加盖登记机关的股权出质登记专用章。

对于不属于股权出质登记范围或者不属于本机关登记管辖范围以及不符合本办法规定的，登记机关应当当场告知申请人，并退回申请材料。

第十五条　登记机关应当将股权出质登记事项在企业信用信息公示系统公示，供社会公众查询。

因自身原因导致股权出质登记事项记载错误的，登记机关应当及时予以更正。

第十六条　股权出质登记的有关文书格式文本，由国家工商行政管理总局统一制定。

第十七条　本办法自2008年10月1日起施行。

动产抵押登记办法

（2016年7月5日）

第一条 为规范动产抵押登记工作，保障交易安全，促进资金融通，根据《中华人民共和国担保法》《中华人民共和国物权法》《企业信息公示暂行条例》等法律、行政法规，制定本办法。

第二条 企业、个体工商户、农业生产经营者以《中华人民共和国物权法》第一百八十条第一款第四项、第一百八十一条规定的动产抵押的，应当向抵押人住所地的县级工商行政管理部门（以下简称登记机关）办理登记。抵押权自抵押合同生效时设立；未经登记，不得对抗善意第三人。

本办法所称工商行政管理部门，包括履行工商行政管理职责的市场监督管理部门。

第三条 动产抵押登记的设立、变更和注销，可以由抵押合同一方作为代表到登记机关办理，也可以由抵押合同双方共同委托的代理人到登记机关办理。

当事人应当保证其提交的材料内容真实准确。

第四条 当事人设立抵押权符合本办法第二条所规定情形的，应当持下列文件向登记机关办理设立登记：

（一）抵押人、抵押权人签字或者盖章的《动产抵押登记书》；

（二）抵押人、抵押权人主体资格证明或者自然人身份证明文件；

（三）抵押合同双方指定代表或者共同委托代理人的身份证明。

第五条 《动产抵押登记书》应当载明下列内容：

（一）抵押人、抵押权人名称（姓名）、住所地等；

（二）抵押财产的名称、数量、质量、状况、所在地、所有权归属或者使用权归属；

（三）被担保债权的种类和数额；

（四）抵押担保的范围；

（五）债务人履行债务的期限；

（六）抵押合同双方指定代表或者共同委托代理人的姓名、联系方式等；

（七）抵押人、抵押权人签字或者盖章；

（八）抵押人、抵押权人认为其他应当登记的抵押权信息。

第六条　抵押合同变更、《动产抵押登记书》内容需要变更的，当事人应当持下列文件，向原登记机关办理变更登记：

（一）抵押人、抵押权人签字或者盖章的《动产抵押登记变更书》；

（二）抵押人、抵押权人主体资格证明或者自然人身份证明文件；

（三）抵押合同双方指定代表或者共同委托代理人的身份证明。

第七条　在主债权消灭、担保物权实现、债权人放弃担保物权或者法律规定担保物权消灭的其他情形下，当事人应当持下列文件，向原登记机关办理注销登记：

（一）抵押人、抵押权人签字或者盖章的《动产抵押登记注销书》；

（二）抵押人、抵押权人主体资格证明或者自然人身份证明文件；

（三）抵押合同双方指定代表或者共同委托代理人的身份证明。

第八条　当事人办理动产抵押登记的设立、变更、注销，提交材料齐全，符合本办法形式要求的，登记机关应当当场予以办理，在当事人所提交的《动产抵押登记书》《动产抵押登记变更书》《动产抵押登记注销书》上加盖动产抵押登记专用章，并注明盖章日期。

当事人办理动产抵押登记的设立、变更、注销，提交的材料不符合本办法规定的，登记机关不予办理，并应当向当事人告知理由。

第九条　登记机关应当根据加盖动产抵押登记专用章的《动产抵押登记书》《动产抵押登记变更书》《动产抵押登记注销书》设立动产抵押登记档案，并按照《企业信息公示暂行条例》的规定，及时将动产抵押登记信息通过企业信用信息公示系统公示。

《动产抵押登记书》《动产抵押登记变更书》《动产抵押登记注销书》各一式三份，抵押人、抵押权人各持一份，登记机关留存一份。

第十条　有关单位和个人可以登录企业信用信息公示系统查询有关动产抵押登记信息，也可以持合法身份证明文件，到登记机关查阅、抄录动产抵押登记档案。

第十一条　当事人有证据证明登记机关的动产抵押登记信息与其提交材料内容不一致的，有权要求登记机关予以更正。

登记机关发现其登记的动产抵押登记信息与当事人提交材料内容不一致的，应当对有关信息进行更正。

第十二条　经当事人或者利害关系人申请，登记机关可以根据人民法院、仲裁委员会生效的法律文书或者人民政府生效的决定等，对相关的动产抵押登记进行变更或者撤销。动产抵押登记变更或者撤销后，登记机关应当告知原抵押合同双方当事人。

第十三条　各地工商行政管理部门应当积极推动动产抵押登记信息化建设工作，通过建立互联网动产抵押登记系统、设立动产抵押登记电子档案等方式，为当事人提供便利条件。

第十四条 本办法由国家工商行政管理总局负责解释。

第十五条 本办法自2016年9月1日起施行。

应收账款质押登记办法

（2017年10月25日）

第一章 总 则

第一条 为规范应收账款质押登记，保护质押当事人和利害关系人的合法权益，根据《中华人民共和国物权法》等相关法律规定，制定本办法。

第二条 本办法所称应收账款是指权利人因提供一定的货物、服务或设施而获得的要求义务人付款的权利以及依法享有的其他付款请求权，包括现有的和未来的金钱债权，但不包括因票据或其他有价证券而产生的付款请求权，以及法律、行政法规禁止转让的付款请求权。

本办法所称的应收账款包括下列权利：

（一）销售、出租产生的债权，包括销售货物，供应水、电、气、暖，知识产权的许可使用，出租动产或不动产等；

（二）提供医疗、教育、旅游等服务或劳务产生的债权；

（三）能源、交通运输、水利、环境保护、市政工程等基础设施和公用事业项目收益权；

（四）提供贷款或其他信用活动产生的债权；

（五）其他以合同为基础的具有金钱给付内容的债权。

第三条 本办法所称应收账款质押是指《中华人民共和国物权法》第二百二十三条规定的应收账款出质，具体是指为担保债务的履行，债务人或者第三人将其合法拥有的应收账款出质给债权人，债务人不履行到期债务或者发生当事人约定的实现质权的情形，质权人有权就该应收账款及其收益优先受偿。

第四条 中国人民银行征信中心（以下简称征信中心）是应收账款质押的登记机构。

征信中心建立基于互联网的登记公示系统（以下简称登记公示系统），办理应收账款质押登记，并为社会公众提供查询服务。

第五条　中国人民银行对征信中心办理应收账款质押登记有关活动进行管理。

第六条　在同一应收账款上设立多个权利的，质权人按照登记的先后顺序行使质权。

第二章　登记与查询

第七条　应收账款质押登记通过登记公示系统办理。

第八条　应收账款质押登记由质权人办理。质权人办理质押登记前，应与出质人签订登记协议。登记协议应载明如下内容：

（一）质权人与出质人已签订质押合同；

（二）由质权人办理质押登记。

质权人也可以委托他人办理登记。委托他人办理登记的，适用本办法关于质权人办理登记的规定。

第九条　质权人办理应收账款质押登记时，应注册为登记公示系统的用户。

第十条　登记内容包括质权人和出质人的基本信息、应收账款的描述、登记期限。质权人应将本办法第八条规定的协议作为登记附件提交登记公示系统。

出质人或质权人为单位的，应填写单位的法定注册名称、住所、法定代表人或负责人姓名、组织机构代码或金融机构编码、工商注册号、法人和其他组织统一社会信用代码、全球法人机构识别编码等机构代码或编码。

出质人或质权人为个人的，应填写有效身份证件号码、有效身份证件载明的地址等信息。

质权人可以与出质人约定将主债权金额等项目作为登记内容。

第十一条　质权人应将填写完毕的登记内容提交登记公示系统。登记公示系统记录提交时间并分配登记编号，生成应收账款质押登记初始登记证明和修改码提供给质权人。

第十二条　质权人应根据主债权履行期限合理确定登记期限。登记期限最短 6 个月，超过 6 个月的，按年计算，最长不超过 30 年。

第十三条　在登记期限届满前 90 日内，质权人可以申请展期。

质权人可以多次展期，展期期限按年计算，每次不得超过 30 年。

第十四条　登记内容存在遗漏、错误等情形或登记内容发生变化的，质权人应当办理变更登记。

质权人在原质押登记中增加新的应收账款出质的，新增加的部分视为新的质押登记。

第十五条 质权人办理登记时所填写的出质人法定注册名称或有效身份证件号码变更的，质权人应在变更之日起4个月内办理变更登记。

第十六条 质权人办理展期、变更登记的，应当提交与出质人就展期、变更事项达成的登记协议。

第十七条 有下列情形之一的，质权人应自该情形产生之日起10日内办理注销登记：

（一）主债权消灭；

（二）质权实现；

（三）质权人放弃登记载明的应收账款之上的全部质权；

（四）其他导致所登记权利消灭的情形。

质权人迟延办理注销登记，给他人造成损害的，应当承担相应的法律责任。

第十八条 质权人凭修改码办理展期、变更登记、注销登记。

第十九条 出质人或其他利害关系人认为登记内容错误的，可以要求质权人变更登记或注销登记。质权人不同意变更或注销的，出质人或其他利害关系人可以办理异议登记。

办理异议登记的出质人或其他利害关系人可以自行注销异议登记。

第二十条 出质人或其他利害关系人应在异议登记办理完毕之日起7日内通知质权人。

第二十一条 出质人或其他利害关系人自异议登记之日起30日内，未将争议起诉或提请仲裁并在登记公示系统提交案件受理通知的，征信中心撤销异议登记。

第二十二条 征信中心应按照出质人或其他利害关系人、质权人的要求，根据生效的法院判决、裁定或仲裁机构裁决撤销应收账款质押登记或异议登记。

第二十三条 质权人办理变更登记和注销登记、出质人或其他利害关系人办理异议登记后，登记公示系统记录登记时间、分配登记编号，并生成变更登记、注销登记或异议登记证明。

第二十四条 质权人、出质人和其他利害关系人应当按照登记公示系统提示项目如实登记，提供虚假材料办理登记、给他人造成损害的，应当承担相应的法律责任。

第二十五条 任何单位和个人均可以在注册为登记公示系统的用户后，查询应收账款质押登记信息。

第二十六条 出质人为单位的，查询人以出质人的法定注册名称进行查询。

出质人为个人的，查询人以出质人的身份证件号码进行查询。

第二十七条 征信中心根据查询人的申请，提供查询证明。

第二十八条 质权人、出质人或其他利害关系人、查询人可以通过证明编号在登记公示系统对登记证明和查询证明进行验证。

第三章　征信中心的职责

第二十九条　征信中心应当采取技术措施和其他必要措施，维护登记公示系统安全、正常运行，防止登记信息泄露、丢失。

第三十条　征信中心应当制定登记操作规则和内部管理制度，并报中国人民银行备案。

第三十一条　登记注销或登记期限届满后，征信中心应当对登记记录进行电子化离线保存，保存期限为 15 年。

第四章　附　则

第三十二条　征信中心按照国务院价格主管部门批准的收费标准收取应收账款登记服务费用。

第三十三条　权利人在登记公示系统办理以融资为目的的应收账款转让登记，参照本办法的规定。

第三十四条　本办法自 2007 年 10 月 1 日起施行。

二、司法解释及复函、通知等

最高人民法院
关于因法院错判导致债权利息损失扩大保证人应否承担责任问题的批复

2000 年 8 月 8 日　　法释〔2000〕24 号

四川省高级人民法院：

你院川高法〔1999〕72 号《关于因法院错判导致资金利息扩大的部分损失保证人应否承担责任的请示》收悉。经研究，答复如下：

依照《中华人民共和国担保法》第二十一条的规定，除合同另有约定的外，主债权的利息是指因债务人未按照合同约定履行义务而产生的利息。因法院错判引起债权利息损失扩大的部分，不属于保证担保的范围，保证人不承担责任。

此复。

最高人民法院
关于适用《中华人民共和国担保法》若干问题的解释

2000 年 12 月 8 日　　法释〔2000〕44 号

为了正确适用《中华人民共和国担保法》(以下简称担保法)，结合审判实践经验，对人民法院审理担保纠纷案件适用法律问题作出如下解释。

一、关于总则部分的解释

第一条　当事人对由民事关系产生的债权，在不违反法律、法规强制性规定的情况下，以担保法规定的方式设定担保的，可以认定为有效。

第二条　反担保人可以是债务人，也可以是债务人之外的其他人。

反担保方式可以是债务人提供的抵押或者质押，也可以是其他人提供的保证、抵押或者质押。

第三条　国家机关和以公益为目的的事业单位、社会团体违反法律规定提供担保的，担保合同无效。因此给债权人造成损失的，应当根据担保法第五条第二款的规定处理。

第四条　董事、经理违反《中华人民共和国公司法》第六十条的规定，以公司资产为本公司的股东或者其他个人债务提供担保的，担保合同无效。除债权人知道或者应当知道的外，债务人、担保人应当对债权人的损失承担连带赔偿责任。

第五条　以法律、法规禁止流通的财产或者不可转让的财产设定担保的，担保合同无效。

以法律、法规限制流通的财产设定担保的，在实现债权时，人民法院应当按照有关法律、法规的规定对该财产进行处理。

第六条　有下列情形之一的，对外担保合同无效：

（一）未经国家有关主管部门批准或者登记对外担保的；

（二）未经国家有关主管部门批准或者登记，为境外机构向境内债权人提供担保的；

（三）为外商投资企业注册资本、外商投资企业中的外方投资部分的对外债务提供担保的；

（四）无权经营外汇担保业务的金融机构、无外汇收入的非金融性质的企业法人提供外汇担保的；

（五）主合同变更或者债权人将对外担保合同项下的权利转让，未经担保人同意和国家有关主管部门批准的，担保人不再承担担保责任。但法律、法规另有规定的除外。

第七条　主合同有效而担保合同无效，债权人无过错的，担保人与债务人对主合同债权人的经济损失，承担连带赔偿责任；债权人、担保人有过错的，担保人承担民事责任的部分，不应超过债务人不能清偿部分的二分之一。

第八条　主合同无效而导致担保合同无效，担保人无过错的，担保人不承担民事责任；担保人有过错的，担保人承担民事责任的部分，不应超过债务人不能清偿部分的三分之一。

第九条 担保人因无效担保合同向债权人承担赔偿责任后，可以向债务人追偿，或者在承担赔偿责任的范围内，要求有过错的反担保人承担赔偿责任。

担保人可以根据承担赔偿责任的事实对债务人或者反担保人另行提起诉讼。

第十条 主合同解除后，担保人对债务人应当承担的民事责任仍应承担担保责任。但是，担保合同另有约定的除外。

第十一条 法人或者其他组织的法定代表人、负责人超越权限订立的担保合同，除相对人知道或者应当知道其超越权限的以外，该代表行为有效。

第十二条 当事人约定的或者登记部门要求登记的担保期间，对担保物权的存续不具有法律约束力。

担保物权所担保的债权的诉讼时效结束后，担保权人在诉讼时效结束后的二年内行使担保物权的，人民法院应当予以支持。

二、关于保证部分的解释

第十三条 保证合同中约定保证人代为履行非金钱债务的，如果保证人不能实际代为履行，对债权人因此造成的损失，保证人应当承担赔偿责任。

第十四条 不具有完全代偿能力的法人、其他组织或者自然人，以保证人身份订立保证合同后，又以自己没有代偿能力要求免除保证责任的，人民法院不予支持。

第十五条 担保法第七条规定的其他组织主要包括：

（一）依法登记领取营业执照的独资企业、合伙企业；

（二）依法登记领取营业执照的联营企业；

（三）依法登记领取营业执照的中外合作经营企业；

（四）经民政部门核准登记的社会团体；

（五）经核准登记领取营业执照的乡镇、街道、村办企业。

第十六条 从事经营活动的事业单位、社会团体为保证人的，如无其他导致保证合同无效的情况，其所签定的保证合同应当认定为有效。

第十七条 企业法人的分支机构未经法人书面授权提供保证的，保证合同无效。因此给债权人造成损失的，应当根据担保法第五条第二款的规定处理。

企业法人的分支机构经法人书面授权提供保证的，如果法人的书面授权范围不明，法人的分支机构应当对保证合同约定的全部债务承担保证责任。

企业法人的分支机构经营管理的财产不足以承担保证责任的，由企业法人承担民事责任。

企业法人的分支机构提供的保证无效后应当承担赔偿责任的，由分支机构经营管理的财产承担。企业法人有过错的，按照担保法第二十九条的规定处理。

第十八条 企业法人的职能部门提供保证的，保证合同无效。债权人知道或者应当知道保证人为企业法人的职能部门的，因此造成的损失由债权人自行承担。

债权人不知保证人为企业法人的职能部门，因此造成的损失，可以参照担保法第五条第二款的规定和第二十九条的规定处理。

第十九条 两个以上保证人对同一债务同时或者分别提供保证时，各保证人与债权人没有约定保证份额的，应当认定为连带共同保证。

连带共同保证的保证人以其相互之间约定各自承担的份额对抗债权人的，人民法院不予支持。

第二十条 连带共同保证的债务人在主合同规定的债务履行期届满没有履行债务的，债权人可以要求债务人履行债务，也可以要求任何一个保证人承担全部保证责任。

连带共同保证的保证人承担保证责任后，向债务人不能追偿的部分，由各连带保证人按其内部约定的比例分担。没有约定的，平均分担。

第二十一条 按份共同保证的保证人按照保证合同约定的保证份额承担保证责任后，在其履行保证责任的范围内对债务人行使追偿权。

第二十二条 第三人单方以书面形式向债权人出具担保书，债权人接受且未提出异议的，保证合同成立。

主合同中虽然没有保证条款，但是，保证人在主合同上以保证人的身份签字或者盖章的，保证合同成立。

第二十三条 最高额保证合同的不特定债权确定后，保证人应当对在最高债权额限度内就一定期间连续发生的债权余额承担保证责任。

第二十四条 一般保证的保证人在主债权履行期间届满后，向债权人提供了债务人可供执行财产的真实情况的，债权人放弃或者怠于行使权利致使该财产不能被执行，保证人可以请求人民法院在其提供可供执行财产的实际价值范围内免除保证责任。

第二十五条 担保法第十七条第三款第（一）项规定的债权人要求债务人履行债务发生的重大困难情形，包括债务人下落不明、移居境外，且无财产可供执行。

第二十六条 第三人向债权人保证监督支付专款专用的，在履行了监督支付专款专用的义务后，不再承担责任。未尽监督义务造成资金流失的，应当对流失的资金承担补充赔偿责任。

第二十七条 保证人对债务人的注册资金提供保证的，债务人的实际投资与注册资金不符，或者抽逃转移注册资金的，保证人在注册资金不足或者抽逃转移注册资金的范围内承担连带保证责任。

第二十八条 保证期间，债权人依法将主债权转让给第三人的，保证债权同时转让，保证人在原保证担保的范围内对受让人承担保证责任。但是保证人与债权人事先约定仅对特定的债权人承担保证责任或者禁止债权转让的，保证人不再承担保证责任。

第二十九条 保证期间，债权人许可债务人转让部分债务未经保证人书面同意的，保证人对未经其同意转让部分的债务，不再承担保证责任。但是，保证人仍应当对未转让部分的债务承担保证责任。

第三十条 保证期间，债权人与债务人对主合同数量、价款、币种、利率等内容作了变动，未经保证人同意的，如果减轻债务人的债务的，保证人仍应当对变更后的合同承担保证责任；如果加重债务人的债务的，保证人对加重的部分不承担保证责任。

债权人与债务人对主合同履行期限作了变动，未经保证人书面同意的，保证期间为原合同约定的或者法律规定的期间。

债权人与债务人协议变动主合同内容，但并未实际履行的，保证人仍应当承担保证责任。

第三十一条 保证期间不因任何事由发生中断、中止、延长的法律后果。

第三十二条 保证合同约定的保证期间早于或者等于主债务履行期限的，视为没有约定，保证期间为主债务履行期届满之日起六个月。

保证合同约定保证人承担保证责任直至主债务本息还清时为止等类似内容的，视为约定不明，保证期间为主债务履行期届满之日起二年。

第三十三条 主合同对主债务履行期限没有约定或者约定不明的，保证期间自债权人要求债务人履行义务的宽限期届满之日起计算。

第三十四条 一般保证的债权人在保证期间届满前对债务人提起诉讼或者申请仲裁的，从判决或者仲裁裁决生效之日起，开始计算保证合同的诉讼时效。

连带责任保证的债权人在保证期间届满前要求保证人承担保证责任的，从债权人要求保证人承担保证责任之日起，开始计算保证合同的诉讼时效。

第三十五条 保证人对已经超过诉讼时效期间的债务承担保证责任或者提供保证的，又以超过诉讼时效为由抗辩的，人民法院不予支持。

第三十六条 一般保证中，主债务诉讼时效中断，保证债务诉讼时效中断；连带责任保证中，主债务诉讼时效中断，保证债务诉讼时效不中断。

一般保证和连带责任保证中，主债务诉讼时效中止的，保证债务的诉讼时效同时中止。

第三十七条　最高额保证合同对保证期间没有约定或者约定不明的，如最高额保证合同约定有保证人清偿债务期限的，保证期间为清偿期限届满之日起六个月。没有约定债务清偿期限的，保证期间自最高额保证终止之日或自债权人收到保证人终止保证合同的书面通知到达之日起六个月。

第三十八条　同一债权既有保证又有第三人提供物的担保的，债权人可以请求保证人或者物的担保人承担担保责任。当事人对保证担保的范围或者物的担保的范围没有约定或者约定不明的，承担了担保责任的担保人，可以向债务人追偿，也可以要求其他担保人清偿其应当分担的份额。

同一债权既有保证又有物的担保的，物的担保合同被确认无效或者被撤销，或者担保物因不可抗力的原因灭失而没有代位物的，保证人仍应当按合同的约定或者法律的规定承担保证责任。

债权人在主合同履行期届满后怠于行使担保物权，致使担保物的价值减少或者毁损、灭失的，视为债权人放弃部分或者全部物的担保。保证人在债权人放弃权利的范围内减轻或者免除保证责任。

第三十九条　主合同当事人双方协议以新贷偿还旧贷，除保证人知道或者应当知道的外，保证人不承担民事责任。

新贷与旧贷系同一保证人的，不适用前款的规定。

第四十条　主合同债务人采取欺诈、胁迫等手段，使保证人在违背真实意思的情况下提供保证的，债权人知道或者应当知道欺诈、胁迫事实的，按照担保法第三十条的规定处理。

第四十一条　债务人与保证人共同欺骗债权人，订立主合同和保证合同的，债权人可以请求人民法院予以撤销。因此给债权人造成损失的，由保证人与债务人承担连带赔偿责任。

第四十二条　人民法院判决保证人承担保证责任或者赔偿责任的，应当在判决书主文中明确保证人享有担保法第三十一条规定的权利。判决书中未予明确追偿权的，保证人只能按照承担责任的事实，另行提起诉讼。

保证人对债务人行使追偿权的诉讼时效，自保证人向债权人承担责任之日起开始计算。

第四十三条　保证人自行履行保证责任时，其实际清偿额大于主债权范围的，保证人只能在主债权范围内对债务人行使追偿权。

第四十四条　保证期间，人民法院受理债务人破产案件的，债权人既可以向人民法院申报债权，也可以向保证人主张权利。

债权人申报债权后在破产程序中未受清偿的部分，保证人仍应当承担保证责任。债权人要求保证人承担保证责任的，应当在破产程序终结后六个月内提出。

第四十五条 债权人知道或者应当知道债务人破产，既未申报债权也未通知保证人，致使保证人不能预先行使追偿权的，保证人在该债权在破产程序中可能受偿的范围内免除保证责任。

第四十六条 人民法院受理债务人破产案件后，债权人未申报债权的，各连带共同保证的保证人应当作为一个主体申报债权，预先行使追偿权。

三、关于抵押部分的解释

第四十七条 以依法获准尚未建造的或者正在建造中的房屋或者其他建筑物抵押的，当事人办理了抵押物登记，人民法院可以认定抵押有效。

第四十八条 以法定程序确认为违法、违章的建筑物抵押的，抵押无效。

第四十九条 以尚未办理权属证书的财产抵押的，在第一审法庭辩论终结前能够提供权利证书或者补办登记手续的，可以认定抵押有效。

当事人未办理抵押物登记手续的，不得对抗第三人。

第五十条 以担保法第三十四条第一款所列财产一并抵押的，抵押财产的范围应当以登记的财产为准。抵押财产的价值在抵押权实现时予以确定。

第五十一条 抵押人所担保的债权超出其抵押物价值的，超出的部分不具有优先受偿的效力。

第五十二条 当事人以农作物和与其尚未分离的土地使用权同时抵押的，土地使用权部分的抵押无效。

第五十三条 学校、幼儿园、医院等以公益为目的的事业单位、社会团体，以其教育设施、医疗卫生设施和其他社会公益设施以外的财产为自身债务设定抵押的，人民法院可以认定抵押有效。

第五十四条 按份共有人以其共有财产中享有的份额设定抵押的，抵押有效。

共同共有人以其共有财产设定抵押，未经其他共有人的同意，抵押无效。但是，其他共有人知道或者应当知道而未提出异议的视为同意，抵押有效。

第五十五条 已经设定抵押的财产被采取查封、扣押等财产保全或者执行措施的，不影响抵押权的效力。

第五十六条 抵押合同对被担保的主债权种类、抵押财产没有约定或者约定不明，根据主合同和抵押合同不能补正或者无法推定的，抵押不成立。

法律规定登记生效的抵押合同签订后，抵押人违背诚实信用原则拒绝办理抵押登记致使债权人受到损失的，抵押人应当承担赔偿责任。

第五十七条　当事人在抵押合同中约定，债务履行期届满抵押权人未受清偿时，抵押物的所有权转移为债权人所有的内容无效。该内容的无效不影响抵押合同其他部分内容的效力。

债务履行期届满后抵押权人未受清偿时，抵押权人和抵押人可以协议以抵押物折价取得抵押物。但是，损害顺序在后的担保物权人和其他债权人利益的，人民法院可以适用合同法第七十四条、第七十五条的有关规定。

第五十八条　当事人同一天在不同的法定登记部门办理抵押物登记的，视为顺序相同。

因登记部门的原因致使抵押物进行连续登记的，抵押物第一次登记的日期，视为抵押登记的日期，并依此确定抵押权的顺序。

第五十九条　当事人办理抵押物登记手续时，因登记部门的原因致使其无法办理抵押物登记，抵押人向债权人交付权利凭证的，可以认定债权人对该财产有优先受偿权。但是，未办理抵押物登记的，不得对抗第三人。

第六十条　以担保法第四十二条第（二）项规定的不动产抵押的，县级以上地方人民政府对登记部门未作规定，当事人在土地管理部门或者房产管理部门办理了抵押物登记手续，人民法院可以确认其登记的效力。

第六十一条　抵押物登记记载的内容与抵押合同约定的内容不一致的，以登记记载的内容为准。

第六十二条　抵押物因附合、混合或者加工使抵押物的所有权为第三人所有的，抵押权的效力及于补偿金；抵押物所有人为附合物、混合物或者加工物的所有人的，抵押权的效力及于附合物、混合物或者加工物；第三人与抵押物所有人为附合物、混合物或者加工物的共有人的，抵押权的效力及于抵押人对共有物享有的份额。

第六十三条　抵押权设定前为抵押物的从物的，抵押权的效力及于抵押物的从物。但是，抵押物与其从物为两个以上的人分别所有时，抵押权的效力不及于抵押物的从物。

第六十四条　债务履行期届满，债务人不履行债务致使抵押物被人民法院依法扣押的，自扣押之日起抵押权人收取的由抵押物分离的天然孳息和法定孳息，按照下列顺序清偿：

（一）收取孳息的费用；

（二）主债权的利息；

（三）主债权。

第六十五条　抵押人将已出租的财产抵押的，抵押权实现后，租赁合同在有效期内对抵押物的受让人继续有效。

第六十六条 抵押人将已抵押的财产出租的，抵押权实现后，租赁合同对受让人不具有约束力。

抵押人将已抵押的财产出租时，如果抵押人未书面告知承租人该财产已抵押的，抵押人对出租抵押物造成承租人的损失承担赔偿责任；如果抵押人已书面告知承租人该财产已抵押的，抵押权实现造成承租人的损失，由承租人自己承担。

第六十七条 抵押权存续期间，抵押人转让抵押物未通知抵押权人或者未告知受让人的，如果抵押物已经登记的，抵押权人仍可以行使抵押权；取得抵押物所有权的受让人，可以代替债务人清偿其全部债务，使抵押权消灭。受让人清偿债务后可以向抵押人追偿。

如果抵押物未经登记的，抵押权不得对抗受让人，因此给抵押权人造成损失的，由抵押人承担赔偿责任。

第六十八条 抵押物依法被继承或者赠与的，抵押权不受影响。

第六十九条 债务人有多个普通债权人的，在清偿债务时，债务人与其中一个债权人恶意串通，将其全部或者部分财产抵押给该债权人，因此丧失了履行其他债务的能力，损害了其他债权人的合法权益，受损害的其他债权人可以请求人民法院撤销该抵押行为。

第七十条 抵押人的行为足以使抵押物价值减少的，抵押权人请求抵押人恢复原状或提供担保遭到拒绝时，抵押权人可以请求债务人履行债务，也可以请求提前行使抵押权。

第七十一条 主债权未受全部清偿的，抵押权人可以就抵押物的全部行使其抵押权。

抵押物被分割或者部分转让的，抵押权人可以就分割或者转让后的抵押物行使抵押权。

第七十二条 主债权被分割或者部分转让的，各债权人可以就其享有的债权份额行使抵押权。

主债务被分割或者部分转让的，抵押人仍以其抵押物担保数个债务人履行债务。但是，第三人提供抵押的，债权人许可债务人转让债务未经抵押人书面同意的，抵押人对未经其同意转让的债务，不再承担担保责任。

第七十三条 抵押物折价或者拍卖、变卖该抵押物的价款低于抵押权设定时约定价值的，应当按照抵押物实现的价值进行清偿。不足清偿的剩余部分，由债务人清偿。

第七十四条 抵押物折价或者拍卖、变卖所得的价款，当事人没有约定的，按下列顺序清偿：

（一）实现抵押权的费用；

（二）主债权的利息；

（三）主债权。

第七十五条 同一债权有两个以上抵押人的，债权人放弃债务人提供的抵押担保的，其他抵押人可以请求人民法院减轻或者免除其应当承担的担保责任。

同一债权有两个以上抵押人的，当事人对其提供的抵押财产所担保的债权份额或者顺序没有约定或者约定不明的，抵押权人可以就其中任一或者各个财产行使抵押权。

抵押人承担担保责任后，可以向债务人追偿，也可以要求其他抵押人清偿其应当承担的份额。

第七十六条 同一动产向两个以上债权人抵押的，当事人未办理抵押物登记，实现抵押权时，各抵押权人按照债权比例受偿。

第七十七条 同一财产向两个以上债权人抵押的，顺序在先的抵押权与该财产的所有权归属一人时，该财产的所有权人可以以其抵押权对抗顺序在后的抵押权。

第七十八条 同一财产向两个以上债权人抵押的，顺序在后的抵押权所担保的债权先到期的，抵押权人只能就抵押物价值超出顺序在先的抵押担保债权的部分受偿。

顺序在先的抵押权所担保的债权先到期的，抵押权实现后的剩余价款应予提存，留待清偿顺序在后的抵押担保债权。

第七十九条 同一财产法定登记的抵押权与质权并存时，抵押权人优先于质权人受偿。

同一财产抵押权与留置权并存时，留置权人优先于抵押权人受偿。

第八十条 在抵押物灭失、毁损或者被征用的情况下，抵押权人可以就该抵押物的保险金、赔偿金或者补偿金优先受偿。

抵押物灭失、毁损或者被征用的情况下，抵押权所担保的债权未届清偿期的，抵押权人可以请求人民法院对保险金、赔偿金或补偿金等采取保全措施。

第八十一条 最高额抵押权所担保的债权范围，不包括抵押物因财产保全或者执行程序被查封后或债务人、抵押人破产后发生的债权。

第八十二条 当事人对最高额抵押合同的最高限额、最高额抵押期间进行变更，以其变更对抗顺序在后的抵押权人的，人民法院不予支持。

第八十三条 最高额抵押权所担保的不特定债权，在特定后，债权已届清偿期的，最高额抵押权人可以根据普通抵押权的规定行使其抵押权。

抵押权人实现最高额抵押权时，如果实际发生的债权余额高于最高限额的，以最高限额为限，超过部分不具有优先受偿的效力；如果实际发生的债权余额低于最高限额的，以实际发生的债权余额为限对抵押物优先受偿。

四、关于质押部分的解释

（一）动产质押

第八十四条 出质人以其不具有所有权但合法占有的动产出质的，不知出质人无处分权的质权人行使质权后，因此给动产所有人造成损失的，由出质人承担赔偿责任。

第八十五条 债务人或者第三人将其金钱以特户、封金、保证金等形式特定化后，移交债权人占有作为债权的担保，债务人不履行债务时，债权人可以以该金钱优先受偿。

第八十六条 债务人或者第三人未按质押合同约定的时间移交质物的，因此给质权人造成损失的，出质人应当根据其过错承担赔偿责任。

第八十七条 出质人代质权人占有质物的，质押合同不生效；质权人将质物返还于出质人后，以其质权对抗第三人的，人民法院不予支持。

因不可归责于质权人的事由而丧失对质物的占有，质权人可以向不当占有人请求停止侵害、恢复原状、返还质物。

第八十八条 出质人以间接占有的财产出质的，质押合同自书面通知送达占有人时视为移交。占有人收到出质通知后，仍接受出质人的指示处分出质财产的，该行为无效。

第八十九条 质押合同中对质押的财产约定不明，或者约定的出质财产与实际移交的财产不一致的，以实际交付占有的财产为准。

第九十条 质物有隐蔽瑕疵造成质权人其他财产损害的，应由出质人承担赔偿责任。但是，质权人在质物移交时明知质物有瑕疵而予以接受的除外。

第九十一条 动产质权的效力及于质物的从物。但是，从物未随同质物移交质权人占有的，质权的效力不及于从物。

第九十二条 按照担保法第六十九条的规定将质物提存的，质物提存费用由质权人负担；出质人提前清偿债权的，应当扣除未到期部分的利息。

第九十三条 质权人在质权存续期间，未经出质人同意，擅自使用、出租、处分质物，因此给出质人造成损失的，由质权人承担赔偿责任。

第九十四条 质权人在质权存续期间，为担保自己的债务，经出质人同意，以其所占有的质物为第三人设定质权的，应当在原质权所担保的债权范围之内，超过的部分不具有优先受偿的效力。转质权的效力优于原质权。

质权人在质权存续期间，未经出质人同意，为担保自己的债务，在其所占有的质物上为第三人设定质权的无效。质权人对因转质而发生的损害承担赔偿责任。

第九十五条　债务履行期届满质权人未受清偿的，质权人可以继续留置质物，并以质物的全部行使权利。出质人清偿所担保的债权后，质权人应当返还质物。

债务履行期届满，出质人请求质权人及时行使权利，而质权人怠于行使权利致使质物价格下跌的，由此造成的损失，质权人应当承担赔偿责任。

第九十六条　本解释第五十七条、第六十二条、第六十四条、第七十一条、第七十二条、第七十三条、第七十四条、第八十条之规定，适用于动产质押。

（二）权利质押

第九十七条　以公路桥梁、公路隧道或者公路渡口等不动产收益权出质的，按照担保法第七十五条第（四）项的规定处理。

第九十八条　以汇票、支票、本票出质，出质人与质权人没有背书记载“质押”字样，以票据出质对抗善意第三人的，人民法院不予支持。

第九十九条　以公司债券出质的，出质人与质权人没有背书记载“质押”字样，以债券出质对抗公司和第三人的，人民法院不予支持。

第一百条　以存款单出质的，签发银行核押后又受理挂失并造成存款流失的，应当承担民事责任。

第一百零一条　以票据、债券、存款单、仓单、提单出质的，质权人再转让或者质押的无效。

第一百零二条　以载明兑现或者提货日期的汇票、支票、本票、债券、存款单、仓单、提单出质的，其兑现或者提货日期后于债务履行期的，质权人只能在兑现或者提货日期届满时兑现款项或者提取货物。

第一百零三条　以股份有限公司的股份出质的，适用《中华人民共和国公司法》有关股份转让的规定。

以上市公司的股份出质的，质押合同自股份出质向证券登记机构办理出质登记之日起生效。

以非上市公司的股份出质的，质押合同自股份出质记载于股东名册之日起生效。

第一百零四条　以依法可以转让的股份、股票出质的，质权的效力及于股份、股票的法定孳息。

第一百零五条　以依法可以转让的商标专用权，专利权、著作权中的财产权出质的，出质人未经质权人同意而转让或者许可他人使用已出质权利的，应当认定为无效。因此给质权人或者第三人造成损失的，由出质人承担民事责任。

第一百零六条 质权人向出质人、出质债权的债务人行使质权时，出质人、出质债权的债务人拒绝的，质权人可以起诉出质人和出质债权的债务人，也可以单独起诉出质债权的债务人。

五、关于留置部分的解释

第一百零七条 当事人在合同中约定排除留置权，债务履行期届满，债权人行使留置权的，人民法院不予支持。

第一百零八条 债权人合法占有债务人交付的动产时，不知债务人无处分该动产的权利，债权人可以按照担保法第八十二条的规定行使留置权。

第一百零九条 债权人的债权已届清偿期，债权人对动产的占有与其债权的发生有牵连关系，债权人可以留置其所占有的动产。

第一百一十条 留置权人在债权未受全部清偿前，留置物为不可分物的，留置权人可以就其留置物的全部行使留置权。

第一百一十一条 债权人行使留置权与其承担的义务或者合同的特殊约定相抵触的，人民法院不予支持。

第一百一十二条 债权人的债权未届清偿期，其交付占有标的物的义务已届履行期的，不能行使留置权。但是，债权人能够证明债务人无支付能力的除外。

第一百一十三条 债权人未按担保法第八十七条规定的期限通知债务人履行义务，直接变价处分留置物的，应当对此造成的损失承担赔偿责任。债权人与债务人按照担保法第八十七条的规定在合同中约定宽限期的，债权人可以不经通知，直接行使留置权。

第一百一十四条 本解释第六十四条、第八十条、第八十七条、第九十一条、第九十三条的规定，适用于留置。

六、关于定金部分的解释

第一百一十五条 当事人约定以交付定金作为订立主合同担保的，给付定金的一方拒绝订立主合同的，无权要求返还定金；收受定金的一方拒绝订立合同的，应当双倍返还定金。

第一百一十六条 当事人约定以交付定金作为主合同成立或者生效要件的，给付定金的一方未支付定金，但主合同已经履行或者已经履行主要部分的，不影响主合同的成立或者生效。

第一百一十七条　定金交付后，交付定金的一方可以按照合同的约定以丧失定金为代价而解除主合同，收受定金的一方可以双倍返还定金为代价而解除主合同。对解除主合同后责任的处理，适用《中华人民共和国合同法》的规定。

第一百一十八条　当事人交付留置金、担保金、保证金、订约金、押金或者订金等，但没有约定定金性质的，当事人主张定金权利的，人民法院不予支持。

第一百一十九条　实际交付的定金数额多于或者少于约定数额，视为变更定金合同；收受定金一方提出异议并拒绝接受定金的，定金合同不生效。

第一百二十条　因当事人一方迟延履行或者其他违约行为，致使合同目的不能实现，可以适用定金罚则。但法律另有规定或者当事人另有约定的除外。

当事人一方不完全履行合同的，应当按照未履行部分所占合同约定内容的比例，适用定金罚则。

第一百二十一条　当事人约定的定金数额超过主合同标的额百分之二十的，超过的部分，人民法院不予支持。

第一百二十二条　因不可抗力、意外事件致使主合同不能履行的，不适用定金罚则。因合同关系以外第三人的过错，致使主合同不能履行的，适用定金罚则。受定金处罚的一方当事人，可以依法向第三人追偿。

七、关于其他问题的解释

第一百二十三条　同一债权上数个担保物权并存时，债权人放弃债务人提供的物的担保的，其他担保人在其放弃权利的范围内减轻或者免除担保责任。

第一百二十四条　企业法人的分支机构为他人提供保证的，人民法院在审理保证纠纷案件中可以将该企业法人作为共同被告参加诉讼。但是商业银行、保险公司的分支机构提供保证的除外。

第一百二十五条　一般保证的债权人向债务人和保证人一并提起诉讼的，人民法院可以将债务人和保证人列为共同被告参加诉讼。但是，应当在判决书中明确在对债务人财产依法强制执行后仍不能履行债务时，由保证人承担保证责任。

第一百二十六条　连带责任保证的债权人可以将债务人或者保证人作为被告提起诉讼，也可以将债务人和保证人作为共同被告提起诉讼。

第一百二十七条　债务人对债权人提起诉讼，债权人提起反诉的，保证人可以作为第三人参加诉讼。

第一百二十八条 债权人向人民法院请求行使担保物权时，债务人和担保人应当作为共同被告参加诉讼。

同一债权既有保证又有物的担保的，当事人发生纠纷提起诉讼的，债务人与保证人、抵押人或者出质人可以作为共同被告参加诉讼。

第一百二十九条 主合同和担保合同发生纠纷提起诉讼的，应当根据主合同确定案件管辖。担保人承担连带责任的担保合同发生纠纷，债权人向担保人主张权利的，应当由担保人住所地的法院管辖。

主合同和担保合同选择管辖的法院不一致的，应当根据主合同确定案件管辖。

第一百三十条 在主合同纠纷案件中，对担保合同未经审判，人民法院不应当依据对主合同当事人所作出的判决或者裁定，直接执行担保人的财产。

第一百三十一条 本解释所称“不能清偿”指对债务人的存款、现金、有价证券、成品、半成品、原材料、交通工具等可以执行的动产和其他方便执行的财产执行完毕后，债务仍未能得到清偿的状态。

第一百三十二条 在案件审理或者执行程序中，当事人提供财产担保的，人民法院应当对该财产的权属证书予以扣押，同时向有关部门发出协助执行通知书，要求其在规定的时间内不予办理担保财产的转移手续。

第一百三十三条 担保法施行以前发生的担保行为，适用担保行为发生时的法律法规和有关司法解释。

担保法施行以后因担保行为发生的纠纷案件，在本解释公布施行前已经终审，当事人申请再审或者按审判监督程序决定再审的，不适用本解释。

担保法施行以后因担保行为发生的纠纷案件，在本解释公布施行后尚在一审或二审阶段的，适用担保法和本解释。

第一百三十四条 最高人民法院在担保法施行以前作出的有关担保问题的司法解释，与担保法和本解释相抵触的，不再适用。

最高人民法院
关于国有工业企业以机器设备等财产为抵押物与债权人签订的抵押合同的效力问题的批复

2002年6月18日　　法释〔2002〕14号

重庆市高级人民法院：

你院渝高法〔2001〕37号《关于认定国有工业企业以机器设备、厂房为抵押物与债权人签订的抵押合同的法律效力的请示》收悉。经研究，答复如下：

根据《中华人民共和国担保法》第三十四条和最高人民法院《关于适用〈中华人民共和国合同法〉若干问题的解释（一）》第九条规定的精神，国有工业企业以机器设备、厂房等财产与债权人签订的抵押合同，如无其他法定的无效情形，不应当仅以未经政府主管部门批准为由认定抵押合同无效。

本批复施行后，正在审理或者尚未审理的案件，适用本批复，但判决、裁定已经发生法律效力的案件提起再审的除外。

此复。

最高人民法院
关于已承担保证责任的保证人向其他保证人行使追偿权问题的批复

2002年11月23日　　法释〔2002〕37号

云南省高级人民法院：

你院云高法〔2002〕160号《关于已经承担了保证责任的保证人向保证期间内未被主张保证责任的其他保证人行使追偿权是否成立的请示》收悉。经研究，答复如下：

根据《中华人民共和国担保法》第十二条的规定，承担连带责任保证的保证人一人或者数人承担保证责任后，有权要求其他保证人清偿应当承担的份额，不受债权人是否在保证期间内向未承担保证责任的保证人主张过保证责任的影响。

此复。

最高人民法院
关于涉及担保纠纷案件的司法解释的适用和保证责任方式认定问题的批复

2002 年 11 月 23 日　　法释〔2002〕38 号

山东省高级人民法院：

你院鲁法民二字〔2002〕2 号《关于担保法适用有关问题的请示》收悉。经研究，答复如下：

一、最高人民法院法发〔1994〕8 号《关于审理经济合同纠纷案件有关保证的若干问题的规定》，适用于该规定施行后发生的担保纠纷案件和该规定施行前发生的尚未审结的第一审、第二审担保纠纷案件。该规定施行前判决、裁定已经发生法律效力的担保纠纷案件，进行再审的，不适用该《规定》。《中华人民共和国担保法》生效后发生的担保行为和担保纠纷，适用担保法和担保法相关司法解释的规定。

二、担保法生效之前订立的保证合同中对保证责任方式没有约定或者约定不明的，应当认定为一般保证。保证合同中明确约定保证人在债务人不能履行债务时始承担保证责任的，视为一般保证。保证合同中明确约定保证人在被保证人不履行债务时承担保证责任，且根据当事人订立合同的本意推定不出为一般保证责任的，视为连带责任保证。

在本批复施行前，判决、裁定已经发生法律效力的担保纠纷案件，当事人申请再审或者按审判监督程序决定再审的，不适用本批复。

此复。

最高人民法院
关于破产企业国有划拨土地使用权应否列入破产财产等问题的批复

2003年4月16日　　法释〔2003〕6号

湖北省高级人民法院：

你院鄂高法〔2002〕158号《关于破产企业国有划拨土地使用权应否列入破产财产以及有关抵押效力认定等问题的请示》收悉。经研究，答复如下：

一、根据《中华人民共和国土地管理法》第五十八条第一款第（四）项及《城镇国有土地使用权出让和转让暂行条例》第四十七条的规定，破产企业以划拨方式取得的国有土地使用权不属于破产财产，在企业破产时，有关人民政府可以予以收回，并依法处置。纳入国家兼并破产计划的国有企业，其依法取得的国有土地使用权，应依据国务院有关文件规定办理。

二、企业对其以划拨方式取得的国有土地使用权无处分权，以该土地使用权为标的物设定抵押，除依法办理抵押登记手续外，还应经具有审批权限的人民政府或土地行政管理部门批准。否则，应认定抵押无效。如果企业对以划拨方式取得的国有土地使用权设定抵押时，履行了法定的审批手续，并依法办理了抵押登记，应认定抵押有效。根据《中华人民共和国城市房地产管理法》第五十条和《中华人民共和国担保法》第五十六条的规定，抵押权人只有在以抵押标的物折价或拍卖、变卖所得价款缴纳相当于土地使用权出让金的款项后，对剩余部分方可享有优先受偿权。但纳入国家兼并破产计划的国有企业，其用以划拨方式取得的国有土地使用权设定抵押的，应依据国务院有关文件规定办理。

三、国有企业以关键设备、成套设备、厂房设定抵押的效力问题，应依据法释〔2002〕14号《关于国有工业企业以机器设备等财产为抵押物与债权人签订的抵押合同的法律效力问题的批复》办理。

国有企业以建筑物设定抵押的效力问题，应区分两种情况处理：如果建筑物附着于以划拨方式取得的国有土地使用权之上，将该建筑物与土地使用权一并设定抵押的，对土地使用权的抵押需履行法定的审批手续，否则，应认定抵押无效；如果建筑物附着于以出让、转让方式取得的国有土地使用权之上，将该建筑物与土地使用权一并设定抵押的，即使未经有关主管部门批准，亦应认定抵押有效。

本批复自公布之日起施行，正在审理或者尚未审理的案件，适用本批复，但对提起再审的判决、裁定已经发生法律效力的案件除外。

此复。

最高人民法院
关于人民法院应当如何认定保证人在保证期间届满后又在催款通知书上签字问题的批复

2004年4月14日　　法释〔2004〕4号

云南、河北、四川省高级人民法院：

云高法〔2003〕69号《关于保证人超过保证期间后又在催款通知书上签字应如何认定性质和责任的请示》、〔2003〕冀民二请字第1号《关于如何认定已过了保证期间的保证人在中国长城资产管理公司〈债权转移确认通知书〉上盖章的民事责任的请示》和川高法〔2003〕266号《关于保证期届满后保证人与债务人同日在催款通知书上签字或者盖章的法律效力问题的请示》收悉。经研究，答复如下：

根据《中华人民共和国担保法》的规定，保证期间届满债权人未依法向保证人主张保证责任的，保证责任消灭。保证责任消灭后，债权人书面通知保证人要求承担保证责任或者清偿债务，保证人在催款通知书上签字的，人民法院不得认定保证人继续承担保证责任。但是，该催款通知书内容符合《合同法》和《担保法》有关担保合同成立的规定，并经保证人签字认可，能够认定成立新的保证合同的，人民法院应当认定保证人按照新保证合同承担责任。

此复。

最高人民法院
关于审理出口退税托管账户质押贷款案件有关问题的规定

2004年11月22日　　法释〔2004〕18号

为正确审理涉及出口退税专用账户质押贷款纠纷案件，维护相关当事人的合法权益，根据《中华人民共和国民法通则》《中华人民共和国合同法》《中华人民共和国担保法》等有关规定，结合人民法院审判实践，制定本规定。

第一条　本规定适用于审理、执行涉及出口退税专用账户质押贷款的案件。

本规定所称出口退税专用账户质押贷款，是指借款人将出口退税专用账户托管给贷款银行，并承诺以该账户中的退税款作为还款保证的贷款。

第二条　以出口退税专用账户质押方式贷款的，应当签订书面质押贷款合同。质押贷款合同自贷款银行实际托管借款人出口退税专用账户时生效。①

第三条　出口退税专用账户质押贷款银行，对质押账户内的退税款享有优先受偿权。

第四条　人民法院审理和执行案件时，不得对已设质的出口退税专用账户内的款项采取财产保全措施或者执行措施。

第五条　借款人进入破产程序时，贷款银行对已经设质的出口退税专用账户内的款项享有优先受偿权，但应以被担保债权尚未受偿的数额为限。

第六条　有下列情形之一的，不受本《规定》第三、四、五条规定的限制，人民法院可以采取财产保全或者执行措施：

（一）借款人将非退税款存入出口退税专用账户的；

（二）贷款银行将出口退税专用账户内的退税款扣还其他贷款，且数额已经超出质押贷款金额的；

（三）贷款银行同意税务部门转移出口退税专用账户的；

（四）贷款银行有其他违背退税账户专用性质，损害其他债权人利益行为的。

第七条　本规定自2004年12月7日起施行。

---

①　因与物权法相关规定冲突，根据《最高人民法院关于废止2007年底以前发布的有关司法解释（第七批）的决定》，此条废止。——编者注

最高人民法院
关于人民法院执行设定抵押的房屋的规定

2005年12月14日　　法释〔2005〕14号

根据《中华人民共和国民事诉讼法》等法律的规定，结合人民法院民事执行工作的实践，对人民法院根据抵押权人的申请，执行设定抵押的房屋的问题规定如下：

第一条　对于被执行人所有的已经依法设定抵押的房屋，人民法院可以查封，并可以根据抵押权人的申请，依法拍卖、变卖或者抵债。

第二条　人民法院对已经依法设定抵押的被执行人及其所扶养家属居住的房屋，在裁定拍卖、变卖或者抵债后，应当给予被执行人六个月的宽限期。在此期限内，被执行人应当主动腾空房屋，人民法院不得强制被执行人及其所扶养家属迁出该房屋。

第三条　上述宽限期届满后，被执行人仍未迁出的，人民法院可以作出强制迁出裁定，并按照民事诉讼法第二百二十九条的规定执行。①

强制迁出时，被执行人无法自行解决居住问题的，经人民法院审查属实，可以由申请执行人为被执行人及其所扶养家属提供临时住房。

第四条　申请执行人提供的临时住房，其房屋品质、地段可以不同于被执行人原住房，面积参照建设部、财政部、民政部、国土资源部和国家税务总局联合发布的《城镇最低收入家庭廉租住房管理办法》所规定的人均廉租住房面积标准确定。

第五条　申请执行人提供的临时住房，应当计收租金。租金标准由申请执行人和被执行人双方协商确定；协商不成的，由人民法院参照当地同类房屋租金标准确定，当地无同类房屋租金标准可以参照的，参照当地房屋租赁市场平均租金标准确定。

已经产生的租金，可以从房屋拍卖或者变卖价款中优先扣除。

第六条　被执行人属于低保对象且无法自行解决居住问题的，人民法院不应强制迁出。

第七条　本规定自公布之日起施行。施行前本院已公布的司法解释与本规定不一

① 根据《最高人民法院关于调整司法解释等文件中引用〈中华人民共和国民事诉讼法〉条文序号的决定》（法释〔2008〕18号），本规定第3条第1款调整为："上述宽限期届满后，被执行人仍未迁出的，人民法院可以作出强制迁出裁定，并按照民事诉讼法第二百二十六条的规定执行。"——编者注

致的，以本规定为准。

最高人民法院
关于审理民事案件适用诉讼时效制度若干问题的规定

2008年8月21日　　法释〔2008〕11号

为正确适用法律关于诉讼时效制度的规定，保护当事人的合法权益，依照《中华人民共和国民法通则》《中华人民共和国物权法》《中华人民共和国合同法》《中华人民共和国民事诉讼法》等法律的规定，结合审判实践，制定本规定。

第一条　当事人可以对债权请求权提出诉讼时效抗辩，但对下列债权请求权提出诉讼时效抗辩的，人民法院不予支持：

（一）支付存款本金及利息请求权；

（二）兑付国债、金融债券以及向不特定对象发行的企业债券本息请求权；

（三）基于投资关系产生的缴付出资请求权；

（四）其他依法不适用诉讼时效规定的债权请求权。

第二条　当事人违反法律规定，约定延长或者缩短诉讼时效期间、预先放弃诉讼时效利益的，人民法院不予认可。

第三条　当事人未提出诉讼时效抗辩，人民法院不应对诉讼时效问题进行释明及主动适用诉讼时效的规定进行裁判。

第四条　当事人在一审期间未提出诉讼时效抗辩，在二审期间提出的，人民法院不予支持，但其基于新的证据能够证明对方当事人的请求权已过诉讼时效期间的情形除外。

当事人未按照前款规定提出诉讼时效抗辩，以诉讼时效期间届满为由申请再审或者提出再审抗辩的，人民法院不予支持。

第五条　当事人约定同一债务分期履行的，诉讼时效期间从最后一期履行期限届满之日起计算。

第六条　未约定履行期限的合同，依照合同法第六十一条、第六十二条的规定，可以确定履行期限的，诉讼时效期间从履行期限届满之日起计算；不能确定履行期限的，诉讼时效期间从债权人要求债务人履行义务的宽限期届满之日起计算，但债务人在债权人第一次向其主张权利之时明确表示不履行义务的，诉讼时效期间从债务人明确表示不履行义务之日起计算。

第七条 享有撤销权的当事人一方请求撤销合同的，应适用合同法第五十五条关于一年除斥期间的规定。对方当事人对撤销合同请求权提出诉讼时效抗辩的，人民法院不予支持。

合同被撤销，返还财产、赔偿损失请求权的诉讼时效期间从合同被撤销之日起计算。

第八条 返还不当得利请求权的诉讼时效期间，从当事人一方知道或者应当知道不当得利事实及对方当事人之日起计算。

第九条 管理人因无因管理行为产生的给付必要管理费用、赔偿损失请求权的诉讼时效期间，从无因管理行为结束并且管理人知道或者应当知道本人之日起计算。

本人因不当无因管理行为产生的赔偿损失请求权的诉讼时效期间，从其知道或者应当知道管理人及损害事实之日起计算。

第十条 具有下列情形之一的，应当认定为民法通则第一百四十条规定的“当事人一方提出要求”，产生诉讼时效中断的效力：

（一）当事人一方直接向对方当事人送交主张权利文书，对方当事人在文书上签字、盖章或者虽未签字、盖章但能够以其他方式证明该文书到达对方当事人的；

（二）当事人一方以发送信件或者数据电文方式主张权利，信件或者数据电文到达或者应当到达对方当事人的；

（三）当事人一方为金融机构，依照法律规定或者当事人约定从对方当事人账户中扣收欠款本息的；

（四）当事人一方下落不明，对方当事人在国家级或者下落不明的当事人一方住所地的省级有影响的媒体上刊登具有主张权利内容的公告的，但法律和司法解释另有特别规定的，适用其规定。

前款第（一）项情形中，对方当事人为法人或者其他组织的，签收人可以是其法定代表人、主要负责人、负责收发信件的部门或者被授权主体；对方当事人为自然人的，签收人可以是自然人本人、同住的具有完全行为能力的亲属或者被授权主体。

第十一条 权利人对同一债权中的部分债权主张权利，诉讼时效中断的效力及于剩余债权，但权利人明确表示放弃剩余债权的情形除外。

第十二条 当事人一方向人民法院提交起诉状或者口头起诉的，诉讼时效从提交起诉状或者口头起诉之日起中断。

第十三条 下列事项之一，人民法院应当认定与提起诉讼具有同等诉讼时效中断的效力：

（一）申请仲裁；

（二）申请支付令；

（三）申请破产、申报破产债权；

（四）为主张权利而申请宣告义务人失踪或死亡；

（五）申请诉前财产保全、诉前临时禁令等诉前措施；

（六）申请强制执行；

（七）申请追加当事人或者被通知参加诉讼；

（八）在诉讼中主张抵销；

（九）其他与提起诉讼具有同等诉讼时效中断效力的事项。

第十四条　权利人向人民调解委员会以及其他依法有权解决相关民事纠纷的国家机关、事业单位、社会团体等社会组织提出保护相应民事权利的请求，诉讼时效从提出请求之日起中断。

第十五条　权利人向公安机关、人民检察院、人民法院报案或者控告，请求保护其民事权利的，诉讼时效从其报案或者控告之日起中断。

上述机关决定不立案、撤销案件、不起诉的，诉讼时效期间从权利人知道或者应当知道不立案、撤销案件或者不起诉之日起重新计算；刑事案件进入审理阶段，诉讼时效期间从刑事裁判文书生效之日起重新计算。

第十六条　义务人作出分期履行、部分履行、提供担保、请求延期履行、制定清偿债务计划等承诺或者行为的，应当认定为民法通则第一百四十条规定的当事人一方“同意履行义务。”

第十七条　对于连带债权人中的一人发生诉讼时效中断效力的事由，应当认定对其他连带债权人也发生诉讼时效中断的效力。

对于连带债务人中的一人发生诉讼时效中断效力的事由，应当认定对其他连带债务人也发生诉讼时效中断的效力。

第十八条　债权人提起代位权诉讼的，应当认定对债权人的债权和债务人的债权均发生诉讼时效中断的效力。

第十九条　债权转让的，应当认定诉讼时效从债权转让通知到达债务人之日起中断。

债务承担情形下，构成原债务人对债务承认的，应当认定诉讼时效从债务承担意思表示到达债权人之日起中断。

第二十条　有下列情形之一的，应当认定为民法通则第一百三十九条规定的“其他障碍”，诉讼时效中止：

（一）权利被侵害的无民事行为能力人、限制民事行为能力人没有法定代理人，或者法定代理人死亡、丧失代理权、丧失行为能力；

（二）继承开始后未确定继承人或者遗产管理人；

（三）权利人被义务人或者其他人控制无法主张权利；

（四）其他导致权利人不能主张权利的客观情形。

第二十一条 主债务诉讼时效期间届满，保证人享有主债务人的诉讼时效抗辩权。

保证人未主张前述诉讼时效抗辩权，承担保证责任后向主债务人行使追偿权的，人民法院不予支持，但主债务人同意给付的情形除外。

第二十二条 诉讼时效期间届满，当事人一方向对方当事人作出同意履行义务的意思表示或者自愿履行义务后，又以诉讼时效期间届满为由进行抗辩的，人民法院不予支持。

第二十三条 本规定施行后，案件尚在一审或者二审阶段的，适用本规定；本规定施行前已经终审的案件，人民法院进行再审时，不适用本规定。

第二十四条 本规定施行前本院作出的有关司法解释与本规定相抵触的，以本规定为准。

最高人民法院
关于民事诉讼证据的若干规定

2008年12月16日　　法释〔2001〕33号

为保证人民法院正确认定案件事实，公正、及时审理民事案件，保障和便利当事人依法行使诉讼权利，根据《中华人民共和国民事诉讼法》(以下简称《民事诉讼法》)等有关法律的规定，结合民事审判经验和实际情况，制定本规定。

一、当事人举证

第一条 原告向人民法院起诉或者被告提出反诉，应当附有符合起诉条件的相应的证据材料。

第二条 当事人对自己提出的诉讼请求所依据的事实或者反驳对方诉讼请求所依据的事实有责任提供证据加以证明。

没有证据或者证据不足以证明当事人的事实主张的，由负有举证责任的当事人承担不利后果。

第三条　人民法院应当向当事人说明举证的要求及法律后果，促使当事人在合理期限内积极、全面、正确、诚实地完成举证。

当事人因客观原因不能自行收集的证据，可申请人民法院调查收集。

第四条　下列侵权诉讼，按照以下规定承担举证责任：

（一）因新产品制造方法发明专利引起的专利侵权诉讼，由制造同样产品的单位或者个人对其产品制造方法不同于专利方法承担举证责任；

（二）高度危险作业致人损害的侵权诉讼，由加害人就受害人故意造成损害的事实承担举证责任；

（三）因环境污染引起的损害赔偿诉讼，由加害人就法律规定的免责事由及其行为与损害结果之间不存在因果关系承担举证责任；

（四）建筑物或者其他设施以及建筑物上的搁置物、悬挂物发生倒塌、脱落、坠落致人损害的侵权诉讼，由所有人或者管理人对其无过错承担举证责任；

（五）饲养动物致人损害的侵权诉讼，由动物饲养人或者管理人就受害人有过错或者第三人有过错承担举证责任；

（六）因缺陷产品致人损害的侵权诉讼，由产品的生产者就法律规定的免责事由承担举证责任；

（七）因共同危险行为致人损害的侵权诉讼，由实施危险行为的人就其行为与损害结果之间不存在因果关系承担举证责任；

（八）因医疗行为引起的侵权诉讼，由医疗机构就医疗行为与损害结果之间不存在因果关系及不存在医疗过错承担举证责任。

有关法律对侵权诉讼的举证责任有特殊规定的，从其规定。

第五条　在合同纠纷案件中，主张合同关系成立并生效的一方当事人对合同订立和生效的事实承担举证责任；主张合同关系变更、解除、终止、撤销的一方当事人对引起合同关系变动的事实承担举证责任。

对合同是否履行发生争议的，由负有履行义务的当事人承担举证责任。

对代理权发生争议的，由主张有代理权一方当事人承担举证责任。

第六条　在劳动争议纠纷案件中，因用人单位作出开除、除名、辞退、解除劳动合同、减少劳动报酬、计算劳动者工作年限等决定而发生劳动争议的，由用人单位负举证责任。

第七条　在法律没有具体规定，依本规定及其他司法解释无法确定举证责任承担时，人民法院可以根据公平原则和诚实信用原则，综合当事人举证能力等因素确定举证责任的承担。

第八条 诉讼过程中，一方当事人对另一方当事人陈述的案件事实明确表示承认的，另一方当事人无需举证。但涉及身分关系的案件除外。

对一方当事人陈述的事实，另一方当事人既未表示承认也未否认，经审判人员充分说明并询问后，其仍不明确表示肯定或者否定的，视为对该项事实的承认。

当事人委托代理人参加诉讼的，代理人的承认视为当事人的承认。但未经特别授权的代理人对事实的承认直接导致承认对方诉讼请求的除外；当事人在场但对其代理人的承认不作否认表示的，视为当事人的承认。

当事人在法庭辩论终结前撤回承认并经对方当事人同意，或者有充分证据证明其承认行为是在受胁迫或者重大误解情况下作出且与事实不符的，不能免除对方当事人的举证责任。

第九条 下列事实，当事人无需举证证明：

（一）众所周知的事实；

（二）自然规律及定理；

（三）根据法律规定或者已知事实和日常生活经验法则，能推定出的另一事实；

（四）已为人民法院发生法律效力的裁判所确认的事实；

（五）已为仲裁机构的生效裁决所确认的事实；

（六）已为有效公证文书所证明的事实。

前款（一）、（三）、（四）、（五）、（六）项，当事人有相反证据足以推翻的除外。

第十条 当事人向人民法院提供证据，应当提供原件或者原物。如需自己保存证据原件、原物或者提供原件、原物确有困难的，可以提供经人民法院核对无异的复制件或者复制品。

第十一条 当事人向人民法院提供的证据系在中华人民共和国领域外形成的，该证据应当经所在国公证机关予以证明，并经中华人民共和国驻该国使领馆予以认证，或者履行中华人民共和国与该所在国订立的有关条约中规定的证明手续。

当事人向人民法院提供的证据是在香港、澳门、台湾地区形成的，应当履行相关的证明手续。

第十二条 当事人向人民法院提供外文书证或者外文说明资料，应当附有中文译本。

第十三条 对双方当事人无争议但涉及国家利益、社会公共利益或者他人合法权益的事实，人民法院可以责令当事人提供有关证据。

第十四条 当事人应当对其提交的证据材料逐一分类编号，对证据材料的来源、证明对象和内容作简要说明，签名盖章，注明提交日期，并依照对方当事人人数提出副本。

人民法院收到当事人提交的证据材料，应当出具收据，注明证据的名称、份数和页数以及收到的时间，由经办人员签名或者盖章。

二、人民法院调查收集证据

第十五条 《民事诉讼法》第六十四条规定的“人民法院认为审理案件需要的证据”，是指以下情形：

（一）涉及可能有损国家利益、社会公共利益或者他人合法权益的事实；

（二）涉及依职权追加当事人、中止诉讼、终结诉讼、回避等与实体争议无关的程序事项。

第十六条 除本规定第十五条规定的情形外，人民法院调查收集证据，应当依当事人的申请进行。

第十七条 符合下列条件之一的，当事人及其诉讼代理人可以申请人民法院调查收集证据：

（一）申请调查收集的证据属于国家有关部门保存并须人民法院依职权调取的档案材料；

（二）涉及国家秘密、商业秘密、个人隐私的材料；

（三）当事人及其诉讼代理人确因客观原因不能自行收集的其他材料。

第十八条 当事人及其诉讼代理人申请人民法院调查收集证据，应当提交书面申请。申请书应当载明被调查人的姓名或者单位名称、住所地等基本情况、所要调查收集的证据的内容、需要由人民法院调查收集证据的原因及其要证明的事实。

第十九条 当事人及其诉讼代理人申请人民法院调查收集证据，不得迟于举证期限届满前七日。

人民法院对当事人及其诉讼代理人的申请不予准许的，应当向当事人或其诉讼代理人送达通知书。当事人及其诉讼代理人可以在收到通知书的次日起三日内向受理申请的人民法院书面申请复议一次。人民法院应当在收到复议申请之日起五日内作出答复。

第二十条 调查人员调查收集的书证，可以是原件，也可以是经核对无误的副本或者复制件。是副本或者复制件的，应当在调查笔录中说明来源和取证情况。

第二十一条 调查人员调查收集的物证应当是原物。被调查人提供原物确有困难的，可以提供复制品或者照片。提供复制品或者照片的，应当在调查笔录中说明取证情况。

第二十二条 调查人员调查收集计算机数据或者录音、录像等视听资料的，应当要求被调查人提供有关资料的原始载体。提供原始载体确有困难的，可以提供复制件。提供复制件的，调查人员应当在调查笔录中说明其来源和制作经过。

第二十三条 当事人依据《民事诉讼法》第七十四条的规定向人民法院申请保全证据，不得迟于举证期限届满前七日。

当事人申请保全证据的，人民法院可以要求其提供相应的担保。

法律、司法解释规定诉前保全证据的，依照其规定办理。

第二十四条 人民法院进行证据保全，可以根据具体情况，采取查封、扣押、拍照、录音、录像、复制、鉴定、勘验、制作笔录等方法。

人民法院进行证据保全，可以要求当事人或者诉讼代理人到场。

第二十五条 当事人申请鉴定，应当在举证期限内提出。符合本规定第二十七条规定的情形，当事人申请重新鉴定的除外。

对需要鉴定的事项负有举证责任的当事人，在人民法院指定的期限内无正当理由不提出鉴定申请或者不预交鉴定费用或者拒不提供相关材料，致使对案件争议的事实无法通过鉴定结论予以认定的，应当对该事实承担举证不能的法律后果。

第二十六条 当事人申请鉴定经人民法院同意后，由双方当事人协商确定有鉴定资格的鉴定机构、鉴定人员，协商不成的，由人民法院指定。

第二十七条 当事人对人民法院委托的鉴定部门作出的鉴定结论有异议申请重新鉴定，提出证据证明存在下列情形之一的，人民法院应予准许：

（一）鉴定机构或者鉴定人员不具备相关的鉴定资格的；

（二）鉴定程序严重违法的；

（三）鉴定结论明显依据不足的；

（四）经过质证认定不能作为证据使用的其他情形。

对有缺陷的鉴定结论，可以通过补充鉴定、重新质证或者补充质证等方法解决的，不予重新鉴定。

第二十八条 一方当事人自行委托有关部门作出的鉴定结论，另一方当事人有证据足以反驳并申请重新鉴定的，人民法院应予准许。

第二十九条 审判人员对鉴定人出具的鉴定书，应当审查是否具有下列内容：（一）委托人姓名或者名称、委托鉴定的内容；

（二）委托鉴定的材料；

（三）鉴定的依据及使用的科学技术手段；

（四）对鉴定过程的说明；

（五）明确的鉴定结论；

（六）对鉴定人鉴定资格的说明；

（七）鉴定人员及鉴定机构签名盖章。

第三十条 人民法院勘验物证或者现场，应当制作笔录，记录勘验的时间、地点、勘验人、在场人、勘验的经过、结果，由勘验人、在场人签名或者盖章。对于绘制的现场图应当注明绘制的时间、方位、测绘人姓名、身份等内容。

第三十一条 摘录有关单位制作的与案件事实相关的文件、材料，应当注明出处，并加盖制作单位或者保管单位的印章，摘录人和其他调查人员应当在摘录件上签名或者盖章。

摘录文件、材料应当保持内容相应的完整性，不得断章取义。

三、举证时限与证据交换

第三十二条 被告应当在答辩期届满前提出书面答辩，阐明其对原告诉讼请求及所依据的事实和理由的意见。

第三十三条 人民法院应当在送达案件受理通知书和应诉通知书的同时向当事人送达举证通知书。举证通知书应当载明举证责任的分配原则与要求、可以向人民法院申请调查取证的情形、人民法院根据案件情况指定的举证期限以及逾期提供证据的法律后果。

举证期限可以由当事人协商一致，并经人民法院认可。

由人民法院指定举证期限的，指定的期限不得少于三十日，自当事人收到案件受理通知书和应诉通知书的次日起计算。

第三十四条 当事人应当在举证期限内向人民法院提交证据材料，当事人在举证期限内不提交的，视为放弃举证权利。

对于当事人逾期提交的证据材料，人民法院审理时不组织质证。但对方当事人同意质证的除外。

当事人增加、变更诉讼请求或者提起反诉的，应当在举证期限届满前提出。

第三十五条 诉讼过程中，当事人主张的法律关系的性质或者民事行为的效力与人民法院根据案件事实作出的认定不一致的，不受本规定第三十四条规定的限制，人民法院应当告知当事人可以变更诉讼请求。

当事人变更诉讼请求的，人民法院应当重新指定举证期限。

第三十六条 当事人在举证期限内提交证据材料确有困难的，应当在举证期限内向人民法院申请延期举证，经人民法院准许，可以适当延长举证期限。当事人在延长的举证期限内提交证据材料仍有困难的，可以再次提出延期申请，是否准许由人民法院决定。

第三十七条 经当事人申请，人民法院可以组织当事人在开庭审理前交换证据。

人民法院对于证据较多或者复杂疑难的案件，应当组织当事人在答辩期届满后、开庭审理前交换证据。

第三十八条 交换证据的时间可以由当事人协商一致并经人民法院认可，也可以由人民法院指定。

人民法院组织当事人交换证据的，交换证据之日举证期限届满。当事人申请延期举证经人民法院准许的，证据交换日相应顺延。

第三十九条 证据交换应当在审判人员的主持下进行。

在证据交换的过程中，审判人员对当事人无异议的事实、证据应当记录在卷；对有异议的证据，按照需要证明的事实分类记录在卷，并记载异议的理由。通过证据交换，确定双方当事人争议的主要问题。

第四十条 当事人收到对方交换的证据后提出反驳并提出新证据的，人民法院应当通知当事人在指定的时间进行交换。

证据交换一般不超过两次。但重大、疑难和案情特别复杂的案件，人民法院认为确有必要再次进行证据交换的除外。

第四十一条 《民事诉讼法》第一百二十五条第一款规定的“新的证据”，是指以下情形：

（一）一审程序中的新的证据包括：当事人在一审举证期限届满后新发现的证据；当事人确因客观原因无法在举证期限内提供，经人民法院准许，在延长的期限内仍无法提供的证据；

（二）二审程序中的新的证据包括：一审庭审结束后新发现的证据；当事人在一审举证期限届满前申请人民法院调查取证未获准许，二审法院经审查认为应当准许并依当事人申请调取的证据。

第四十二条 当事人在一审程序中提供新的证据的，应当在一审开庭前或者开庭审理时提出。

当事人在二审程序中提供新的证据的，应当在二审开庭前或者开庭审理时提出；二审不需要开庭审理的，应当在人民法院指定的期限内提出。

第四十三条 当事人举证期限届满后提供的证据不是新的证据的，人民法院不予采纳。

当事人经人民法院准许延期举证，但因客观原因未能在准许的期限内提供，且不审理该证据可能导致裁判明显不公的，其提供的证据可视为新的证据。

第四十四条 《民事诉讼法》第一百七十九条第一款第（一）项规定的“新的证

据”，是指原审庭审结束后新发现的证据。

当事人在再审程序中提供新的证据的，应当在申请再审时提出。

第四十五条 一方当事人提出新的证据的，人民法院应当通知对方当事人在合理期限内提出意见或者举证。

第四十六条 由于当事人的原因未能在指定期限内举证，致使案件在二审或者再审期间因提出新的证据被人民法院发回重审或者改判的，原审裁判不属于错误裁判案件。一方当事人请求提出新的证据的另一方当事人负担由此增加的差旅、误工、证人出庭作证、诉讼等合理费用以及由此扩大的直接损失，人民法院应予支持。

四、质 证

第四十七条 证据应当在法庭上出示，由当事人质证。未经质证的证据，不能作为认定案件事实的依据。

当事人在证据交换过程中认可并记录在卷的证据，经审判人员在庭审中说明后，可以作为认定案件事实的依据。

第四十八条 涉及国家秘密、商业秘密和个人隐私或者法律规定的其他应当保密的证据，不得在开庭时公开质证。

第四十九条 对书证、物证、视听资料进行质证时，当事人有权要求出示证据的原件或者原物。但有下列情况之一的除外：

（一）出示原件或者原物确有困难并经人民法院准许出示复制件或者复制品的；

（二）原件或者原物已不存在，但有证据证明复制件、复制品与原件或原物一致的。

第五十条 质证时，当事人应当围绕证据的真实性、关联性、合法性，针对证据证明力有无以及证明力大小，进行质疑、说明与辩驳。

第五十一条 质证按下列顺序进行：

（一）原告出示证据，被告、第三人与原告进行质证；

（二）被告出示证据，原告、第三人与被告进行质证；

（三）第三人出示证据，原告、被告与第三人进行质证。

人民法院依照当事人申请调查收集的证据，作为提出申请的一方当事人提供的证据。

人民法院依照职权调查收集的证据应当在庭审时出示，听取当事人意见，并可就调查收集该证据的情况予以说明。

第五十二条 案件有两个以上独立的诉讼请求的，当事人可以逐个出示证据进行质证。

第五十三条 不能正确表达意志的人，不能作为证人。

待证事实与其年龄、智力状况或者精神健康状况相适应的无民事行为能力人和限制民事行为能力人，可以作为证人。

第五十四条 当事人申请证人出庭作证，应当在举证期限届满十日前提出，并经人民法院许可。

人民法院对当事人的申请予以准许的，应当在开庭审理前通知证人出庭作证，并告知其应当如实作证及作伪证的法律后果。

证人因出庭作证而支出的合理费用，由提供证人的一方当事人先行支付，由败诉一方当事人承担。

第五十五条 证人应当出庭作证，接受当事人的质询。

证人在人民法院组织双方当事人交换证据时出席陈述证言的，可视为出庭作证。

第五十六条 《民事诉讼法》第七十条规定的“证人确有困难不能出庭”，是指有下列情形：

（一）年迈体弱或者行动不便无法出庭的；

（二）特殊岗位确实无法离开的；

（三）路途特别遥远，交通不便难以出庭的；

（四）因自然灾害等不可抗力的原因无法出庭的；

（五）其他无法出庭的特殊情况。

前款情形，经人民法院许可，证人可以提交书面证言或者视听资料或者通过双向视听传输技术手段作证。

第五十七条 出庭作证的证人应当客观陈述其亲身感知的事实。证人为聋哑人的，可以其他表达方式作证。

证人作证时，不得使用猜测、推断或者评论性的语言。

第五十八条 审判人员和当事人可以对证人进行询问。证人不得旁听法庭审理；询问证人时，其他证人不得在场。人民法院认为有必要的，可以让证人进行对质。

第五十九条 鉴定人应当出庭接受当事人质询。

鉴定人确因特殊原因无法出庭的，经人民法院准许，可以书面答复当事人的质询。

第六十条 经法庭许可，当事人可以向证人、鉴定人、勘验人发问。

询问证人、鉴定人、勘验人不得使用威胁、侮辱及不适当引导证人的言语和方式。

第六十一条 当事人可以向人民法院申请由一至二名具有专门知识的人员出庭就

案件的专门性问题进行说明。人民法院准许其申请的，有关费用由提出申请的当事人负担。

审判人员和当事人可以对出庭的具有专门知识的人员进行询问。

经人民法院准许，可以由当事人各自申请的具有专门知识的人员就有案件中的问题进行对质。

具有专门知识的人员可以对鉴定人进行询问。

第六十二条 法庭应当将当事人的质证情况记入笔录，并由当事人核对后签名或者盖章。

五、证据的审核认定

第六十三条 人民法院应当以证据能够证明的案件事实为依据依法作出裁判。

第六十四条 审判人员应当依照法定程序，全面、客观地审核证据，依据法律的规定，遵循法官职业道德，运用逻辑推理和日常生活经验，对证据有无证明力和证明力大小独立进行判断，并公开判断的理由和结果。

第六十五条 审判人员对单一证据可以从下列方面进行审核认定：

（一）证据是否原件、原物，复印件、复制品与原件、原物是否相符；

（二）证据与本案事实是否相关；

（三）证据的形式、来源是否符合法律规定；

（四）证据的内容是否真实；

（五）证人或者提供证据的人，与当事人有无利害关系。

第六十六条 审判人员对案件的全部证据，应当从各证据与案件事实的关联程度、各证据之间的联系等方面进行综合审查判断。

第六十七条 在诉讼中，当事人为达成调解协议或者和解的目的作出妥协所涉及的对案件事实的认可，不得在其后的诉讼中作为对其不利的证据。

第六十八条 以侵害他人合法权益或者违反法律禁止性规定的方法取得的证据，不能作为认定案件事实的依据。

第六十九条 下列证据不能单独作为认定案件事实的依据：

（一）未成年人所作的与其年龄和智力状况不相当的证言；

（二）与一方当事人或者其代理人有利害关系的证人出具的证言；

（三）存有疑点的视听资料；

（四）无法与原件、原物核对的复印件、复制品；

（五）无正当理由未出庭作证的证人证言。

第七十条 一方当事人提出的下列证据，对方当事人提出异议但没有足以反驳的相反证据的，人民法院应当确认其证明力：

（一）书证原件或者与书证原件核对无误的复印件、照片、副本、节录本；

（二）物证原物或者与物证原物核对无误的复制件、照片、录像资料等；

（三）有其他证据佐证并以合法手段取得的、无疑点的视听资料或者与视听资料核对无误的复制件；

（四）一方当事人申请人民法院依照法定程序制作的对物证或者现场的勘验笔录。

第七十一条 人民法院委托鉴定部门作出的鉴定结论，当事人没有足以反驳的相反证据和理由的，可以认定其证明力。

第七十二条 一方当事人提出的证据，另一方当事人认可或者提出的相反证据不足以反驳的，人民法院可以确认其证明力。

一方当事人提出的证据，另一方当事人有异议并提出反驳证据，对方当事人对反驳证据认可的，可以确认反驳证据的证明力。

第七十三条 双方当事人对同一事实分别举出相反的证据，但都没有足够的依据否定对方证据的，人民法院应当结合案件情况，判断一方提供证据的证明力是否明显大于另一方提供证据的证明力，并对证明力较大的证据予以确认。

因证据的证明力无法判断导致争议事实难以认定的，人民法院应当依据举证责任分配的规则作出裁判。

第七十四条 诉讼过程中，当事人在起诉状、答辩状、陈述及其委托代理人的代理词中承认的对己方不利的事实和认可的证据，人民法院应当予以确认，但当事人反悔并有相反证据足以推翻的除外。

第七十五条 有证据证明一方当事人持有证据无正当理由拒不提供，如果对方当事人主张该证据的内容不利于证据持有人，可以推定该主张成立。

第七十六条 当事人对自己的主张，只有本人陈述而不能提出其他相关证据的，其主张不予支持。但对方当事人认可的除外。

第七十七条 人民法院就数个证据对同一事实的证明力，可以依照下列原则认定：

（一）国家机关、社会团体依职权制作的公文书证的证明力一般大于其他书证；

（二）物证、档案、鉴定结论、勘验笔录或者经过公证、登记的书证，其证明力一般大于其他书证、视听资料和证人证言；

（三）原始证据的证明力一般大于传来证据；

（四）直接证据的证明力一般大于间接证据；

（五）证人提供的对与其有亲属或者其他密切关系的当事人有利的证言，其证明力一般小于其他证人证言。

第七十八条 人民法院认定证人证言，可以通过对证人的智力状况、品德、知识、经验、法律意识和专业技能等的综合分析作出判断。

第七十九条 人民法院应当在裁判文书中阐明证据是否采纳的理由。

对当事人无争议的证据，是否采纳的理由可以不在裁判文书中表述。

六、其 他

第八十条 对证人、鉴定人、勘验人的合法权益依法予以保护。

当事人或者其他诉讼参与人伪造、毁灭证据，提供假证据，阻止证人作证，指使、贿买、胁迫他人作伪证，或者对证人、鉴定人、勘验人打击报复的，依照《民事诉讼法》第一百零二条的规定处理。

第八十一条 人民法院适用简易程序审理案件，不受本解释中第三十二条、第三十三条第三款和第七十九条规定的限制。

第八十二条 本院过去的司法解释，与本规定不一致的，以本规定为准。

第八十三条 本规定施行后受理的再审民事案件，人民法院依据《民事诉讼法》第一百八十六条的规定进行审理的，适用本规定。

本规定施行前已经审理终结的民事案件，当事人以违反本规定为由申请再审的，人民法院不予支持。

本规定施行后受理的再审民事案件，人民法院依据《民事诉讼法》第一百八十六条的规定进行审理的，适用本规定。

最高人民法院
关于适用《中华人民共和国民事诉讼法》的解释

2015年1月30日　　法释〔2015〕5号

目 录

一、管 辖

二、回　避
三、诉讼参加人
四、证　据
五、期间和送达
六、调　解
七、保全和先予执行
八、对妨害民事诉讼的强制措施
九、诉讼费用
十、第一审普通程序
十一、简易程序
十二、简易程序中的小额诉讼
十三、公益诉讼
十四、第三人撤销之诉
十五、执行异议之诉
十六、第二审程序
十七、特别程序
十八、审判监督程序
十九、督促程序
二十、公示催告程序
二十一、执行程序
二十二、涉外民事诉讼程序的特别规定
二十三、附　则

2012年8月31日，第十一届全国人民代表大会常务委员会第二十八次会议审议通过了《关于修改〈中华人民共和国民事诉讼法〉的决定》。根据修改后的民事诉讼法，结合人民法院民事审判和执行工作实际，制定本解释。

一、管　辖

第一条　民事诉讼法第十八条第一项规定的重大涉外案件，包括争议标的额大的案件、案情复杂的案件，或者一方当事人人数众多等具有重大影响的案件。

第二条　专利纠纷案件由知识产权法院、最高人民法院确定的中级人民法院和基层人民法院管辖。

海事、海商案件由海事法院管辖。

第三条 公民的住所地是指公民的户籍所在地，法人或者其他组织的住所地是指法人或者其他组织的主要办事机构所在地。

法人或者其他组织的主要办事机构所在地不能确定的，法人或者其他组织的注册地或者登记地为住所地。

第四条 公民的经常居住地是指公民离开住所地至起诉时已连续居住一年以上的地方，但公民住院就医的地方除外。

第五条 对没有办事机构的个人合伙、合伙型联营体提起的诉讼，由被告注册登记地人民法院管辖。没有注册登记，几个被告又不在同一辖区的，被告住所地的人民法院都有管辖权。

第六条 被告被注销户籍的，依照民事诉讼法第二十二条规定确定管辖；原告、被告均被注销户籍的，由被告居住地人民法院管辖。

第七条 当事人的户籍迁出后尚未落户，有经常居住地的，由该地人民法院管辖；没有经常居住地的，由其原户籍所在地人民法院管辖。

第八条 双方当事人都被监禁或者被采取强制性教育措施的，由被告原住所地人民法院管辖。被告被监禁或者被采取强制性教育措施一年以上的，由被告被监禁地或者被采取强制性教育措施地人民法院管辖。

第九条 追索赡养费、抚育费、扶养费案件的几个被告住所地不在同一辖区的，可以由原告住所地人民法院管辖。

第十条 不服指定监护或者变更监护关系的案件，可以由被监护人住所地人民法院管辖。

第十一条 双方当事人均为军人或者军队单位的民事案件由军事法院管辖。

第十二条 夫妻一方离开住所地超过一年，另一方起诉离婚的案件，可以由原告住所地人民法院管辖。

夫妻双方离开住所地超过一年，一方起诉离婚的案件，由被告经常居住地人民法院管辖；没有经常居住地的，由原告起诉时被告居住地人民法院管辖。

第十三条 在国内结婚并定居国外的华侨，如定居国法院以离婚诉讼须由婚姻缔结地法院管辖为由不予受理，当事人向人民法院提出离婚诉讼的，由婚姻缔结地或者一方在国内的最后居住地人民法院管辖。

第十四条 在国外结婚并定居国外的华侨，如定居国法院以离婚诉讼须由国籍所属国法院管辖为由不予受理，当事人向人民法院提出离婚诉讼的，由一方原住所地或者在国内的最后居住地人民法院管辖。

第十五条 中国公民一方居住在国外，一方居住在国内，不论哪一方向人民法院提起离婚诉讼，国内一方住所地人民法院都有权管辖。国外一方在居住国法院起诉，国内一方向人民法院起诉的，受诉人民法院有权管辖。

第十六条 中国公民双方在国外但未定居，一方向人民法院起诉离婚的，应由原告或者被告原住所地人民法院管辖。

第十七条 已经离婚的中国公民，双方均定居国外，仅就国内财产分割提起诉讼的，由主要财产所在地人民法院管辖。

第十八条 合同约定履行地点的，以约定的履行地点为合同履行地。

合同对履行地点没有约定或者约定不明确，争议标的为给付货币的，接收货币一方所在地为合同履行地；交付不动产的，不动产所在地为合同履行地；其他标的，履行义务一方所在地为合同履行地。即时结清的合同，交易行为地为合同履行地。

合同没有实际履行，当事人双方住所地都不在合同约定的履行地的，由被告住所地人民法院管辖。

第十九条 财产租赁合同、融资租赁合同以租赁物使用地为合同履行地。合同对履行地有约定的，从其约定。

第二十条 以信息网络方式订立的买卖合同，通过信息网络交付标的的，以买受人住所地为合同履行地；通过其他方式交付标的的，收货地为合同履行地。合同对履行地有约定的，从其约定。

第二十一条 因财产保险合同纠纷提起的诉讼，如果保险标的物是运输工具或者运输中的货物，可以由运输工具登记注册地、运输目的地、保险事故发生地人民法院管辖。

因人身保险合同纠纷提起的诉讼，可以由被保险人住所地人民法院管辖。

第二十二条 因股东名册记载、请求变更公司登记、股东知情权、公司决议、公司合并、公司分立、公司减资、公司增资等纠纷提起的诉讼，依照民事诉讼法第二十六条规定确定管辖。

第二十三条 债权人申请支付令，适用民事诉讼法第二十一条规定，由债务人住所地基层人民法院管辖。

第二十四条 民事诉讼法第二十八条规定的侵权行为地，包括侵权行为实施地、侵权结果发生地。

第二十五条 信息网络侵权行为实施地包括实施被诉侵权行为的计算机等信息设备所在地，侵权结果发生地包括被侵权人住所地。

第二十六条 因产品、服务质量不合格造成他人财产、人身损害提起的诉讼，产品制造地、产品销售地、服务提供地、侵权行为地和被告住所地人民法院都有管辖权。

第二十七条 当事人申请诉前保全后没有在法定期间起诉或者申请仲裁，给被申请人、利害关系人造成损失引起的诉讼，由采取保全措施的人民法院管辖。

当事人申请诉前保全后在法定期间内起诉或者申请仲裁，被申请人、利害关系人因保全受到损失提起的诉讼，由受理起诉的人民法院或者采取保全措施的人民法院管辖。

第二十八条 民事诉讼法第三十三条第一项规定的不动产纠纷是指因不动产的权利确认、分割、相邻关系等引起的物权纠纷。

农村土地承包经营合同纠纷、房屋租赁合同纠纷、建设工程施工合同纠纷、政策性房屋买卖合同纠纷，按照不动产纠纷确定管辖。

不动产已登记的，以不动产登记簿记载的所在地为不动产所在地；不动产未登记的，以不动产实际所在地为不动产所在地。

第二十九条 民事诉讼法第三十四条规定的书面协议，包括书面合同中的协议管辖条款或者诉讼前以书面形式达成的选择管辖的协议。

第三十条 根据管辖协议，起诉时能够确定管辖法院的，从其约定；不能确定的，依照民事诉讼法的相关规定确定管辖。

管辖协议约定两个以上与争议有实际联系的地点的人民法院管辖，原告可以向其中一个人民法院起诉。

第三十一条 经营者使用格式条款与消费者订立管辖协议，未采取合理方式提请消费者注意，消费者主张管辖协议无效的，人民法院应予支持。

第三十二条 管辖协议约定由一方当事人住所地人民法院管辖，协议签订后当事人住所地变更的，由签订管辖协议时的住所地人民法院管辖，但当事人另有约定的除外。

第三十三条 合同转让的，合同的管辖协议对合同受让人有效，但转让时受让人不知道有管辖协议，或者转让协议另有约定且原合同相对人同意的除外。

第三十四条 当事人因同居或者在解除婚姻、收养关系后发生财产争议，约定管辖的，可以适用民事诉讼法第三十四条规定确定管辖。

第三十五条 当事人在答辩期间届满后未应诉答辩，人民法院在一审开庭前，发现案件不属于本院管辖的，应当裁定移送有管辖权的人民法院。

第三十六条 两个以上人民法院都有管辖权的诉讼，先立案的人民法院不得将案件移送给另一个有管辖权的人民法院。人民法院在立案前发现其他有管辖权的人民法院已先立案的，不得重复立案；立案后发现其他有管辖权的人民法院已先立案的，裁定将案件移送给先立案的人民法院。

第三十七条 案件受理后，受诉人民法院的管辖权不受当事人住所地、经常居住地变更的影响。

第三十八条 有管辖权的人民法院受理案件后，不得以行政区域变更为由，将案件移送给变更后有管辖权的人民法院。判决后的上诉案件和依审判监督程序提审的案件，由原审人民法院的上级人民法院进行审判；上级人民法院指令再审、发回重审的案件，由原审人民法院再审或者重审。

第三十九条 人民法院对管辖异议审查后确定有管辖权的，不因当事人提起反诉、增加或者变更诉讼请求等改变管辖，但违反级别管辖、专属管辖规定的除外。

人民法院发回重审或者按第一审程序再审的案件，当事人提出管辖异议的，人民法院不予审查。

第四十条 依照民事诉讼法第三十七条第二款规定，发生管辖权争议的两个人民法院因协商不成报请它们的共同上级人民法院指定管辖时，双方为同属一个地、市辖区的基层人民法院的，由该地、市的中级人民法院及时指定管辖；同属一个省、自治区、直辖市的两个人民法院的，由该省、自治区、直辖市的高级人民法院及时指定管辖；双方为跨省、自治区、直辖市的人民法院，高级人民法院协商不成的，由最高人民法院及时指定管辖。

依照前款规定报请上级人民法院指定管辖时，应当逐级进行。

第四十一条 人民法院依照民事诉讼法第三十七条第二款规定指定管辖的，应当作出裁定。

对报请上级人民法院指定管辖的案件，下级人民法院应当中止审理。指定管辖裁定作出前，下级人民法院对案件作出判决、裁定的，上级人民法院应当在裁定指定管辖的同时，一并撤销下级人民法院的判决、裁定。

第四十二条 下列第一审民事案件，人民法院依照民事诉讼法第三十八条第一款规定，可以在开庭前交下级人民法院审理：

（一）破产程序中有关债务人的诉讼案件；

（二）当事人人数众多且不方便诉讼的案件；

（三）最高人民法院确定的其他类型案件。

人民法院交下级人民法院审理前，应当报请其上级人民法院批准。上级人民法院批准后，人民法院应当裁定将案件交下级人民法院审理。

二、回　避

第四十三条 审判人员有下列情形之一的，应当自行回避，当事人有权申请其回避：

（一）是本案当事人或者当事人近亲属的；

（二）本人或者其近亲属与本案有利害关系的；

（三）担任过本案的证人、鉴定人、辩护人、诉讼代理人、翻译人员的；

（四）是本案诉讼代理人近亲属的；

（五）本人或者其近亲属持有本案非上市公司当事人的股份或者股权的；

（六）与本案当事人或者诉讼代理人有其他利害关系，可能影响公正审理的。

第四十四条 审判人员有下列情形之一的，当事人有权申请其回避：

（一）接受本案当事人及其受托人宴请，或者参加由其支付费用的活动的；

（二）索取、接受本案当事人及其受托人财物或者其他利益的；

（三）违反规定会见本案当事人、诉讼代理人的；

（四）为本案当事人推荐、介绍诉讼代理人，或者为律师、其他人员介绍代理本案的；

（五）向本案当事人及其受托人借用款物的；

（六）有其他不正当行为，可能影响公正审理的。

第四十五条 在一个审判程序中参与过本案审判工作的审判人员，不得再参与该案其他程序的审判。

发回重审的案件，在一审法院作出裁判后又进入第二审程序的，原第二审程序中合议庭组成人员不受前款规定的限制。

第四十六条 审判人员有应当回避的情形，没有自行回避，当事人也没有申请其回避的，由院长或者审判委员会决定其回避。

第四十七条 人民法院应当依法告知当事人对合议庭组成人员、独任审判员和书记员等人员有申请回避的权利。

第四十八条 民事诉讼法第四十四条所称的审判人员，包括参与本案审理的人民法院院长、副院长、审判委员会委员、庭长、副庭长、审判员、助理审判员和人民陪审员。

第四十九条 书记员和执行员适用审判人员回避的有关规定。

三、诉讼参加人

第五十条 法人的法定代表人以依法登记的为准，但法律另有规定的除外。依法不需要办理登记的法人，以其正职负责人为法定代表人；没有正职负责人的，以其主持工作的副职负责人为法定代表人。

法定代表人已经变更，但未完成登记，变更后的法定代表人要求代表法人参加诉讼的，人民法院可以准许。

其他组织，以其主要负责人为代表人。

第五十一条 在诉讼中，法人的法定代表人变更的，由新的法定代表人继续进行诉讼，并应向人民法院提交新的法定代表人身份证明书。原法定代表人进行的诉讼行为有效。

前款规定，适用于其他组织参加的诉讼。

第五十二条 民事诉讼法第四十八条规定的其他组织是指合法成立、有一定的组织机构和财产，但又不具备法人资格的组织，包括：

（一）依法登记领取营业执照的个人独资企业；

（二）依法登记领取营业执照的合伙企业；

（三）依法登记领取我国营业执照的中外合作经营企业、外资企业；

（四）依法成立的社会团体的分支机构、代表机构；

（五）依法设立并领取营业执照的法人的分支机构；

（六）依法设立并领取营业执照的商业银行、政策性银行和非银行金融机构的分支机构；

（七）经依法登记领取营业执照的乡镇企业、街道企业；

（八）其他符合本条规定条件的组织。

第五十三条 法人非依法设立的分支机构，或者虽依法设立，但没有领取营业执照的分支机构，以设立该分支机构的法人为当事人。

第五十四条 以挂靠形式从事民事活动，当事人请求由挂靠人和被挂靠人依法承担民事责任的，该挂靠人和被挂靠人为共同诉讼人。

第五十五条 在诉讼中，一方当事人死亡，需要等待继承人表明是否参加诉讼的，裁定中止诉讼。人民法院应当及时通知继承人作为当事人承担诉讼，被继承人已经进行的诉讼行为对承担诉讼的继承人有效。

第五十六条 法人或者其他组织的工作人员执行工作任务造成他人损害的，该法人或者其他组织为当事人。

第五十七条 提供劳务一方因劳务造成他人损害，受害人提起诉讼的，以接受劳务一方为被告。

第五十八条 在劳务派遣期间，被派遣的工作人员因执行工作任务造成他人损害的，以接受劳务派遣的用工单位为当事人。当事人主张劳务派遣单位承担责任的，该劳务派遣单位为共同被告。

第五十九条 在诉讼中，个体工商户以营业执照上登记的经营者为当事人。有字号的，以营业执照上登记的字号为当事人，但应同时注明该字号经营者的基本信息。

营业执照上登记的经营者与实际经营者不一致的，以登记的经营者和实际经营者为共同诉讼人。

第六十条　在诉讼中，未依法登记领取营业执照的个人合伙的全体合伙人为共同诉讼人。个人合伙有依法核准登记的字号的，应在法律文书中注明登记的字号。全体合伙人可以推选代表人；被推选的代表人，应由全体合伙人出具推选书。

第六十一条　当事人之间的纠纷经人民调解委员会调解达成协议后，一方当事人不履行调解协议，另一方当事人向人民法院提起诉讼的，应以对方当事人为被告。

第六十二条　下列情形，以行为人为当事人：

（一）法人或者其他组织应登记而未登记，行为人即以该法人或者其他组织名义进行民事活动的；

（二）行为人没有代理权、超越代理权或者代理权终止后以被代理人名义进行民事活动的，但相对人有理由相信行为人有代理权的除外；

（三）法人或者其他组织依法终止后，行为人仍以其名义进行民事活动的。

第六十三条　企业法人合并的，因合并前的民事活动发生的纠纷，以合并后的企业为当事人；企业法人分立的，因分立前的民事活动发生的纠纷，以分立后的企业为共同诉讼人。

第六十四条　企业法人解散的，依法清算并注销前，以该企业法人为当事人；未依法清算即被注销的，以该企业法人的股东、发起人或者出资人为当事人。

第六十五条　借用业务介绍信、合同专用章、盖章的空白合同书或者银行账户的，出借单位和借用人为共同诉讼人。

第六十六条　因保证合同纠纷提起的诉讼，债权人向保证人和被保证人一并主张权利的，人民法院应当将保证人和被保证人列为共同被告。保证合同约定为一般保证，债权人仅起诉保证人的，人民法院应当通知被保证人作为共同被告参加诉讼；债权人仅起诉被保证人的，可以只列被保证人为被告。

第六十七条　无民事行为能力人、限制民事行为能力人造成他人损害的，无民事行为能力人、限制民事行为能力人和其监护人为共同被告。

第六十八条　村民委员会或者村民小组与他人发生民事纠纷的，村民委员会或者有独立财产的村民小组为当事人。

第六十九条　对侵害死者遗体、遗骨以及姓名、肖像、名誉、荣誉、隐私等行为提起诉讼的，死者的近亲属为当事人。

第七十条　在继承遗产的诉讼中，部分继承人起诉的，人民法院应通知其他继承人作为共同原告参加诉讼；被通知的继承人不愿意参加诉讼又未明确表示放弃实体权利的，人民法院仍应将其列为共同原告。

第七十一条 原告起诉被代理人和代理人，要求承担连带责任的，被代理人和代理人为共同被告。

第七十二条 共有财产权受到他人侵害，部分共有权人起诉的，其他共有权人为共同诉讼人。

第七十三条 必须共同进行诉讼的当事人没有参加诉讼的，人民法院应当依照民事诉讼法第一百三十二条的规定，通知其参加；当事人也可以向人民法院申请追加。人民法院对当事人提出的申请，应当进行审查，申请理由不成立的，裁定驳回；申请理由成立的，书面通知被追加的当事人参加诉讼。

第七十四条 人民法院追加共同诉讼的当事人时，应当通知其他当事人。应当追加的原告，已明确表示放弃实体权利的，可不予追加；既不愿意参加诉讼，又不放弃实体权利的，仍应追加为共同原告，其不参加诉讼，不影响人民法院对案件的审理和依法作出判决。

第七十五条 民事诉讼法第五十三条、第五十四条和第一百九十九条规定的人数众多，一般指十人以上。

第七十六条 依照民事诉讼法第五十三条规定，当事人一方人数众多在起诉时确定的，可以由全体当事人推选共同的代表人，也可以由部分当事人推选自己的代表人；推选不出代表人的当事人，在必要的共同诉讼中可以自己参加诉讼，在普通的共同诉讼中可以另行起诉。

第七十七条 根据民事诉讼法第五十四条规定，当事人一方人数众多在起诉时不确定的，由当事人推选代表人。当事人推选不出的，可以由人民法院提出人选与当事人协商；协商不成的，也可以由人民法院在起诉的当事人中指定代表人。

第七十八条 民事诉讼法第五十三条和第五十四条规定的代表人为二至五人，每位代表人可以委托一至二人作为诉讼代理人。

第七十九条 依照民事诉讼法第五十四条规定受理的案件，人民法院可以发出公告，通知权利人向人民法院登记。公告期间根据案件的具体情况确定，但不得少于三十日。

第八十条 根据民事诉讼法第五十四条规定向人民法院登记的权利人，应当证明其与对方当事人的法律关系和所受到的损害。证明不了的，不予登记，权利人可以另行起诉。人民法院的裁判在登记的范围内执行。未参加登记的权利人提起诉讼，人民法院认定其请求成立的，裁定适用人民法院已作出的判决、裁定。

第八十一条 根据民事诉讼法第五十六条的规定，有独立请求权的第三人有权向人民法院提出诉讼请求和事实、理由，成为当事人；无独立请求权的第三人，可以申请或者由人民法院通知参加诉讼。

第一审程序中未参加诉讼的第三人，申请参加第二审程序的，人民法院可以准许。

第八十二条　在一审诉讼中，无独立请求权的第三人无权提出管辖异议，无权放弃、变更诉讼请求或者申请撤诉，被判决承担民事责任的，有权提起上诉。

第八十三条　在诉讼中，无民事行为能力人、限制民事行为能力人的监护人是他的法定代理人。事先没有确定监护人的，可以由有监护资格的人协商确定；协商不成的，由人民法院在他们之中指定诉讼中的法定代理人。当事人没有民法通则第十六条第一款、第二款或者第十七条第一款规定的监护人的，可以指定该法第十六条第四款或者第十七条第三款规定的有关组织担任诉讼中的法定代理人。

第八十四条　无民事行为能力人、限制民事行为能力人以及其他依法不能作为诉讼代理人的，当事人不得委托其作为诉讼代理人。

第八十五条　根据民事诉讼法第五十八条第二款第二项规定，与当事人有夫妻、直系血亲、三代以内旁系血亲、近姻亲关系以及其他有抚养、赡养关系的亲属，可以当事人近亲属的名义作为诉讼代理人。

第八十六条　根据民事诉讼法第五十八条第二款第二项规定，与当事人有合法劳动人事关系的职工，可以当事人工作人员的名义作为诉讼代理人。

第八十七条　根据民事诉讼法第五十八条第二款第三项规定，有关社会团体推荐公民担任诉讼代理人的，应当符合下列条件：

（一）社会团体属于依法登记设立或者依法免予登记设立的非营利性法人组织；

（二）被代理人属于该社会团体的成员，或者当事人一方住所地位于该社会团体的活动地域；

（三）代理事务属于该社会团体章程载明的业务范围；

（四）被推荐的公民是该社会团体的负责人或者与该社会团体有合法劳动人事关系的工作人员。

专利代理人经中华全国专利代理人协会推荐，可以在专利纠纷案件中担任诉讼代理人。

第八十八条　诉讼代理人除根据民事诉讼法第五十九条规定提交授权委托书外，还应当按照下列规定向人民法院提交相关材料：

（一）律师应当提交律师执业证、律师事务所证明材料；

（二）基层法律服务工作者应当提交法律服务工作者执业证、基层法律服务所出具的介绍信以及当事人一方位于本辖区内的证明材料；

（三）当事人的近亲属应当提交身份证件和与委托人有近亲属关系的证明材料；

（四）当事人的工作人员应当提交身份证件和与当事人有合法劳动人事关系的证

明材料；

（五）当事人所在社区、单位推荐的公民应当提交身份证件、推荐材料和当事人属于该社区、单位的证明材料；

（六）有关社会团体推荐的公民应当提交身份证件和符合本解释第八十七条规定条件的证明材料。

第八十九条 当事人向人民法院提交的授权委托书，应当在开庭审理前送交人民法院。授权委托书仅写“全权代理”而无具体授权的，诉讼代理人无权代为承认、放弃、变更诉讼请求，进行和解，提出反诉或者提起上诉。

适用简易程序审理的案件，双方当事人同时到庭并径行开庭审理的，可以当场口头委托诉讼代理人，由人民法院记入笔录。

四、证 据

第九十条 当事人对自己提出的诉讼请求所依据的事实或者反驳对方诉讼请求所依据的事实，应当提供证据加以证明，但法律另有规定的除外。

在作出判决前，当事人未能提供证据或者证据不足以证明其事实主张的，由负有举证证明责任的当事人承担不利的后果。

第九十一条 人民法院应当依照下列原则确定举证证明责任的承担，但法律另有规定的除外：

（一）主张法律关系存在的当事人，应当对产生该法律关系的基本事实承担举证证明责任；

（二）主张法律关系变更、消灭或者权利受到妨害的当事人，应当对该法律关系变更、消灭或者权利受到妨害的基本事实承担举证证明责任。

第九十二条 一方当事人在法庭审理中，或者在起诉状、答辩状、代理词等书面材料中，对于己不利的事实明确表示承认的，另一方当事人无需举证证明。

对于涉及身份关系、国家利益、社会公共利益等应当由人民法院依职权调查的事实，不适用前款自认的规定。

自认的事实与查明的事实不符的，人民法院不予确认。

第九十三条 下列事实，当事人无须举证证明：

（一）自然规律以及定理、定律；

（二）众所周知的事实；

（三）根据法律规定推定的事实；

（四）根据已知的事实和日常生活经验法则推定出的另一事实；

（五）已为人民法院发生法律效力的裁判所确认的事实；

（六）已为仲裁机构生效裁决所确认的事实；

（七）已为有效公证文书所证明的事实。

前款第二项至第四项规定的事实，当事人有相反证据足以反驳的除外；第五项至第七项规定的事实，当事人有相反证据足以推翻的除外。

第九十四条 民事诉讼法第六十四条第二款规定的当事人及其诉讼代理人因客观原因不能自行收集的证据包括：

（一）证据由国家有关部门保存，当事人及其诉讼代理人无权查阅调取的；

（二）涉及国家秘密、商业秘密或者个人隐私的；

（三）当事人及其诉讼代理人因客观原因不能自行收集的其他证据。

当事人及其诉讼代理人因客观原因不能自行收集的证据，可以在举证期限届满前书面申请人民法院调查收集。

第九十五条 当事人申请调查收集的证据，与待证事实无关联、对证明待证事实无意义或者其他无调查收集必要的，人民法院不予准许。

第九十六条 民事诉讼法第六十四条第二款规定的人民法院认为审理案件需要的证据包括：

（一）涉及可能损害国家利益、社会公共利益的；

（二）涉及身份关系的；

（三）涉及民事诉讼法第五十五条规定诉讼的；

（四）当事人有恶意串通损害他人合法权益可能的；

（五）涉及依职权追加当事人、中止诉讼、终结诉讼、回避等程序性事项的。

除前款规定外，人民法院调查收集证据，应当依照当事人的申请进行。

第九十七条 人民法院调查收集证据，应当由两人以上共同进行。调查材料要由调查人、被调查人、记录人签名、捺印或者盖章。

第九十八条 当事人根据民事诉讼法第八十一条第一款规定申请证据保全的，可以在举证期限届满前书面提出。

证据保全可能对他人造成损失的，人民法院应当责令申请人提供相应的担保。

第九十九条 人民法院应当在审理前的准备阶段确定当事人的举证期限。举证期限可以由当事人协商，并经人民法院准许。

人民法院确定举证期限，第一审普通程序案件不得少于十五日，当事人提供新的证据的第二审案件不得少于十日。

举证期限届满后，当事人对已经提供的证据，申请提供反驳证据或者对证据来源、形式等方面的瑕疵进行补正的，人民法院可以酌情再次确定举证期限，该期限不受前款规定的限制。

第一百条 当事人申请延长举证期限的，应当在举证期限届满前向人民法院提出书面申请。

申请理由成立的，人民法院应当准许，适当延长举证期限，并通知其他当事人。延长的举证期限适用于其他当事人。

申请理由不成立的，人民法院不予准许，并通知申请人。

第一百零一条 当事人逾期提供证据的，人民法院应当责令其说明理由，必要时可以要求其提供相应的证据。

当事人因客观原因逾期提供证据，或者对方当事人对逾期提供证据未提出异议的，视为未逾期。

第一百零二条 当事人因故意或者重大过失逾期提供的证据，人民法院不予采纳。但该证据与案件基本事实有关的，人民法院应当采纳，并依照民事诉讼法第六十五条、第一百一十五条第一款的规定予以训诫、罚款。

当事人非因故意或者重大过失逾期提供的证据，人民法院应当采纳，并对当事人予以训诫。

当事人一方要求另一方赔偿因逾期提供证据致使其增加的交通、住宿、就餐、误工、证人出庭作证等必要费用的，人民法院可予支持。

第一百零三条 证据应当在法庭上出示，由当事人互相质证。未经当事人质证的证据，不得作为认定案件事实的根据。

当事人在审理前的准备阶段认可的证据，经审判人员在庭审中说明后，视为质证过的证据。

涉及国家秘密、商业秘密、个人隐私或者法律规定应当保密的证据，不得公开质证。

第一百零四条 人民法院应当组织当事人围绕证据的真实性、合法性以及与待证事实的关联性进行质证，并针对证据有无证明力和证明力大小进行说明和辩论。

能够反映案件真实情况、与待证事实相关联、来源和形式符合法律规定的证据，应当作为认定案件事实的根据。

第一百零五条 人民法院应当按照法定程序，全面、客观地审核证据，依照法律规定，运用逻辑推理和日常生活经验法则，对证据有无证明力和证明力大小进行判断，并公开判断的理由和结果。

第一百零六条 对以严重侵害他人合法权益、违反法律禁止性规定或者严重违背公序良俗的方法形成或者获取的证据，不得作为认定案件事实的根据。

第一百零七条 在诉讼中，当事人为达成调解协议或者和解协议作出妥协而认可的事实，不得在后续的诉讼中作为对其不利的根据，但法律另有规定或者当事人均同意的除外。

第一百零八条 对负有举证证明责任的当事人提供的证据，人民法院经审查并结合相关事实，确信待证事实的存在具有高度可能性的，应当认定该事实存在。

对一方当事人为反驳负有举证证明责任的当事人所主张事实而提供的证据，人民法院经审查并结合相关事实，认为待证事实真伪不明的，应当认定该事实不存在。

法律对于待证事实所应达到的证明标准另有规定的，从其规定。

第一百零九条 当事人对欺诈、胁迫、恶意串通事实的证明，以及对口头遗嘱或者赠与事实的证明，人民法院确信该待证事实存在的可能性能够排除合理怀疑的，应当认定该事实存在。

第一百一十条 人民法院认为有必要的，可以要求当事人本人到庭，就案件有关事实接受询问。在询问当事人之前，可以要求其签署保证书。

保证书应当载明据实陈述、如有虚假陈述愿意接受处罚等内容。当事人应当在保证书上签名或者捺印。

负有举证证明责任的当事人拒绝到庭、拒绝接受询问或者拒绝签署保证书，待证事实又欠缺其他证据证明的，人民法院对其主张的事实不予认定。

第一百一十一条 民事诉讼法第七十条规定的提交书证原件确有困难，包括下列情形：

（一）书证原件遗失、灭失或者毁损的；

（二）原件在对方当事人控制之下，经合法通知提交而拒不提交的；

（三）原件在他人控制之下，而其有权不提交的；

（四）原件因篇幅或者体积过大而不便提交的；

（五）承担举证证明责任的当事人通过申请人民法院调查收集或者其他方式无法获得书证原件的。

前款规定情形，人民法院应当结合其他证据和案件具体情况，审查判断书证复制品等能否作为认定案件事实的根据。

第一百一十二条 书证在对方当事人控制之下的，承担举证证明责任的当事人可以在举证期限届满前书面申请人民法院责令对方当事人提交。

申请理由成立的，人民法院应当责令对方当事人提交，因提交书证所产生的费用，由申请人负担。对方当事人无正当理由拒不提交的，人民法院可以认定申请人所主张的书证内容为真实。

第一百一十三条 持有书证的当事人以妨碍对方当事人使用为目的，毁灭有关书证或者实施其他致使书证不能使用行为的，人民法院可以依照民事诉讼法第一百一十一条规定，对其处以罚款、拘留。

第一百一十四条 国家机关或者其他依法具有社会管理职能的组织，在其职权范围内制作的文书所记载的事项推定为真实，但有相反证据足以推翻的除外。必要时，人民法院可以要求制作文书的机关或者组织对文书的真实性予以说明。

第一百一十五条 单位向人民法院提出的证明材料，应当由单位负责人及制作证明材料的人员签名或者盖章，并加盖单位印章。人民法院就单位出具的证明材料，可以向单位及制作证明材料的人员进行调查核实。必要时，可以要求制作证明材料的人员出庭作证。

单位及制作证明材料的人员拒绝人民法院调查核实，或者制作证明材料的人员无正当理由拒绝出庭作证的，该证明材料不得作为认定案件事实的根据。

第一百一十六条 视听资料包括录音资料和影像资料。

电子数据是指通过电子邮件、电子数据交换、网上聊天记录、博客、微博客、手机短信、电子签名、域名等形成或者存储在电子介质中的信息。

存储在电子介质中的录音资料和影像资料，适用电子数据的规定。

第一百一十七条 当事人申请证人出庭作证的，应当在举证期限届满前提出。

符合本解释第九十六条第一款规定情形的，人民法院可以依职权通知证人出庭作证。

未经人民法院通知，证人不得出庭作证，但双方当事人同意并经人民法院准许的除外。

第一百一十八条 民事诉讼法第七十四条规定的证人因履行出庭作证义务而支出的交通、住宿、就餐等必要费用，按照机关事业单位工作人员差旅费用和补贴标准计算；误工损失按照国家上年度职工日平均工资标准计算。

人民法院准许证人出庭作证申请的，应当通知申请人预缴证人出庭作证费用。

第一百一十九条 人民法院在证人出庭作证前应当告知其如实作证的义务以及作伪证的法律后果，并责令其签署保证书，但无民事行为能力人和限制民事行为能力人除外。

证人签署保证书适用本解释关于当事人签署保证书的规定。

第一百二十条 证人拒绝签署保证书的，不得作证，并自行承担相关费用。

第一百二十一条 当事人申请鉴定，可以在举证期限届满前提出。申请鉴定的事项与待证事实无关联，或者对证明待证事实无意义的，人民法院不予准许。

人民法院准许当事人鉴定申请的，应当组织双方当事人协商确定具备相应资格的鉴定人。当事人协商不成的，由人民法院指定。

符合依职权调查收集证据条件的，人民法院应当依职权委托鉴定，在询问当事人的意见后，指定具备相应资格的鉴定人。

第一百二十二条　当事人可以依照民事诉讼法第七十九条的规定，在举证期限届满前申请一至二名具有专门知识的人出庭，代表当事人对鉴定意见进行质证，或者对案件事实所涉及的专业问题提出意见。

具有专门知识的人在法庭上就专业问题提出的意见，视为当事人的陈述。

人民法院准许当事人申请的，相关费用由提出申请的当事人负担。

第一百二十三条　人民法院可以对出庭的具有专门知识的人进行询问。经法庭准许，当事人可以对出庭的具有专门知识的人进行询问，当事人各自申请的具有专门知识的人可以就案件中的有关问题进行对质。

具有专门知识的人不得参与专业问题之外的法庭审理活动。

第一百二十四条　人民法院认为有必要的，可以根据当事人的申请或者依职权对物证或者现场进行勘验。勘验时应当保护他人的隐私和尊严。

人民法院可以要求鉴定人参与勘验。必要时，可以要求鉴定人在勘验中进行鉴定。

五、期间和送达

第一百二十五条　依照民事诉讼法第八十二条第二款规定，民事诉讼中以时起算的期间从次时起算；以日、月、年计算的期间从次日起算。

第一百二十六条　民事诉讼法第一百二十三条规定的立案期限，因起诉状内容欠缺通知原告补正的，从补正后交人民法院的次日起算。由上级人民法院转交下级人民法院立案的案件，从受诉人民法院收到起诉状的次日起算。

第一百二十七条　民事诉讼法第五十六条第三款、第二百零五条以及本解释第三百七十四条、第三百八十四条、第四百零一条、第四百二十二条、第四百二十三条规定的六个月，民事诉讼法第二百二十三条规定的一年，为不变期间，不适用诉讼时效中止、中断、延长的规定。

第一百二十八条　再审案件按照第一审程序或者第二审程序审理的，适用民事诉讼法第一百四十九条、第一百七十六条规定的审限。审限自再审立案的次日起算。

第一百二十九条　对申请再审案件，人民法院应当自受理之日起三个月内审查完毕，但公告期间、当事人和解期间等不计入审查期限。有特殊情况需要延长的，由本院院长批准。

第一百三十条　向法人或者其他组织送达诉讼文书，应当由法人的法定代表人、该组织的主要负责人或者办公室、收发室、值班室等负责收件的人签收或者盖章，拒绝签收或者盖章的，适用留置送达。

民事诉讼法第八十六条规定的有关基层组织和所在单位的代表，可以是受送达人住所地的居民委员会、村民委员会的工作人员以及受送达人所在单位的工作人员。

第一百三十一条 人民法院直接送达诉讼文书的，可以通知当事人到人民法院领取。当事人到达人民法院，拒绝签署送达回证的，视为送达。审判人员、书记员应当在送达回证上注明送达情况并签名。

人民法院可以在当事人住所地以外向当事人直接送达诉讼文书。当事人拒绝签署送达回证的，采用拍照、录像等方式记录送达过程即视为送达。审判人员、书记员应当在送达回证上注明送达情况并签名。

第一百三十二条 受送达人有诉讼代理人的，人民法院既可以向受送达人送达，也可以向其诉讼代理人送达。受送达人指定诉讼代理人为代收人的，向诉讼代理人送达时，适用留置送达。

第一百三十三条 调解书应当直接送达当事人本人，不适用留置送达。当事人本人因故不能签收的，可由其指定的代收人签收。

第一百三十四条 依照民事诉讼法第八十八条规定，委托其他人民法院代为送达的，委托法院应当出具委托函，并附需要送达的诉讼文书和送达回证，以受送达人在送达回证上签收的日期为送达日期。

委托送达的，受委托人民法院应当自收到委托函及相关诉讼文书之日起十日内代为送达。

第一百三十五条 电子送达可以采用传真、电子邮件、移动通信等即时收悉的特定系统作为送达媒介。

民事诉讼法第八十七条第二款规定的到达受送达人特定系统的日期，为人民法院对应系统显示发送成功的日期，但受送达人证明到达其特定系统的日期与人民法院对应系统显示发送成功的日期不一致的，以受送达人证明到达其特定系统的日期为准。

第一百三十六条 受送达人同意采用电子方式送达的，应当在送达地址确认书中予以确认。

第一百三十七条 当事人在提起上诉、申请再审、申请执行时未书面变更送达地址的，其在第一审程序中确认的送达地址可以作为第二审程序、审判监督程序、执行程序的送达地址。

第一百三十八条 公告送达可以在法院的公告栏和受送达人住所地张贴公告，也可以在报纸、信息网络等媒体上刊登公告，发出公告日期以最后张贴或者刊登的日期为准。对公告送达方式有特殊要求的，应当按要求的方式进行。公告期满，即视为送达。

人民法院在受送达人住所地张贴公告的，应当采取拍照、录像等方式记录张贴过程。

第一百三十九条 公告送达应当说明公告送达的原因；公告送达起诉状或者上诉状副本的，应当说明起诉或者上诉要点，受送达人答辩期限及逾期不答辩的法律后果；公告送达传票，应当说明出庭的时间和地点及逾期不出庭的法律后果；公告送达判决书、裁定书的，应当说明裁判主要内容，当事人有权上诉的，还应当说明上诉权利、上诉期限和上诉的人民法院。

第一百四十条 适用简易程序的案件，不适用公告送达。

第一百四十一条 人民法院在定期宣判时，当事人拒不签收判决书、裁定书的，应视为送达，并在宣判笔录中记明。

六、调　解

第一百四十二条 人民法院受理案件后，经审查，认为法律关系明确、事实清楚，在征得当事人双方同意后，可以径行调解。

第一百四十三条 适用特别程序、督促程序、公示催告程序的案件，婚姻等身份关系确认案件以及其他根据案件性质不能进行调解的案件，不得调解。

第一百四十四条 人民法院审理民事案件，发现当事人之间恶意串通，企图通过和解、调解方式侵害他人合法权益的，应当依照民事诉讼法第一百一十二条的规定处理。

第一百四十五条 人民法院审理民事案件，应当根据自愿、合法的原则进行调解。当事人一方或者双方坚持不愿调解的，应当及时裁判。

人民法院审理离婚案件，应当进行调解，但不应久调不决。

第一百四十六条 人民法院审理民事案件，调解过程不公开，但当事人同意公开的除外。

调解协议内容不公开，但为保护国家利益、社会公共利益、他人合法权益，人民法院认为确有必要公开的除外。

主持调解以及参与调解的人员，对调解过程以及调解过程中获悉的国家秘密、商业秘密、个人隐私和其他不宜公开的信息，应当保守秘密，但为保护国家利益、社会公共利益、他人合法权益的除外。

第一百四十七条 人民法院调解案件时，当事人不能出庭的，经其特别授权，可由其委托代理人参加调解，达成的调解协议，可由委托代理人签名。

离婚案件当事人确因特殊情况无法出庭参加调解的，除本人不能表达意志的以外，应当出具书面意见。

第一百四十八条 当事人自行和解或者调解达成协议后，请求人民法院按照和解协议或者调解协议的内容制作判决书的，人民法院不予准许。

无民事行为能力人的离婚案件，由其法定代理人进行诉讼。法定代理人与对方达成协议要求发给判决书的，可根据协议内容制作判决书。

第一百四十九条 调解书需经当事人签收后才发生法律效力的，应当以最后收到调解书的当事人签收的日期为调解书生效日期。

第一百五十条 人民法院调解民事案件，需由无独立请求权的第三人承担责任的，应当经其同意。该第三人在调解书送达前反悔的，人民法院应当及时裁判。

第一百五十一条 根据民事诉讼法第九十八条第一款第四项规定，当事人各方同意在调解协议上签名或者盖章后即发生法律效力的，经人民法院审查确认后，应当记入笔录或者将调解协议附卷，并由当事人、审判人员、书记员签名或者盖章后即具有法律效力。

前款规定情形，当事人请求制作调解书的，人民法院审查确认后可以制作调解书送交当事人。当事人拒收调解书的，不影响调解协议的效力。

七、保全和先予执行

第一百五十二条 人民法院依照民事诉讼法第一百条、第一百零一条规定，在采取诉前保全、诉讼保全措施时，责令利害关系人或者当事人提供担保的，应当书面通知。

利害关系人申请诉前保全的，应当提供担保。申请诉前财产保全的，应当提供相当于请求保全数额的担保；情况特殊的，人民法院可以酌情处理。申请诉前行为保全的，担保的数额由人民法院根据案件的具体情况决定。

在诉讼中，人民法院依申请或者依职权采取保全措施的，应当根据案件的具体情况，决定当事人是否应当提供担保以及担保的数额。

第一百五十三条 人民法院对季节性商品、鲜活、易腐烂变质以及其他不宜长期保存的物品采取保全措施时，可以责令当事人及时处理，由人民法院保存价款；必要时，人民法院可予以变卖，保存价款。

第一百五十四条 人民法院在财产保全中采取查封、扣押、冻结财产措施时，应当妥善保管被查封、扣押、冻结的财产。不宜由人民法院保管的，人民法院可以指定被保全人负责保管；不宜由被保全人保管的，可以委托他人或者申请保全人保管。

查封、扣押、冻结担保物权人占有的担保财产，一般由担保物权人保管；由人民法院保管的，质权、留置权不因采取保全措施而消灭。

第一百五十五条　由人民法院指定被保全人保管的财产，如果继续使用对该财产的价值无重大影响，可以允许被保全人继续使用；由人民法院保管或者委托他人、申请保全人保管的财产，人民法院和其他保管人不得使用。

第一百五十六条　人民法院采取财产保全的方法和措施，依照执行程序相关规定办理。

第一百五十七条　人民法院对抵押物、质押物、留置物可以采取财产保全措施，但不影响抵押权人、质权人、留置权人的优先受偿权。

第一百五十八条　人民法院对债务人到期应得的收益，可以采取财产保全措施，限制其支取，通知有关单位协助执行。

第一百五十九条　债务人的财产不能满足保全请求，但对他人有到期债权的，人民法院可以依债权人的申请裁定该他人不得对本案债务人清偿。该他人要求偿付的，由人民法院提存财物或者价款。

第一百六十条　当事人向采取诉前保全措施以外的其他有管辖权的人民法院起诉的，采取诉前保全措施的人民法院应当将保全手续移送受理案件的人民法院。诉前保全的裁定视为受移送人民法院作出的裁定。

第一百六十一条　对当事人不服一审判决提起上诉的案件，在第二审人民法院接到报送的案件之前，当事人有转移、隐匿、出卖或者毁损财产等行为，必须采取保全措施的，由第一审人民法院依当事人申请或者依职权采取。第一审人民法院的保全裁定，应当及时报送第二审人民法院。

第一百六十二条　第二审人民法院裁定对第一审人民法院采取的保全措施予以续保或者采取新的保全措施的，可以自行实施，也可以委托第一审人民法院实施。

再审人民法院裁定对原保全措施予以续保或者采取新的保全措施的，可以自行实施，也可以委托原审人民法院或者执行法院实施。

第一百六十三条　法律文书生效后，进入执行程序前，债权人因对方当事人转移财产等紧急情况，不申请保全将可能导致生效法律文书不能执行或者难以执行的，可以向执行法院申请采取保全措施。债权人在法律文书指定的履行期间届满后五日内不申请执行的，人民法院应当解除保全。

第一百六十四条　对申请保全人或者他人提供的担保财产，人民法院应当依法办理查封、扣押、冻结等手续。

第一百六十五条　人民法院裁定采取保全措施后，除作出保全裁定的人民法院自行解除或者其上级人民法院决定解除外，在保全期限内，任何单位不得解除保全措施。

第一百六十六条 裁定采取保全措施后，有下列情形之一的，人民法院应当作出解除保全裁定：

（一）保全错误的；

（二）申请人撤回保全申请的；

（三）申请人的起诉或者诉讼请求被生效裁判驳回的；

（四）人民法院认为应当解除保全的其他情形。

解除以登记方式实施的保全措施的，应当向登记机关发出协助执行通知书。

第一百六十七条 财产保全的被保全人提供其他等值担保财产且有利于执行的，人民法院可以裁定变更保全标的物为被保全人提供的担保财产。

第一百六十八条 保全裁定未经人民法院依法撤销或者解除，进入执行程序后，自动转为执行中的查封、扣押、冻结措施，期限连续计算，执行法院无需重新制作裁定书，但查封、扣押、冻结期限届满的除外。

第一百六十九条 民事诉讼法规定的先予执行，人民法院应当在受理案件后终审判决作出前采取。先予执行应当限于当事人诉讼请求的范围，并以当事人的生活、生产经营的急需为限。

第一百七十条 民事诉讼法第一百零六条第三项规定的情况紧急，包括：

（一）需要立即停止侵害、排除妨碍的；

（二）需要立即制止某项行为的；

（三）追索恢复生产、经营急需的保险理赔费的；

（四）需要立即返还社会保险金、社会救助资金的；

（五）不立即返还款项，将严重影响权利人生活和生产经营的。

第一百七十一条 当事人对保全或者先予执行裁定不服的，可以自收到裁定书之日起五日内向作出裁定的人民法院申请复议。人民法院应当在收到复议申请后十日内审查。裁定正确的，驳回当事人的申请；裁定不当的，变更或者撤销原裁定。

第一百七十二条 利害关系人对保全或者先予执行的裁定不服申请复议的，由作出裁定的人民法院依照民事诉讼法第一百零八条规定处理。

第一百七十三条 人民法院先予执行后，根据发生法律效力的判决，申请人应当返还因先予执行所取得的利益的，适用民事诉讼法第二百三十三条的规定。

八、对妨害民事诉讼的强制措施

第一百七十四条 民事诉讼法第一百零九条规定的必须到庭的被告，是指负有赡养、抚育、扶养义务和不到庭就无法查清案情的被告。

人民法院对必须到庭才能查清案件基本事实的原告，经两次传票传唤，无正当理由拒不到庭的，可以拘传。

第一百七十五条　拘传必须用拘传票，并直接送达被拘传人；在拘传前，应当向被拘传人说明拒不到庭的后果，经批评教育仍拒不到庭的，可以拘传其到庭。

第一百七十六条　诉讼参与人或者其他人有下列行为之一的，人民法院可以适用民事诉讼法第一百一十条规定处理：

（一）未经准许进行录音、录像、摄影的；

（二）未经准许以移动通信等方式现场传播审判活动的；

（三）其他扰乱法庭秩序，妨害审判活动进行的。

有前款规定情形的，人民法院可以暂扣诉讼参与人或者其他人进行录音、录像、摄影、传播审判活动的器材，并责令其删除有关内容；拒不删除的，人民法院可以采取必要手段强制删除。

第一百七十七条　训诫、责令退出法庭由合议庭或者独任审判员决定。训诫的内容、被责令退出法庭者的违法事实应当记入庭审笔录。

第一百七十八条　人民法院依照民事诉讼法第一百一十条至第一百一十四条的规定采取拘留措施的，应经院长批准，作出拘留决定书，由司法警察将被拘留人送交当地公安机关看管。

第一百七十九条　被拘留人不在本辖区的，作出拘留决定的人民法院应当派员到被拘留人所在地的人民法院，请该院协助执行，受委托的人民法院应当及时派员协助执行。被拘留人申请复议或者在拘留期间承认并改正错误，需要提前解除拘留的，受委托人民法院应当向委托人民法院转达或者提出建议，由委托人民法院审查决定。

第一百八十条　人民法院对被拘留人采取拘留措施后，应当在二十四小时内通知其家属；确实无法按时通知或者通知不到的，应当记录在案。

第一百八十一条　因哄闹、冲击法庭，用暴力、威胁等方法抗拒执行公务等紧急情况，必须立即采取拘留措施的，可在拘留后，立即报告院长补办批准手续。院长认为拘留不当的，应当解除拘留。

第一百八十二条　被拘留人在拘留期间认错悔改的，可以责令其具结悔过，提前解除拘留。提前解除拘留，应报经院长批准，并作出提前解除拘留决定书，交负责看管的公安机关执行。

第一百八十三条　民事诉讼法第一百一十条至第一百一十三条规定的罚款、拘留可以单独适用，也可以合并适用。

第一百八十四条　对同一妨害民事诉讼行为的罚款、拘留不得连续适用。发生新的妨害民事诉讼行为的，人民法院可以重新予以罚款、拘留。

第一百八十五条 被罚款、拘留的人不服罚款、拘留决定申请复议的，应当自收到决定书之日起三日内提出。上级人民法院应当在收到复议申请后五日内作出决定，并将复议结果通知下级人民法院和当事人。

第一百八十六条 上级人民法院复议时认为强制措施不当的，应当制作决定书，撤销或者变更下级人民法院作出的拘留、罚款决定。情况紧急的，可以在口头通知后三日内发出决定书。

第一百八十七条 民事诉讼法第一百一十一条第一款第五项规定的以暴力、威胁或者其他方法阻碍司法工作人员执行职务的行为，包括：

（一）在人民法院哄闹、滞留，不听从司法工作人员劝阻的；

（二）故意毁损、抢夺人民法院法律文书、查封标志的；

（三）哄闹、冲击执行公务现场，围困、扣押执行或者协助执行公务人员的；

（四）毁损、抢夺、扣留案件材料、执行公务车辆、其他执行公务器械、执行公务人员服装和执行公务证件的；

（五）以暴力、威胁或者其他方法阻碍司法工作人员查询、查封、扣押、冻结、划拨、拍卖、变卖财产的；

（六）以暴力、威胁或者其他方法阻碍司法工作人员执行职务的其他行为。

第一百八十八条 民事诉讼法第一百一十一条第一款第六项规定的拒不履行人民法院已经发生法律效力的判决、裁定的行为，包括：

（一）在法律文书发生法律效力后隐藏、转移、变卖、毁损财产或者无偿转让财产、以明显不合理的价格交易财产、放弃到期债权、无偿为他人提供担保等，致使人民法院无法执行的；

（二）隐藏、转移、毁损或者未经人民法院允许处分已向人民法院提供担保的财产的；

（三）违反人民法院限制高消费令进行消费的；

（四）有履行能力而拒不按照人民法院执行通知履行生效法律文书确定的义务的；

（五）有义务协助执行的个人接到人民法院协助执行通知书后，拒不协助执行的。

第一百八十九条 诉讼参与人或者其他人有下列行为之一的，人民法院可以适用民事诉讼法第一百一十一条的规定处理：

（一）冒充他人提起诉讼或者参加诉讼的；

（二）证人签署保证书后作虚假证言，妨碍人民法院审理案件的；

（三）伪造、隐藏、毁灭或者拒绝交出有关被执行人履行能力的重要证据，妨碍人民法院查明被执行人财产状况的；

（四）擅自解冻已被人民法院冻结的财产的；

（五）接到人民法院协助执行通知书后，给当事人通风报信，协助其转移、隐匿财产的。

第一百九十条 民事诉讼法第一百一十二条规定的他人合法权益，包括案外人的合法权益、国家利益、社会公共利益。

第三人根据民事诉讼法第五十六条第三款规定提起撤销之诉，经审查，原案当事人之间恶意串通进行虚假诉讼的，适用民事诉讼法第一百一十二条规定处理。

第一百九十一条 单位有民事诉讼法第一百一十二条或者第一百一十三条规定行为的，人民法院应当对该单位进行罚款，并可以对其主要负责人或者直接责任人员予以罚款、拘留；构成犯罪的，依法追究刑事责任。

第一百九十二条 有关单位接到人民法院协助执行通知书后，有下列行为之一的，人民法院可以适用民事诉讼法第一百一十四条规定处理：

（一）允许被执行人高消费的；

（二）允许被执行人出境的；

（三）拒不停止办理有关财产权证照转移手续、权属变更登记、规划审批等手续的；

（四）以需要内部请示、内部审批，有内部规定等为由拖延办理的。

第一百九十三条 人民法院对个人或者单位采取罚款措施时，应当根据其实施妨害民事诉讼行为的性质、情节、后果，当地的经济发展水平，以及诉讼标的额等因素，在民事诉讼法第一百一十五条第一款规定的限额内确定相应的罚款金额。

九、诉讼费用

第一百九十四条 依照民事诉讼法第五十四条审理的案件不预交案件受理费，结案后按照诉讼标的额由败诉方交纳。

第一百九十五条 支付令失效后转入诉讼程序的，债权人应当按照《诉讼费用交纳办法》补交案件受理费。

支付令被撤销后，债权人另行起诉的，按照《诉讼费用交纳办法》交纳诉讼费用。

第一百九十六条 人民法院改变原判决、裁定、调解结果的，应当在裁判文书中对原审诉讼费用的负担一并作出处理。

第一百九十七条 诉讼标的物是证券的，按照证券交易规则并根据当事人起诉之日前最后一个交易日的收盘价、当日的市场价或者其载明的金额计算诉讼标的金额。

第一百九十八条 诉讼标的物是房屋、土地、林木、车辆、船舶、文物等特定物或者知识产权，起诉时价值难以确定的，人民法院应当向原告释明主张过高或者过低的诉讼风险，以原告主张的价值确定诉讼标的金额。

第一百九十九条 适用简易程序审理的案件转为普通程序的，原告自接到人民法院交纳诉讼费用通知之日起七日内补交案件受理费。

原告无正当理由未按期足额补交的，按撤诉处理，已经收取的诉讼费用退还一半。

第二百条 破产程序中有关债务人的民事诉讼案件，按照财产案件标准交纳诉讼费，但劳动争议案件除外。

第二百零一条 既有财产性诉讼请求，又有非财产性诉讼请求的，按照财产性诉讼请求的标准交纳诉讼费。

有多个财产性诉讼请求的，合并计算交纳诉讼费；诉讼请求中有多个非财产性诉讼请求的，按一件交纳诉讼费。

第二百零二条 原告、被告、第三人分别上诉的，按照上诉请求分别预交二审案件受理费。

同一方多人共同上诉的，只预交一份二审案件受理费；分别上诉的，按照上诉请求分别预交二审案件受理费。

第二百零三条 承担连带责任的当事人败诉的，应当共同负担诉讼费用。

第二百零四条 实现担保物权案件，人民法院裁定拍卖、变卖担保财产的，申请费由债务人、担保人负担；人民法院裁定驳回申请的，申请费由申请人负担。

申请人另行起诉的，其已经交纳的申请费可以从案件受理费中扣除。

第二百零五条 拍卖、变卖担保财产的裁定作出后，人民法院强制执行的，按照执行金额收取执行申请费。

第二百零六条 人民法院决定减半收取案件受理费的，只能减半一次。

第二百零七条 判决生效后，胜诉方预交但不应负担的诉讼费用，人民法院应当退还，由败诉方向人民法院交纳，但胜诉方自愿承担或者同意败诉方直接向其支付的除外。

当事人拒不交纳诉讼费用的，人民法院可以强制执行。

十、第一审普通程序

第二百零八条 人民法院接到当事人提交的民事起诉状时，对符合民事诉讼法第一百一十九条的规定，且不属于第一百二十四条规定情形的，应当登记立案；对当场不能判定是否符合起诉条件的，应当接收起诉材料，并出具注明收到日期的书面凭证。

需要补充必要相关材料的，人民法院应当及时告知当事人。在补齐相关材料后，应当在七日内决定是否立案。

立案后发现不符合起诉条件或者属于民事诉讼法第一百二十四条规定情形的，裁定驳回起诉。

第二百零九条　原告提供被告的姓名或者名称、住所等信息具体明确，足以使被告与他人相区别的，可以认定为有明确的被告。

起诉状列写被告信息不足以认定明确的被告的，人民法院可以告知原告补正。原告补正后仍不能确定明确的被告的，人民法院裁定不予受理。

第二百一十条　原告在起诉状中有谩骂和人身攻击之辞的，人民法院应当告知其修改后提起诉讼。

第二百一十一条　对本院没有管辖权的案件，告知原告向有管辖权的人民法院起诉；原告坚持起诉的，裁定不予受理；立案后发现本院没有管辖权的，应当将案件移送有管辖权的人民法院。

第二百一十二条　裁定不予受理、驳回起诉的案件，原告再次起诉，符合起诉条件且不属于民事诉讼法第一百二十四条规定情形的，人民法院应予受理。

第二百一十三条　原告应当预交而未预交案件受理费，人民法院应当通知其预交，通知后仍不预交或者申请减、缓、免未获批准而仍不预交的，裁定按撤诉处理。

第二百一十四条　原告撤诉或者人民法院按撤诉处理后，原告以同一诉讼请求再次起诉的，人民法院应予受理。

原告撤诉或者按撤诉处理的离婚案件，没有新情况、新理由，六个月内又起诉的，比照民事诉讼法第一百二十四条第七项的规定不予受理。

第二百一十五条　依照民事诉讼法第一百二十四条第二项的规定，当事人在书面合同中订有仲裁条款，或者在发生纠纷后达成书面仲裁协议，一方向人民法院起诉的，人民法院应当告知原告向仲裁机构申请仲裁，其坚持起诉的，裁定不予受理，但仲裁条款或者仲裁协议不成立、无效、失效、内容不明确无法执行的除外。

第二百一十六条　在人民法院首次开庭前，被告以有书面仲裁协议为由对受理民事案件提出异议的，人民法院应当进行审查。

经审查符合下列情形之一的，人民法院应当裁定驳回起诉：

（一）仲裁机构或者人民法院已经确认仲裁协议有效的；

（二）当事人没有在仲裁庭首次开庭前对仲裁协议的效力提出异议的；

（三）仲裁协议符合仲裁法第十六条规定且不具有仲裁法第十七条规定情形的。

第二百一十七条　夫妻一方下落不明，另一方诉至人民法院，只要求离婚，不申请宣告下落不明人失踪或者死亡的案件，人民法院应当受理，对下落不明人公告送达诉讼文书。

第二百一十八条 赡养费、扶养费、抚育费案件，裁判发生法律效力后，因新情况、新理由，一方当事人再行起诉要求增加或者减少费用的，人民法院应作为新案受理。

第二百一十九条 当事人超过诉讼时效期间起诉的，人民法院应予受理。受理后对方当事人提出诉讼时效抗辩，人民法院经审理认为抗辩事由成立的，判决驳回原告的诉讼请求。

第二百二十条 民事诉讼法第六十八条、第一百三十四条、第一百五十六条规定的商业秘密，是指生产工艺、配方、贸易联系、购销渠道等当事人不愿公开的技术秘密、商业情报及信息。

第二百二十一条 基于同一事实发生的纠纷，当事人分别向同一人民法院起诉的，人民法院可以合并审理。

第二百二十二条 原告在起诉状中直接列写第三人的，视为其申请人民法院追加该第三人参加诉讼。是否通知第三人参加诉讼，由人民法院审查决定。

第二百二十三条 当事人在提交答辩状期间提出管辖异议，又针对起诉状的内容进行答辩的，人民法院应当依照民事诉讼法第一百二十七条第一款的规定，对管辖异议进行审查。

当事人未提出管辖异议，就案件实体内容进行答辩、陈述或者反诉的，可以认定为民事诉讼法第一百二十七条第二款规定的应诉答辩。

第二百二十四条 依照民事诉讼法第一百三十三条第四项规定，人民法院可以在答辩期届满后，通过组织证据交换、召集庭前会议等方式，作好审理前的准备。

第二百二十五条 根据案件具体情况，庭前会议可以包括下列内容：

（一）明确原告的诉讼请求和被告的答辩意见；

（二）审查处理当事人增加、变更诉讼请求的申请和提出的反诉，以及第三人提出的与本案有关的诉讼请求；

（三）根据当事人的申请决定调查收集证据，委托鉴定，要求当事人提供证据，进行勘验，进行证据保全；

（四）组织交换证据；

（五）归纳争议焦点；

（六）进行调解。

第二百二十六条 人民法院应当根据当事人的诉讼请求、答辩意见以及证据交换的情况，归纳争议焦点，并就归纳的争议焦点征求当事人的意见。

第二百二十七条 人民法院适用普通程序审理案件，应当在开庭三日前用传票传唤当事人。对诉讼代理人、证人、鉴定人、勘验人、翻译人员应当用通知书通知其到庭。当事人或者其他诉讼参与人在外地的，应当留有必要的在途时间。

第二百二十八条 法庭审理应当围绕当事人争议的事实、证据和法律适用等焦点问题进行。

第二百二十九条 当事人在庭审中对其在审理前的准备阶段认可的事实和证据提出不同意见的，人民法院应当责令其说明理由。必要时，可以责令其提供相应证据。人民法院应当结合当事人的诉讼能力、证据和案件的具体情况进行审查。理由成立的，可以列入争议焦点进行审理。

第二百三十条 人民法院根据案件具体情况并征得当事人同意，可以将法庭调查和法庭辩论合并进行。

第二百三十一条 当事人在法庭上提出新的证据的，人民法院应当依照民事诉讼法第六十五条第二款规定和本解释相关规定处理。

第二百三十二条 在案件受理后，法庭辩论结束前，原告增加诉讼请求，被告提出反诉，第三人提出与本案有关的诉讼请求，可以合并审理的，人民法院应当合并审理。

第二百三十三条 反诉的当事人应当限于本诉的当事人的范围。

反诉与本诉的诉讼请求基于相同法律关系、诉讼请求之间具有因果关系，或者反诉与本诉的诉讼请求基于相同事实的，人民法院应当合并审理。

反诉应由其他人民法院专属管辖，或者与本诉的诉讼标的及诉讼请求所依据的事实、理由无关联的，裁定不予受理，告知另行起诉。

第二百三十四条 无民事行为能力人的离婚诉讼，当事人的法定代理人应当到庭；法定代理人不能到庭的，人民法院应当在查清事实的基础上，依法作出判决。

第二百三十五条 无民事行为能力的当事人的法定代理人，经传票传唤无正当理由拒不到庭，属于原告方的，比照民事诉讼法第一百四十三条的规定，按撤诉处理；属于被告方的，比照民事诉讼法第一百四十四条的规定，缺席判决。必要时，人民法院可以拘传其到庭。

第二百三十六条 有独立请求权的第三人经人民法院传票传唤，无正当理由拒不到庭的，或者未经法庭许可中途退庭的，比照民事诉讼法第一百四十三条的规定，按撤诉处理。

第二百三十七条 有独立请求权的第三人参加诉讼后，原告申请撤诉，人民法院在准许原告撤诉后，有独立请求权的第三人作为另案原告，原案原告、被告作为另案被告，诉讼继续进行。

第二百三十八条 当事人申请撤诉或者依法可以按撤诉处理的案件，如果当事人有违反法律的行为需要依法处理的，人民法院可以不准许撤诉或者不按撤诉处理。

法庭辩论终结后原告申请撤诉，被告不同意的，人民法院可以不予准许。

第二百三十九条 人民法院准许本诉原告撤诉的，应当对反诉继续审理；被告申请撤回反诉的，人民法院应予准许。

第二百四十条 无独立请求权的第三人经人民法院传票传唤，无正当理由拒不到庭，或者未经法庭许可中途退庭的，不影响案件的审理。

第二百四十一条 被告经传票传唤无正当理由拒不到庭，或者未经法庭许可中途退庭的，人民法院应当按期开庭或者继续开庭审理，对到庭的当事人诉讼请求、双方的诉辩理由以及已经提交的证据及其他诉讼材料进行审理后，可以依法缺席判决。

第二百四十二条 一审宣判后，原审人民法院发现判决有错误，当事人在上诉期内提出上诉的，原审人民法院可以提出原判决有错误的意见，报送第二审人民法院，由第二审人民法院按照第二审程序进行审理；当事人不上诉的，按照审判监督程序处理。

第二百四十三条 民事诉讼法第一百四十九条规定的审限，是指从立案之日起至裁判宣告、调解书送达之日止的期间，但公告期间、鉴定期间、双方当事人和解期间、审理当事人提出的管辖异议以及处理人民法院之间的管辖争议期间不应计算在内。

第二百四十四条 可以上诉的判决书、裁定书不能同时送达双方当事人的，上诉期从各自收到判决书、裁定书之日计算。

第二百四十五条 民事诉讼法第一百五十四条第一款第七项规定的笔误是指法律文书误写、误算，诉讼费用漏写、误算和其他笔误。

第二百四十六条 裁定中止诉讼的原因消除，恢复诉讼程序时，不必撤销原裁定，从人民法院通知或者准许当事人双方继续进行诉讼时起，中止诉讼的裁定即失去效力。

第二百四十七条 当事人就已经提起诉讼的事项在诉讼过程中或者裁判生效后再次起诉，同时符合下列条件的，构成重复起诉：

（一）后诉与前诉的当事人相同；

（二）后诉与前诉的诉讼标的相同；

（三）后诉与前诉的诉讼请求相同，或者后诉的诉讼请求实质上否定前诉裁判结果。

当事人重复起诉的，裁定不予受理；已经受理的，裁定驳回起诉，但法律、司法解释另有规定的除外。

第二百四十八条 裁判发生法律效力后，发生新的事实，当事人再次提起诉讼的，人民法院应当依法受理。

第二百四十九条 在诉讼中，争议的民事权利义务转移的，不影响当事人的诉讼主体资格和诉讼地位。人民法院作出的发生法律效力的判决、裁定对受让人具有拘束力。

受让人申请以无独立请求权的第三人身份参加诉讼的，人民法院可予准许。受让人申请替代当事人承担诉讼的，人民法院可以根据案件的具体情况决定是否准许；不予准许的，可以追加其为无独立请求权的第三人。

第二百五十条 依照本解释第二百四十九条规定，人民法院准许受让人替代当事人承担诉讼的，裁定变更当事人。

变更当事人后，诉讼程序以受让人为当事人继续进行，原当事人应当退出诉讼。原当事人已经完成的诉讼行为对受让人具有拘束力。

第二百五十一条 二审裁定撤销一审判决发回重审的案件，当事人申请变更、增加诉讼请求或者提出反诉，第三人提出与本案有关的诉讼请求的，依照民事诉讼法第一百四十条规定处理。

第二百五十二条 再审裁定撤销原判决、裁定发回重审的案件，当事人申请变更、增加诉讼请求或者提出反诉，符合下列情形之一的，人民法院应当准许：

（一）原审未合法传唤缺席判决，影响当事人行使诉讼权利的；

（二）追加新的诉讼当事人的；

（三）诉讼标的物灭失或者发生变化致使原诉讼请求无法实现的；

（四）当事人申请变更、增加的诉讼请求或者提出的反诉，无法通过另诉解决的。

第二百五十三条 当庭宣判的案件，除当事人当庭要求邮寄发送裁判文书的外，人民法院应当告知当事人或者诉讼代理人领取裁判文书的时间和地点以及逾期不领取的法律后果。上述情况，应当记入笔录。

第二百五十四条 公民、法人或者其他组织申请查阅发生法律效力的判决书、裁定书的，应当向作出该生效裁判的人民法院提出。申请应当以书面形式提出，并提供具体的案号或者当事人姓名、名称。

第二百五十五条 对于查阅判决书、裁定书的申请，人民法院根据下列情形分别处理：

（一）判决书、裁定书已经通过信息网络向社会公开的，应当引导申请人自行查阅；

（二）判决书、裁定书未通过信息网络向社会公开，且申请符合要求的，应当及时提供便捷的查阅服务；

（三）判决书、裁定书尚未发生法律效力，或者已失去法律效力的，不提供查阅并告知申请人；

（四）发生法律效力的判决书、裁定书不是本院作出的，应当告知申请人向作出生效裁判的人民法院申请查阅；

（五）申请查阅的内容涉及国家秘密、商业秘密、个人隐私的，不予准许并告知申请人。

十一、简易程序

第二百五十六条 民事诉讼法第一百五十七条规定的简单民事案件中的事实清楚，是指当事人对争议的事实陈述基本一致，并能提供相应的证据，无须人民法院调查收集证据即可查明事实；权利义务关系明确是指能明确区分谁是责任的承担者，谁是权利的享有者；争议不大是指当事人对案件的是非、责任承担以及诉讼标的争执无原则分歧。

第二百五十七条 下列案件，不适用简易程序：

（一）起诉时被告下落不明的；

（二）发回重审的；

（三）当事人一方人数众多的；

（四）适用审判监督程序的；

（五）涉及国家利益、社会公共利益的；

（六）第三人起诉请求改变或者撤销生效判决、裁定、调解书的；

（七）其他不宜适用简易程序的案件。

第二百五十八条 适用简易程序审理的案件，审理期限到期后，双方当事人同意继续适用简易程序的，由本院院长批准，可以延长审理期限。延长后的审理期限累计不得超过六个月。

人民法院发现案情复杂，需要转为普通程序审理的，应当在审理期限届满前作出裁定并将合议庭组成人员及相关事项书面通知双方当事人。

案件转为普通程序审理的，审理期限自人民法院立案之日计算。

第二百五十九条 当事人双方可就开庭方式向人民法院提出申请，由人民法院决定是否准许。经当事人双方同意，可以采用视听传输技术等方式开庭。

第二百六十条 已经按照普通程序审理的案件，在开庭后不得转为简易程序审理。

第二百六十一条 适用简易程序审理案件，人民法院可以采取捎口信、电话、短信、传真、电子邮件等简便方式传唤双方当事人、通知证人和送达裁判文书以外的诉讼文书。

以简便方式送达的开庭通知，未经当事人确认或者没有其他证据证明当事人已经收到的，人民法院不得缺席判决。

适用简易程序审理案件，由审判员独任审判，书记员担任记录。

第二百六十二条　人民法庭制作的判决书、裁定书、调解书，必须加盖基层人民法院印章，不得用人民法庭的印章代替基层人民法院的印章。

第二百六十三条　适用简易程序审理案件，卷宗中应当具备以下材料：

（一）起诉状或者口头起诉笔录；

（二）答辩状或者口头答辩笔录；

（三）当事人身份证明材料；

（四）委托他人代理诉讼的授权委托书或者口头委托笔录；

（五）证据；

（六）询问当事人笔录；

（七）审理（包括调解）笔录；

（八）判决书、裁定书、调解书或者调解协议；

（九）送达和宣判笔录；

（十）执行情况；

（十一）诉讼费收据；

（十二）适用民事诉讼法第一百六十二条规定审理的，有关程序适用的书面告知。

第二百六十四条　当事人双方根据民事诉讼法第一百五十七条第二款规定约定适用简易程序的，应当在开庭前提出。口头提出的，记入笔录，由双方当事人签名或者捺印确认。

本解释第二百五十七条规定的案件，当事人约定适用简易程序的，人民法院不予准许。

第二百六十五条　原告口头起诉的，人民法院应当将当事人的姓名、性别、工作单位、住所、联系方式等基本信息，诉讼请求，事实及理由等准确记入笔录，由原告核对无误后签名或者捺印。对当事人提交的证据材料，应当出具收据。

第二百六十六条　适用简易程序案件的举证期限由人民法院确定，也可以由当事人协商一致并经人民法院准许，但不得超过十五日。被告要求书面答辩的，人民法院可在征得其同意的基础上，合理确定答辩期间。

人民法院应当将举证期限和开庭日期告知双方当事人，并向当事人说明逾期举证以及拒不到庭的法律后果，由双方当事人在笔录和开庭传票的送达回证上签名或者捺印。

当事人双方均表示不需要举证期限、答辩期间的，人民法院可以立即开庭审理或者确定开庭日期。

第二百六十七条 适用简易程序审理案件，可以简便方式进行审理前的准备。

第二百六十八条 对没有委托律师、基层法律服务工作者代理诉讼的当事人，人民法院在庭审过程中可以对回避、自认、举证证明责任等相关内容向其作必要的解释或者说明，并在庭审过程中适当提示当事人正确行使诉讼权利、履行诉讼义务。

第二百六十九条 当事人就案件适用简易程序提出异议，人民法院经审查，异议成立的，裁定转为普通程序；异议不成立的，口头告知当事人，并记入笔录。

转为普通程序的，人民法院应当将合议庭组成人员及相关事项以书面形式通知双方当事人。

转为普通程序前，双方当事人已确认的事实，可以不再进行举证、质证。

第二百七十条 适用简易程序审理的案件，有下列情形之一的，人民法院在制作判决书、裁定书、调解书时，对认定事实或者裁判理由部分可以适当简化：

（一）当事人达成调解协议并需要制作民事调解书的；

（二）一方当事人明确表示承认对方全部或者部分诉讼请求的；

（三）涉及商业秘密、个人隐私的案件，当事人一方要求简化裁判文书中的相关内容，人民法院认为理由正当的；

（四）当事人双方同意简化的。

十二、简易程序中的小额诉讼

第二百七十一条 人民法院审理小额诉讼案件，适用民事诉讼法第一百六十二条的规定，实行一审终审。

第二百七十二条 民事诉讼法第一百六十二条规定的各省、自治区、直辖市上年度就业人员年平均工资，是指已经公布的各省、自治区、直辖市上一年度就业人员年平均工资。在上一年度就业人员年平均工资公布前，以已经公布的最近年度就业人员年平均工资为准。

第二百七十三条 海事法院可以审理海事、海商小额诉讼案件。案件标的额应当以实际受理案件的海事法院或者其派出法庭所在的省、自治区、直辖市上年度就业人员年平均工资百分之三十为限。

第二百七十四条 下列金钱给付的案件，适用小额诉讼程序审理：

（一）买卖合同、借款合同、租赁合同纠纷；

（二）身份关系清楚，仅在给付的数额、时间、方式上存在争议的赡养费、抚育费、扶养费纠纷；

（三）责任明确，仅在给付的数额、时间、方式上存在争议的交通事故损害赔偿和其他人身损害赔偿纠纷；

（四）供用水、电、气、热力合同纠纷；

（五）银行卡纠纷；

（六）劳动关系清楚，仅在劳动报酬、工伤医疗费、经济补偿金或者赔偿金给付数额、时间、方式上存在争议的劳动合同纠纷；

（七）劳务关系清楚，仅在劳务报酬给付数额、时间、方式上存在争议的劳务合同纠纷；

（八）物业、电信等服务合同纠纷；

（九）其他金钱给付纠纷。

第二百七十五条　下列案件，不适用小额诉讼程序审理：

（一）人身关系、财产确权纠纷；

（二）涉外民事纠纷；

（三）知识产权纠纷；

（四）需要评估、鉴定或者对诉前评估、鉴定结果有异议的纠纷；

（五）其他不宜适用一审终审的纠纷。

第二百七十六条　人民法院受理小额诉讼案件，应当向当事人告知该类案件的审判组织、一审终审、审理期限、诉讼费用交纳标准等相关事项。

第二百七十七条　小额诉讼案件的举证期限由人民法院确定，也可以由当事人协商一致并经人民法院准许，但一般不超过七日。

被告要求书面答辩的，人民法院可以在征得其同意的基础上合理确定答辩期间，但最长不得超过十五日。

当事人到庭后表示不需要举证期限和答辩期间的，人民法院可立即开庭审理。

第二百七十八条　当事人对小额诉讼案件提出管辖异议的，人民法院应当作出裁定。裁定一经作出即生效。

第二百七十九条　人民法院受理小额诉讼案件后，发现起诉不符合民事诉讼法第一百一十九条规定的起诉条件的，裁定驳回起诉。裁定一经作出即生效。

第二百八十条　因当事人申请增加或者变更诉讼请求、提出反诉、追加当事人等，致使案件不符合小额诉讼案件条件的，应当适用简易程序的其他规定审理。

前款规定案件，应当适用普通程序审理的，裁定转为普通程序。

适用简易程序的其他规定或者普通程序审理前，双方当事人已确认的事实，可以不再进行举证、质证。

第二百八十一条 当事人对按照小额诉讼案件审理有异议的，应当在开庭前提出。人民法院经审查，异议成立的，适用简易程序的其他规定审理；异议不成立的，告知当事人，并记入笔录。

第二百八十二条 小额诉讼案件的裁判文书可以简化，主要记载当事人基本信息、诉讼请求、裁判主文等内容。

第二百八十三条 人民法院审理小额诉讼案件，本解释没有规定的，适用简易程序的其他规定。

十三、公益诉讼

第二百八十四条 环境保护法、消费者权益保护法等法律规定的机关和有关组织对污染环境、侵害众多消费者合法权益等损害社会公共利益的行为，根据民事诉讼法第五十五条规定提起公益诉讼，符合下列条件的，人民法院应当受理：

（一）有明确的被告；

（二）有具体的诉讼请求；

（三）有社会公共利益受到损害的初步证据；

（四）属于人民法院受理民事诉讼的范围和受诉人民法院管辖。

第二百八十五条 公益诉讼案件由侵权行为地或者被告住所地中级人民法院管辖，但法律、司法解释另有规定的除外。

因污染海洋环境提起的公益诉讼，由污染发生地、损害结果地或者采取预防污染措施地海事法院管辖。

对同一侵权行为分别向两个以上人民法院提起公益诉讼的，由最先立案的人民法院管辖，必要时由它们的共同上级人民法院指定管辖。

第二百八十六条 人民法院受理公益诉讼案件后，应当在十日内书面告知相关行政主管部门。

第二百八十七条 人民法院受理公益诉讼案件后，依法可以提起诉讼的其他机关和有关组织，可以在开庭前向人民法院申请参加诉讼。人民法院准许参加诉讼的，列为共同原告。

第二百八十八条 人民法院受理公益诉讼案件，不影响同一侵权行为的受害人根据民事诉讼法第一百一十九条规定提起诉讼。

第二百八十九条 对公益诉讼案件，当事人可以和解，人民法院可以调解。

当事人达成和解或者调解协议后，人民法院应当将和解或者调解协议进行公告。

公告期间不得少于三十日。

公告期满后，人民法院经审查，和解或者调解协议不违反社会公共利益的，应当出具调解书；和解或者调解协议违反社会公共利益的，不予出具调解书，继续对案件进行审理并依法作出裁判。

第二百九十条 公益诉讼案件的原告在法庭辩论终结后申请撤诉的，人民法院不予准许。

第二百九十一条 公益诉讼案件的裁判发生法律效力后，其他依法具有原告资格的机关和有关组织就同一侵权行为另行提起公益诉讼的，人民法院裁定不予受理，但法律、司法解释另有规定的除外。

十四、第三人撤销之诉

第二百九十二条 第三人对已经发生法律效力的判决、裁定、调解书提起撤销之诉的，应当自知道或者应当知道其民事权益受到损害之日起六个月内，向作出生效判决、裁定、调解书的人民法院提出，并应当提供存在下列情形的证据材料：

（一）因不能归责于本人的事由未参加诉讼；

（二）发生法律效力的判决、裁定、调解书的全部或者部分内容错误；

（三）发生法律效力的判决、裁定、调解书内容错误损害其民事权益。

第二百九十三条 人民法院应当在收到起诉状和证据材料之日起五日内送交对方当事人，对方当事人可以自收到起诉状之日起十日内提出书面意见。

人民法院应当对第三人提交的起诉状、证据材料以及对方当事人的书面意见进行审查。必要时，可以询问双方当事人。

经审查，符合起诉条件的，人民法院应当在收到起诉状之日起三十日内立案。不符合起诉条件的，应当在收到起诉状之日起三十日内裁定不予受理。

第二百九十四条 人民法院对第三人撤销之诉案件，应当组成合议庭开庭审理。

第二百九十五条 民事诉讼法第五十六条第三款规定的因不能归责于本人的事由未参加诉讼，是指没有被列为生效判决、裁定、调解书当事人，且无过错或者无明显过错的情形。包括：

（一）不知道诉讼而未参加的；

（二）申请参加未获准许的；

（三）知道诉讼，但因客观原因无法参加的；

（四）因其他不能归责于本人的事由未参加诉讼的。

第二百九十六条 民事诉讼法第五十六条第三款规定的判决、裁定、调解书的部分或者全部内容，是指判决、裁定的主文，调解书中处理当事人民事权利义务的结果。

第二百九十七条 对下列情形提起第三人撤销之诉的，人民法院不予受理：

（一）适用特别程序、督促程序、公示催告程序、破产程序等非讼程序处理的案件；

（二）婚姻无效、撤销或者解除婚姻关系等判决、裁定、调解书中涉及身份关系的内容；

（三）民事诉讼法第五十四条规定的未参加登记的权利人对代表人诉讼案件的生效裁判；

（四）民事诉讼法第五十五条规定的损害社会公共利益行为的受害人对公益诉讼案件的生效裁判。

第二百九十八条 第三人提起撤销之诉，人民法院应当将该第三人列为原告，生效判决、裁定、调解书的当事人列为被告，但生效判决、裁定、调解书中没有承担责任的无独立请求权的第三人列为第三人。

第二百九十九条 受理第三人撤销之诉案件后，原告提供相应担保，请求中止执行的，人民法院可以准许。

第三百条 对第三人撤销或者部分撤销发生法律效力的判决、裁定、调解书内容的请求，人民法院经审理，按下列情形分别处理：

（一）请求成立且确认其民事权利的主张全部或部分成立的，改变原判决、裁定、调解书内容的错误部分；

（二）请求成立，但确认其全部或部分民事权利的主张不成立，或者未提出确认其民事权利请求的，撤销原判决、裁定、调解书内容的错误部分；

（三）请求不成立的，驳回诉讼请求。

对前款规定裁判不服的，当事人可以上诉。

原判决、裁定、调解书的内容未改变或者未撤销的部分继续有效。

第三百零一条 第三人撤销之诉案件审理期间，人民法院对生效判决、裁定、调解书裁定再审的，受理第三人撤销之诉的人民法院应当裁定将第三人的诉讼请求并入再审程序。但有证据证明原审当事人之间恶意串通损害第三人合法权益的，人民法院应当先行审理第三人撤销之诉案件，裁定中止再审诉讼。

第三百零二条 第三人诉讼请求并入再审程序审理的，按照下列情形分别处理：

（一）按照第一审程序审理的，人民法院应当对第三人的诉讼请求一并审理，所作的判决可以上诉；

（二）按照第二审程序审理的，人民法院可以调解，调解达不成协议的，应当裁定撤销原判决、裁定、调解书，发回一审法院重审，重审时应当列明第三人。

第三百零三条　第三人提起撤销之诉后，未中止生效判决、裁定、调解书执行的，执行法院对第三人依照民事诉讼法第二百二十七条规定提出的执行异议，应予审查。第三人不服驳回执行异议裁定，申请对原判决、裁定、调解书再审的，人民法院不予受理。

案外人对人民法院驳回其执行异议裁定不服，认为原判决、裁定、调解书内容错误损害其合法权益的，应当根据民事诉讼法第二百二十七条规定申请再审，提起第三人撤销之诉的，人民法院不予受理。

十五、执行异议之诉

第三百零四条　根据民事诉讼法第二百二十七条规定，案外人、当事人对执行异议裁定不服，自裁定送达之日起十五日内向人民法院提起执行异议之诉的，由执行法院管辖。

第三百零五条　案外人提起执行异议之诉，除符合民事诉讼法第一百一十九条规定外，还应当具备下列条件：

（一）案外人的执行异议申请已经被人民法院裁定驳回；

（二）有明确的排除对执行标的执行的诉讼请求，且诉讼请求与原判决、裁定无关；

（三）自执行异议裁定送达之日起十五日内提起。

人民法院应当在收到起诉状之日起十五日内决定是否立案。

第三百零六条　申请执行人提起执行异议之诉，除符合民事诉讼法第一百一十九条规定外，还应当具备下列条件：

（一）依案外人执行异议申请，人民法院裁定中止执行；

（二）有明确的对执行标的继续执行的诉讼请求，且诉讼请求与原判决、裁定无关；

（三）自执行异议裁定送达之日起十五日内提起。

人民法院应当在收到起诉状之日起十五日内决定是否立案。

第三百零七条　案外人提起执行异议之诉的，以申请执行人为被告。被执行人反对案外人异议的，被执行人为共同被告；被执行人不反对案外人异议的，可以列被执行人为第三人。

第三百零八条　申请执行人提起执行异议之诉的，以案外人为被告。被执行人反对申请执行人主张的，以案外人和被执行人为共同被告；被执行人不反对申请执行人主张的，可以列被执行人为第三人。

第三百零九条 申请执行人对中止执行裁定未提起执行异议之诉，被执行人提起执行异议之诉的，人民法院告知其另行起诉。

第三百一十条 人民法院审理执行异议之诉案件，适用普通程序。

第三百一十一条 案外人或者申请执行人提起执行异议之诉的，案外人应当就其对执行标的享有足以排除强制执行的民事权益承担举证证明责任。

第三百一十二条 对案外人提起的执行异议之诉，人民法院经审理，按照下列情形分别处理：

（一）案外人就执行标的享有足以排除强制执行的民事权益的，判决不得执行该执行标的；

（二）案外人就执行标的不享有足以排除强制执行的民事权益的，判决驳回诉讼请求。

案外人同时提出确认其权利的诉讼请求的，人民法院可以在判决中一并作出裁判。

第三百一十三条 对申请执行人提起的执行异议之诉，人民法院经审理，按照下列情形分别处理：

（一）案外人就执行标的不享有足以排除强制执行的民事权益的，判决准许执行该执行标的；

（二）案外人就执行标的享有足以排除强制执行的民事权益的，判决驳回诉讼请求。

第三百一十四条 对案外人执行异议之诉，人民法院判决不得对执行标的执行的，执行异议裁定失效。

对申请执行人执行异议之诉，人民法院判决准许对该执行标的执行的，执行异议裁定失效，执行法院可以根据申请执行人的申请或者依职权恢复执行。

第三百一十五条 案外人执行异议之诉审理期间，人民法院不得对执行标的进行处分。申请执行人请求人民法院继续执行并提供相应担保的，人民法院可以准许。

被执行人与案外人恶意串通，通过执行异议、执行异议之诉妨害执行的，人民法院应当依照民事诉讼法第一百一十三条规定处理。申请执行人因此受到损害的，可以提起诉讼要求被执行人、案外人赔偿。

第三百一十六条 人民法院对执行标的裁定中止执行后，申请执行人在法律规定的期间内未提起执行异议之诉的，人民法院应当自起诉期限届满之日起七日内解除对该执行标的采取的执行措施。

十六、第二审程序

第三百一十七条 双方当事人和第三人都提起上诉的，均列为上诉人。人民法院可以依职权确定第二审程序中当事人的诉讼地位。

第三百一十八条 民事诉讼法第一百六十六条、第一百六十七条规定的对方当事人包括被上诉人和原审其他当事人。

第三百一十九条 必要共同诉讼人的一人或者部分人提起上诉的，按下列情形分别处理：

（一）上诉仅对与对方当事人之间权利义务分担有意见，不涉及其他共同诉讼人利益的，对方当事人为被上诉人，未上诉的同一方当事人依原审诉讼地位列明；

（二）上诉仅对共同诉讼人之间权利义务分担有意见，不涉及对方当事人利益的，未上诉的同一方当事人为被上诉人，对方当事人依原审诉讼地位列明；

（三）上诉对双方当事人之间以及共同诉讼人之间权利义务承担有意见的，未提起上诉的其他当事人均为被上诉人。

第三百二十条 一审宣判时或者判决书、裁定书送达时，当事人口头表示上诉的，人民法院应告知其必须在法定上诉期间内递交上诉状。未在法定上诉期间内递交上诉状的，视为未提起上诉。虽递交上诉状，但未在指定的期限内交纳上诉费的，按自动撤回上诉处理。

第三百二十一条 无民事行为能力人、限制民事行为能力人的法定代理人，可以代理当事人提起上诉。

第三百二十二条 上诉案件的当事人死亡或者终止的，人民法院依法通知其权利义务承继者参加诉讼。

需要终结诉讼的，适用民事诉讼法第一百五十一条规定。

第三百二十三条 第二审人民法院应当围绕当事人的上诉请求进行审理。

当事人没有提出请求的，不予审理，但一审判决违反法律禁止性规定，或者损害国家利益、社会公共利益、他人合法权益的除外。

第三百二十四条 开庭审理的上诉案件，第二审人民法院可以依照民事诉讼法第一百三十三条第四项规定进行审理前的准备。

第三百二十五条 下列情形，可以认定为民事诉讼法第一百七十条第一款第四项规定的严重违反法定程序：

（一）审判组织的组成不合法的；

（二）应当回避的审判人员未回避的；

（三）无诉讼行为能力人未经法定代理人代为诉讼的；

（四）违法剥夺当事人辩论权利的。

第三百二十六条 对当事人在第一审程序中已经提出的诉讼请求，原审人民法院未作审理、判决的，第二审人民法院可以根据当事人自愿的原则进行调解；调解不成的，发回重审。

第三百二十七条 必须参加诉讼的当事人或者有独立请求权的第三人，在第一审程序中未参加诉讼，第二审人民法院可以根据当事人自愿的原则予以调解；调解不成的，发回重审。

第三百二十八条 在第二审程序中，原审原告增加独立的诉讼请求或者原审被告提出反诉的，第二审人民法院可以根据当事人自愿的原则就新增加的诉讼请求或者反诉进行调解；调解不成的，告知当事人另行起诉。

双方当事人同意由第二审人民法院一并审理的，第二审人民法院可以一并裁判。

第三百二十九条 一审判决不准离婚的案件，上诉后，第二审人民法院认为应当判决离婚的，可以根据当事人自愿的原则，与子女抚养、财产问题一并调解；调解不成的，发回重审。

双方当事人同意由第二审人民法院一并审理的，第二审人民法院可以一并裁判。

第三百三十条 人民法院依照第二审程序审理案件，认为依法不应由人民法院受理的，可以由第二审人民法院直接裁定撤销原裁判，驳回起诉。

第三百三十一条 人民法院依照第二审程序审理案件，认为第一审人民法院受理案件违反专属管辖规定的，应当裁定撤销原裁判并移送有管辖权的人民法院。

第三百三十二条 第二审人民法院查明第一审人民法院作出的不予受理裁定有错误的，应当在撤销原裁定的同时，指令第一审人民法院立案受理；查明第一审人民法院作出的驳回起诉裁定有错误的，应当在撤销原裁定的同时，指令第一审人民法院审理。

第三百三十三条 第二审人民法院对下列上诉案件，依照民事诉讼法第一百六十九条规定可以不开庭审理：

（一）不服不予受理、管辖权异议和驳回起诉裁定的；

（二）当事人提出的上诉请求明显不能成立的；

（三）原判决、裁定认定事实清楚，但适用法律错误的；

（四）原判决严重违反法定程序，需要发回重审的。

第三百三十四条 原判决、裁定认定事实或者适用法律虽有瑕疵，但裁判结果正确的，第二审人民法院可以在判决、裁定中纠正瑕疵后，依照民事诉讼法第一百七十条第一款第一项规定予以维持。

第三百三十五条 民事诉讼法第一百七十条第一款第三项规定的基本事实，是指用以确定当事人主体资格、案件性质、民事权利义务等对原判决、裁定的结果有实质性影响的事实。

第三百三十六条 在第二审程序中，作为当事人的法人或者其他组织分立的，人民法院可以直接将分立后的法人或者其他组织列为共同诉讼人；合并的，将合并后的法人或者其他组织列为当事人。

第三百三十七条 在第二审程序中，当事人申请撤回上诉，人民法院经审查认为一审判决确有错误，或者当事人之间恶意串通损害国家利益、社会公共利益、他人合法权益的，不应准许。

第三百三十八条 在第二审程序中，原审原告申请撤回起诉，经其他当事人同意，且不损害国家利益、社会公共利益、他人合法权益的，人民法院可以准许。准许撤诉的，应当一并裁定撤销一审裁判。

原审原告在第二审程序中撤回起诉后重复起诉的，人民法院不予受理。

第三百三十九条 当事人在第二审程序中达成和解协议的，人民法院可以根据当事人的请求，对双方达成的和解协议进行审查并制作调解书送达当事人；因和解而申请撤诉，经审查符合撤诉条件的，人民法院应予准许。

第三百四十条 第二审人民法院宣告判决可以自行宣判，也可以委托原审人民法院或者当事人所在地人民法院代行宣判。

第三百四十一条 人民法院审理对裁定的上诉案件，应当在第二审立案之日起三十日内作出终审裁定。有特殊情况需要延长审限的，由本院院长批准。

第三百四十二条 当事人在第一审程序中实施的诉讼行为，在第二审程序中对该当事人仍具有拘束力。

当事人推翻其在第一审程序中实施的诉讼行为时，人民法院应当责令其说明理由。理由不成立的，不予支持。

十七、特别程序

第三百四十三条 宣告失踪或者宣告死亡案件，人民法院可以根据申请人的请求，清理下落不明人的财产，并指定案件审理期间的财产管理人。公告期满后，人民法院判决宣告失踪的，应当同时依照民法通则第二十一条第一款的规定指定失踪人的财产代管人。

第三百四十四条 失踪人的财产代管人经人民法院指定后，代管人申请变更代管的，比照民事诉讼法特别程序的有关规定进行审理。申请理由成立的，裁定撤销申请人的代管人身份，同时另行指定财产代管人；申请理由不成立的，裁定驳回申请。

失踪人的其他利害关系人申请变更代管的，人民法院应当告知其以原指定的代管人为被告起诉，并按普通程序进行审理。

第三百四十五条 人民法院判决宣告公民失踪后，利害关系人向人民法院申请宣告失踪人死亡，自失踪之日起满四年的，人民法院应当受理，宣告失踪的判决即是该公民失踪的证明，审理中仍应依照民事诉讼法第一百八十五条规定进行公告。

第三百四十六条 符合法律规定的多个利害关系人提出宣告失踪、宣告死亡申请的，列为共同申请人。

第三百四十七条 寻找下落不明人的公告应当记载下列内容：

（一）被申请人应当在规定期间内向受理法院申报其具体地址及其联系方式。否则，被申请人将被宣告失踪、宣告死亡；

（二）凡知悉被申请人生存现状的人，应当在公告期间内将其所知道情况向受理法院报告。

第三百四十八条 人民法院受理宣告失踪、宣告死亡案件后，作出判决前，申请人撤回申请的，人民法院应当裁定终结案件，但其他符合法律规定的利害关系人加入程序要求继续审理的除外。

第三百四十九条 在诉讼中，当事人的利害关系人提出该当事人患有精神病，要求宣告该当事人无民事行为能力或者限制民事行为能力的，应由利害关系人向人民法院提出申请，由受诉人民法院按照特别程序立案审理，原诉讼中止。

第三百五十条 认定财产无主案件，公告期间有人对财产提出请求的，人民法院应当裁定终结特别程序，告知申请人另行起诉，适用普通程序审理。

第三百五十一条 被指定的监护人不服指定，应当自接到通知之日起三十日内向人民法院提出异议。经审理，认为指定并无不当的，裁定驳回异议；指定不当的，判决撤销指定，同时另行指定监护人。判决书应当送达异议人、原指定单位及判决指定的监护人。

第三百五十二条 申请认定公民无民事行为能力或者限制民事行为能力的案件，被申请人没有近亲属的，人民法院可以指定其他亲属为代理人。被申请人没有亲属的，人民法院可以指定经被申请人所在单位或者住所地的居民委员会、村民委员会同意，且愿意担任代理人的关系密切的朋友为代理人。

没有前款规定的代理人的，由被申请人所在单位或者住所地的居民委员会、村民委员会或者民政部门担任代理人。

代理人可以是一人，也可以是同一顺序中的两人。

第三百五十三条 申请司法确认调解协议的，双方当事人应当本人或者由符合民事诉讼法第五十八条规定的代理人向调解组织所在地基层人民法院或者人民法庭提出申请。

第三百五十四条 两个以上调解组织参与调解的，各调解组织所在地基层人民法院均有管辖权。

双方当事人可以共同向其中一个调解组织所在地基层人民法院提出申请；双方当事人共同向两个以上调解组织所在地基层人民法院提出申请的，由最先立案的人民法院管辖。

第三百五十五条 当事人申请司法确认调解协议，可以采用书面形式或者口头形式。当事人口头申请的，人民法院应当记入笔录，并由当事人签名、捺印或者盖章。

第三百五十六条 当事人申请司法确认调解协议，应当向人民法院提交调解协议、调解组织主持调解的证明，以及与调解协议相关的财产权利证明等材料，并提供双方当事人的身份、住所、联系方式等基本信息。

当事人未提交上述材料的，人民法院应当要求当事人限期补交。

第三百五十七条 当事人申请司法确认调解协议，有下列情形之一的，人民法院裁定不予受理：

（一）不属于人民法院受理范围的；

（二）不属于收到申请的人民法院管辖的；

（三）申请确认婚姻关系、亲子关系、收养关系等身份关系无效、有效或者解除的；

（四）涉及适用其他特别程序、公示催告程序、破产程序审理的；

（五）调解协议内容涉及物权、知识产权确权的。

人民法院受理申请后，发现有上述不予受理情形的，应当裁定驳回当事人的申请。

第三百五十八条 人民法院审查相关情况时，应当通知双方当事人共同到场对案件进行核实。

人民法院经审查，认为当事人的陈述或者提供的证明材料不充分、不完备或者有疑义的，可以要求当事人限期补充陈述或者补充证明材料。必要时，人民法院可以向调解组织核实有关情况。

第三百五十九条 确认调解协议的裁定作出前，当事人撤回申请的，人民法院可以裁定准许。

当事人无正当理由未在限期内补充陈述、补充证明材料或者拒不接受询问的，人民法院可以按撤回申请处理。

第三百六十条 经审查，调解协议有下列情形之一的，人民法院应当裁定驳回申请：

（一）违反法律强制性规定的；

（二）损害国家利益、社会公共利益、他人合法权益的；

（三）违背公序良俗的；

（四）违反自愿原则的；

（五）内容不明确的；

（六）其他不能进行司法确认的情形。

第三百六十一条 民事诉讼法第一百九十六条规定的担保物权人，包括抵押权人、质权人、留置权人；其他有权请求实现担保物权的人，包括抵押人、出质人、财产被留置的债务人或者所有权人等。

第三百六十二条 实现票据、仓单、提单等有权利凭证的权利质权案件，可以由权利凭证持有人住所地人民法院管辖；无权利凭证的权利质权，由出质登记地人民法院管辖。

第三百六十三条 实现担保物权案件属于海事法院等专门人民法院管辖的，由专门人民法院管辖。

第三百六十四条 同一债权的担保物有多个且所在地不同，申请人分别向有管辖权的人民法院申请实现担保物权的，人民法院应当依法受理。

第三百六十五条 依照物权法第一百七十六条的规定，被担保的债权既有物的担保又有人的担保，当事人对实现担保物权的顺序有约定，实现担保物权的申请违反该约定的，人民法院裁定不予受理；没有约定或者约定不明的，人民法院应当受理。

第三百六十六条 同一财产上设立多个担保物权，登记在先的担保物权尚未实现的，不影响后顺位的担保物权人向人民法院申请实现担保物权。

第三百六十七条 申请实现担保物权，应当提交下列材料：

（一）申请书。申请书应当记明申请人、被申请人的姓名或者名称、联系方式等基本信息，具体的请求和事实、理由；

（二）证明担保物权存在的材料，包括主合同、担保合同、抵押登记证明或者他项权利证书，权利质权的权利凭证或者质权出质登记证明等；

（三）证明实现担保物权条件成就的材料；

（四）担保财产现状的说明；

（五）人民法院认为需要提交的其他材料。

第三百六十八条 人民法院受理申请后，应当在五日内向被申请人送达申请书副本、异议权利告知书等文书。

被申请人有异议的，应当在收到人民法院通知后的五日内向人民法院提出，同时说明理由并提供相应的证据材料。

第三百六十九条　实现担保物权案件可以由审判员一人独任审查。担保财产标的额超过基层人民法院管辖范围的，应当组成合议庭进行审查。

第三百七十条　人民法院审查实现担保物权案件，可以询问申请人、被申请人、利害关系人，必要时可以依职权调查相关事实。

第三百七十一条　人民法院应当就主合同的效力、期限、履行情况，担保物权是否有效设立、担保财产的范围、被担保的债权范围、被担保的债权是否已届清偿期等担保物权实现的条件，以及是否损害他人合法权益等内容进行审查。

被申请人或者利害关系人提出异议的，人民法院应当一并审查。

第三百七十二条　人民法院审查后，按下列情形分别处理：

（一）当事人对实现担保物权无实质性争议且实现担保物权条件成就的，裁定准许拍卖、变卖担保财产；

（二）当事人对实现担保物权有部分实质性争议的，可以就无争议部分裁定准许拍卖、变卖担保财产；

（三）当事人对实现担保物权有实质性争议的，裁定驳回申请，并告知申请人向人民法院提起诉讼。

第三百七十三条　人民法院受理申请后，申请人对担保财产提出保全申请的，可以按照民事诉讼法关于诉讼保全的规定办理。

第三百七十四条　适用特别程序作出的判决、裁定，当事人、利害关系人认为有错误的，可以向作出该判决、裁定的人民法院提出异议。人民法院经审查，异议成立或者部分成立的，作出新的判决、裁定撤销或者改变原判决、裁定；异议不成立的，裁定驳回。

对人民法院作出的确认调解协议、准许实现担保物权的裁定，当事人有异议的，应当自收到裁定之日起十五日内提出；利害关系人有异议的，自知道或者应当知道其民事权益受到侵害之日起六个月内提出。

十八、审判监督程序

第三百七十五条　当事人死亡或者终止的，其权利义务承继者可以根据民事诉讼法第一百九十九条、第二百零一条的规定申请再审。

判决、调解书生效后，当事人将判决、调解书确认的债权转让，债权受让人对该判决、调解书不服申请再审的，人民法院不予受理。

第三百七十六条　民事诉讼法第一百九十九条规定的人数众多的一方当事人，包括公民、法人和其他组织。

民事诉讼法第一百九十九条规定的当事人双方为公民的案件，是指原告和被告均为公民的案件。

第三百七十七条 当事人申请再审，应当提交下列材料：

（一）再审申请书，并按照被申请人和原审其他当事人的人数提交副本；

（二）再审申请人是自然人的，应当提交身份证明；再审申请人是法人或者其他组织的，应当提交营业执照、组织机构代码证书、法定代表人或者主要负责人身份证明书。委托他人代为申请的，应当提交授权委托书和代理人身份证明；

（三）原审判决书、裁定书、调解书；

（四）反映案件基本事实的主要证据及其他材料。

前款第二项、第三项、第四项规定的材料可以是与原件核对无异的复印件。

第三百七十八条 再审申请书应当记明下列事项：

（一）再审申请人与被申请人及原审其他当事人的基本信息；

（二）原审人民法院的名称，原审裁判文书案号；

（三）具体的再审请求；

（四）申请再审的法定情形及具体事实、理由。

再审申请书应当明确申请再审的人民法院，并由再审申请人签名、捺印或者盖章。

第三百七十九条 当事人一方人数众多或者当事人双方为公民的案件，当事人分别向原审人民法院和上一级人民法院申请再审且不能协商一致的，由原审人民法院受理。

第三百八十条 适用特别程序、督促程序、公示催告程序、破产程序等非讼程序审理的案件，当事人不得申请再审。

第三百八十一条 当事人认为发生法律效力的不予受理、驳回起诉的裁定错误的，可以申请再审。

第三百八十二条 当事人就离婚案件中的财产分割问题申请再审，如涉及判决中已分割的财产，人民法院应当依照民事诉讼法第二百条的规定进行审查，符合再审条件的，应当裁定再审；如涉及判决中未作处理的夫妻共同财产，应当告知当事人另行起诉。

第三百八十三条 当事人申请再审，有下列情形之一的，人民法院不予受理：

（一）再审申请被驳回后再次提出申请的；

（二）对再审判决、裁定提出申请的；

（三）在人民检察院对当事人的申请作出不予提出再审检察建议或者抗诉决定后又提出申请的。

前款第一项、第二项规定情形，人民法院应当告知当事人可以向人民检察院申请再审检察建议或者抗诉，但因人民检察院提出再审检察建议或者抗诉而再审作出的判决、裁定除外。

第三百八十四条　当事人对已经发生法律效力的调解书申请再审，应当在调解书发生法律效力后六个月内提出。

第三百八十五条　人民法院应当自收到符合条件的再审申请书等材料之日起五日内向再审申请人发送受理通知书，并向被申请人及原审其他当事人发送应诉通知书、再审申请书副本等材料。

第三百八十六条　人民法院受理申请再审案件后，应当依照民事诉讼法第二百条、第二百零一条、第二百零四条等规定，对当事人主张的再审事由进行审查。

第三百八十七条　再审申请人提供的新的证据，能够证明原判决、裁定认定基本事实或者裁判结果错误的，应当认定为民事诉讼法第二百条第一项规定的情形。

对于符合前款规定的证据，人民法院应当责令再审申请人说明其逾期提供该证据的理由；拒不说明理由或者理由不成立的，依照民事诉讼法第六十五条第二款和本解释第一百零二条的规定处理。

第三百八十八条　再审申请人证明其提交的新的证据符合下列情形之一的，可以认定逾期提供证据的理由成立：

（一）在原审庭审结束前已经存在，因客观原因于庭审结束后才发现的；

（二）在原审庭审结束前已经发现，但因客观原因无法取得或者在规定的期限内不能提供的；

（三）在原审庭审结束后形成，无法据此另行提起诉讼的。

再审申请人提交的证据在原审中已经提供，原审人民法院未组织质证且未作为裁判根据的，视为逾期提供证据的理由成立，但原审人民法院依照民事诉讼法第六十五条规定不予采纳的除外。

第三百八十九条　当事人对原判决、裁定认定事实的主要证据在原审中拒绝发表质证意见或者质证中未对证据发表质证意见的，不属于民事诉讼法第二百条第四项规定的未经质证的情形。

第三百九十条　有下列情形之一，导致判决、裁定结果错误的，应当认定为民事诉讼法第二百条第六项规定的原判决、裁定适用法律确有错误：

（一）适用的法律与案件性质明显不符的；

（二）确定民事责任明显违背当事人约定或者法律规定的；

（三）适用已经失效或者尚未施行的法律的；

（四）违反法律溯及力规定的；

（五）违反法律适用规则的；

（六）明显违背立法原意的。

第三百九十一条 原审开庭过程中有下列情形之一的，应当认定为民事诉讼法第二百条第九项规定的剥夺当事人辩论权利：

（一）不允许当事人发表辩论意见的；

（二）应当开庭审理而未开庭审理的；

（三）违反法律规定送达起诉状副本或者上诉状副本，致使当事人无法行使辩论权利的；

（四）违法剥夺当事人辩论权利的其他情形。

第三百九十二条 民事诉讼法第二百条第十一项规定的诉讼请求，包括一审诉讼请求、二审上诉请求，但当事人未对一审判决、裁定遗漏或者超出诉讼请求提起上诉的除外。

第三百九十三条 民事诉讼法第二百条第十二项规定的法律文书包括：

（一）发生法律效力的判决书、裁定书、调解书；

（二）发生法律效力的仲裁裁决书；

（三）具有强制执行效力的公证债权文书。

第三百九十四条 民事诉讼法第二百条第十三项规定的审判人员审理该案件时有贪污受贿、徇私舞弊、枉法裁判行为，是指已经由生效刑事法律文书或者纪律处分决定所确认的行为。

第三百九十五条 当事人主张的再审事由成立，且符合民事诉讼法和本解释规定的申请再审条件的，人民法院应当裁定再审。

当事人主张的再审事由不成立，或者当事人申请再审超过法定申请再审期限、超出法定再审事由范围等不符合民事诉讼法和本解释规定的申请再审条件的，人民法院应当裁定驳回再审申请。

第三百九十六条 人民法院对已经发生法律效力的判决、裁定、调解书依法决定再审，依照民事诉讼法第二百零六条规定，需要中止执行的，应当在再审裁定中同时写明中止原判决、裁定、调解书的执行；情况紧急的，可以将中止执行裁定口头通知负责执行的人民法院，并在通知后十日内发出裁定书。

第三百九十七条 人民法院根据审查案件的需要决定是否询问当事人。新的证据可能推翻原判决、裁定的，人民法院应当询问当事人。

第三百九十八条 审查再审申请期间，被申请人及原审其他当事人依法提出再审申请的，人民法院应当将其列为再审申请人，对其再审事由一并审查，审查期限重新计算。经审查，其中一方再审申请人主张的再审事由成立的，应当裁定再审。各方再审申请人主张的再审事由均不成立的，一并裁定驳回再审申请。

第三百九十九条　审查再审申请期间，再审申请人申请人民法院委托鉴定、勘验的，人民法院不予准许。

第四百条　审查再审申请期间，再审申请人撤回再审申请的，是否准许，由人民法院裁定。

再审申请人经传票传唤，无正当理由拒不接受询问的，可以按撤回再审申请处理。

第四百零一条　人民法院准许撤回再审申请或者按撤回再审申请处理后，再审申请人再次申请再审的，不予受理，但有民事诉讼法第二百条第一项、第三项、第十二项、第十三项规定情形，自知道或者应当知道之日起六个月内提出的除外。

第四百零二条　再审申请审查期间，有下列情形之一的，裁定终结审查：

（一）再审申请人死亡或者终止，无权利义务承继者或者权利义务承继者声明放弃再审申请的；

（二）在给付之诉中，负有给付义务的被申请人死亡或者终止，无可供执行的财产，也没有应当承担义务的人的；

（三）当事人达成和解协议且已履行完毕的，但当事人在和解协议中声明不放弃申请再审权利的除外；

（四）他人未经授权以当事人名义申请再审的；

（五）原审或者上一级人民法院已经裁定再审的。

（六）有本解释第三百八十三条第一款规定情形的。

第四百零三条　人民法院审理再审案件应当组成合议庭开庭审理，但按照第二审程序审理，有特殊情况或者双方当事人已经通过其他方式充分表达意见，且书面同意不开庭审理的除外。

符合缺席判决条件的，可以缺席判决。

第四百零四条　人民法院开庭审理再审案件，应当按照下列情形分别进行：

（一）因当事人申请再审的，先由再审申请人陈述再审请求及理由，后由被申请人答辩、其他原审当事人发表意见；

（二）因抗诉再审的，先由抗诉机关宣读抗诉书，再由申请抗诉的当事人陈述，后由被申请人答辩、其他原审当事人发表意见；

（三）人民法院依职权再审，有申诉人的，先由申诉人陈述再审请求及理由，后由被申诉人答辩、其他原审当事人发表意见；

（四）人民法院依职权再审，没有申诉人的，先由原审原告或者原审上诉人陈述，后由原审其他当事人发表意见。

对前款第一项至第三项规定的情形，人民法院应当要求当事人明确其再审请求。

第四百零五条 人民法院审理再审案件应当围绕再审请求进行。当事人的再审请求超出原审诉讼请求的，不予审理；符合另案诉讼条件的，告知当事人可以另行起诉。

被申请人及原审其他当事人在庭审辩论结束前提出的再审请求，符合民事诉讼法第二百零五条规定的，人民法院应当一并审理。

人民法院经再审，发现已经发生法律效力的判决、裁定损害国家利益、社会公共利益、他人合法权益的，应当一并审理。

第四百零六条 再审审理期间，有下列情形之一的，可以裁定终结再审程序：

（一）再审申请人在再审期间撤回再审请求，人民法院准许的；

（二）再审申请人经传票传唤，无正当理由拒不到庭的，或者未经法庭许可中途退庭，按撤回再审请求处理的；

（三）人民检察院撤回抗诉的；

（四）有本解释第四百零二条第一项至第四项规定情形的。

因人民检察院提出抗诉裁定再审的案件，申请抗诉的当事人有前款规定的情形，且不损害国家利益、社会公共利益或者他人合法权益的，人民法院应当裁定终结再审程序。

再审程序终结后，人民法院裁定中止执行的原生效判决自动恢复执行。

第四百零七条 人民法院经再审审理认为，原判决、裁定认定事实清楚、适用法律正确的，应予维持；原判决、裁定认定事实、适用法律虽有瑕疵，但裁判结果正确的，应当在再审判决、裁定中纠正瑕疵后予以维持。

原判决、裁定认定事实、适用法律错误，导致裁判结果错误的，应当依法改判、撤销或者变更。

第四百零八条 按照第二审程序再审的案件，人民法院经审理认为不符合民事诉讼法规定的起诉条件或者符合民事诉讼法第一百二十四条规定不予受理情形的，应当裁定撤销一、二审判决，驳回起诉。

第四百零九条 人民法院对调解书裁定再审后，按照下列情形分别处理：

（一）当事人提出的调解违反自愿原则的事由不成立，且调解书的内容不违反法律强制性规定的，裁定驳回再审申请；

（二）人民检察院抗诉或者再审检察建议所主张的损害国家利益、社会公共利益的理由不成立的，裁定终结再审程序。

前款规定情形，人民法院裁定中止执行的调解书需要继续执行的，自动恢复执行。

第四百一十条　一审原告在再审审理程序中申请撤回起诉，经其他当事人同意，且不损害国家利益、社会公共利益、他人合法权益的，人民法院可以准许。裁定准许撤诉的，应当一并撤销原判决。

一审原告在再审审理程序中撤回起诉后重复起诉的，人民法院不予受理。

第四百一十一条　当事人提交新的证据致使再审改判，因再审申请人或者申请检察监督当事人的过错未能在原审程序中及时举证，被申请人等当事人请求补偿其增加的交通、住宿、就餐、误工等必要费用的，人民法院应予支持。

第四百一十二条　部分当事人到庭并达成调解协议，其他当事人未作出书面表示的，人民法院应当在判决中对该事实作出表述；调解协议内容不违反法律规定，且不损害其他当事人合法权益的，可以在判决主文中予以确认。

第四百一十三条　人民检察院依法对损害国家利益、社会公共利益的发生法律效力的判决、裁定、调解书提出抗诉，或者经人民检察院检察委员会讨论决定提出再审检察建议的，人民法院应予受理。

第四百一十四条　人民检察院对已经发生法律效力的判决以及不予受理、驳回起诉的裁定依法提出抗诉的，人民法院应予受理，但适用特别程序、督促程序、公示催告程序、破产程序以及解除婚姻关系的判决、裁定等不适用审判监督程序的判决、裁定除外。

第四百一十五条　人民检察院依照民事诉讼法第二百零九条第一款第三项规定对有明显错误的再审判决、裁定提出抗诉或者再审检察建议的，人民法院应予受理。

第四百一十六条　地方各级人民检察院依当事人的申请对生效判决、裁定向同级人民法院提出再审检察建议，符合下列条件的，应予受理：

（一）再审检察建议书和原审当事人申请书及相关证据材料已经提交；

（二）建议再审的对象为依照民事诉讼法和本解释规定可以进行再审的判决、裁定；

（三）再审检察建议书列明该判决、裁定有民事诉讼法第二百零八条第二款规定情形；

（四）符合民事诉讼法第二百零九条第一款第一项、第二项规定情形；

（五）再审检察建议经该人民检察院检察委员会讨论决定。

不符合前款规定的，人民法院可以建议人民检察院予以补正或者撤回；不予补正或者撤回的，应当函告人民检察院不予受理。

第四百一十七条　人民检察院依当事人的申请对生效判决、裁定提出抗诉，符合下列条件的，人民法院应当在三十日内裁定再审：

（一）抗诉书和原审当事人申请书及相关证据材料已经提交；

（二）抗诉对象为依照民事诉讼法和本解释规定可以进行再审的判决、裁定；

（三）抗诉书列明该判决、裁定有民事诉讼法第二百零八条第一款规定情形；

（四）符合民事诉讼法第二百零九条第一款第一项、第二项规定情形。

不符合前款规定的，人民法院可以建议人民检察院予以补正或者撤回；不予补正或者撤回的，人民法院可以裁定不予受理。

第四百一十八条 当事人的再审申请被上级人民法院裁定驳回后，人民检察院对原判决、裁定、调解书提出抗诉，抗诉事由符合民事诉讼法第二百条第一项至第五项规定情形之一的，受理抗诉的人民法院可以交由下一级人民法院再审。

第四百一十九条 人民法院收到再审检察建议后，应当组成合议庭，在三个月内进行审查，发现原判决、裁定、调解书确有错误，需要再审的，依照民事诉讼法第一百九十八条规定裁定再审，并通知当事人；经审查，决定不予再审的，应当书面回复人民检察院。

第四百二十条 人民法院审理因人民检察院抗诉或者检察建议裁定再审的案件，不受此前已经作出的驳回当事人再审申请裁定的影响。

第四百二十一条 人民法院开庭审理抗诉案件，应当在开庭三日前通知人民检察院、当事人和其他诉讼参与人。同级人民检察院或者提出抗诉的人民检察院应当派员出庭。

人民检察院因履行法律监督职责向当事人或者案外人调查核实的情况，应当向法庭提交并予以说明，由双方当事人进行质证。

第四百二十二条 必须共同进行诉讼的当事人因不能归责于本人或者其诉讼代理人的事由未参加诉讼的，可以根据民事诉讼法第二百条第八项规定，自知道或者应当知道之日起六个月内申请再审，但符合本解释第四百二十三条规定情形的除外。

人民法院因前款规定的当事人申请而裁定再审，按照第一审程序再审的，应当追加其为当事人，作出新的判决、裁定；按照第二审程序再审，经调解不能达成协议的，应当撤销原判决、裁定，发回重审，重审时应追加其为当事人。

第四百二十三条 根据民事诉讼法第二百二十七条规定，案外人对驳回其执行异议的裁定不服，认为原判决、裁定、调解书内容错误损害其民事权益的，可以自执行异议裁定送达之日起六个月内，向作出原判决、裁定、调解书的人民法院申请再审。

第四百二十四条 根据民事诉讼法第二百二十七条规定，人民法院裁定再审后，案外人属于必要的共同诉讼当事人的，依照本解释第四百二十二条第二款规定处理。

案外人不是必要的共同诉讼当事人的，人民法院仅审理原判决、裁定、调解书对其民事权益造成损害的内容。经审理，再审请求成立的，撤销或者改变原判决、裁定、调解书；再审请求不成立的，维持原判决、裁定、调解书。

第四百二十五条 本解释第三百四十条规定适用于审判监督程序。

第四百二十六条 对小额诉讼案件的判决、裁定，当事人以民事诉讼法第二百条规定的事由向原审人民法院申请再审的，人民法院应当受理。申请再审事由成立的，应当裁定再审，组成合议庭进行审理。作出的再审判决、裁定，当事人不得上诉。

当事人以不应按小额诉讼案件审理为由向原审人民法院申请再审的，人民法院应当受理。理由成立的，应当裁定再审，组成合议庭审理。作出的再审判决、裁定，当事人可以上诉。

十九、督促程序

第四百二十七条 两个以上人民法院都有管辖权的，债权人可以向其中一个基层人民法院申请支付令。

债权人向两个以上有管辖权的基层人民法院申请支付令的，由最先立案的人民法院管辖。

第四百二十八条 人民法院收到债权人的支付令申请书后，认为申请书不符合要求的，可以通知债权人限期补正。人民法院应当自收到补正材料之日起五日内通知债权人是否受理。

第四百二十九条 债权人申请支付令，符合下列条件的，基层人民法院应当受理，并在收到支付令申请书后五日内通知债权人：

（一）请求给付金钱或者汇票、本票、支票、股票、债券、国库券、可转让的存款单等有价证券；

（二）请求给付的金钱或者有价证券已到期且数额确定，并写明了请求所根据的事实、证据；

（三）债权人没有对待给付义务；

（四）债务人在我国境内且未下落不明；

（五）支付令能够送达债务人；

（六）收到申请书的人民法院有管辖权；

（七）债权人未向人民法院申请诉前保全。

不符合前款规定的，人民法院应当在收到支付令申请书后五日内通知债权人不予受理。

基层人民法院受理申请支付令案件，不受债权金额的限制。

第四百三十条 人民法院受理申请后，由审判员一人进行审查。经审查，有下列情形之一的，裁定驳回申请：

（一）申请人不具备当事人资格的；

（二）给付金钱或者有价证券的证明文件没有约定逾期给付利息或者违约金、赔偿金，债权人坚持要求给付利息或者违约金、赔偿金的；

（三）要求给付的金钱或者有价证券属于违法所得的；

（四）要求给付的金钱或者有价证券尚未到期或者数额不确定的。

人民法院受理支付令申请后，发现不符合本解释规定的受理条件的，应当在受理之日起十五日内裁定驳回申请。

第四百三十一条 向债务人本人送达支付令，债务人拒绝接收的，人民法院可以留置送达。

第四百三十二条 有下列情形之一的，人民法院应当裁定终结督促程序，已发出支付令的，支付令自行失效：

（一）人民法院受理支付令申请后，债权人就同一债权债务关系又提起诉讼的；

（二）人民法院发出支付令之日起三十日内无法送达债务人的；

（三）债务人收到支付令前，债权人撤回申请的。

第四百三十三条 债务人在收到支付令后，未在法定期间提出书面异议，而向其他人民法院起诉的，不影响支付令的效力。

债务人超过法定期间提出异议的，视为未提出异议。

第四百三十四条 债权人基于同一债权债务关系，在同一支付令申请中向债务人提出多项支付请求，债务人仅就其中一项或者几项请求提出异议的，不影响其他各项请求的效力。

第四百三十五条 债权人基于同一债权债务关系，就可分之债向多个债务人提出支付请求，多个债务人中的一人或者几人提出异议的，不影响其他请求的效力。

第四百三十六条 对设有担保的债务的主债务人发出的支付令，对担保人没有拘束力。

债权人就担保关系单独提起诉讼的，支付令自人民法院受理案件之日起失效。

第四百三十七条 经形式审查，债务人提出的书面异议有下列情形之一的，应当认定异议成立，裁定终结督促程序，支付令自行失效：

（一）本解释规定的不予受理申请情形的；

（二）本解释规定的裁定驳回申请情形的；

（三）本解释规定的应当裁定终结督促程序情形的；

（四）人民法院对是否符合发出支付令条件产生合理怀疑的。

第四百三十八条 债务人对债务本身没有异议，只是提出缺乏清偿能力、延缓债务清偿期限、变更债务清偿方式等异议的，不影响支付令的效力。

人民法院经审查认为异议不成立的，裁定驳回。

债务人的口头异议无效。

第四百三十九条 人民法院作出终结督促程序或者驳回异议裁定前，债务人请求撤回异议的，应当裁定准许。

债务人对撤回异议反悔的，人民法院不予支持。

第四百四十条 支付令失效后，申请支付令的一方当事人不同意提起诉讼的，应当自收到终结督促程序裁定之日起七日内向受理申请的人民法院提出。

申请支付令的一方当事人不同意提起诉讼的，不影响其向其他有管辖权的人民法院提起诉讼。

第四百四十一条 支付令失效后，申请支付令的一方当事人自收到终结督促程序裁定之日起七日内未向受理申请的人民法院表明不同意提起诉讼的，视为向受理申请的人民法院起诉。

债权人提出支付令申请的时间，即为向人民法院起诉的时间。

第四百四十二条 债权人向人民法院申请执行支付令的期间，适用民事诉讼法第二百三十九条的规定。

第四百四十三条 人民法院院长发现本院已经发生法律效力的支付令确有错误，认为需要撤销的，应当提交本院审判委员会讨论决定后，裁定撤销支付令，驳回债权人的申请。

二十、公示催告程序

第四百四十四条 民事诉讼法第二百一十八条规定的票据持有人，是指票据被盗、遗失或者灭失前的最后持有人。

第四百四十五条 人民法院收到公示催告的申请后，应当立即审查，并决定是否受理。经审查认为符合受理条件的，通知予以受理，并同时通知支付人停止支付；认为不符合受理条件的，七日内裁定驳回申请。

第四百四十六条 因票据丧失，申请公示催告的，人民法院应结合票据存根、丧失票据的复印件、出票人关于签发票据的证明、申请人合法取得票据的证明、银行挂失止付通知书、报案证明等证据，决定是否受理。

第四百四十七条 人民法院依照民事诉讼法第二百一十九条规定发出的受理申请的公告，应当写明下列内容：

（一）公示催告申请人的姓名或者名称；

（二）票据的种类、号码、票面金额、出票人、背书人、持票人、付款期限等事项以及其他可以申请公示催告的权利凭证的种类、号码、权利范围、权利人、义务人、行权日期等事项；

（三）申报权利的期间；

（四）在公示催告期间转让票据等权利凭证，利害关系人不申报的法律后果。

第四百四十八条 公告应当在有关报纸或者其他媒体上刊登，并于同日公布于人民法院公告栏内。人民法院所在地有证券交易所的，还应当同日在该交易所公布。

第四百四十九条 公告期间不得少于六十日，且公示催告期间届满日不得早于票据付款日后十五日。

第四百五十条 在申报期届满后、判决作出之前，利害关系人申报权利的，应当适用民事诉讼法第二百二十一条第二款、第三款规定处理。

第四百五十一条 利害关系人申报权利，人民法院应当通知其向法院出示票据，并通知公示催告申请人在指定的期间查看该票据。公示催告申请人申请公示催告的票据与利害关系人出示的票据不一致的，应当裁定驳回利害关系人的申报。

第四百五十二条 在申报权利的期间无人申报权利，或者申报被驳回的，申请人应当自公示催告期间届满之日起一个月内申请作出判决。逾期不申请判决的，终结公示催告程序。

裁定终结公示催告程序的，应当通知申请人和支付人。

第四百五十三条 判决公告之日起，公示催告申请人有权依据判决向付款人请求付款。

付款人拒绝付款，申请人向人民法院起诉，符合民事诉讼法第一百一十九条规定的起诉条件的，人民法院应予受理。

第四百五十四条 适用公示催告程序审理案件，可由审判员一人独任审理；判决宣告票据无效的，应当组成合议庭审理。

第四百五十五条 公示催告申请人撤回申请，应在公示催告前提出；公示催告期间申请撤回的，人民法院可以径行裁定终结公示催告程序。

第四百五十六条 人民法院依照民事诉讼法第二百二十条规定通知支付人停止支付，应当符合有关财产保全的规定。支付人收到停止支付通知后拒不止付的，除可依照民事诉讼法第一百一十一条、第一百一十四条规定采取强制措施外，在判决后，支付人仍应承担付款义务。

第四百五十七条 人民法院依照民事诉讼法第二百二十一条规定终结公示催告程序后，公示催告申请人或者申报人向人民法院提起诉讼，因票据权利纠纷提起的，由票据支付地或者被告住所地人民法院管辖；因非票据权利纠纷提起的，由被告住所地人民法院管辖。

第四百五十八条　依照民事诉讼法第二百二十一条规定制作的终结公示催告程序的裁定书，由审判员、书记员署名，加盖人民法院印章。

第四百五十九条　依照民事诉讼法第二百二十三条的规定，利害关系人向人民法院起诉的，人民法院可按票据纠纷适用普通程序审理。

第四百六十条　民事诉讼法第二百二十三条规定的正当理由，包括：

（一）因发生意外事件或者不可抗力致使利害关系人无法知道公告事实的；

（二）利害关系人因被限制人身自由而无法知道公告事实，或者虽然知道公告事实，但无法自己或者委托他人代为申报权利的；

（三）不属于法定申请公示催告情形的；

（四）未予公告或者未按法定方式公告的；

（五）其他导致利害关系人在判决作出前未能向人民法院申报权利的客观事由。

第四百六十一条　根据民事诉讼法第二百二十三条的规定，利害关系人请求人民法院撤销除权判决的，应当将申请人列为被告。

利害关系人仅诉请确认其为合法持票人的，人民法院应当在裁判文书中写明，确认利害关系人为票据权利人的判决作出后，除权判决即被撤销。

二十一、执行程序

第四百六十二条　发生法律效力的实现担保物权裁定、确认调解协议裁定、支付令，由作出裁定、支付令的人民法院或者与其同级的被执行财产所在地的人民法院执行。

认定财产无主的判决，由作出判决的人民法院将无主财产收归国家或者集体所有。

第四百六十三条　当事人申请人民法院执行的生效法律文书应当具备下列条件：

（一）权利义务主体明确；

（二）给付内容明确。

法律文书确定继续履行合同的，应当明确继续履行的具体内容。

第四百六十四条　根据民事诉讼法第二百二十七条规定，案外人对执行标的提出异议的，应当在该执行标的执行程序终结前提出。

第四百六十五条　案外人对执行标的提出的异议，经审查，按照下列情形分别处理：

（一）案外人对执行标的不享有足以排除强制执行的权益的，裁定驳回其异议；

（二）案外人对执行标的享有足以排除强制执行的权益的，裁定中止执行。

驳回案外人执行异议裁定送达案外人之日起十五日内，人民法院不得对执行标的进行处分。

第四百六十六条 申请执行人与被执行人达成和解协议后请求中止执行或者撤回执行申请的，人民法院可以裁定中止执行或者终结执行。

第四百六十七条 一方当事人不履行或者不完全履行在执行中双方自愿达成的和解协议，对方当事人申请执行原生效法律文书的，人民法院应当恢复执行，但和解协议已履行的部分应当扣除。和解协议已经履行完毕的，人民法院不予恢复执行。

第四百六十八条 申请恢复执行原生效法律文书，适用民事诉讼法第二百三十九条申请执行期间的规定。申请执行期间因达成执行中的和解协议而中断，其期间自和解协议约定履行期限的最后一日起重新计算。

第四百六十九条 人民法院依照民事诉讼法第二百三十一条规定决定暂缓执行的，如果担保是有期限的，暂缓执行的期限应当与担保期限一致，但最长不得超过一年。被执行人或者担保人对担保的财产在暂缓执行期间有转移、隐藏、变卖、毁损等行为的，人民法院可以恢复强制执行。

第四百七十条 根据民事诉讼法第二百三十一条规定向人民法院提供执行担保的，可以由被执行人或者他人提供财产担保，也可以由他人提供保证。担保人应当具有代为履行或者代为承担赔偿责任的能力。

他人提供执行保证的，应当向执行法院出具保证书，并将保证书副本送交申请执行人。被执行人或者他人提供财产担保的，应当参照物权法、担保法的有关规定办理相应手续。

第四百七十一条 被执行人在人民法院决定暂缓执行的期限届满后仍不履行义务的，人民法院可以直接执行担保财产，或者裁定执行担保人的财产，但执行担保人的财产以担保人应当履行义务部分的财产为限。

第四百七十二条 依照民事诉讼法第二百三十二条规定，执行中作为被执行人的法人或者其他组织分立、合并的，人民法院可以裁定变更后的法人或者其他组织为被执行人；被注销的，如果依照有关实体法的规定有权利义务承受人的，可以裁定该权利义务承受人为被执行人。

第四百七十三条 其他组织在执行中不能履行法律文书确定的义务的，人民法院可以裁定执行对该其他组织依法承担义务的法人或者公民个人的财产。

第四百七十四条 在执行中，作为被执行人的法人或者其他组织名称变更的，人民法院可以裁定变更后的法人或者其他组织为被执行人。

第四百七十五条 作为被执行人的公民死亡，其遗产继承人没有放弃继承的，人民法院可以裁定变更被执行人，由该继承人在遗产的范围内偿还债务。继承人放弃继承的，人民法院可以直接执行被执行人的遗产。

第四百七十六条 法律规定由人民法院执行的其他法律文书执行完毕后，该法律文书被有关机关或者组织依法撤销的，经当事人申请，适用民事诉讼法第二百三十三条规定。

第四百七十七条 仲裁机构裁决的事项，部分有民事诉讼法第二百三十七条第二款、第三款规定情形的，人民法院应当裁定对该部分不予执行。

应当不予执行部分与其他部分不可分的，人民法院应当裁定不予执行仲裁裁决。

第四百七十八条 依照民事诉讼法第二百三十七条第二款、第三款规定，人民法院裁定不予执行仲裁裁决后，当事人对该裁定提出执行异议或者复议的，人民法院不予受理。当事人可以就该民事纠纷重新达成书面仲裁协议申请仲裁，也可以向人民法院起诉。

第四百七十九条 在执行中，被执行人通过仲裁程序将人民法院查封、扣押、冻结的财产确权或者分割给案外人的，不影响人民法院执行程序的进行。

案外人不服的，可以根据民事诉讼法第二百二十七条规定提出异议。

第四百八十条 有下列情形之一的，可以认定为民事诉讼法第二百三十八条第二款规定的公证债权文书确有错误：

（一）公证债权文书属于不得赋予强制执行效力的债权文书的；

（二）被执行人一方未亲自或者未委托代理人到场公证等严重违反法律规定的公证程序的；

（三）公证债权文书的内容与事实不符或者违反法律强制性规定的；

（四）公证债权文书未载明被执行人不履行义务或者不完全履行义务时同意接受强制执行的。

人民法院认定执行该公证债权文书违背社会公共利益的，裁定不予执行。

公证债权文书被裁定不予执行后，当事人、公证事项的利害关系人可以就债权争议提起诉讼。

第四百八十一条 当事人请求不予执行仲裁裁决或者公证债权文书的，应当在执行终结前向执行法院提出。

第四百八十二条 人民法院应当在收到申请执行书或者移交执行书后十日内发出执行通知。

执行通知中除应责令被执行人履行法律文书确定的义务外，还应通知其承担民事诉讼法第二百五十三条规定的迟延履行利息或者迟延履行金。

第四百八十三条 申请执行人超过申请执行时效期间向人民法院申请强制执行的，人民法院应予受理。被执行人对申请执行时效期间提出异议，人民法院经审查异议成立的，裁定不予执行。

被执行人履行全部或者部分义务后，又以不知道申请执行时效期间届满为由请求执行回转的，人民法院不予支持。

第四百八十四条 对必须接受调查询问的被执行人、被执行人的法定代表人、负责人或者实际控制人，经依法传唤无正当理由拒不到场的，人民法院可以拘传其到场。

人民法院应当及时对被拘传人进行调查询问，调查询问的时间不得超过八小时；情况复杂，依法可能采取拘留措施的，调查询问的时间不得超过二十四小时。

人民法院在本辖区以外采取拘传措施时，可以将被拘传人拘传到当地人民法院，当地人民法院应予协助。

第四百八十五条 人民法院有权查询被执行人的身份信息与财产信息，掌握相关信息的单位和个人必须按照协助执行通知书办理。

第四百八十六条 对被执行的财产，人民法院非经查封、扣押、冻结不得处分。对银行存款等各类可以直接扣划的财产，人民法院的扣划裁定同时具有冻结的法律效力。

第四百八十七条 人民法院冻结被执行人的银行存款的期限不得超过一年，查封、扣押动产的期限不得超过两年，查封不动产、冻结其他财产权的期限不得超过三年。

申请执行人申请延长期限的，人民法院应当在查封、扣押、冻结期限届满前办理续行查封、扣押、冻结手续，续行期限不得超过前款规定的期限。

人民法院也可以依职权办理续行查封、扣押、冻结手续。

第四百八十八条 依照民事诉讼法第二百四十七条规定，人民法院在执行中需要拍卖被执行人财产的，可以由人民法院自行组织拍卖，也可以交由具备相应资质的拍卖机构拍卖。

交拍卖机构拍卖的，人民法院应当对拍卖活动进行监督。

第四百八十九条 拍卖评估需要对现场进行检查、勘验的，人民法院应当责令被执行人、协助义务人予以配合。被执行人、协助义务人不予配合的，人民法院可以强制进行。

第四百九十条 人民法院在执行中需要变卖被执行人财产的，可以交有关单位变卖，也可以由人民法院直接变卖。

对变卖的财产，人民法院或者其工作人员不得买受。

第四百九十一条 经申请执行人和被执行人同意，且不损害其他债权人合法权益和社会公共利益的，人民法院可以不经拍卖、变卖，直接将被执行人的财产作价交申请执行人抵偿债务。对剩余债务，被执行人应当继续清偿。

第四百九十二条 被执行人的财产无法拍卖或者变卖的，经申请执行人同意，且不损害其他债权人合法权益和社会公共利益的，人民法院可以将该项财产作价后交付申请执行人抵偿债务，或者交付申请执行人管理；申请执行人拒绝接收或者管理的，退回被执行人。

第四百九十三条 拍卖成交或者依法定程序裁定以物抵债的，标的物所有权自拍卖成交裁定或者抵债裁定送达买受人或者接受抵债物的债权人时转移。

第四百九十四条 执行标的物为特定物的，应当执行原物。原物确已毁损或者灭失的，经双方当事人同意，可以折价赔偿。

双方当事人对折价赔偿不能协商一致的，人民法院应当终结执行程序。申请执行人可以另行起诉。

第四百九十五条 他人持有法律文书指定交付的财物或者票证，人民法院依照民事诉讼法第二百四十九条第二款、第三款规定发出协助执行通知后，拒不转交的，可以强制执行，并可依照民事诉讼法第一百一十四条、第一百一十五条规定处理。

他人持有期间财物或者票证毁损、灭失的，参照本解释第四百九十四条规定处理。

他人主张合法持有财物或者票证的，可以根据民事诉讼法第二百二十七条规定提出执行异议。

第四百九十六条 在执行中，被执行人隐匿财产、会计账簿等资料的，人民法院除可依照民事诉讼法第一百一十一条第一款第六项规定对其处理外，还应责令被执行人交出隐匿的财产、会计账簿等资料。被执行人拒不交出的，人民法院可以采取搜查措施。

第四百九十七条 搜查人员应当按规定着装并出示搜查令和工作证件。

第四百九十八条 人民法院搜查时禁止无关人员进入搜查现场；搜查对象是公民的，应当通知被执行人或者他的成年家属以及基层组织派员到场；搜查对象是法人或者其他组织的，应当通知法定代表人或者主要负责人到场。拒不到场的，不影响搜查。

搜查妇女身体，应当由女执行人员进行。

第四百九十九条 搜查中发现应当依法采取查封、扣押措施的财产，依照民事诉讼法第二百四十五条第二款和第二百四十七条规定办理。

第五百条 搜查应当制作搜查笔录，由搜查人员、被搜查人及其他在场人签名、捺印或者盖章。拒绝签名、捺印或者盖章的，应当记入搜查笔录。

第五百零一条 人民法院执行被执行人对他人的到期债权，可以作出冻结债权的裁定，并通知该他人向申请执行人履行。

该他人对到期债权有异议，申请执行人请求对异议部分强制执行的，人民法院不予支持。利害关系人对到期债权有异议的，人民法院应当按照民事诉讼法第二百二十七条规定处理。

对生效法律文书确定的到期债权，该他人予以否认的，人民法院不予支持。

第五百零二条　人民法院在执行中需要办理房产证、土地证、林权证、专利证书、商标证书、车船执照等有关财产权证照转移手续的，可以依照民事诉讼法第二百五十一条规定办理。

第五百零三条　被执行人不履行生效法律文书确定的行为义务，该义务可由他人完成的，人民法院可以选定代履行人；法律、行政法规对履行该行为义务有资格限制的，应当从有资格的人中选定。必要时，可以通过招标的方式确定代履行人。

申请执行人可以在符合条件的人中推荐代履行人，也可以申请自己代为履行，是否准许，由人民法院决定。

第五百零四条　代履行费用的数额由人民法院根据案件具体情况确定，并由被执行人在指定期限内预先支付。被执行人未预付的，人民法院可以对该费用强制执行。

代履行结束后，被执行人可以查阅、复制费用清单以及主要凭证。

第五百零五条　被执行人不履行法律文书指定的行为，且该项行为只能由被执行人完成的，人民法院可以依照民事诉讼法第一百一十一条第一款第六项规定处理。

被执行人在人民法院确定的履行期间内仍不履行的，人民法院可以依照民事诉讼法第一百一十一条第一款第六项规定再次处理。

第五百零六条　被执行人迟延履行的，迟延履行期间的利息或者迟延履行金自判决、裁定和其他法律文书指定的履行期间届满之日起计算。

第五百零七条　被执行人未按判决、裁定和其他法律文书指定的期间履行非金钱给付义务的，无论是否已给申请执行人造成损失，都应当支付迟延履行金。已经造成损失的，双倍补偿申请执行人已经受到的损失；没有造成损失的，迟延履行金可以由人民法院根据具体案件情况决定。

第五百零八条　被执行人为公民或者其他组织，在执行程序开始后，被执行人的其他已经取得执行依据的债权人发现被执行人的财产不能清偿所有债权的，可以向人民法院申请参与分配。

对人民法院查封、扣押、冻结的财产有优先权、担保物权的债权人，可以直接申请参与分配，主张优先受偿权。

第五百零九条　申请参与分配，申请人应当提交申请书。申请书应当写明参与分配和被执行人不能清偿所有债权的事实、理由，并附有执行依据。

参与分配申请应当在执行程序开始后，被执行人的财产执行终结前提出。

第五百一十条 参与分配执行中，执行所得价款扣除执行费用，并清偿应当优先受偿的债权后，对于普通债权，原则上按照其占全部申请参与分配债权数额的比例受偿。清偿后的剩余债务，被执行人应当继续清偿。债权人发现被执行人有其他财产的，可以随时请求人民法院执行。

第五百一十一条 多个债权人对执行财产申请参与分配的，执行法院应当制作财产分配方案，并送达各债权人和被执行人。债权人或者被执行人对分配方案有异议的，应当自收到分配方案之日起十五日内向执行法院提出书面异议。

第五百一十二条 债权人或者被执行人对分配方案提出书面异议的，执行法院应当通知未提出异议的债权人、被执行人。

未提出异议的债权人、被执行人自收到通知之日起十五日内未提出反对意见的，执行法院依异议人的意见对分配方案审查修正后进行分配；提出反对意见的，应当通知异议人。异议人可以自收到通知之日起十五日内，以提出反对意见的债权人、被执行人为被告，向执行法院提起诉讼；异议人逾期未提起诉讼的，执行法院按照原分配方案进行分配。

诉讼期间进行分配的，执行法院应当提存与争议债权数额相应的款项。

第五百一十三条 在执行中，作为被执行人的企业法人符合企业破产法第二条第一款规定情形的，执行法院经申请执行人之一或者被执行人同意，应当裁定中止对该被执行人的执行，将执行案件相关材料移送被执行人住所地人民法院。

第五百一十四条 被执行人住所地人民法院应当自收到执行案件相关材料之日起三十日内，将是否受理破产案件的裁定告知执行法院。不予受理的，应当将相关案件材料退回执行法院。

第五百一十五条 被执行人住所地人民法院裁定受理破产案件的，执行法院应当解除对被执行人财产的保全措施。被执行人住所地人民法院裁定宣告被执行人破产的，执行法院应当裁定终结对该被执行人的执行。

被执行人住所地人民法院不受理破产案件的，执行法院应当恢复执行。

第五百一十六条 当事人不同意移送破产或者被执行人住所地人民法院不受理破产案件的，执行法院就执行变价所得财产，在扣除执行费用及清偿优先受偿的债权后，对于普通债权，按照财产保全和执行中查封、扣押、冻结财产的先后顺序清偿。

第五百一十七条 债权人根据民事诉讼法第二百五十四条规定请求人民法院继续执行的，不受民事诉讼法第二百三十九条规定申请执行时效期间的限制。

第五百一十八条 被执行人不履行法律文书确定的义务的，人民法院除对被执行人予以处罚外，还可以根据情节将其纳入失信被执行人名单，将被执行人不履行或者不完全履行义务的信息向其所在单位、征信机构以及其他相关机构通报。

第五百一十九条 经过财产调查未发现可供执行的财产，在申请执行人签字确认或者执行法院组成合议庭审查核实并经院长批准后，可以裁定终结本次执行程序。

依照前款规定终结执行后，申请执行人发现被执行人有可供执行财产的，可以再次申请执行。再次申请不受申请执行时效期间的限制。

第五百二十条 因撤销申请而终结执行后，当事人在民事诉讼法第二百三十九条规定的申请执行时效期间内再次申请执行的，人民法院应当受理。

第五百二十一条 在执行终结六个月内，被执行人或者其他人对已执行的标的有妨害行为的，人民法院可以依申请排除妨害，并可以依照民事诉讼法第一百一十一条规定进行处罚。因妨害行为给执行债权人或者其他人造成损失的，受害人可以另行起诉。

二十二、涉外民事诉讼程序的特别规定

第五百二十二条 有下列情形之一，人民法院可以认定为涉外民事案件：

（一）当事人一方或者双方是外国人、无国籍人、外国企业或者组织的；

（二）当事人一方或者双方的经常居所地在中华人民共和国领域外的；

（三）标的物在中华人民共和国领域外的；

（四）产生、变更或者消灭民事关系的法律事实发生在中华人民共和国领域外的；

（五）可以认定为涉外民事案件的其他情形。

第五百二十三条 外国人参加诉讼，应当向人民法院提交护照等用以证明自己身份的证件。

外国企业或者组织参加诉讼，向人民法院提交的身份证明文件，应当经所在国公证机关公证，并经中华人民共和国驻该国使领馆认证，或者履行中华人民共和国与该所在国订立的有关条约中规定的证明手续。

代表外国企业或者组织参加诉讼的人，应当向人民法院提交其有权作为代表人参加诉讼的证明，该证明应当经所在国公证机关公证，并经中华人民共和国驻该国使领馆认证，或者履行中华人民共和国与该所在国订立的有关条约中规定的证明手续。

本条所称的“所在国”，是指外国企业或者组织的设立登记地国，也可以是办理了营业登记手续的第三国。

第五百二十四条 依照民事诉讼法第二百六十四条以及本解释第五百二十三条规定，需要办理公证、认证手续，而外国当事人所在国与中华人民共和国没有建立外交关系的，可以经该国公证机关公证，经与中华人民共和国有外交关系的第三国驻该国

使领馆认证，再转由中华人民共和国驻该第三国使领馆认证。

第五百二十五条　外国人、外国企业或者组织的代表人在人民法院法官的见证下签署授权委托书，委托代理人进行民事诉讼的，人民法院应予认可。

第五百二十六条　外国人、外国企业或者组织的代表人在中华人民共和国境内签署授权委托书，委托代理人进行民事诉讼，经中华人民共和国公证机构公证的，人民法院应予认可。

第五百二十七条　当事人向人民法院提交的书面材料是外文的，应当同时向人民法院提交中文翻译件。

当事人对中文翻译件有异议的，应当共同委托翻译机构提供翻译文本；当事人对翻译机构的选择不能达成一致的，由人民法院确定。

第五百二十八条　涉外民事诉讼中的外籍当事人，可以委托本国人为诉讼代理人，也可以委托本国律师以非律师身份担任诉讼代理人；外国驻华使领馆官员，受本国公民的委托，可以以个人名义担任诉讼代理人，但在诉讼中不享有外交或者领事特权和豁免。

第五百二十九条　涉外民事诉讼中，外国驻华使领馆授权其本馆官员，在作为当事人的本国国民不在中华人民共和国领域内的情况下，可以以外交代表身份为其本国国民在中华人民共和国聘请中华人民共和国律师或者中华人民共和国公民代理民事诉讼。

第五百三十条　涉外民事诉讼中，经调解双方达成协议，应当制发调解书。当事人要求发给判决书的，可以依协议的内容制作判决书送达当事人。

第五百三十一条　涉外合同或者其他财产权益纠纷的当事人，可以书面协议选择被告住所地、合同履行地、合同签订地、原告住所地、标的物所在地、侵权行为地等与争议有实际联系地点的外国法院管辖。

根据民事诉讼法第三十三条和第二百六十六条规定，属于中华人民共和国法院专属管辖的案件，当事人不得协议选择外国法院管辖，但协议选择仲裁的除外。

第五百三十二条　涉外民事案件同时符合下列情形的，人民法院可以裁定驳回原告的起诉，告知其向更方便的外国法院提起诉讼：

（一）被告提出案件应由更方便外国法院管辖的请求，或者提出管辖异议；

（二）当事人之间不存在选择中华人民共和国法院管辖的协议；

（三）案件不属于中华人民共和国法院专属管辖；

（四）案件不涉及中华人民共和国国家、公民、法人或者其他组织的利益；

（五）案件争议的主要事实不是发生在中华人民共和国境内，且案件不适用中华人民共和国法律，人民法院审理案件在认定事实和适用法律方面存在重大困难；

（六）外国法院对案件享有管辖权，且审理该案件更加方便。

第五百三十三条 中华人民共和国法院和外国法院都有管辖权的案件，一方当事人向外国法院起诉，而另一方当事人向中华人民共和国法院起诉的，人民法院可予受理。判决后，外国法院申请或者当事人请求人民法院承认和执行外国法院对本案作出的判决、裁定的，不予准许；但双方共同缔结或者参加的国际条约另有规定的除外。

外国法院判决、裁定已经被人民法院承认，当事人就同一争议向人民法院起诉的，人民法院不予受理。

第五百三十四条 对在中华人民共和国领域内没有住所的当事人，经用公告方式送达诉讼文书，公告期满不应诉，人民法院缺席判决后，仍应当将裁判文书依照民事诉讼法第二百六十七条第八项规定公告送达。自公告送达裁判文书满三个月之日起，经过三十日的上诉期当事人没有上诉的，一审判决即发生法律效力。

第五百三十五条 外国人或者外国企业、组织的代表人、主要负责人在中华人民共和国领域内的，人民法院可以向该自然人或者外国企业、组织的代表人、主要负责人送达。

外国企业、组织的主要负责人包括该企业、组织的董事、监事、高级管理人员等。

第五百三十六条 受送达人所在国允许邮寄送达的，人民法院可以邮寄送达。

邮寄送达时应当附有送达回证。受送达人未在送达回证上签收但在邮件回执上签收的，视为送达，签收日期为送达日期。

自邮寄之日起满三个月，如果未收到送达的证明文件，且根据各种情况不足以认定已经送达的，视为不能用邮寄方式送达。

第五百三十七条 人民法院一审时采取公告方式向当事人送达诉讼文书的，二审时可径行采取公告方式向其送达诉讼文书，但人民法院能够采取公告方式之外的其他方式送达的除外。

第五百三十八条 不服第一审人民法院判决、裁定的上诉期，对在中华人民共和国领域内有住所的当事人，适用民事诉讼法第一百六十四条规定的期限；对在中华人民共和国领域内没有住所的当事人，适用民事诉讼法第二百六十九条规定的期限。当事人的上诉期均已届满没有上诉的，第一审人民法院的判决、裁定即发生法律效力。

第五百三十九条 人民法院对涉外民事案件的当事人申请再审进行审查的期间，不受民事诉讼法第二百零四条规定的限制。

第五百四十条 申请人向人民法院申请执行中华人民共和国涉外仲裁机构的裁决，应当提出书面申请，并附裁决书正本。如申请人为外国当事人，其申请书应当用中文文本提出。

第五百四十一条　人民法院强制执行涉外仲裁机构的仲裁裁决时，被执行人以有民事诉讼法第二百七十四条第一款规定的情形为由提出抗辩的，人民法院应当对被执行人的抗辩进行审查，并根据审查结果裁定执行或者不予执行。

第五百四十二条　依照民事诉讼法第二百七十二条规定，中华人民共和国涉外仲裁机构将当事人的保全申请提交人民法院裁定的，人民法院可以进行审查，裁定是否进行保全。裁定保全的，应当责令申请人提供担保，申请人不提供担保的，裁定驳回申请。

当事人申请证据保全，人民法院经审查认为无需提供担保的，申请人可以不提供担保。

第五百四十三条　申请人向人民法院申请承认和执行外国法院作出的发生法律效力的判决、裁定，应当提交申请书，并附外国法院作出的发生法律效力的判决、裁定正本或者经证明无误的副本以及中文译本。外国法院判决、裁定为缺席判决、裁定的，申请人应当同时提交该外国法院已经合法传唤的证明文件，但判决、裁定已经对此予以明确说明的除外。

中华人民共和国缔结或者参加的国际条约对提交文件有规定的，按照规定办理。

第五百四十四条　当事人向中华人民共和国有管辖权的中级人民法院申请承认和执行外国法院作出的发生法律效力的判决、裁定的，如果该法院所在国与中华人民共和国没有缔结或者共同参加国际条约，也没有互惠关系的，裁定驳回申请，但当事人向人民法院申请承认外国法院作出的发生法律效力的离婚判决的除外。

承认和执行申请被裁定驳回的，当事人可以向人民法院起诉。

第五百四十五条　对临时仲裁庭在中华人民共和国领域外作出的仲裁裁决，一方当事人向人民法院申请承认和执行的，人民法院应当依照民事诉讼法第二百八十三条规定处理。

第五百四十六条　对外国法院作出的发生法律效力的判决、裁定或者外国仲裁裁决，需要中华人民共和国法院执行的，当事人应当先向人民法院申请承认。人民法院经审查，裁定承认后，再根据民事诉讼法第三编的规定予以执行。

当事人仅申请承认而未同时申请执行的，人民法院仅对应否承认进行审查并作出裁定。

第五百四十七条　当事人申请承认和执行外国法院作出的发生法律效力的判决、裁定或者外国仲裁裁决的期间，适用民事诉讼法第二百三十九条的规定。

当事人仅申请承认而未同时申请执行的，申请执行的期间自人民法院对承认申请作出的裁定生效之日起重新计算。

第五百四十八条　承认和执行外国法院作出的发生法律效力的判决、裁定或者外国仲裁裁决的案件，人民法院应当组成合议庭进行审查。

人民法院应当将申请书送达被申请人。被申请人可以陈述意见。

人民法院经审查作出的裁定，一经送达即发生法律效力。

第五百四十九条 与中华人民共和国没有司法协助条约又无互惠关系的国家的法院，未通过外交途径，直接请求人民法院提供司法协助的，人民法院应予退回，并说明理由。

第五百五十条 当事人在中华人民共和国领域外使用中华人民共和国法院的判决书、裁定书，要求中华人民共和国法院证明其法律效力的，或者外国法院要求中华人民共和国法院证明判决书、裁定书的法律效力的，作出判决、裁定的中华人民共和国法院，可以本法院的名义出具证明。

第五百五十一条 人民法院审理涉及香港、澳门特别行政区和台湾地区的民事诉讼案件，可以参照适用涉外民事诉讼程序的特别规定。

二十三、附　则

第五百五十二条 本解释公布施行后，最高人民法院于1992年7月14日发布的《关于适用〈中华人民共和国民事诉讼法〉若干问题的意见》同时废止；最高人民法院以前发布的司法解释与本解释不一致的，不再适用。

最高人民法院
关于共有人之一私自与外籍华人违反法律进行房产抵押买卖交易无效的复函

1990年10月26日　　　　〔1990〕民他字第35号

上海市高级人民法院：

你院《关于沈云诉王雪霞房屋产权纠纷案的请示》收悉。经研究，我们认为，根据1984年余性本、王雪霞等人共同签署的“房屋分割协议书”的约定，双方当事人所争议的房屋应属王雪霞及余学强等六个子女共有。王雪霞事先未经全体共有人的同意，私自向沈云抵押、出卖房屋，侵犯了其他共有人的权益，而且双方当事人的抵押、买卖房屋行为又均未按照我国的房屋管理规定进行，也未得到房屋主管部门的认可。因此，应认定沈云与王雪霞的房屋抵押、买卖交易行为无效。对沈云提出的确认房屋产权的请求不予支持，王雪霞应返还沈云的钱款，由此造成的损失应根据双方的责任相应承担。

以上意见供参考。

最高人民法院经济庭
关于同一抵押物设立数个抵押权依次受偿问题的函

1992年4月18日　　法经〔1992〕68号

广东省高级人民法院：

你院〔1992〕粤高法经请字第1号《关于造成重复抵押无效的原因消除后该重复抵押行为的效力应如何确认的问题的请示》收悉。经研究，答复如下：

我院《关于贯彻执行〈中华人民共和国民法通则〉若干问题的意见（试行）》第115条对抵押的问题已有规定。按照该规定，当抵押物价值较大时，抵押人可就同一抵押物的剩余担保价值另行设立抵押权；同一抵押物有数个抵押权时，按设立的先后顺序依次受偿。你院请示的案件抵押物价值近40万元，第一个抵押权只有17万元，抵押人可以就剩余担保价值另设立抵押权，而不应按无效抵押处理。

此复。

最高人民法院
关于债务人有多个债权人而将其全部财产抵押给其中一个债权人是否有效问题的批复

1994年3月26日　　法复〔1994〕2号

山东省高级人民法院：

你院《关于债务人有多个债权人，而将其全部财产抵押给一个债权人是否有效的请示》收悉。经研究，答复如下：

债务人有多个债权人时，而将其全部财产抵押给其中一个债权人，因此丧失了履行其他债务的能力，损害了其他债权人的合法权益，根据《中华人民共和国民法通则》第四条、第五条的规定，应当认定该抵押协议无效。

此复。

最高人民法院
关于审理经济合同纠纷案件有关保证的若干问题的规定

1994年4月15日　　法发〔1994〕8号

根据《中华人民共和国民法通则》和《中华人民共和国经济合同法》的有关规定，结合审判实践经验，对审理经济合同纠纷案件有关保证问题作如下规定：

一、保证合同成立的认定

1. 保证人与债权人就保证问题依法达成书面协议的，保证合同成立。

2. 保证人以书面形式向债权人表示，当被保证人不履行债务时，由其代为履行或者承担连带责任并为债权人接受的，保证合同成立。

3. 保证人在债权人与被保证人签订的订有保证条款的主合同上，以保证人的身份签字或者盖章；或者主合同中虽没有保证条款，但保证人在主合同上以保证人的身份签字或者盖章的，视为保证合同成立。

二、有效保证合同保证人的责任

4. 保证合同依法成立后，被保证人不履行债务的，保证人应当按照保证合同约定的范围、方式和期限承担保证责任。

5. 保证合同明确约定保证人承担代为履行责任的，经债权人请求被保证人履行合同，被保证人拒不履行时，债权人可请求保证人履行。保证人不能代为履行合同，且强制执行被保证人的财产仍不足以清偿其债务的，由保证人承担赔偿责任。

6. 保证合同明确约定保证人承担连带责任的，当被保证人到期不履行合同时，债权人既可向被保证人求偿，也可直接向保证人求偿。

7. 保证合同没有约定保证人承担何种保证责任，或者约定不明确的，视为保证人承担赔偿责任。当被保证人不履行合同时，债权人应当首先请求被保证人清偿债务。强制执行被保证人的财产仍不足以清偿其债务的，由保证人承担赔偿责任。

8. 保证合同对保证范围有明确约定的，保证人在约定的保证范围内承担责任；保证合同没有约定保证范围或者对保证范围约定不明确的，保证人应当对被保证人的全部债务承担保证责任。

9. 向债权人保证监督支付专款专用的，作出该项保证的人，在履行了监督支付专款专用义务后，不再承担责任。未尽监督义务造成资金流失的，应对流失的资金承担连带责任。

10. 保证合同中约定有保证责任期限的，保证人在约定的保证责任期限内承担保证责任。债权人在保证责任期限内未向保证人主张权利的，保证人不再承担保证责任。

11. 保证合同中没有约定保证责任期限或者约定不明确的，保证人应当在被保证人承担责任的期限内承担保证责任。保证人如果在主合同履行期限届满后，书面要求债权人向被保证人为诉讼上的请求，而债权人在收到保证人的书面请求后一个月内未行使诉讼请求权的，保证人不再承担保证责任。

12. 债权人与被保证人未经保证人同意，变更主合同履行期限的，如保证合同中约定有保证责任期限，保证人仍在原保证责任期限内承担保证责任；如保证合同中未约定保证责任期限，保证人仍在被保证人原承担责任的期限内承担保证责任。

债权人与被保证人未经保证人同意，在主合同履行期限内变更合同其他内容而使被保证人债务增加的，保证人对增加的债务不承担保证责任。

13. 债权人在保证责任期限内，将债权转移给他人，并通知保证人的，保证人应向债权受让人承担保证责任。

14. 被保证人经债权人同意在保证责任期限内，将债务转移给他人，未经保证人同意的，保证人不再承担保证责任，但保证人追认的除外。

15. 债权人在保证责任期限内，无正当理由拒绝被保证人履行债务的，保证人不再承担保证责任；债权人放弃抵押权的，保证人就放弃抵押权的部分不再承担保证责任。但保证人同意继续承担保证责任的除外。

16. 依照法律规定或者当事人约定，免除被保证人部分或者全部债务的，保证人相应的保证责任得以免除。

三、无效保证合同的认定及保证人的责任

17. 法人的分支机构未经法人同意，为他人提供保证的，保证合同无效，保证人不承担保证责任，但应当根据其过错大小，承担相应的赔偿责任。法人的分支机构管理的财产不足以承担赔偿责任的，由法人承担。

金融部门的分支机构提供保证的，如无其他导致保证合同无效的因素，保证人应当承担保证责任。

18. 法人的内部职能部门未经法人同意，为他人提供保证的，保证合同无效，保证人不承担保证责任，但应当根据其过错大小，由法人承担相应的赔偿责任。

19. 主合同债权人一方或者双方当事人采取欺诈、胁迫等手段，或者恶意串通，使保证人在违背真实意思情况下提供保证的，保证合同无效，保证人不承担责任。

20. 主合同无效，保证合同也无效，保证人不承担保证责任。但保证人知道或者应当知道主合同无效而仍然为之提供保证的，主合同被确认无效后，保证人与被保证人承担连带赔偿责任。

四、在诉讼中为当事人提供的保证

21. 人民法院在案件审理过程中，决定对财产采取保全措施时，保证人为申请人或者被申请人提供保证的，在案件审理终结后，如果被保证人无财产可供执行或者其财产不足以清偿债务时，人民法院可直接裁定执行保证人在其保证范围内的财产。

22. 在案件执行过程中，为被执行人提供保证的，被执行人逾期无财产可供执行或其财产不足清偿债务时，人民法院可以直接裁定执行保证人在其保证范围内的财产。

五、被保证人破产后保证人的责任

23. 被保证人被宣告破产的，债权人参加破产程序受偿后，对受偿不足的部分，保证人仍应承担保证责任。

24. 人民法院已审理终结的设有保证的合同纠纷案件，在执行终结前被保证人被宣告破产的，债权人可以生效法律文书确认的债权数额作为破产债权申报；债务已部分偿还的，以未偿还的部分作为债权申报。对经破产程序未受清偿的部分，保证人仍应承担保证责任。

25. 保证人代被保证人偿还债务后，尚未从被保证人处获偿被保证人即宣告破产

的，保证人可以其代为清偿的数额作为破产债权申报。

26. 被保证人被宣告破产，债权人不申报债权的，在确认保证人的责任时，应当扣除债权人可以在破产程序中得到清偿的部分。

六、保证合同的诉讼时效

27. 保证合同约定有保证责任期限的，债权人应当在保证责任期限届满前向保证人主张权利。保证人拒绝承担保证责任的，债权人向人民法院请求保护其权利的诉讼时效期间，适用民法通则的有关诉讼时效的规定。

28. 保证合同约定有保证责任期限，但在保证责任期限内，债权人仅向被保证人主张权利而未向保证人主张权利的，主债务诉讼时效中断，保证债务的诉讼时效不中断。

29. 保证合同未约定保证责任期限的，主债务的诉讼时效中断，保证债务的诉讼时效亦中断。

30. 依照《中华人民共和国民法通则》第一百三十九条的规定，主债务诉讼时效中止的，保证债务的诉讼时效同时中止。

七、其他

31. 本院以前关于保证问题的司法解释与本规定不一致的，以本规定为准，但已审结的案件，不得适用本规定进行再审。

最高人民法院
关于正确确认企业借款合同纠纷案件中有关保证合同效力问题的通知

1998年9月14日　　　　法〔1998〕85号

各省、自治区、直辖市高级人民法院，新疆维吾尔自治区高级人民法院生产建设兵团分院：

近来发现一些地方人民法院在审理企业破产案件或者与破产企业相关的银行贷款

合同纠纷案件中，对所涉及的债权保证问题，未能准确地理解和适用有关法律规定，致使在确认保证合同的效力问题上出现偏差，为此特作如下通知：

各级人民法院在处理上述有关保证问题时，应当准确理解法律，严格依法确认保证合同（包括主合同中的保证条款）的效力。除确系因违反担保法及有关司法解释的规定等应当依法确认为无效的情况外，不应仅以保证人的保证系因地方政府指令而违背了保证人的意志，或该保证人已无财产承担保证责任等原因，而确认保证合同无效，并以此免除保证责任。

特此通知。

最高人民法院研究室
关于县级以上供销合作社联合社能否作为保证人问题的复函

1999 年 6 月 30 日　　法研〔1999〕10 号

河南省高级人民法院：

你院豫高法〔1998〕152 号《关于县级以上供销合作社联合社能否作为保证人的请示》收悉。经研究，答复如下：

1999 年 1 月 28 日国务院国发〔1999〕5 号《国务院关于解决当前供销合作社几个突出问题的通知》的规定，全国供销合作总社和省、市（地）级联社“所需经费列入同级财政预算，不再向所办企业提取管理费”；县级供销合作社的主要任务是对基层社进行指导、监督和协调，在性质、组织、经费等方面不同于一般的企业，还承担国家委托的政策性业务。因此，1999 年 1 月 28 日国发〔1999〕5 号文件发布后，县级以上供销合作社不符合《担保法》第七条的规定，不能作为保证人。但 1995 年 2 月 28 日印发的《中共中央、国务院关于深化供销合作社改革的决定》规定：“各级供销合作社是自主经营、自负盈亏、独立核算、照章纳税、由社员民主管理的群众性经济组织，具有独立法人地位，依法享有独立进行经济、社会活动自主权。”所以，在 1999 年 1 月 28 日国发〔1999〕5 号文件发布前，供销合作社联合社符合《担保法》第七条规定的，可以作担保人。

最高人民法院
关于上海三泷房地产开发有限公司与中国建设银行上海市浦东分行、上海申浦对外技术投资总公司借款合同纠纷一案的复函

2000年1月1日　　〔2000〕经他字第7号

本案浦东分行和申浦公司签订《外汇借款合同》，是双方真实意思表示，不违背法律、法规的禁止性规定，可认定为有效。申浦公司以开展进出口业务为名，骗取三泷公司为其借款担保，将短期外汇借款用于向浦东分行偿还为案外人巨龙公司的担保之债；浦东分行明知该项贷款的实际用途，但其签订担保合同时没有告知保证人三泷公司，亦不能举证三泷公司明知借贷双方“以贷还债”，应认定主合同双方当事人恶意串通，欺骗保证人。根据《担保法》第三十条第一款的规定，三泷公司对申浦公司偿还浦东分行的担保债务部分，不承担民事责任。

最高人民法院研究室
关于抵押权不受抵押登记机关规定的抵押期限影响问题的函

2000年9月28日　　法（研）明传〔2000〕22号

广东省高级人民法院：

你院〔1999〕粤高法经一请字第23号《关于抵押登记机关规定的抵押期限是否有效问题的请示》收悉。经研究，答复如下：

依照《中华人民共和国担保法》第五十二条的规定，抵押权与其担保的债权同时存在，办理抵押物登记的部门规定的抵押期限对抵押权的效力不发生影响。

最高人民法院
关于哈尔滨市商业银行银祥支行与哈尔滨金事达实业（集团）公司借款合同纠纷一案如何处理问题的答复

2001 年 2 月 28 日　　　　法民二〔2001〕016 号

黑龙江省高级人民法院：

你院〔1999〕黑经二终字第 190 号《关于哈尔滨市商业银行银祥支行与哈尔滨金事达实业（集团）公司借款合同纠纷一案如何处理问题的请示》收悉。经研究，答复如下：

该案所涉询证函虽然是采用哈尔滨审计事务所函稿纸，且注明仅作审计报表之用，其他方面用途无效，但基于该询证函是由贷款人哈尔滨商业银行银祥支行（原哈尔滨银祥城市信用合作社）发出，且该贷款人和借款人哈尔滨豪华家具大世界都在该函上对尚欠贷款额予以确认并加盖公章的事实，可以表明该询证函既有贷款人追索欠款的意思表示，又体现了借款人对所欠债务的确认。由于该询证函是在借款合同诉讼时效期限内发出的，因此借款合同诉讼时效中断，保证合同诉讼时效亦中断。

鉴于该案担保行为发生在《担保法》颁布之前，保证合同约定的保证期间是“直至借款单位全部还清贷款本息和逾期挪用本息为止”，属于保证责任期间约定不明的情形。根据本院《关于审理经济合同纠纷案件有关保证的若干问题的规定》第十一条规定精神，本案保证责任期间应为 2 年。债权人哈尔滨商业银行银祥支行在借款合同履行期限届满后的 2 年内未向保证人哈尔滨金事达实业（集团）公司主张权利，故保证人不再承担保证责任。

以上意见，供你院参考。

最高人民法院
关于能否对连带责任保证人所有的船舶行使留置权的请示的复函

2001年8月17日　　〔2001〕民四他字第5号

天津市高级人民法院：

你院津高法〔2001〕13号《关于能否对连带责任保证人所有的船舶行使留置权的请示》收悉。本院经研究认为：

船舶留置权是设定于船舶之上的法定担保物权。根据《中华人民共和国海商法》第二十五条第二款的规定，当修船合同的委托方未履行合同时，修船人基于修船合同为保证修船费用得以实现，可以留置所占有的船舶，而不论该船舶是否为修船合同的委托方所有。但修船人不得基于连带责任保证对连带责任保证人所有的船舶行使留置权。

天津新港船厂修船分厂作为修船人，依据其与英国伦敦尤恩开尔公司订立的修船合同，对俄罗斯籍“东方之岸”轮进行修理后未取得合同约定的修船费用，有权留置该轮。“东方之岸”轮的所有人东方航运公司虽不是本案修船合同的当事人，但不影响该留置权的成立。

据此，同意你院关于天津新港船厂修船分厂对“东方之岸”轮的留置行为合法有效，并可以基于留置权先于抵押权人受偿的处理意见。

最高人民法院
关于沈阳市信托投资公司是否应当承担保证责任问题的答复

2001年8月22日　　法民二〔2001〕50号

辽宁省高级人民法院：

你院〔1999〕辽经初字第48号《关于沈阳市信托投资公司是否应当承担保证责任的请示》收悉。经研究，答复如下：

我国《担保法》所规定的保证，是指保证人和债权人约定，当债务人不履行债务时，保证人按照约定履行债务或者承担责任的行为。这里所称"保证人和债权人约定"系指双方均为特定人的一般情况。由于公司向社会公开发行债券时，认购人并不特定，不可能要求每一个认购人都与保证人签订书面保证合同，因此，不能机械地理解和套用《担保法》中关于"保证"的定义。向社会公开发行债券时，债券发行人与代理发行人或第三人签订担保合同，该担保合同同样具有证明担保人之真实意思表示的作用。而认购人的认购行为即表明其已接受担保人作出的担保意思表示。你院请示中的第一种意见，即只要沈阳市信托投资公司的保证意思是自愿作出的，且其内容真实，该保证合同即应为有效，该公司应对其担保的兑付债券承担保证责任，是有道理的。

以上意见，请参考。

最高人民法院
关于湖北横向经济物资贸易公司与中国冶金进出口湖北公司、中国农业银行武汉市分行汉口支行返还保证金请示案的答复

2002年2月27日　　〔2001〕民监他字第8号

湖北省高级人民法院：

你院鄂高法〔2001〕127号《关于湖北横向经济贸易公司与中国冶金进出口湖北公司、中国农业银行武汉市分行汉口支行返还保证金一案的请示》收悉。经本院审判委员会研究，答复如下：

一、中国农业银行武汉市分行汉口支行强行划拨保证金，抵还其对中国冶金进出口湖北公司贷款的行为没有法律依据，构成侵权，应承担民事责任。

二、（略）

最高人民法院
关于处理担保法生效前发生保证行为的保证期间问题的通知

2002年8月1日　　法〔2002〕144号

各省、自治区、直辖市高级人民法院，解放军军事法院，新疆维吾尔自治区高级人民法院生产建设兵团分院：

我院于2000年12月8日公布法释〔2000〕44号《关于适用〈中华人民共和国担保法〉若干问题的解释》后，一些部门和地方法院反映对于担保法实施前发生的保证行为如何确定保证期间问题没有作出规定，而我院于1994年4月15日公布的法发〔1994〕8号《关于审理经济合同纠纷案件有关保证的若干问题的规定》对此问题亦不十分明确。为了正确审理担保法实施前的有关保证合同纠纷案件，维护债权人和其

他当事人的合法权益，经商全国人大常委会法制工作委员会同意，现就有关问题通知如下：

一、对于当事人在担保法生效前签订的保证合同中没有约定保证期限或者约定不明确的，如果债权人已经在法定诉讼时效期间内向主债务人主张了权利，使主债务没有超过诉讼时效期间，但未向保证人主张权利的，债权人可以自本通知发布之日起6个月（自2002年8月1日至2003年1月31日）内，向保证人主张权利。逾期不主张的，保证人不再承担责任。

二、主债务人进入破产程序，债权人没有申报债权的，债权人亦可以在上述期间内向保证人主张债权，如果债权人已申报了债权，对其在破产程序中未受清偿的部分债权，债权人可以在破产程序终结后6个月内向保证人主张。

三、本通知发布时，已经终审的案件、再审案件以及主债务已超过诉讼时效的案件，不适用本通知。

最高人民法院
关于广西开发投资有限公司与中国信达资产公司南宁办事处借款合同担保纠纷一案请示的复函

2002年10月11日　　〔2002〕民立他字第44号

广西壮族自治区高级人民法院：

你院〔2002〕桂民申字第239号《关于广西开发投资有限公司与中国信达资产公司南宁办事处借款合同担保纠纷一案的请示报告》收悉。经研究，答复如下：

本案的担保行为发生于1993年5月27日，保证人广西建设投资开发公司1996年1月5日和3月25日的发函行为，是1993年5月27日担保行为派生出来的行为，而不是创设新的担保关系。根据我院《关于认真学习、贯彻票据法、担保法的通知》第三项及《关于适用〈中华人民共和国担保法〉若干问题的解释》第一百三十三条第一款的有关规定，本案应适用担保行为发生时的法律、法规和有关司法解释，保证人广西建设投资开发公司向债权人发函的行为适用我院《关于审理经济合同纠纷案件有关保证的若干问题的规定》第十一条的有关规定。

最高人民法院
关于对中国银行中银发〔2002〕45号请示的答复

（2002年10月14日）

中国银行：

你行《〈关于处理担保法生效前发生保证行为的保证期间问题的通知〉适用问题的请示》（中银发〔2002〕45号）已收悉。经研究，答复如下：

根据本院1994年4月15日发布的《关于审理经济合同纠纷案件有关保证的若干问题的规定》（法发〔1994〕8号）第11条规定，保证合同中没有约定保证责任期限或者约定不明确的，保证人应当在被保证人承担责任的期限内承担保证责任。在主债权已超过2年诉讼时效后，债权人和债务人又对原债务予以重新确认的，不符合本院《关于处理担保法生效前发生保证行为的保证期间问题的通知》（法〔2002〕144号）第一条关于"债权人已经在法定诉讼时效期间内向主债务人主张了权利，使主债务没有超过诉讼时效期间"的规定条件。在此情况下，不能认为"主债权没有丧失诉讼时效"。既然原主债务之诉讼时效已经届满，则保证期间亦随之届满。如保证人未对重新确认后的债务提供担保，则保证人对该债务不再承担保证责任。

此复。

最高人民法院
关于担保期间债权人向保证人主张权利的方式及程序问题的请示的答复

2002年11月22日　　〔2002〕民二他字第32号

青海省高级人民法院：

你院〔2002〕青民二字第10号《关于担保期间债权人向保证人主张权利的方式及程序问题的请示》收悉。经研究，答复如下：

1. 本院2002年8月1日下发的《关于处理担保法生效前发生保证行为的保证期

间问题的通知》第一条规定的“向保证人主张权利”和第二条规定的“向保证人主张债权”，其主张权利的方式可以包括“提起诉讼”和“送达清收债权通知书”等。其中“送达”既可由债权人本人送达，也可以委托公证机关送达或公告送达（在全国或省级有影响的报纸上刊发清收债权公告）。

2. 该《通知》第二条的规定的意义在于，明确当主债务人进入破产程序，在“债权人没有申报债权”或“已经申报债权”两种不同情况下，债权人应当向保证人主张权利的期限。根据《最高人民法院关于适用〈中华人民共和国担保法〉若干问题的解释》第四十四条第一款的规定，在上述情况下，债权人可以向人民法院申报债权，也可以向保证人主张权利。因此，对于债权人申报了债权，同时又起诉保证人的保证纠纷案件，人民法院应当受理。在具体审理并认定保证人应承担保证责任的金额时，如需等待破产程序结束的，可依照《中华人民共和国民事诉讼法》第一百三十六条第一款第（五）项的规定，裁定中止诉讼。人民法院如径行判决保证人承担保证责任，应当在判决中明确应扣除债权人在债务人破产程序中可以分得的部分。

此复。

最高人民法院
关于吉林市商业银行营业部与交通银行吉林分行船营支行长春路分理处存单质押纠纷一案请示的答复

2003年1月4日　　　　〔2003〕民二他字第21号

吉林省高级人民法院：

你院2002年11月22日〔2002〕吉高法民三请字第1号《关于上诉人吉林市商业银行营业部与被上诉人交通银行吉林分行船营支行长春路分理处存单纠纷一案的请示报告》，我院于2003年6月2日收悉。根据你院二审认定的事实，经研究，答复如下：

吉林市商业银行营业部（以下简称商业银行）因为贷出款项，并通过存单质押而取得了交通银行吉林分行船营支行长春路分理处（以下简称交通银行）出具的存单。依照本院《关于审理存单纠纷案件的若干规定》第一条第（一）款的规定，本案商业银行以存单质押请求兑付而起诉，应属存单纠纷案件。商业银行在接受出质存单后向交通银行进行了核押，依照上述司法解释第八条第三款的规定，质押合同有效，交通银行应承担本案所涉存单的兑付责任。但应以该存单质押的债权为限。

此复。

最高人民法院
关于锦州市商业银行与锦州市华鼎工贸商行、锦州市经济技术开发区实华通信设备安装公司借款纠纷一案的复函

2003年2月25日　　〔2002〕民监他字第14号函

辽宁省高级人民法院：

你院请示收悉，答复如下：

经研究，同意你院审判委员会第一种意见，即保证期间届满后，保证人如无其他明示，仅在债权人发出的催收到期贷款通知单上签字或盖章的行为，不能成为重新承担保证责任的依据。本院法释〔1999〕7号《关于超过诉讼时效期间借款人在催款通知单上签字或者盖章的法律效力问题的批复》，不适用于保证人。

最高人民法院
关于南昌市商业银行象南支行与南昌市东湖华亭商场、蔡亮借款合同担保纠纷案请示的复函

2003年4月30日　　〔2003〕民监他字第6号

江西省高级人民法院：

你院请示收悉，经研究，答复如下：

南昌市东湖华亭商场与南昌市商业银行象南支行在《借款合同》中约定，贷款用途是购买酒与饮料，并非以贷还贷。华亭商场与华亭公司均为独立的企业法人。华

亭公司偿还与象南支行的旧贷后，象南支行又向华亭公司发放新贷，属于另一法律关系，不宜将华亭商场与华亭公司之间资金流转行为推定为以贷还贷。

最高人民法院
关于债权人在保证期间以特快专递向保证人发出逾期贷款催收通知书但缺乏保证人对邮件签收或拒收的证据能否认定债权人向保证人主张权利的请示的复函

2003年6月12日　　〔2003〕民二他字第6号

河北省高级人民法院：

你院〔2003〕冀民二请字第1号请示收悉。经研究，答复如下：

债权人通过邮局以特快专递的方式向保证人发出逾期贷款催收通知书，在债权人能够提供特快专递邮件存根及内容的情况下，除非保证人有相反证据推翻债权人所提供的证据，应当认定债权人向保证人主张了权利。

最高人民法院
关于中国农业银行大连市分行友好支行诉大连中大集团公司、第三人中国大连国际经济技术合作集团有限公司借款合同抵押担保纠纷一案请示的答复

2003年11月24日　　〔2003〕民二他字第26号

辽宁省高级人民法院：

你院〔2002〕辽民三初字第12号请示收悉。经研究，答复如下：

从你院请示材料看，依据大连市中级人民法院〔1999〕大民初字第160号民事调解书、大连市房地产管理局大房局管字〔2000〕16号文件以及大连市中级人民法院

〔2002〕大行再字第21号行政判决书，中大大厦9～15层的产权确系中国大连国际经济技术合作集团有限公司（以下简称大连国际）所有，大连中大集团公司（以下简称中大集团）未经大连国际的同意将中大大厦整体抵押给债权人中国农业银行大连市分行友好支行（以下简称友好支行）的行为，属于无权处分行为，依照《中华人民共和国合同法》第五十一条的规定，抵押合同涉及无权处分部分无效。但鉴于中大大厦在抵押时的全部产权登记在中大集团名下，不动产登记具有权利推定效力，因此，如无证据证明友好支行在接受抵押时对中大大厦9～15层产权的真实状况为明知或应知的，友好支行可以善意取得对中大大厦9～15层的抵押权。你院应当在查明案件事实，尤其是债权人在接受抵押时是否属于善意的基础上，妥善处理该案。

此复。

最高人民法院
关于对甘肃省高级人民法院甘高法〔2003〕183号请示的答复

2003年11月28日　　　　〔2003〕民二他字第40号

甘肃省高级人民法院：

你院甘高法〔2003〕183号《关于担保法生效前签订的保证合同没有约定保证期限，主债务没有超过诉讼时效，债权人向保证人主张过权利的，能否适用最高人民法院〈关于处理担保法生效前发生保证行为的保证期间问题的通知〉的请示》收悉。经研究，答复如下：

本院2002年8月1日下发的法〔2002〕144号《关于处理担保法生效前发生保证行为的保证期间问题的通知》（以下简称144号通知）第一条中“未向保证人主张权利的”一语，系对当时中国信达资产管理公司等四家资产管理公司所受让债权的状态描述，并非是适用该通知的必要条件。因此，对于“担保法生效前签订的保证合同中没有约定保证期限或约定不明确的”，只要“主债务没有超过诉讼时效期间”，无论债权人是否向保证人主张过权利，均不影响债权人依照144号通知规定，向保证人主张权利。同意你院审判委员会的第一种意见。

此复。

最高人民法院
关于荆州市商业银行与广州世界大观园发展有限公司等借款担保合同纠纷一案的请示的答复

2003年12月15日　　〔2003〕民监他字第17号

河北省高级人民法院：

你院《关于荆州市商业银行与广州世界大观园发展有限公司等借款担保合同纠纷一案的请示》收悉。经研究，答复如下：

发展公司分别于1997年5月3日、1998年1月20日和8月24日为南方公司的债务提供担保，从发展公司所出具的关于担保的函件内容看，发展公司所提供的担保方式为质押担保，而不是保证。商业银行与发展公司之间为股权质押担保关系，应适用《中华人民共和国担保法》(以下简称《担保法》)以及最高人民法院《关于适用〈中华人民共和国担保法〉若干问题的解释》关于质押担保的有关规定。

关于债权人主张担保人承担连带清偿责任而未要求赔偿损失的，人民法院可否判令担保人承担赔偿责任的问题，同意你院第二种意见。即，债权人要求担保人承担担保责任而未提出赔偿要求的，人民法院经审理认为担保人不应承担连带清偿责任而应承担赔偿责任，可以根据担保人的过错程度，判令担保人承担相应的赔偿责任。

最高人民法院
关于对云南省高级人民法院就如何适用《关于适用〈中华人民共和国担保法〉若干问题的解释》第四十四条请示的答复

2003年12月24日　　〔2003〕民二他字第49号

云南省高级人民法院：

你院〔2003〕云高民二终字第149号请示收悉。经研究，答复如下：

《关于适用〈中华人民共和国担保法〉若干问题的解释》（以下简称担保法司法解释）第四十四条第二款规定的债权人应在破产程序终结后六个月内要求保证人承担保证责任的规定，仅适用于债务人在破产程序开始时保证期间尚未届满，而在债权人申报债权参加清偿破产财产程序期间保证期间届满的情形。即在上述情况下，考虑到债权人在债务人破产期间不便对保证人行使权利，债权人可以在债务人破产终结后六个月内要求保证人承担保证责任。你院请示的昆明电缆厂与交通银行昆明分行、昆明电缆股份有限公司担保借款合同纠纷案中，债权人交通银行昆明分行已经在保证期间内、债务人破产程序前要求保证人承担保证责任，因此，不适用担保法司法解释第四十四条第二款的规定。

此复。

最高人民法院
关于深圳发展银行广州分行信源支行与成都宗申联益实业股份有限公司等借款担保合同纠纷一案的请示的复函

2004年2月23日　　〔2003〕民四他字第28号

广东省高级人民法院：

你院粤高法〔2003〕207号《关于深圳发展银行广州分行信源支行与成都宗申联益实业股份有限公司等借款担保合同纠纷一案的请示》收悉。经研究，答复如下：

根据我院《关于在审理经济纠纷案件中涉及经济犯罪嫌疑若干问题的规定》第一条、第二条及第十二条之规定，本案借款担保合同纠纷案件属于经济纠纷案件，不应移送有关公安机关或检察机关。成都宗申联益实业股份有限公司为借款人广东飞龙高速客轮有限公司提供的担保合同书及担保人声明，违反了《中华人民共和国公司法》第一百一十四条、第一百一十七条、第一百一十八条及该公司章程的规定，依法应认定无效。对于本案担保合同的无效，深圳发展银行广州分行信源支行与成都宗申联益实业股份有限公司均有过错。至于成都宗申联益实业股份有限公司对广东飞龙高速客轮有限公司所欠的债务应当在主债务人和另外两个担保人不能清偿的范围内承担多大的赔偿责任，你院应当根据本案查明的事实，确定其过错的大小，并根据《关于适用〈中华人民共和国担保法〉若干问题的解释》第七条的规定予以判定。

此复

最高人民法院
关于企业法人分支机构未经授权以登记在其名下的房地产为他人提供的抵押合同的效力应如何认定问题请示之答复

2005年11月16日　　　　〔2005〕民二他字第8号

河南省高级人民法院：

你院《关于企业法人分支机构未经授权为他人提供抵押担保的效力应如何认定的请示》收悉。经研究，答复如下：

根据我国房地产法律关于登记确权规定之精神，企业法人的分支机构以登记在其名下的房地产为他人债权设定抵押，该抵押设定行为符合《中华人民共和国担保法》规定的抵押权生效条件的，人民法院应当认定有效。

此复。

最高人民法院
关于担保法司法解释第五十九条中的“第三人”范围问题的答复

2006年5月18日　　法函〔2006〕51号

四川省高级人民法院：

你院川高法〔2005〕496号《关于对最高人民法院〈关于适用《中华人民共和国担保法》若干问题的解释〉第五十九条的理解与适用的请示》收悉。经研究，答复如下：

根据《中华人民共和国担保法》第四十一条、第四十三条第二款规定，应当办理抵押物登记而未经登记的，抵押权不成立；自愿办理抵押物登记而未办理的，抵押权不得对抗第三人。因登记部门的原因致使当事人无法办理抵押物登记是抵押未登记的特殊情形，如果抵押人向债权人交付了权利凭证，人民法院可以基于抵押当事人的真实意思认定该抵押合同对抵押权人和抵押人有效，但此种抵押对抵押当事人之外的第三人不具有法律效力。

此复。

最高人民法院
关于已登记的抵押物的善意受让人在抵押物灭失后应否对抵押权人承担赔偿责任的复函

2006年10月25日　　〔2006〕民立他字第98号

山东省高级人民法院：

你院〔2005〕鲁民监字第335号《关于惠民华润纺织有限公司因抵押合同纠纷申诉一案的法律适用问题的请示报告》收悉。经研究，答复如下：

根据你院请示报告，滨州市滨城区第四油棉厂向惠民华润纺织有限公司（以下简称惠民华润）出卖皮棉 57.7 吨，并向惠民华润收取了相应的价款，但未告知所出卖的皮棉为已办理登记的抵押物。你院请示报告还称，惠民华润不知也不应知涉案皮棉已抵押，而且惠民华润在抵押权人主张抵押权前已将所购皮棉消耗完毕。因此，根据担保法第五十八条等规定，设立于惠民华润所购的该批皮棉的抵押权消灭，惠民华润不再对抵押权人承担赔偿责任。

最高人民法院
关于工商银行湖北十堰市人民路支行、中国东方资产管理公司武汉办事处与湖北省十堰市五堰商场股份有限公司、湖北省十堰市汇发贸易有限公司保证借款合同纠纷一案的请示的答复

2008 年 6 月 19 日　　〔2008〕民监他字第 2 号

湖北省高级人民法院：

你院《关于工商银行湖北十堰市人民路支行、中国东方资产管理公司武汉办事处与湖北省十堰市五堰商场股份有限公司、湖北省十堰市汇发贸易有限公司保证借款合同纠纷一案的请示》收悉。经研究，答复如下：

本案中保证人以债务人提供的债权人印制的保证合同样本为基础，起草了保证合同，并仅填写其中担保的债务数额及签署时间等内容，在借款合同签订之前便签章交与被保证人的工作人员，继而向债权人出具。保证合同上未对借款用途加以限制。保证人的上述行为表明其并无以"借款用途"作为是否免除保证责任条件的意思表示。因此，在没有其他影响保证人意思表示真实因素的情况下，无论借款合同双方当事人最终约定何种借款用途，也无论保证人在签章时是否知道或者应当知道上述借款用途，均不足以否定保证人自愿对此承担保证责任的真实意思表示。

最高人民法院
关于香港盈伞财务公司诉广东华美集团有限公司担保合同纠纷案有关法律问题的请示的复函

2010年3月23日　　〔2010〕民四他字第5号

广东省高级人民法院：

你院粤高法〔2009〕441号《关于香港盈伞财务公司诉广东华美集团有限公司担保合同纠纷案有关法律问题的请示》收悉。经研究，答复如下：

担保人基于担保合同既可能承担在担保合同有效情况下的担保责任，也可能承担在担保合同无效情况下因其过错而产生的赔偿责任。最高人民法院《关于适用〈中华人民共和国担保法〉若干问题的解释》第六条第一款第（五）项虽然规定在对外担保的情况下，“主合同变更或者债权人将对外担保合同项下的权利转让，未经担保人同意和国家有关主管部门批准的，担保人不再承担担保责任。”但该项规定适用的情形是指担保人向原债权人出具的对外担保办理了相关的批准登记手续，对外担保是有效的，原债权人向第三人转让债权后，对外担保未依照有关规定经过担保人同意并重新办理批准、登记手续，从而造成担保无效。此种情形担保人对于造成对外担保无效是没有过错的，故上述司法解释规定免除了担保人的担保责任。而本案中担保人华美集团有限公司向原债权人中南银行香港分行出具的对外担保因未经批准、登记而应认定无效，对造成担保无效担保人是有过错的，现在所要解决的是担保人应否该承担赔偿责任的问题，最高人民法院《关于适用〈中华人民共和国担保法〉若干问题的解释》第六条第一款第（五）项的规定不适用于本案。

《中华人民共和国合同法》第八十一条规定：“债权人转让权利的，受让人取得与债权有关的从权利，但该从权利专属于债权人自身的除外。”在担保人应当向原债权人承担赔偿责任且法律并未规定该种赔偿责任具有特定人身属性的情况下，如果原债权人依法将债权转让给了第三人，此时受让债权的第三人享有的权益，既应包括合同有效的情况下，依据合同要求对方履行义务的权利，也应包括在合同无效的情况下，要求存在过错的合同相对方承担赔偿责任的权利。因此未经审批的对外担保的债权人在未经担保人同意的情况下将债权人转让给第三人，在债权转让依法有效的情况下，担保人仍应向受让债权的第三人承担相应的赔偿责任，而不应以债权转让未经担保人同意为由免除其赔偿责任。

此复。

最高人民法院
关于《国土资源部办公厅关于征求为公司债券持有人办理国有土地使用权抵押登记意见函》的答复

2010年6月23日　　〔2010〕民二他字第16号

国土资源部办公厅：

国土资厅函〔2010〕374号《国土资源部办公厅关于征求为公司债券持有人办理国有土地使用权抵押登记意见函》收悉，经研究，答复如下：

基于公司债券持有人具有分散性、群体性、不易保护自身权利的特点，《公司债券发行试点办法》(以下简称《办法》)规定了公司债券受托管理人制度，以保护全体公司债券持有人的权益。基于此，《办法》第二十五条对公司债券受托管理人的法定职责进行了规定，同时允许当事人约定权利义务范围。

根据《物权法》的规定，函中所述案例的抵押权人为全体公司债券持有人。抵押权的设定有利于保护全体公司债券持有人的利益。在公司债券持有人因其不确定性、群体性而无法申请办理抵押权登记的情形下，认定公司债券受托管理人可以代理办理抵押权登记手续，符合设立公司债券受托管理人制度的目的，也不违反《办法》第二十五条的规定。在法律没有禁止性规定以及当事人之间没有禁止代为办理抵押登记约定的情形下，应认定公司债券受托管理人可代理全体公司债券持有人申请办理土地抵押登记。

以上意见仅供参考。

最高人民法院
关于《城市房地产抵押管理办法》在建工程抵押规定与上位法是否冲突问题的答复

2012年11月28日　　〔2012〕行他字第8号

山东省高级人民法院：

你院鲁高法函〔2012〕3号请示收悉，经征求全国人大常委会法制工作委员会、住房和城乡建设部意见，答复如下：

在建工程属于《担保法》规定的可以抵押的财产范围。法律对在建工程抵押权人的范围没有作出限制性规定，《城市房地产抵押管理办法》第三条第五款有关在建工程抵押的规定，是针对贷款银行作为抵押权人时的特别规定，但并不限制贷款银行以外的主体成为在建工程的抵押权人。